Horn · Baur

Stern (Hrsg.)

40 Jahre Römische Verträge – Von der Europäischen Wirtschaftsgemeinschaft zur Europäischen Union

R.I.Z.-Schriften 9

Schriften des
Rechtszentrums für Europäische und
Internationale Zusammenarbeit (R.I.Z.)

herausgegeben von
Norbert Horn, Köln
Jürgen F. Baur, Köln
Klaus Stern, Köln

Band 9

Walter de Gruyter · Berlin · New York

40 Jahre Römische Verträge – Von der Europäischen Wirtschaftsgemeinschaft zur Europäischen Union

Herausgegeben
von
Norbert Horn
Jürgen F. Baur
Klaus Stern

1998

Walter de Gruyter · Berlin · New York

Das R.I.Z. wird als wissenschaftliche Einrichtung der Universität zu Köln finanziell von der Gemeinnützigen Hertie-Stiftung, Frankfurt a. M., getragen.

♾ Gedruckt auf säurefreiem Papier, das die US-ANSI-Norm über Haltbarkeit erfüllt.

Die Deutsche Bibliothek – CIP-Einheitsaufnahme

40 Jahre Römische Verträge - von der Europäischen Wirtschaftsgemeinschaft zur Europäischen Union / hrsg. von Norbert Horn ... – Berlin ; New York : de Gruyter, 1998
(R.I.Z.-Schriften ; Bd. 9)
ISBN 3-11-016255-5

Printed in Germany
Druck: WB-Druck, Rieden am Forggensee
Bindearbeiten: Lüderitz & Bauer, Berlin
Einbandentwurf: Angela Dobrick, Hamburg

Vorwort

Der vorliegende Band enthält die Beiträge der Rechtswissenschaftlichen Tagung "40 Jahre Römische Verträge - Von der Europäischen Wirtschaftsgemeinschaft zur Europäischen Union", die das R.I.Z. am 28./29. Oktober 1997 in Köln veranstaltet hat. Alle Vorträge sind überarbeitet und mit Fußnoten versehen. Der Vortragsstil wurde in der Druckfassung z. T. zurückgenommen, wenngleich nicht vollständig eliminiert.
Der Inhalt der lebhaften Diskussionen ist in knappen Diskussionsberichten, die nach Themen aufgegliedert sind, zusammengefaßt.

Köln, im Februar 1998 Die Herausgeber

Inhaltsverzeichnis

Kapitel II

Kapitel III

40 Jahre Römische Verträge - Von der Europäischen Wirtschaftsgemeinschaft zur Europäischen Union*

NORBERT HORN

Wir blicken auf 40 Jahre Römische Verträge zurück. Eine Reihe politischer Veranstaltungen hat 1997 dieses Datum und die aus den Römischen Verträgen hervorgegangene Europäische Gemeinschaft bis hin zur Europäischen Union gewürdigt. Die stetige und in den letzten Jahren stürmische Fortentwicklung der Europäischen Gemeinschaft spiegelt sich in einer immer umfangreicheren Rechtssetzung und Rechtsprechung auf der Ebene des Gemeinschaftsrechts. Dieses Gemeinschaftsrecht berührt heute alle Gebiete des Rechts und ist ein immer wichtigeres Element in der täglichen Arbeit des Juristen. Jacques Delors hat 1988 vorausgesagt, daß binnen 10 Jahren 80% aller wirtschaftsrechtlich relevanten Gesetzgebungen der Mitgliedstaaten europarechtlich geprägt seien. Deutsche Wirtschaftskreise schätzen, daß dies heute schon für 60% der wirtschaftlich relevanten Gesetzgebung zutrifft.

Zugleich weist das Gemeinschaftsrecht eine immer weiterreichende Ausdifferenzierung und Stoffülle auf, die den Überblick erschwert, wenn nicht unmöglich macht. Wer sich heute mit dem europäischen Gemeinschaftrecht wissenschaftlich oder praktisch beschäftigt, muß erkennen, daß er nur Teilgbiete bearbeiten kann. Zugleich bleibt aber der Gesamtüberblick notwendig, ohne den eine Orientierung im Gemeinschaftsrecht und seine sinnvolle Handhabung nicht möglich ist.

Der hier vorgelegte Band hat das ehrgeizige Ziel, zu einem solchen Gesamtüberblick beizutragen, in dem er Themen aus dem breiten Spektrum aller wesentlichen Teilgebiete des Gemeinschaftsrechts und seiner Fortentwicklung aufgreift: Staats- und Verfassungsrecht, Unternehmensrecht, Privatrecht, Wettbewerbsrecht und Währungsrecht in Europa. Dies kann natürlich nur in einer strengen Auswahl von Einzelthemen geschehen. Die Anknüpfung an den 40. Jahrestag der Römischen Verträge kann dabei die zeitliche Perspektive und die Dynamik der Entwicklung veranschaulichen.

---

* Eröffnungsrede, gekürzt um die Anreden und Begrüßungen und leicht überarbeitet unter Zurücknahme des Redestils.

Integrationsprozesse der Europäischen Union sind auf fast allen politischen und wirtschaftlichen Gebieten sowie im Recht unterwegs, teils freilich nur in Ansätzen und in vielem ungewiß. Es kann nicht um die Darstellung fertiger Ergebnisse gehen, sondern um die Beschreibung von Entwicklungsprozessen, erreichten Zwischenstadien und vor uns liegenden Aufgaben. Dabei sind auf allen Ebenen die sich nur allmählich wandelnden Bedürfnisse nach nationaler Eigenständigkeit innerhalb der Gemeinschaft zu berücksichtigen und die daraus folgende Notwendigkeit eines ausgewogenen Gleichgewichts zwischen nationaler und gemeinschaftsrechtlicher Regelung.

Bisweilen wird die Frage gestellt, ob die europäische Integration bereits zu einer "Union des Rechts" geführt hat[1]. Natürlich ist die Europäische Gemeinschaft oder Europäische Union eine Rechtsgemeinschaft insofern, als alle ihre Integrationsschritte auf einer rechtlichen Grundlage erfolgen, aber auch insofern, als sie einen ständig wachsenden Bereich an vereinheitlichtem oder harmonisiertem nationalen Recht geschaffen hat, das gemeinschaftsrechtlichen Vorgaben folgt und an ihnen gemessen wird. Diese Eigenschaft als Rechtsgemeinschaft ist es ja auch, die den Juristen dazu beruft, über die Einzelprobleme des Gemeinschaftsrechts hinaus allgemeine, auch für die politische Dimension relevante Aussagen zur Union zu machen. Andererseits hat die Europäische Union noch nicht den Integrationszustand eines Bundesstaates erreicht. Vielmehr hat das Bundesverfassungsgericht in seinem Urteil zur Möglichkeit der Übertragung der Währungssouveränität auf die Europäische Zentralbank gesagt: "Der Unions-Vertrag begründet einen starken Verbund zur Verwirklichung einer immer engeren Union der - staatlich organisierten - Völker Europas (Art. A EUV), keinen sich auf ein europäisches Staatsvolk stützenden Staat"[2].

Neben dem sich ausdehnenden Gemeinschaftsrecht bestehen noch immer die weitaus umfangreicheren nationalen Rechtsordnungen. Zur Vereinheitlichung aller oder auch nur der wichtigsten von ihnen erfaßten Regelungsmaterien fehlt der Gemeinschaft die Gesetzgebungskompetenz, aber auch wohl die Kraft. Wie schwierig es ist, zu einer Harmonisierung oder Vereinheitlichung der nationalen Rechte zu kommen, zeigen die zahlreichen punktuellen Angleichungen auf dem Gebiet des Privatrechts, denen ein besonderer Abschnitt (Kap. II) gewidmet ist. Der politische Zustand und Bewußtseinszu-

---

[1] Vgl. R. Scholz (Hrsg.), Europäische Integration - schon eine "Union des Rechts"? Zwischen Erfolgsbilanz und Balanceverlust. V. Kongreß Junge Juristen und Wirtschaft 1996 in Essen, Köln, 1996 (Veröffentlichungen der Hanns-Martin-Schleyer-Stiftung; Bd. 47).

[2] Urt. vom 12. 10. 1993, BVerfGE 89, 155 ff., 156, Leitsatz 8.

stand der Völker Europas ist noch immer auf den nationalen Staat bezogen. Die Integration Europas erscheint nur möglich in der Weise, daß die einzelnen Staaten als Bausteine dazu und nicht als Hindernis betrachtet werden.

Die fortschreitende Harmonisierung oder Vereinheitlichung des Rechts innerhalb der Gemeinschaft muß auch auf die internationalen Beziehungen der Gemeinschaft und ihrer Mitgliedstaaten zu anderen Teilen der Welt Rücksicht nehmen. Dies läßt sich am Beispiel des Unternehmensrechts und hier insbesonders an der Rechnungslegung zeigen (s. Kap. III). Hier wären Angleichungen, die nur auf den Bereich der Europäischen Union beschränkt wären, ungeeignet. Gefordert sind gerade bei der Rechnungslegung international tätiger Unternehmen, die Zugang zu den internationalen Kapitalmärkten suchen, solche Regelungen, die auch auf Akzeptanz außerhalb der Gemeinschaft rechnen können. Das gleiche Bedürfnis nach Angleichung über Europa hinaus hat sich bereits im Bankaufsichtsrecht und in den damit zusammenhängenden Vorschriften über die Kapitalausstattung der Banken gezeigt.[3]

Auf den meisten Gebieten des Gemeinschaftsrechts ist ein Verständnis der Regelungsprobleme nur möglich, wenn neben den rechtlichen Aspekten auch ihre wirtschaftlichen und politischen Aspekte einbezogen werden. Diese Binsenwahrheit tritt besonders deutlich bei der Vorbereitung auf die Europäische Währungsunion zutage. Wir haben auch dieses Thema, das heute in aller Munde ist, auf die Agenda unserer Konferenz gesetzt und ihr die Schlußveranstaltung, eine Podiumsdiskussion mit dem Vizepräsidenten der Deutschen Bundesbank, Herrn *Gaddum*, gewidmet (Kap. V). An der praktischen Gestaltung und theoretischen Erfassung der großen Aufgabe der Europäischen Währungsunion sind sowohl Politiker, Volkswirte, Bank- und Wirtschaftspraktiker als auch Juristen beteiligt. Es scheint aber bisweilen, daß jeder Fachmann die Lösung bestimmter offener Probleme von den jeweils anderen Disziplinen erwartet. Hier hilft in der Tat nur die Zusammenschau aller Aspekte. Und wir sollten dabei nicht vergessen, daß eine rechtliche Regelung nur funktioniert, wenn sie in den Lebensverhältnissen, insbesondere den politischen Verhältnissen, und im Bewußtsein der von diesen Regelungen betroffenen Völker verankert ist. Diese Einsicht von Montesquieu ist heute unvermindert aktuell.

---

[3] S. *Horn*, Bankrecht auf dem Weg nach Europa, ZBB 1989, S. 107-121; *Horn*, Entwicklungslinien des europäischen Bank- und Finanz-Dienstleistungsrechts, ZBB 1994, S. 130-141.

Indem wir den Themenkreis auf die staats- und verfassungsrechtlichen, die wirtschaftsrechtlichen und die privatrechtlichen Aspekte des Gemeinschaftsrechts zur Europäischen Union ausdehnen, haben wir als Veranstalter ein Wagnis auf uns genommen, weil der Kreis der Adressaten dieses Themenbündels ungewiß ist. Aber wir unterliegen alle in unserer spezialisierten Beschäftigung mit dem Gemeinschaftsrecht der Notwendigkeit, auch den Gesamtüberblick zu wahren. Dazu soll dieser Band beitragen.

Kapitel I

Institutionen und Gemeinschaftsverträge zwischen Kontinuität und Wandel

Einführung in den Themenkreis

KLAUS STERN

Vor 40 Jahren wurden in Rom die Verträge zur Gründung der Europäischen Wirtschaftsgemeinschaft und der Europäischen Atomgemeinschaft unterzeichnet. Daß dies in Rom geschah, war gewiß eine Verbeugung vor der Metropole des einstigen Römischen Weltreichs, das für Europa so viel bedeutet, nicht zuletzt für das Europa, das auch eine Rechtsgemeinschaft geworden ist. Für die 1957 gerade ein knappes Jahrzehnt konstituierte Bundesrepublik Deutschland war dieser Integrationsakt nach der Gründung der Montan-Union ein gewichtiger Schritt in die seinerzeit allein auf das westliche Europa konzentrierte Gemeinschaft freier europäischer Völker - ein Schritt, der nicht nur gewaltige wirtschaftliche, sondern auch beachtliche politische und rechtliche Auswirkungen hatte. Deutschland hat daher allen Anlaß, dieses bedeutsamen Datums der europäischen Einigung zu gedenken.

Die deutsche Rechtswissenschaft hat dem mit der Gründung der Europäischen Wirtschaftsgemeinschaft beginnenden Phänomen der Europäisierung des nationalen Rechts ebenso wie den spezifischen Rechtsproblemen des europäischen Rechts von Anfang an größte Aufmerksamkeit geschenkt. Darum war es für das besonders der europäischen und internationalen Zusammenarbeit gewidmete Rechtszentrum der Universität zu Köln - ich erwähne die Universität zu Köln ganz besonders, weil wir den Dekan unserer Fakultät, der Rechtswissenschaftlichen Fakultät, Herrn Kollegen Luig, und etliche Kollegen dieser Fakultät unter uns haben - selbstverständlich, daß der 40jährige Geburtstag der Römischen Verträge ein wichtiger Konferenzanlaß für uns ist. Entsprechend der Ausrichtung der drei Abteilungen unseres Zentrums hat eine Arbeitsteilung auch für diese Tagung stattgefunden. In dem unter meiner Verantwortung stehenden ersten Teil der Konferenz geht es vorwiegend um die Verträge und Institutionen und deren Entwicklung.

Die Einheitliche Europäische Akte von 1986, der Maastrichter Unionsvertrag von 1992 und der Amsterdamer Vertrag von 1997 sowie das Anwachsen der Union von sechs auf derzeit 15 Mitgliedstaaten haben eine Dynamik zum Ausdruck gebracht, die die Väter der Gründungsverträge allenfalls in ihren kühnsten Träumen geahnt haben mochten. Kaum vorhersehbar war für sie, daß jetzt weitere Mitglieder, vor allem solche aus Ostmittel- und Osteuropa an die Pforte der Europäischen Union klopfen. Bei der Gründung der Montan-Union hat *Robert Schumann* bekundet: "Ein geeintes Europa entsteht nicht auf einen Schlag; dazu bedarf es vieler kleiner Schritte". Heute können wir hinzufügen, die Schritte werden immer raumgreifender in wörtlicher Hinsicht, da die Union schon den größten Teil Europas gebietsmäßig umgreift, und im übertragenen Sinne, was die Zuständigkeiten der Union betrifft. Aber sind es nicht gerade diese Erfolge des Einigungswerkes, die die Union vor ihre größte Herausforderung stellen? Ließ sich bei einer Gemeinschaft von sechs oder neun Mitgliedern noch weithin Konsens und damit Einstimmigkeit im Rat erzielen, so erweist sich dies bei einer Gemeinschaft von 15 und - wenn wir an die Zukunft denken - 20 oder mehr Mitgliedstaaten als fast unmöglich. Auch am Besetzungsmodus für die Kommission, wonach jedes Land einen Kommissar stellt, die größeren zwei, läßt sich künftig nicht mehr festhalten, soll dieses Gemeinschaftsorgan nicht seine Handlungsfähigkeit einbüßen. Gerade diese Probleme hat Amsterdam aber nicht geklärt; sie stehen weiter auf der Agenda. Antworten sind nicht einfach.

Noch grundsätzlicher hat vor kurzem ein ehemaliger deutscher Bundesverfassungsrichter die Frage gestellt, ob sich nicht die europäische Einigung in einer ökonomischen Falle befindet, weil die Integration rein oder hauptsächlich wirtschaftlich gesehen wird, hingegen eine politische Debatte für die europäische Einigung fehlt, vor allem, zu welchem Endzweck und auf welcher Grundlage Europa geschaffen werden soll, namentlich auch im Hinblick auf die Osterweiterung. *Ernst-Wolfgang Böckenförde* meint: "Will Europa nicht stranden, darf es nicht länger als technisch-pragmatisches Konstrukt ökonomischer Rationalität erscheinen, das dabei ist, die Eigenheit der Völker ökonomisch zu verdampfen. Europa muß als Ordnungsidee vermittelt und in einem klaren politischen Willen der Völker sowie der einzelnen Menschen verankert werden". Dem läßt sich entgegnen, daß Europa vor allem auch als Rechts- und Wertegemeinschaft und neuerdings als Kulturgemeinschaft abendländischer Grundprägung geschaffen wurde und einem gemeinsamen Erbe, gemeinsamen Idealen und Ideen verpflichtet ist. Die Europäische Union ist die Antwort auf das Zerfleischen seiner Einzelstaaten in zwei Weltkriegen, von denen der letzte fast den Untergang Deutschlands und die Beherrschung vieler anderer Völker durch den sowjetischen Imperialismus bedeutet hätte.

Wie dem auch sei: Kritiker wie Befürworter der weiteren Integration, die sich in der Gegenwart vor allem über den Wert der Währungsunion streiten, sind jedenfalls in einem einig: Die Europapolitik steht heute auf der Unionsebene und in den einzelnen Mitgliedstaaten vor ebenso großen Herausforderungen wie Chancen. Die einen müssen wir meistern, die anderen müssen wir ergreifen. Dazu will auch diese Konferenz einen Beitrag leisten.

Ich bin sehr glücklich, daß ich Sie, Herr Dr. *Hänsch*, für den zentralen Fragen gewidmeten Festvortrag gewonnen habe. Sie haben als Präsident des Europäischen Parlaments mutig für Europa gefochten. Das wirkt lange nach. Wir sind sehr gespannt auf Ihre Ausführungen. Lieber Herr *Schwarze*, Ihr Wort hat in europäischen Angelegenheiten Klang und Rang. Von Anfang an haben Sie das Europäische Gemeinschaftsrecht in den Mittelpunkt Ihrer wissenschaftlichen Arbeit gestellt. Sie sind daher berufen, uns seine Grundkonzeption nahezubringen. Verehrter Herr Kollege *D'Atena*, was wäre eine Tagung zu den Römischen Verträgen ohne einen Vertreter aus Rom? Ich danke Ihnen besonders, daß Sie meiner Einladung gefolgt sind und uns die spezifisch föderalen und regionalen Komponenten in Europa, die im Wachsen begriffen sind, darbieten werden.

Nach der Mittagspause wird der deutsche Richter am Europäischen Gerichtshof, Herr Professor Dr. *Hirsch*, die wichtige Rolle des Gerichtshofs, der ja mitunter stärker als Motor der Integration wirkt als die anderen Gemeinschaftsorgane, vorstellen. Sie sind zu uns gekommen, lieber Herr *Hirsch* unter Verkürzung Ihres Urlaubs. Wir danken dafür besonders herzlich.

Packen wir's an! Herr *Hänsch*, Sie haben das Wort.

Gegenwart und Perspektiven der europäischen Integration

KLAUS HÄNSCH

Als 1955 die Verhandlungen von Messina, die zum Vertrag über die Europäische Wirtschaftsgemeinschaft führen sollten, zu Ende gingen, befand der britische Beobachter kurz und, wie er glaubte, bündig: "I leave Messina happy because even if you continue meeting you will not agree; even if you agree, nothing will result; and even if something results, it will be a disaster." Das blieb nicht das letzte Fehlurteil über die Einigung Europas. Der gesamte Europessimismus nährt sich seit vierzig Jahren aus solchen Fehlurteilen.

Die Einigung Europas ist die erfolgreichste Friedensbewegung der europäischen Geschichte. Was 1950 mit der Erklärung des französischen Außenministers Robert Schuman begonnen und vor vierzig Jahren mit den Verträgen von Rom konsolidiert wurde, hat sich als die umfassendste und wirksamste vertrauensbildende Maßnahme erwiesen, die es zwischen den europäischen Völkern je gegeben hat. Nach der europäischen Katastrophe in der ersten Hälfte dieses Jahrhunderts ging es zuerst darum, Krieg zwischen europäischen Völkern für immer unmöglich zu machen. Dazu gehörte natürlich auch, den westlichen Teil des ehemaligen Aggressors, die wiedererstarkende Bundesrepublik Deutschland fest einzubinden. Und natürlich war die Einigung Europas auch eine Tochter des Kalten Krieges, der schon zu den Konflikten um Berlin und zum Krieg und zur Teilung Europas geführt hatte.Vor vierzig Jahren waren Deutschland und Europa geteilt, heute ist der Kalte Krieg nur noch Erinnerung. Die Teilung Deutschlands und Europas beendet.

Die Europäer im Westen des Kontinents haben in den Europäischen Gemeinschaften und durch sie eine Epoche wirtschaftlichen Wohlstands, sozialer Sicherheit und politischer Stabilität erlebt, für die es in der jüngeren Geschichte Europas kein Beispiel gibt. Innerhalb von 40 Jahren ist aus der Zollunion zwischen sechs Staaten eine Währungsunion zwischen dreizehn geworden. Dabei ist die Einigung Europas eine Erfolgsgeschichte ohnegleichen.

Und die Union ist attraktiv: Mit sechs Staaten hat sie begonnen. Heute sind es fünfzehn. Und alle sind freiwillig gekommen. Die Europäische Union hat die Wiedervereinigung Deutschlands nicht nur klaglos akzeptiert sondern gefördert. Und während sich in der Union mürrische Skepsis breitmacht, wollen elf weitere Staaten nichts sehnlicher als mitmachen zu dürfen. Zum ersten Mal seit 1000 Jahren gibt es eine Chance, ganz Europa zu einer staatlichen Ordnung zusammenzufügen, die nicht zerrissen ist von dynastischen, religiösen, ethnischen oder sozialen Konflikten.

Die Einigung Europas scheint durch ihren Erfolg überflüssig zu werden. Was durch die Verträge von 1952 und 1957 selbstverständlich werden sollte, ist selbstverständlich geworden. Die alten Begründungen entwickeln deshalb nicht mehr genügend Triebkraft für den Zusammenschluß der europäischen Völker zu einer größeren Einheit.

Nach fünfzig Jahren stabiler Demokratie in Deutschland, und fest eingebunden in die Europäische Union und die Atlantische Allianz, weckt das deutsche Problem keine motivierende Beunruhigung mehr. Daß ein europäisches Volk gegen ein anderes zu den Waffen greifen könnte, ist inzwischen so unvorstellbar, daß eine supranationale Organisation des Friedens überflüssig, sogar lästig erscheint.

Nachdem die Sowjetunion und mit ihr der Anspruch auf ideologische Vorherrschaft und machtpolitische Hegemonie zusammengebrochen ist, muß Europa nicht mehr gegen einen äußeren Gegner zusammenhalten. Und der Gemeinsame Markt scheint ganz gut ohne allzu viel europäische Staatlichkeit auszukommen.

Zugleich verändert sich das Meinungsklima. In ihm blüht längst nicht mehr nur die manchmal berechtigte, manchmal unberechtigte Kritik am Erscheinungsbild und an der konkreten Politik der Europäische Union, sondern in ihm wächst neuer Nationalismus. Der tritt nicht nur mit kahlem Kopf und Baseballschläger auf und zündet Wohnheime für Ausländer an. Er kommt auch vielfach mit Schlips und Kragen verkleidet daher und behauptet, die Kreide der "political correctness" in der Stimme, daß er natürlich "für Europa" sei, aber gegen die Europäische Union in Brüssel. Mit solcher Heuchelei werden nicht etwa Mängel und Fehler korrigiert, sondern das Ganze diskreditiert und zerstört.

Während die Entwicklung der Produktivkräfte, die den modernen Nationalstaat möglich und nötig gemacht hat, dabei ist, ihn zu überwinden, besinnen sich viele Menschen, nicht nur im Osten, sondern auch im Westen Europas, wieder auf Volk, Nation, Staat und Souveränität. Das wächst nicht nur aus dumpfer nationalistischer Regression. Das hat auch zu tun mit der Suche nach Identifikation, die die Europäische Union, auch eine besser konstruierte als die heutige, nicht bieten kann.

Die Europäische Union ist nicht so eindeutig identifizierbar und abgrenzbar wie jeder einzelne ihrer Mitgliedstaaten. Sie vermittelt nicht das Gefühl, in bestimmten, von anderen unterscheidbaren sprachlichen, kulturellen, ethnischen Bezügen zu Hause zu sein. Mit ihr sind keine Erinnerungen an gemeinsame Leiden und Opfer, Niederlagen und Siege verknüpft (ausgenommen vielleicht für das Korps der "Eurokraten" in Brüssel nach nächtelangem Sitzungsmarathon). Ihre Politik löst Zustimmung oder Widerspruch, Lob oder Tadel aus, aber sie weckt kaum Emotionen, die sie zur Selbstdarstellung nutzen kann. Dennoch bleibt sie abstrakt und anonym. Sie schafft nicht die gleichen Identifikationen und fordert nicht die gleichen Loyalitäten wie die Nationalstaaten.

Doch ganz so eindeutig ist das Bild nicht. Es ist voll von Paradoxien - eigentlich europäisch.

Nie seit 1945 hat die Einigung Europas so viel Kritik, Skepsis und Enttäuschung auf sich gezogen wie heute. Aber nie waren auch so viele konkrete Erwartungen auf "Europa" gerichtet wie heute, sowohl von innen als auch von außen.

Weithin gilt die Union zu nichts anderem fähig als zu blinder Regulierungswut, knöchernem Bürokratismus und schmieriger Subventionitis. Vor allen großen Herausforderungen der Zeit scheint sie zu versagen, und zugleich wird von "Europa" erwartet, daß es dieses und jenes und alles fördert, dieses und jenes und alles regelt – aber natürlich immer nur, wenn und soweit es zum eigenen nationalen, regionalen, lokalen, individuellen Vorteil ist.

Die Union soll den Krieg im ehemaligen Jugoslawien beenden, die osteuropäischen Staaten schnell aufnehmen, Arbeit schaffen, Umwelt und Verbraucher schützen und vieles mehr, - aber die dazu nötigen Kompetenzen sollen natürlich in nationaler Hand bleiben und vor allem darf es nichts kosten.

Nie gab es in Europa so viel Einheitlichkeit der Gesetzgebung, der Normen, selbst der Außen- und Sicherheitspolitik und demnächst sogar der Währung und nie gab es so viele Nationalstaaten, ethnisch so "reine" übrigens, mit so wenigen "Minderheiten" und so wenig "Multikulturellem".

Die Mehrheit der Bürgerinnen und Bürger in der Union ist gewiß nicht gegen die Einigung Europas – nicht einmal gegen "Brüssel" oder "Maastricht" oder "Amsterdam". Aber immer weniger wissen, warum sie dafür sein sollen. Das hat viele Gründe. Einer der wichtigsten ist, daß die Union tausend verschiedene Antworten auf tausend einzelne Fragen und tausend Regelungen für tausend Probleme zu erfinden scheint, aber zu den großen Fragen schweigt, vor denen die europäische Gesellschaft am Ende dieses Jahrhunderts steht.

Vor vierzig Jahren waren die Schrecken der Vergangenheit noch ganz nahe. Aber weil das Projekt der europäischen Einigung für Versöhnung und Frieden, für Wiederaufbau und Freiheit stand, war es auf die Zukunft gerichtet. Heute wird die Einigung Europas zu viel mit der Vergangenheit und zu wenig mit der Zukunft der europäischen Völker begründet. Gewiß brauchen wir die Einigung der Völker Europas in einer Union immer noch, um die Schatten der Vergangenheit zu bannen – übrigens nicht nur der deutschen. Aber wir brauchen sie noch viel mehr, um den Herausforderungen der Zukunft gewachsen zu sein.

Dabei geht es nicht um den zulässigen Geräuschpegel von Rasenmähern – auch nicht um einige Millionen Subventionen mehr oder weniger für dieses oder jenes. Es geht immer noch – oder leider wieder – darum, Menschen in Europa und anderswo vor Mord und Raub, vor Krieg und Vertreibung zu schützen.

Es geht darum, daß ein einiges Europa mehr und wirksamer als ein zersplittertes zur Erhaltung der ökonomischen wie der ökologischen Grundlagen des Lebens in Europa und in der Welt beitragen kann, daß die europäischen Staaten miteinander besser als gegeneinander mit dem Bevölkerungswachstum, der Ressourcenverschwendung, den Hungerkatastrophen und den Wanderungsbewegungen fertigwerden können.

Es geht darum, daß wir angesichts globaler Veränderungen in Wirtschaft, Technologie und Gesellschaft gemeinsam besser als einzeln die Zukunft menschlicher Arbeit in Europa sichern können. Und daß wir gemeinsam besser als einzeln ein neues Gleichgewicht finden werden zwischen der wirtschaftlichen Leistungskraft, mit der wir unseren Platz in der Welt sichern müssen, und der sozialen Gerechtigkeit, die eine der Grundlagen der europäischen Demokratie ist.

Es geht darum, dem Marktfatalismus und der Entstaatlichung der Gesellschaft nicht anheim zu fallen, sondern den Kräften des Marktes eine politisch gewollte, gesellschaftliche Orientierung durch Werte zu geben, die aus der europäischen Kultur wachsen, aus unseren Traditionen und Gewohnheiten, unserer europäischen Lebensweise eben.

Vielleicht werden künftige Historiker einmal feststellen, daß das 20. Jahrhundert, politisch gesehen, nicht im Jahr 2000, sondern schon zehn Jahre vorher, um das Jahr 1990, zu Ende gegangen ist. Da brach eine Weltmacht zusammen und mit ihr ein aus Europa stammender ideologischer Entwurf für die Gestaltung von Wirtschaft, Politik und Gesellschaft.

Da ermöglichte die Entwicklung moderner Technologien, für die das "internet" als Symbol, aber keineswegs als Ursache steht, eine weltweite Vernetzung von Informationen und Handlungen, in der die Frage nach der Qualität des Wirtschaftsstandorts Deutschland (und / oder ganz "Europas") nur eine von vielen und wahrscheinlich nicht einmal die bedeutendste ist. Da wurde in Jugoslawien bewußt, daß archaische regionale Reaktionen und modernste globale Interaktionen sich nicht nur gegenseitig nicht ausschließen, sondern brisante Verbindungen eingehen können. Da begann, parallel zum Prozeß der Globalisierung, weltweit auch ein Prozeß der Regionalisierung und Fragmentarisierung, und die eine wie die andere stellte die "Volks"-souveränität, die Grundlage der europäischen Demokratie, soweit sie allein auf den Nationalstaat bezogen blieb, in Frage.

Diese Veränderungen stellen die europäischen Staaten zum ersten Mal seit vierzig Jahren wieder vor die vier Grundsatzfragen: "Wie stark wird Europa?" "Wie groß wird Europa?" "Wie teuer wird Europa?" Und vor allem: "Wozu Europa überhaupt?"

Der EURO und der Vertrag von Amsterdam sind Versuche einer Antwort auf die Frage, wie stark wird Europa. Jeder weiß, daß sie keine ausreichende Antwort sind. Aber jeder, der sie als unbefriedigend empfindet, sollte sich darauf gefaßt machen, daß er noch um diesen Vertrag zittern wird, wenn die Dänen im Mai nächsten Jahres über ihn abstimmen.

Die Agenda 2000 der EU-Kommission und die Entscheidungen des Gipfels von Luxemburg im Dezember sollen eine Antwort geben auf die Frage, wie groß wird Europa. Sind wir dabei den Bogen zu überspannen? Geht die Union an ihrer Attraktivität zugrunde?

Die Verhandlungen über die mittelfristige Finanzvorausschau werden eine neue Entscheidung über die Eigenmittel der Union und damit über die Finanzbeiträge der Mitgliedstaaten erfordern. Die Union handlungsfähig und größer machen und ihr gleichzeitig die Eigenmittel zu kürzen – diese in Bonn neuerdings zur Doktrin erhobene Mißachtung der Grundrechenarten der Einigung Europas, zeugt von einem gebrochenen Verhältnis zur europäischen Wirklichkeit.

Und vor allem: Aber keines der drei Probleme kann gelöst werden ohne eine Antwort auf die Frage: Wozu das ganze überhaupt?

Die Globalisierung – und zwar nicht bloß die technologisch ökonomische sondern auch die Globalisierung der ökologischen und der kriminologischen Probleme – drohen das Europa der nächsten Generation an den Rand der

Welt zu drängen. Dieser Herausforderung können die Europäer zwei Trümpfe entgegensetzen.

Erstens: Die Modernisierung der europäischen Wirtschafts- und Sozialstrukturen, auch der deutschen, neue Produkte, neue Verfahren, neue Technologien und vor allem Ausbildung, Fortbildung und Forschung, ist unser Trumpf. Das macht es nicht überflüssig, Kosten zu senken, öffentliche Ausgaben zu sparen, auch Medizinisches und Soziales wieder bezahlbar zu machen. Wir müssen überall in Europa weniger in Beton und mehr in Köpfe investieren.

Zweitens: Wir müssen den Binnenmarkt besser nutzen, in dem die Mitgliedstaaten der Union neunzig Prozent ihrer Waren und Dienstleistungen im europäischen Binnenmarkt abwickeln. Solange wir uns in diesem Binnenmarkt den Luxus von vierzehn verschiedenen Währungen leisten, sind alle Klagen über die Folgen der Globalisierung der Wirtschaft nichts als faule Ausreden.

Die Währungsunion ist Teil des Modernisierungsprojekts der europäischen Wirtschaft, ein Fitnessprogramm auch für die deutsche Wirtschaft. Sie ist kein deutsches Opfer auf dem Altar der europäischen Einigung. Sie ist im nationalen Interesse. Wir brauchen sie, weil sie eine Zone währungspolitischer Stabilität um uns herum schafft, in den Ländern, in denen wir über siebzig Prozent unserer Exporte absetzen. Warum reden wir nicht klarer über unsere Interessen?

Anfang Mai 1998 werden die Staats- und Regierungschefs der Europäischen Union entscheiden, welche Staaten mit der Einführung des EURO am 1. Januar 1999 beginnen. Es werden elf von fünfzehn sein. Noch nie in der modernen Geschichte Europas lagen die wichtigsten Länder Europas mit ihren Wirtschaftsdaten so nahe beieinander. Noch nie gab es so viel Stabilität bei den Preisen, bei den Zinsen, zwischen den Währungen. Wenn man doch einmal akzeptieren wollte, daß der Vertrag von Maastricht die beabsichtigte Wirkung gehabt hat.

Bei ihrer Entscheidung werden sich die Chefs allerdings nicht zu Buchhaltern degradieren. Das verlangt nicht einmal das Bundesverfassungsgericht von ihnen. Auch vom deutschen nicht. Es fordert zwar, daß die Währungsunion eine sich kontinuierlich entwickelnde Stabilitätsgemeinschaft sein muß, aber es hat auch ausdrücklich anerkannt, daß die Konvergenzkriterien im Rahmen der verbleibenden Einschätzungs-, Bewertungs- und Prognosespielräume auszulegen sind.

Gewiß sind Entscheidungen von dieser Dimension nie ohne Risiko, und die Menschen wissen das instinktiv. Bei einem Projekt, das 14 nationale

Währungen durch eine gemeinsame ersetzt, läßt sich nicht jedes Risiko für alle Zeit zweifelsfrei ausschließen. Das gelingt ja für die nationale Währung auch nicht. Wir sollten auch nicht so tun, als ließe es sich durch eine Punktlandung bei den Konvergenzkriterien ausschließen.

Es war Feigheit, nicht Klugheit, die Bürger mit der Dreikommanull-Kampagne über den rechtlichen und politischen Interpretationsspielraum hinwegtäuschen zu wollen und den Bürgern gar nicht erst zuzutrauen, daß sie sich vernünftig verhalten können.

Die öffentliche Debatte über die Einführung des EURO ist notwendig und sie ist notwendig kontrovers. Aber in Deutschland wird zuviel über die Risiken und zu wenig über die Chancen geredet, zu viel über die Nachteile und zu wenig über die Vorteile. In der Lage, in der sich Europa befindet, ist der status quo das größte aller Risiken.

Der Vorgang ist von einer unerhörten historischen Dimension. Dazu sollten wir uns in der öffentlichen Debatte bekennen. Natürlich geht es nicht um Krieg und Frieden, aber die gemeinsame Währung wird Europa auch politisch ein neues Gesicht geben. Sie wird die bestehenden Verflechtungen noch weiter intensivieren und dabei neue gesellschaftliche wie nationale Verteilungskonflikte schaffen. In ihr ist ein horizontaler Finanzausgleich enthalten wie der Keim im Ei. Sie wird das alte dollargeprägte Gefüge durch ein neues europäisch-amerikanisch dominiertes Weltwährungssystem ablösen. Die Europäer, besonders die Deutschen, werden lernen müssen, in weltpolitischen Kategorien zu denken, was ohnehin unvermeidlich ist. Die Befürworter der Währungsunion haben das gewiß im Kopf, trauen sich aber viel zu wenig, darüber zu sprechen.

Eine Jahrhundertentscheidung, wie es die Ersetzung von 14 nationalen Währungen durch eine gemeinsame ist, muß Irritationen, Sorgen, auch Ängste hervorrufen. Alles andere wäre nicht normal. Die Deutschen, zumal die älteren, haben da zweifellos besondere Probleme. Im Westen wie im Osten der Republik gibt es keine Diskussion über die Währungsunion, in deren Verlauf nicht der symptomatische Versprecher "Währungsreform" vorkäme.

Nach dem verlorenen Krieg und der verlorenen Ehre gab die starke Mark Millionen Deutschen ein Stück nationaler Selbstbestätigung: Ansehen, Solidität, Macht. Im Zusammenbruch der DDR war die Mark wichtigstes Vehikel und Symbol der nationalen Einheit. Das ist nicht zu verachten. Aber verlieren wir mit der DM wirklich unsere nationale Identität?

Wenn wir Deutschen unsere Identität nicht mehr in den guten wie in den bösen Zeiten unserer Geschichte suchen, wenn wir uns nicht mehr in dem Fleiß, der Sorgfalt und dem Einfallsreichtum unserer Ingenieure und Handwerker, Wissenschaftler und Kaufleute wiedererkennen, wenn wir uns nicht mehr damit identifizieren, wie wir Demokratie, Rechtsstaatlichkeit und Gerechtigkeit für unser Land organisieren, wenn wir die Sprache, in der unsere Dichter und unsere Kinder ihr Wissen und Wollen, ihr Suchen und Sehnen ausdrücken, nicht mehr als die unsere lieben, wenn wir Deutschsein mit dem Geldschein gleichsetzen - dann allerdings sind wir wirklich arm dran.

Das Projekt aufschieben, wie es manche fordern, heißt es aufzugeben. Ein neuer Termin wird von niemandem mehr ernst genommen. Vierzig Jahre lang konnte sich die Union der Staaten Europas im Windschatten der Blockkonfrontation und des Kalten Krieges entwickeln. Seit sieben Jahren ist sie politisch wie ökonomisch den Stürmen und Klippen des Weltmeeres ausgesetzt. Die Zeit ist jetzt reif für Entscheidungen, nicht für Verschiebungen. Das gilt nicht nur für den EURO - und nicht nur für die Europäische Union.

Eine zweite Jahrhundertentscheidung steht an: die angemessene Antwort des Westens auf die Selbstbefreiung des Ostens. Die Politikergeneration der fünfziger Jahre hatte den Mut und die Weitsicht, den tausend Jahre alten Antagonismus zwischen Deutschland und Frankreich in einer Europäischen Gemeinschaft aufzuheben und die Einigung Europas im Westen zu beginnen. Unsere Generation hat zum ersten Mal seit 1000 Jahren die Chance, dem ganzen Kontinent eine freiwillige Organisation des Friedens und der Zusammenarbeit zu geben.

Dabei hat Europa Grenzen. Die geographischen sind zwar andere als die historischen, die historischen andere als die kulturellen, die kulturellen andere als die ökonomischen und so weiter, aber es gibt sie. Soviel muß klar sein: Die Europäische Union kann sich nicht grenzenlos erweitern. Ein europäischer Staatenbund, der vom Kap Sagres bis Kamtschatka und vom Nordkap bis zum Tigris reicht, ist weder denkbar noch wünschenswert. Der Europäischen Union werden nie alle Staaten angehören, die europäisch sind, sich europäisch fühlen oder mit Europa verbunden sein wollen. Sie wird geographisch, kulturell und politisch immer weniger sein als das ganze Europa.

Dennoch darf die Union die europäischen Staaten, die ihr nicht beitreten können, wollen oder sollen nicht aus Europa vertreiben. Sie darf es schon deshalb nicht, weil ihre politischen und ökonomischen Interessen mit Rußland, das eine europäische und zugleich eine asiatische Großmacht bleiben oder wieder werden wird, eng verbunden sind – auch mit der Türkei, die eine zunehmend wichtige Rolle im mittleren Osten und in Zentralasien spielen wird. Ohne ihren Beitrag ist Europa nicht stabil.

Die Union muß ein dichtes und tragfähiges, zugleich differenziertes und flexibles Netzwerk von Kooperations-, Partnerschafts- und Assoziierungsverträgen mit den Staaten schaffen, die ihr nicht angehören - ein "System konföderaler Zusammenarbeit in Europa". Das könnte die Zusammenarbeit zum Schutz der Umwelt, zur Schaffung transeuropäischer Verkehrswege, zur transkontinentalen Entwicklung der Telekommunikation, zur Sicherung der Energieerzeugung und -versorgung, zur Konversion der Rüstungsindustrien usw. organisieren. Aus diesem Netzwerk könnte eine Charta für konföderale Zusammenarbeit in Europa entstehen, die dem ganzen Europa eine dauerhafte Ordnung des Friedens gibt.

Den Beitritt zur Union haben gegenwärtig zehn mittel- und osteuropäische Staaten (und Zypern) zur Union beantragt. Mehr sollten es nicht werden. Mit wenigstens fünf von ihnen werden in der ersten Hälfte des nächsten Jahres die Verhandlungen beginnen. Von der Seite der Union her gesehen, geht es nur noch um das "wie" und um das "wann" – nicht mehr um das "ob". Das ist eine gewaltige institutionelle, finanzielle und ökonomische Herausforderung Anfang des nächsten Jahrhunderts. Und das wird nicht nur schwerer werden, sondern auch viel länger dauern als viele glauben.

Nicht nur weil die Erweiterung der Union zum Nulltarif nicht zu haben ist. Wir dürfen ohnehin nicht nur rechnen: "Was kostet der Beitritt?" Wir müssen auch rechnen: "Was kostet der Nichtbeitritt?" Entweder exportiert die Europäische Union durch Erweiterung politische, ökonomische, soziale und ökologische Stabilität nach Osten oder sie wird Instabilität aus dem Osten importieren müssen.

Vor allem aber muß sich jeder klar sein: Das wird nicht bloß eine durch Erweiterung erneuerte Union, sondern eine grundsätzlich andere Union sein. Natürlich hat auch der Beitritt Großbritanniens, Dänemarks und Irlands 1973, Griechenlands 1981, Spaniens und Portugals 1985 und Finnlands, Schwedens, Österreichs 1995 jeweils die Europäische Gemeinschaft bzw. die Union verändert - am stärksten durch den Beitritt des Vereinigten Königreichs. Aber noch nie haben sich Geschichte, Traditionen, gesellschaftliche Verhaltensweisen und politische Ziele der neuen Staaten, haben sich die nationalen Gefühlshaushalte, Erfahrungen, Interessen und Wertungen ihrer Bürger und der Politiker so tiefgreifend von denen in den bisherigen Mitgliedstaaten unterschieden. Und noch nie ist der Union eine neue Qualität mit solcher Quantität hinzugefügt worden.

In dieser veränderten Union muß sich Deutschland darauf einstellen, daß es eine weitere Vertiefung der staatlichen Elemente der Union nicht mehr geben wird, daß es eine handlungsfähige Union weiterhin geben muß und daß es eine Rückkehr in das Vorkriegseuropa nicht geben darf.

Mit seiner geographischen Lage kann Deutschland in Europa besser fertigwerden, wenn die mittel- und osteuropäischen Staaten in der Europäischen Union sind. Nachdem es in hundert Jahren zweimal daran gescheitert ist, seine Lage autonom bewältigen zu wollen, ist es vernünftig, den unausweichlichen Balanceakt innerhalb einer festen, handlungsfähigen Europäischen Union zu vollziehen.

Wenn der Preis für die Erweiterung der Union nach Osten die Aufweichung oder gar die Auflösung der heutigen Union sein sollte, dann dürfte er nicht gezahlt werden. Er wäre zu hoch. Es lohnte die Mühe nicht, Polen, Ungarn, Tschechien und die anderen Staaten in eine Union aufzunehmen, die handlungsunfähig wäre, die zur Freihandelszone aufgeweicht wäre und die die Fähigkeit zu wirklicher Solidarität nicht mehr hätte.

Die Union selbst muß allerdings erst noch erweiterungsfähig werden. Wenn wir den Unfug der heutigen Agrarmarktordnungen auch auf den Osten Europas übertragen, geht die Union daran bankrott. Wenn wir die Strukturförderung weiter so organisieren, daß sie über 51 Prozent der Unionsbürger ausgegossen wird, überlebt die Union die Erweiterung nicht. Und wenn wir die Union bis an die Ostgrenze Polens und Rumäniens erweitern und gleichzeitig den deutschen Finanzbeitrag an die Union senken wollen, wird das die Union auch nicht aushalten.

Der Vertrag von Amsterdam ist ein notwendiger, aber noch nicht hinreichender Schritt zur Erweiterungsfähigkeit der Union. Es muß und es wird ein Amsterdam II geben, noch bevor der erste mittel- oder osteuropäische Staat beigetreten ist. Aber einen ganz neuen Anfang wird es auch dann nicht geben.- Ein Kerneuropa nicht und schon gar nicht eine europäische Verfassung. Die Zeit einer festen Union aus fünf oder sieben Mitgliedstaaten ist historisch vorbei. Die Union wird sich zu fünfzehnt zur Reform bequemen müssen oder es wird keine Union mehr geben.

Und das "Wunder von Philadelphia" von 1787 wird sich in Europa auch nicht ereignen. Europäische Staatsmänner oder Weise Europas, umgeben von den Büsten von Homer und Dante, Goethe und Shakespeare, Victor Hugo und Kant, dazwischen die von Schuman und Monnet, Adenauer und de Gasperi – solange in einen Raum zu sperren, bis sie sich auf eine europäische Verfassung geeinigt haben, ist keine Vision, sondern eine Illusion.

Die Verlagerung von Kompetenzen aus den Nationalstaaten auf die Europäische Union ist prinzipiell und im großen und ganzen abgeschlossen. In Zukunft wird es eher darum gehen, die Handlungsfähigkeit der Union bei der Ausfüllung der Kompetenzen, die sie bereits hat, zu verbessern, ihre Entscheidungen breiter zu legitimieren und ihre Entscheidungsverfahren transparenter zu gestalten.

Mehr Transparenz: Eine der berechtigten Kritiken an der Union ist doch der Vorwurf, daß niemand erkennen kann, wer, wann, was und mit welcher Legitimation in Brüssel beschließt. Nationale Arroganz gegenüber den komplizierten und unverständlichen Entscheidungsabläufen in der Europäischen Union ist freilich fehl am Platze. Welcher Bürger versteht denn in Deutschland, welche Teile der Steuerreform vom Bundestag allein und welche Teile von Bundestag und Bundesrat gemeinsam beschlossen werden müssen?

Größere Handlungsfähigkeit heißt, daß der Rat im gesamten Bereich der normalen Gesetzgebung mit einer Mehrheit der gewichteten Stimmen beschließt. Der Einstimmigkeit vorbehalten bleiben nur Fragen der Finanzausstattung, der Vertragsänderung und orientierende Grundentscheidungen - oder anders ausgedrückt: Alles, was der Ratifikation durch die nationalen Parlamente unterworfen ist, muß auf europäischer Ebene weiterhin einstimmig entschieden werden - aber eben nur das.

Man kann es drehen und wenden wie man will: Nicht die Zahl der Mitglieder der künftigen Kommission, nicht eine neue Gewichtung der Stimmen oder eine neue Definition der Mehrheit im Rat ist für die Handlungsfähigkeit der Union die entscheidende Frage, sondern die Bereitschaft, Mehrheitsentscheidungen im gesamten Bereich und nicht wie bisher nur in Teilen der normalen Gesetzgebung der Union zu akzeptieren.

Breitere Legitimation heißt, daß das Europäische Parlament überall, wo der Rat Gesetzgebung mit Mehrheit entscheiden kann, gleichberechtigt und gleichgewichtig mitentscheidet. Die Strategie des Europäischen Parlaments in der Vorbereitung auf die Revision des Vertrages von Maastricht war erfolgreich. Wir haben einerseits das Jammern und Klagen über fehlende Rechte gelassen und die vorhandenen genutzt - und andererseits unsere Forderungen auf die Mitentscheidung in der Gesetzgebung konzentriert.

Das Europäische Parlament ist der klare Gewinner von Amsterdam. Seit Maastricht wird etwa ein Viertel aller EU-Gesetze nach dem Verfahren der Mitentscheidung beschlossen, nach Amsterdam werden es etwa drei Viertel sein. Darüber hinaus wird der Präsident der EU-Kommission künftig auf Vorschlag der Staats- und Regierungschefs vom Europäischen Parlament gewählt.

Das ist noch nicht genug, aber ein alles entscheidendes oder ein allein entscheidendes Europäisches Parlament, das in Kompetenz und Anspruch den nationalen Parlamenten nachgebildet wäre, kann und darf es nicht geben.

Zum einen: Kein Europaabgeordneter spricht alle Sprachen der Union. Keiner kann sich ohne Dolmetscher direkt mit allen Unionsbürgern verständigen. Keiner ist Vertreter der ganzen Vielvölkerschaft der Union, ein "Unionsvolksvertreter" - nicht einmal potentiell. Zum anderen: die Zusammensetzung des Europäischen Parlaments wird immer so verzerrt sein, daß die Stimme eines irischen oder dänischen Wählers weit mehr Gewicht hat als die eines italienischen, britischen oder deutschen Wählers. Der alte republikanische Grundsatz "one man, one vote" läßt sich in einer Staatenunion nicht verwirklichen.

Eine demokratische Union braucht immer beides: Den Ministerrat, in dem die demokratisch legitimierten Regierungen ihre Staaten vertreten, und das Europäische Parlament, in dem die direkt gewählten Abgeordneten ihre Wähler vertreten. Die Union, die ja kein Staat sondern eine Union von Staaten ist, braucht eine eigene Konstruktion der Demokratie.

Das Bundesverfassungsgericht hat das Funktionieren demokratisch legitimierter Institutionen an die Existenz eines europäischen Volkes gebunden – das es nicht gebe, an einen politischen Diskurs, der wegen der Vielfalt der Sprachen über die Grenzen hinweg nicht stattfinden könne, und an eine "europäische Öffentlichkeit", die sich nicht artikulieren könne.

Gewiß: Es gibt kein europäisches Volk und es wird auch keines geben. Die Vielzahl der Sprachen bewirkt tatsächlich bisweilen Sprachlosigkeit. Information und Kommunikation finden länderübergreifend nur selten und in Bruchstücken statt.

Aber wo der Rat mit Mehrheit entscheiden kann – im gesamten Bereich der Binnenmarktgesetzgebung zum Beispiel – ist den nationalen Parlamenten auch der letzte Rest parlamentarischer Entscheidung und Legitimierung entglitten. Kein nationales Parlament kann eine in Brüssel beschlossene europäische Verordnung oder Richtlinie verändern oder ablehnen.

Es gibt nur zwei Wege zur Reparlamentarisierung der Gesetzgebung in der Union: entweder über eine Stärkung des Europäischen Parlaments oder über die Rückverlagerung der Entscheidungskompetenz in die nationalen Parlamente. Der zweite Weg ist nicht nur ein Weg in die Blockade der europäischen Politik und in die Renationalisierung. Wenn wir vor dem Hintergrund des faktischen Souveränitätsverlusts der Mitgliedstaaten der Union die demokratische Mitwirkung der Bürger an der Politik nur über die nationalen Parlamente organisieren wollten, gaukelten wir ihnen Mitwirkung nur vor.

Eine demokratische Alternative zur Stärkung des Europäischen Parlaments gibt es nicht. Es wird gestärkt nicht auf Kosten der nationalen Legislativen, sondern auf Kosten der im Brüsseler Ministerrat versammelten Vertreter der nationalen Exekutiven. Europäisches Parlament und nationale Parlamente sind Partner, nicht Konkurrenten. Das eine wie die anderen haben und behalten ihre spezifische Rolle in der europäischen Politik. Die nationalen Parlamente kontrollieren die Europapolitik ihrer jeweiligen Regierungen und legitimieren die europäischen Grundsatzentscheidungen – Vertragsveränderungen, Finanzverfassung usw. Das Europäische Parlament kontrolliert die EU-Kommission und legitimiert die tägliche Sekundärgesetzgebung der Union.

Das Europäische Parlament aber kann und will und darf nicht die Kopie irgendeines der nationalen Parlamente in der Union sein – nicht einmal die der Mutter aller Parlamente. Im Europäischen Parlament kommen gewählte Abgeordnete aus fünfzehn europäischen Völkern zusammen, und jeder bringt seine eigenen Traditionen, Verhaltensweisen und Erfahrungen aus dem nationalen Parlamentarismus mit. Wir haben unsere politische Heimat in 56 nationalen Parteien, in acht multinationalen Fraktionen. Wir sprechen in elf Sprachen. Deshalb müssen wir anders arbeiten, uns anders darstellen, andere Schwerpunkte setzen. Anders sein heißt aber nicht, schlechter zu sein. Wir sind einzigartig...

Die dritte große Herausforderung: Die Europäische Union darf Staatlichkeit und Volkssouveränität nicht verschwinden lassen, sondern muß sie, neu zugeschnitten und gebündelt, bewahren helfen. Sie muß für Wertewahrung (nicht-setzung!) und neuzugeordnete Politikverantwortung stehen, nicht für Werteverfall und Minimalstaatlichkeit.

Je größer und heterogener die Union wird, desto mehr wird sie sich darauf beschränken müssen, nur den Rahmen zu setzen und größere Spielräume für nationale und regionale Besonderheiten zu lassen.

Das entspricht dem gesunden Menschenverstand und demokratischen Grundsätzen. Und es entspricht dem Prinzip der Subsidiarität. Das steht in Amsterdam erneut, bekräftigt seit Maastricht im Vertrag. Anwenden hätten es die Mitgliedstaaten auch vorher können. Schließlich gibt es keine Verordnung, keine Richtlinie seit 1958, die nicht von ihnen beschlossen worden wäre.

Auch künftig würden sie es mit dem Prinzip der Subsidiarität halten müssen wie mit einer guten Medizin: Angemessen dosiert und kontinuierlich verabreicht, hat es eine heilsame Wirkung auf manche Fehlentwicklungen der Union - in großen Mengen und ohne Beachtung der Nebenwirkungen eingesetzt, wird es zum tödlichen Gift. Ohne Bereitschaft zu europäischer Solidarität verkommt Subsidiarität zu egoistischem Provinzialismus.

Nun hallt ein Ruf wie Donnerhall durch die deutschen Lande: Deregulierung! Zugegeben: Es gibt verwirrende, überflüssige, unverständliche europäische Gesetze aus Brüssel, es gibt unflexible, langsame, überflüssige Bürokratie in Brüssel. Da muß manches durchforstet und zurückgeschnitten werden. Dazu gehört auch die Unzahl an Förderprogrammen.

Auch darin ist die Union nichts als der Diener ihrer Mitgliedstaaten. In denen wird trotz Binnenmarkt im Bereich der technischen Normen mehr reguliert als in Brüssel. Die Europäische Union hat in 35 Jahren 415 Regelungen für das "Inverkehrbringen von Produkten auf den Binnenmarkt" erlassen. Damit hat sie jedesmal 15 unterschiedliche nationale Regulierungen ersetzt. Die Mitgliedstaaten haben allein in drei Jahren (1992-1994) 1136 neue technische Regeln erfunden - die meisten, nämlich 243, davon in Deutschland. Und die werden dann von deutschen Bundes- und Landesbeamten in die Brüsseler Sitzungen getragen - getreu dem Motto: "Nur auf deutschen Paragraphen kann Europa ruhig schlafen."

In den Brüsseler Beratungs-, Verwaltungs- und Regelungsausschüssen sitzen heute über 500 Beamte aus den deutschen Bundesländern. Das vermehrt gewiß die Sachkompetenz, aber verringert die Übersicht. Die Union muß damit aufhören, immer neue Gremien zu schaffen, in denen nichts weiter geschaffen wird als Begründungen für Reisekostenerstattung und Sitzungsgeld.

Die Tradition unseres Föderalismus gebietet uns ebenso wie unsere Verfassung, daß die Bundesländer an der europäischen Politik substantiell mitwirken – nicht nur an der in Bonn, sondern auch an der in Brüssel. Das kann durchaus zur Erhöhung des Sachverstands beitragen. Wir Deutsche halten unseren Föderalismus für eine gute Sache, zu Recht. Er darf durch die Konstruktion und die Kompetenzen der Union nicht seine Substanz verlieren. Aber er ist auch kein Exportartikel.

Die Stärkung der Regionen in den Mitgliedstaaten je nach ihrer Geschichte, ihrer kulturellen, sozialen, ökonomischen und ethnischen Besonderheiten ist wünschenswert und notwendig. Aber ein Europa der Regionen - an Stelle eines Europas der Staaten gesetzt - wäre nichts weiter als ein Puppenstubeneuropa, hübsch anzuschauen und zum Spielen geeignet, aber gewichtlos und handlungsunfähig.

Die Europäische Union ist nicht das Ende des Nationalstaats in der Europäischen Geschichte, nicht das Ende nationaler Interessen und Egoismen – auch für uns Deutsche nicht. Damit haben wir Schwierigkeiten. Statt zu akzeptieren, daß die Einigung Europas ein Gewinn für das Land ist, verdrängen, ignorieren oder leugnen wir häufig, daß wir ein nationales Interesse an der Einigung Europas haben. Statt unsere Interessen zu definieren, gefallen wir uns in der Rolle des Opfers, glauben, um historische deutsche Schuld zu tilgen, sich und seine Interessen "für Europa" opfern zu müssen. Mit den Realitäten in Europa hat das nichts, mit ihrer debalancierten Wahrnehmung in Deutschland sehr viel zu tun.

Keines der deutschen Probleme, vom Schutz der Umwelt über das Anwachsen des Verkehrs durch die Freizügigkeit von Menschen, Waren, Dienstleistungen und Kapital, die Sicherung von Recht und Demokratie bis zur Bewahrung des machtpolitischen Gleichgewichts im neuen Europa, kann ohne die Europäische Union auch nur um ein Geringes besser oder leichter gelöst werden als mit ihr. Innerhalb der Europäischen Union kommt Deutschland mit den Ängsten und Erwartungen, die mit seiner geographischen Lage, seiner Geschichte und seinem wirtschaftlichen Gewicht verknüpft sind, besser zurecht als außerhalb.

Europa braucht die Zusammenarbeit der Völker in einer Union nicht wegen der Vergangenheit der Deutschen, sondern wegen der Zukunft aller. Die aber entscheidet sich in Deutschland. Anderen Europäern ist das klarer als den Deutschen selbst.

Ich halte es für richtig und notwendig, daß die Deutschen in dem neuen Europa zu sich selbst finden, daß wir uns auf Volk und Nation, auf Staat und Selbstbestimmung besinnen. Aber Heinrich Heines Warnung bleibt gültig, daß die Deutschen "nie so außer sich sind, wie wenn sie ganz bei sich sind".

Die europäischen Nationalstaaten haben ihre große Zeit gehabt. Sie kommt nicht wieder. Aber am Ende sind sie deswegen noch lange nicht. Sie sind weit davon entfernt, funktionslos oder substanzlos zu werden. Sie sind auch nicht nur noch auf Koordination ihrer Politiken in und mit der Europäischen Union reduziert.

Was die Bürger unmittelbar betrifft und was sie täglich beschäftigt, wird auch künftig in nationaler und, je nach Verfassung, in regionaler oder lokaler Zuständigkeit geregelt werden. Das ist gut so und zugleich die Schwierigkeit mit "Europa". Entgegen der ständigen Forderung nach einem "bürgernahen" Europa ist es besser, wenn Europa den Bürgern nicht zu nahe kommt.

Die Europäische Union wird und darf nichts damit zu tun haben, wie und wo jemand seine Wohnung findet, wie er sein Haus und Garten gestaltet. Der

Zustand der Straßen in seinem Viertel, in seiner Stadt, in seiner Region, Verkehrslenkung und Verkehrsüberwachung - nichts davon muß europäisch geregelt werden. Rechtsstreitigkeiten mit Nachbarn, Kollegen, Geschäftspartnern müssen nicht von europäischen Gerichten entschieden werden. Die Sicherheit für Hab und Gut und Leib und Leben kann weiterhin durch die Polizei des eigenen Landes organisiert und gewährleistet werden. Soziale Sicherheit wird auch künftig durch nationale Solidaritätssysteme garantiert werden. Und vor allem: Sie bleiben Herren ihrer Verwaltung.

Aus der Europäischen Union kann kein europäischer Bundesstaat nach der Blaupause der Vereinigten Staaten von Amerika oder der Bundesrepublik Deutschland werden. Sie ist eine Union von Mitgliedstaaten und das wird sie bleiben. Sie werden immer mehr sein als nur Bundesländer einer Bundesrepublik Europa.

Es ging nie darum – jedenfalls unseren Partnern nicht – und es wird auch künftig nicht darum gehen, eine Art europäischen Nationalstaat zu schaffen.

Selbst wenn ein europäischer Bundesstaat einmal gewollt gewesen sein sollte, ist er seit der ersten Erweiterung der Europäischen Gemeinschaften um Großbritannien, Irland und Dänemark kein politisches Ziel mehr. Mit den gegenwärtig fünfzehn Mitgliedstaaten ist es politisch ausgeschlossen. Und mit einer nach Osten erweiterten Europäischen Union ist es überhaupt nicht mehr vorstellbar.

Die Europäische Union wird immer nur das sein, was die Nationalstaaten aus ihr machen wollen. Das kann mehr sein als heute, ohne daß die Union zum Superstaat wird. Das muß mehr sein, denn eine Europäische Union, in der gemeinsame Organe für den Markt und die Währung zuständig sind und die Konjunktur-, Sozial- und Steuerpolitik aber weiter allein in nationaler Hand verbleiben, läßt Wirtschaftsraum und Staatsraum auseinanderfallen. Als "homo oeconomicus" mag das dem Bürger nichts ausmachen, als "zoon politikon" kann er es auf die Dauer nicht ertragen.

Die Konstruktion Europas muß die Freiheit, die der Rationalität des Marktes Raum läßt, mit der Ordnung verbinden, die ihr nach dem demokratisch ermittelten Willen der Gesellschaft Orientierung und Halt gibt. Die Globalisierung und ihre Folgen zu akzeptieren, heißt ja nicht, die Europäische Union auf eine große Freihandelszone zu reduzieren. Sie muß das tun können, was die Mitgliedstaaten für sich allein nicht mehr ausreichend können: die Bürger vor den destruktiven Folgen der Marktprozesse schützen und den Unterschied zwischen Gewinnern und Verlierern am Markt nicht unerträglich groß werden lassen. Das war zu allen Zeiten ein konstitutives Element einer freien Gesellschaft und es gilt nicht nur für die Beziehungen zwischen Individuen, sondern auch zwischen Regionen und Nationen. Wo die nationalstaatliche Politik erzwungen oder freiwillig abdankt, muß sie die Europäische Union als Nachfolger einsetzen, sonst überläßt sie den Platz den Usurpatoren der Gewalt und der Anarchie.

Über die Europäische Union wird manchmal geredet als sei sie eine Organisation von einem anderen Stern und nicht eine Hervorbringung gerade der europäischen Nationalstaaten. Also wird sie die europäischen Völker nicht auflösen. Also macht sie aus ihnen kein europäisches Volk. Also wird es auch in Zukunft eine Fülle von nationalen und regionalen Sprachen, Kulturen, Gewohnheiten, Traditionen geben.

Es ist jedenfalls nicht die Union, wenn sich Mehltau auf die Farbigkeit und Vielfalt nationaler und regionaler Kulturen legt. Disneyland bei Paris ist ja nicht durch eine Verordnung der EU-Kommission geschaffen worden, und Mc Donalds ist keine Hervorbringung des Binnenmarkts.

Wir alle werden in nationalen, regionalen und lokalen Bezügen zu Hause bleiben: in Deutschland, in unserer Region, in unserer Stadt. Dort lernen wir unsere Muttersprache. Dort benennen wir die ersten Begriffe und Dinge, formen sich die ersten Bilder, die uns ein Leben lang begleiten werden. Dort finden wir unsere Identität. Dafür gibt es keinen europäischen Ersatz. Das ist Teil unserer europäischen Freiheiten, das wird so bleiben.

Dennoch gibt es europäische Gemeinsamkeiten, die uns Europäer von anderen Gesellschaften auf der Erde unterscheidet, von der amerikanischen wie der japanisch-ostasiatischen oder der fundamentalistisch-moslemischen. Von Helsinki bis Lissabon, von den Beskiden bis zu den Hebriden streben wir bei allen Unterschieden im einzelnen doch alle immer wieder nach dieser einzigartigen und unauflöslichen und gleichgewichtigen Verbindung von wirtschaftlicher Leistung und sozialer Gerechtigkeit, suchen wir das immer gefährdete Gleichgewicht zu halten zwischen der Freiheit für den einzelnen und seiner Verantwortung für das Ganze. Das ist europäisch. Daraus wird sich allmählich ein europäisches Bewußtsein entwickeln.

Mit Eurozentrismus hat das nichts zu tun. Der einstmals unerschütterliche Glaube an die Überlegenheit der europäischen Zivilisation in der Welt ist ohnehin verflogen. Und das ist kein Mangel. Die Europäer dürfen nicht wie früher den Platz beanspruchen, der anderen zusteht, aber sie haben das Recht, ihren eigenen zu behaupten. Viele Völker, in Asien vor allem, sind dabei, Instrumente, Techniken und Know how der Europäer zu übernehmen ohne deswegen ihre eigenen Ideale und Identitäten aufzugeben. Das macht sie leistungsfähig und manchmal überlegen. Wir dürfen unsere Werte um der Existenz Europas willen nicht aufgeben.

Auch wenn es schon tausendmal gesagt und geschrieben worden ist, bleibt es wahr: Die Vielfalt der europäischen Völker, ihrer Kulturen und Traditionen, Sprachen und historischen Erinnerungen, auch ihrer Eigenarten und Eigenwilligkeiten, ist nicht die Schwäche Europas. Es ist unsere Stärke - wenn es gelingt, unsere Kräfte zu bündeln und auf die Herausforderungen der Zukunft zu lenken. Nur durch die politische Einigung Europas zeichnet sich für die Deutschen und für alle Europäer noch eine Chance ab, der Macht der global wirksamen Tatsachen ein Stück humanistisch-europäischer Selbstbestimmung entgegenzusetzen.

Das Konzept des europäischen Gemeinschaftsrechts

JÜRGEN SCHWARZE

I.

Unter dem Leitthema „Institutionen und Gemeinschaftsverträge zwischen Kontinuität und Wandel" ist mir die Rolle zugedacht, über „das Konzept des europäischen Gemeinschaftsrechts" zu sprechen. Ich verstehe meine Aufgabe so, daß ich hier über die ursprünglichen Ideen berichten soll, welche die Entwicklung des Gemeinschaftsrechts maßgeblich beeinflußt haben. Zu diesem Zweck werde ich die wesentlichen Elemente noch einmal in Erinnerung rufen, die heute den Kern des europäischen Gemeinschaftsrechts ausmachen. Ich hoffe dabei, meine Rolle nicht mißzuverstehen, wenn ich neben der Skizzierung der Grundlagen des Gemeinschaftsrechts auch einen Blick auf die heutigen Probleme und die künftigen Perspektiven des Gemeinschaftsrechts werfe.

Die eigentliche Problembehandlung möchte ich mit einer einschränkenden Feststellung beginnen. „*Das* Konzept des europäischen Gemeinschaftsrechts" gibt es nicht, jedenfalls nicht im Sinne eines ein für alle Mal feststehenden, allseits akzeptierten Programms, das die Bildung der gesamten Gemeinschaftsrechtsordnung bestimmt hätte. Im Gegenteil sind in der Entwicklung der europäischen Rechtsordnung zwar einzelne Fixpunkte auszumachen; im übrigen ist es aber für das Gemeinschaftsrecht geradezu kennzeichnend, daß es sich - abgesehen von einzelnen Markierungen und Leitlinien - bewußt seine Unbestimmtheit und Offenheit bewahrt hat und angesichts der vor ihm liegenden, zunächst nur in ungefähren Umrissen erkennbaren Aufgaben, diese Offenheit und Unbestimmtheit in gewisser Weise sogar bewahren muß.

Wenn man heute auf die Anfänge der Entwicklung des europäischen Gemeinschaftsrechts zurückblickt, so fühlt man sich in gewisser Weise an die Anweisungen erinnert, die *Filippo Brunelleschi*, der Baumeister der enormen Kuppel des Doms von Florenz, vor bald 600 Jahren in seinem sog. Dispositiv für die Bauleute und Handwerker als letzte Instruktion wie folgt niedergelegt hat: „Die Kuppel baue man in der angegebenen Weise und ohne Stützwerk bis zur Höhe von 30 braccia, jedoch mit Gerüsten in der Weise, wie es jene Meister raten werden, die über die Mauerung befinden müssen. Und von der

Höhe von 30 braccia an aufwärts je nachdem, was sie raten werden, weil beim Errichten der Wände die Praxis die weiteren Schritte zeigen wird."[1]

Diese Handlungsanleitung *Brunelleschis* bringt eine methodische Grundeinsicht zum Ausdruck, die sich beim Zugang zum europäischen Gemeinschaftsrecht als ausgesprochen hilfreich erweist. Es handelt sich dabei um eine Rechtsordnung, die sich erst allmählich und schrittweise im Lichte gewonnener Erfahrungen herausgebildet hat und für deren anfängliche Ausrichtung und Deutung kein perfektes juristisches Erklärungsmodell zur Verfügung stand.

Allerdings hat eine Zielsetzung die Entwicklung der Gemeinschaft wie ihres Rechtes von den Anfängen an geprägt. Die Gemeinschaft sollte nicht nur eine wirtschaftliche und politische Verbundenheit schaffen, sondern auch die Grundlagen für eine europäische Rechtsgemeinschaft legen. Niemand hat trefflicher als *Walter Hallstein* die Rolle des Rechts im Rahmen des europäischen Einigungsprozesses definiert: „Das ist das entscheidend Neue, was die Gemeinschaft gegenüber früheren Versuchen auszeichnet, Europa zu einigen. Nicht Gewalt, nicht Unterwerfung ist als Mittel eingesetzt, sondern eine geistige, kulturelle Kraft, das Recht.... Auf dieser Einsicht beruht der Vertrag von Rom, und darum schafft er eine Friedensordnung par excellence."[2]

Die Rolle, die *Walter Hallstein* selbst bei der Entwicklung des Gemeinschaftsrechts gespielt hat, hat *Hans von der Groeben* als einer der Zeitzeugen in seinem Buch „Aufbaujahre der Europäischen Gemeinschaft" wie folgt geschildert:

„Walter Hallstein, der damals die deutsche Delegation leitete, hat später in seinen Reden die Gründe erläutert, die für ihn und seine Freunde für diese Initiative maßgebend waren. Wenn auch der Inhalt der Gemeinschaftsverträge sich in erster Linie auf wirtschaftliche Fragen und eine sehr allgemeine politische Zielsetzung beziehe, so sei bewußt die Form der Rechtsgemeinschaft gewählt worden: nicht völkerrechtliche Verträge, sondern allgemein verbindliche Rechtsnormen, nicht ein schiedsgerichtliches Verfahren, sondern ein Europäischer Gerichtshof mit dem Recht, allgemein verbindliche Entscheidungen zu treffen, seien Kennzeichen dieser Rechtsgemeinschaft."[3]

---

1 *A. Pizzigoni, Filippo Brunelleschi*, Zürich/München 1991, S. 46.

2 *W. Hallstein*, Die Europäische Gemeinschaft, 5. Aufl., Düsseldorf/Wien 1979, S. 53.

3 *H. von der Groeben*, Aufbaujahre der Europäischen Gemeinschaft, Baden-Baden 1982, S. 264.

Aus dieser Passage wird deutlich, inwieweit gerade die Gewährleistung des Rechtsschutzes in der Gemeinschaft von deutscher Seite beeinflußt worden ist. Es ist bekannt, daß *Jean Monnet* bereits während der Verhandlungen des Schuman-Plans im Jahre 1950 der von der deutschen Delegation erhobenen Forderung nach einem ausreichenden Rechtsschutz nach anfänglichem Zögern zugestimmt hat. Bei der ursprünglichen Ausgestaltung von Rechtsstaatlichkeit und Rechtsschutz selbst ist bekanntlich der Einfluß des Systems der französischen Verwaltungsgerichtsbarkeit unverkennbar.[4]

Diese Charakterisierung der Entstehungsgeschichte des Rechtsschutzes im Rahmen des Montanvertrages als erstem der europäischen Gemeinschaftsverträge ist in den Arbeiten insbesondere von *Ernst Steindorff*[5], *Hermann Mosler*[6], *Carl-Friedrich Ophüls*[7] und *Hans-Jürgen Schlochauer*[8] näher dargestellt und belegt worden.

II.

Nach diesen einleitenden Bemerkungen möchte ich nun etwas näher auf die Entwicklung der Rechtsordnung innerhalb der Gemeinschaft eingehen. Wie kam es dazu, daß der Gerichtshof später mit Recht „die Wahrung des Grundsatzes der Rechtsstaatlichkeit in der Gemeinschaft" zu den Grundlagen des Vertrages rechnen konnte?[9]

---

4 So *H. von der Groeben*, aaO. (Fn. 3), S. 264.

5 *E. Steindorff*, Die Nichtigkeitsklage im Recht der Europäischen Gemeinschaft für Kohle und Stahl, Frankfurt u. a. 1952.

6 *H. Mosler*, Die Entstehung des Modells supranationaler und gewaltenteilender Staatenverbindungen in den Verhandlungen über den Schumann-Plan, in: FS Walter Hallstein, Frankfurt a. M. 1966, S. 355 (369 f.).

7 *C.-F. Ophüls*, Zur ideengeschichtlichen Herkunft der Gemeinschaftsverfassung, in: FS Walter Hallstein, aaO. (Fn. 6), S. 387 (396 f.).

8 *H.-J. Schlochauer*, Die Gerichtsbarkeit der Europäischen Gemeinschaft für Kohle und Stahl, ArchVR 1951/52, S. 385 (388).

9 Im Fall AM & S, Urteil vom 18.5.1982, Rs. 155/79, Slg. 1982, S. 1575 (1610), hat der EuGH betont: „... das Gemeinschaftsrecht beruht darauf, daß die Mitgliedstaaten nicht nur auf wirtschaftlichem, sondern auch auf rechtlichem Gebiet miteinander verflochten sind." Davor hatte der Gerichtshof bereits in seinem Urteil vom 13.2.1979, Rs. 101/78, Granaria, Slg. 1979, S. 623 (637) „die Wahrung des Grundsatzes der Rechtsstaatlichkeit in der Gemeinschaft" zu den Grundlagen des Vertrages gerechnet.

Als die Europäische Gemeinschaft für Kohle und Stahl als erste der drei europäischen Gemeinschaften vor bald fünfzig Jahren ins Leben gerufen wurde, tauchte sehr bald die Frage auf, in welcher Weise das von ihr benötigte Recht gefunden und entwickelt werden könne. Einerseits erschien es undenkbar, eine neue supranationale Verwaltungsbehörde mit weitreichenden Eingriffsbefugnissen ohne präzise rechtsstaatliche Schranken tätig werden zu lassen. Andererseits enthielt der erste Gemeinschaftsvertrag - wie später auch die Verträge zur Gründung der Europäischen Wirtschaftsgemeinschaft und der Europäischen Atomgemeinschaft - vielfach nur einzelne, grundsätzliche Bestimmungen, nicht aber ein hinreichend dichtes rechtliches Regelungssystem.

Es gehört zu der bekannten Technik der Gemeinschaftsverträge, daß sie die Vervollkommnung und genaue Ausgestaltung des Gemeinschaftsrechts der fortlaufenden sekundären Gesetzgebung, und die Lösung von Einzelproblemen der späteren Verwaltungs- und Gerichtspraxis überlassen wollten.[10] Allerdings ließen schon die ersten Verfahren vor dem Europäischen Gerichtshof erkennen, daß das geschriebene Gemeinschaftsrecht kein lückenloses normatives System bildete.

Als ein Recht im Werden konnte sich das Gemeinschaftsrecht nicht ohne Rückkoppelung und Anknüpfung an die bis dahin bekannten traditionellen Ordnungen des Rechts - das staatliche Recht und das Völkerrecht - entwickeln.

Man war sich seinerzeit bewußt, daß die Wahl der Rechtsordnung, bei der man Anleihen aufnehmen würde, eine prinzipielle Weichenstellung bedeutete. So bezeichnete Generalanwalt *Lagrange* in einem seiner ersten Schlußanträge vor dem Gerichtshof den Montanvertrag, «von einem materiellen Gesichtspunkt aus betrachtet», als «Charta der Gemeinschaft», auch wenn er in der Form internationaler Verträge abgeschlossen worden sei.[11]

„Was die Quellen des internen Rechtes dieser Gemeinschaft anbelangt", fuhr *Lagrange* fort, „so steht dem offensichtlich nichts im Wege, daß man sie gegebenenfalls im internationalen Recht sucht, normalerweise jedoch und am

---

[10] *J. Schwarze,* Grundzüge und Entwicklungsperspektiven des europäischen Gemeinschaftsrechts, in: J. Schwarze (Hrsg.), Vom Binnenmarkt zur Europäischen Union, Baden-Baden 1993, S. 10.

[11] Zur Rs. 8/55, Fédération charbonnière de Belgique/ECSC High Authority, EuGH, Slg. 1955-1956, S. 266 f.

häufigsten wird man sie eher im innerstaatlichen Recht der verschiedenen Mitgliedstaaten finden."

Schon bald darauf hat sich der Europäische Gerichtshof in dem berühmten Fall Algera[12] prononciert auf die allgemeinen Rechtsgrundsätze der Mitgliedstaaten als Erkenntnisquelle berufen, als er über die im Vertrag nicht geregelte Frage des Widerrufs von Verwaltungsakten befinden mußte: „Um sich nicht dem Vorwurf der Rechtsverweigerung auszusetzen", sei er verpflichtet, „diese Frage von sich aus - unter Berücksichtigung der in Gesetzgebung, Lehre und Rechtsprechung der Mitgliedstaaten anerkannten Regeln - zu entscheiden."[13]

Den damals eingeschlagenen Weg hat der Gerichtshof bis auf den heutigen Tag konsequent befolgt. Bestehende Lücken des geschriebenen Gemeinschaftsrechts wurden von ihm nahezu ausschließlich unter Berücksichtigung der allgemeinen Rechts- und Verfassungsgrundsätze der Mitgliedstaaten geschlossen, auf eine Weise also, die Art. 215 Abs. 2 EGV für den speziellen Bereich der Amtshaftung in der Gemeinschaft ausdrücklich vorsieht.[14]

Die Methode, die der Gerichtshof bei der Herausbildung der stattlichen Anzahl heute anerkannter allgemeiner Rechtsgrundsätze[15] verwendet hat, ist die der wertenden Rechtsvergleichung.[16] Keineswegs greifen die Gemeinschaftsrichter unmittelbar auf einzelne nationale Rechtsgrundsätze als Rechtsquelle zurück. Zwar schöpfen sie aus dem Reservoir der hinter den nationalen Verfassungsordnungen stehenden gemeinsamen Wertvorstellungen der Mitgliedstaaten, den genauen Inhalt des gemeinschaftsrechtlich relevanten allgemeinen Rechtsgrundsatzes legen sie dann aber unter Rücksicht-

---

[12] Verb. Rs. 7/56 und 3/57 bis 7/57, Algera u. a./Gemeinsame Versammlung der EGKS, EuGH, Slg. 1957, S. 81.

[13] Verb. Rs. 7/56 und 3/57 bis 7/57, Algera u. a./Gemeinsame Versammlung der EGKS, EuGH, Slg. 1957, S. 81 (118). Der Hinweis auf das für den Richter bestehende Rechtsverweigerungsverbot läßt den Einfluß französischen Rechtsdenkens sichtbar werden. Die berühmte Formulierung des Rechtsverweigerungsverbotes in Art. 4 Code Civil lautet: „Le juge qui refusera de juger, sous prétexte du silence, de l'obscurité ou de l'insuffisance de la loi, pourra être poursuivi comme coupable de déni de justice."

[14] Dazu etwa näher *G. Nicolaysen*, Europarecht I, Baden-Baden 1991, S. 48 f. m.w.N.

[15] Dazu näher etwa *J. Schwarze*, Europäisches Verwaltungsrecht, Baden-Baden 1988, Bd. 1, S. 7 ff., 57 ff. m.w.N. Die wichtigsten allgemeinen Rechtsgrundsätze sind auch in der Rechtsprechung des BVerfG zusammengestellt, s. BVerfGE 73, S. 339 (379 f.).

[16] *K. Zweigert*, Der Einfluß des Europäischen Gemeinschaftsrechts auf die Rechtsordnungen der Mitgliedstaaten, RabelsZ 28 (1964), S. 601 ff. (611).

nahme auf die besondere Struktur und die Ziele der Gemeinschaft in Form von Richterrecht selbst fest.[17]

Diese konsequent praktizierte Form richterlicher Rechtsfortbildung half die Gefahr vermeiden, daß das sich entwickelnde junge Gemeinschaftsrecht in eine Abhängigkeit von bestimmten nationalen Rechtsvorstellungen geriet. Ein eigenständiges, auf das Wesen der Gemeinschaft zugeschnittenes Rechtssystem ließ sich nur schaffen, wenn die rechtsvergleichende Umschau in den Mitgliedstaaten lediglich den Kreis der auf Gemeinschaftsebene akzeptablen Lösungsmöglichkeiten absteckte, nicht aber eine einseitige Auswahl oder eine Präferenz für bestimmte nationale Modelle bedeutete.

Daß der Rückgriff auf eine einzelne nationale Verfassungsordnung den Entwicklungsprozeß zu einem neuen gemeinsamen Recht nachhaltig stören, wenn nicht gänzlich stoppen würde, wurde auf dieser ersten Stufe der Herausbildung des europäischen Gemeinschaftsrechts vom Gerichtshof deutlich erkannt.[18]

Obwohl ihm, wie seine spätere einschlägige Rechtsprechung belegt, die Notwendigkeit eines angemessenen Grundrechtsschutzes auf Gemeinschaftsebene nicht unbemerkt geblieben sein dürfte,[19] hat sich der Gerichtshof trotz des insoweit offenkundigen Normdefizits der Verträge geweigert, die Rechtmäßigkeit von Entscheidungen der Hohen Behörde an solchen innerstaatlichen Vorschriften zu messen, "die in dem einen oder anderen Mitgliedstaat gelten, mag es sich hierbei auch um Verfassungsgrundsätze handeln".[20] Im

---

[17] Dazu näher *J. Schwarze*, Die Befugnis zur Abstraktion im europäischen Gemeinschaftsrecht, Baden-Baden 1976, S. 237 f.

[18] Zu den Entwicklungsstufen des Gemeinschaftsrechts siehe näher meinen Beitrag in der Festschrift für K. Carstens, Bd. 1, Köln/Berlin/Bonn/München 1984, S. 259 ff.

[19] Zum Grundrechtsschutz in der Gemeinschaft *H. Kutscher*, Der Schutz von Grundrechten im Recht der Europäischen Gemeinschaften, in: *H. Kutscher/K. Rogge/F. Matscher*, Der Grundrechtsschutz im Europäischen Gemeinschaftsrecht, Rechtsstaat in der Bewährung, Bd. 11, Heidelberg 1982, S. 35 ff.; *P. Pescatore*, Bestand und Bedeutung der Grundrechte in den Europäischen Gemeinschaften, EuGRZ 1978, S. 441 ff.; *K. Stern*, Das Staatsrecht der Bundesrepublik Deutschland, Bd. III/1, München 1988, S. 294 ff.; aus neuester Zeit: *P. Badura*, Staatsrecht, 2. Aufl., München 1996, S. 360 ff.; *B. Beutler*, in: Groeben/Thiesing/Ehlermann, Kommentar zum EU-/EG-Vertrag, 5. Aufl., Baden-Baden 1997, Bd. I, Art. F Rn. 22 ff.; *H.-W. Rengeling*, Grundrechtsschutz in der Europäischen Gemeinschaft, München 1993; *E. Chwolik-Laufermann*, Grundrechtsschutz in der Europäischen Union, Frankfurt a. M. 1994.

[20] Verb. Rs. 36-38/59 und 40/59, Präsident u. a., EuGH, Slg. 1960, S. 885 (921).

konkreten Fall lehnte er es ab, Art. 14 des deutschen Grundgesetzes zum Prüfungsmaßstab für das Gemeinschaftshandeln zu erheben.

Die erste Entwicklungsphase zu einem europäischen Gemeinschaftsrecht, die maßgeblich durch die Suche nach einem eigenständigen, „dritten" Weg jenseits der traditionellen Lösungen des staatlichen Rechtes und des Völkerrechts geprägt war, endete gut zehn Jahre nach Inkrafttreten des ersten Gemeinschaftsvertrages mit den bekannten Entscheidungen des EuGH in den Rechtssachen Van Gend und Loos[21] sowie Costa/E.N.E.L.[22] Das Gemeinschaftsrecht wurde in der Rechtsprechung als eine neue eigenständige Rechtsordnung anerkannt, die dem Gemeinschaftsbürger prinzipiell unmittelbar durchsetzbare eigene Rechte verleiht und Vorrang vor jedwedem nationalen Recht der Mitgliedstaaten besitzt.

Als normative Grundlage dieses Prozesses nehmen die Gründungsverträge auf Gemeinschaftsebene eine Funktion wahr, die in staatlichen Ordnungen von der Verfassung erfüllt wird. Man bezeichnet die Verträge deshalb in einem funktionalen Sinne zu Recht als „Verfassung der Gemeinschaft".[23]

Wie weit sich der Gerichtshof dabei von traditionellen Interpretationsmethoden des Völkerrechts entfernte, zeigte eindrucksvoll zunächst der Fall Van Gend und Loos.[24] Hier hatte sich eine niederländische Firma gegenüber ihren eigenen nationalen Behörden gegen eine nach Inkrafttreten des EWG-Vertrages erfolgte gesetzliche Zollerhöhung anläßlich der Einfuhr eines bestimmten chemischen Stoffes aus der Bundesrepublik Deutschland gewandt und sich zu diesem Zweck unmittelbar auf Art. 12 EGV berufen, um sich so gegen eine vertragswidrige Zollerhöhung direkt gegenüber nationalen Behörden zur Wehr zu setzen. Diese sich vom klassischen Völkerrecht abwendende Kon-

---

[21] Rs. 26/62, Van Gend en Loos/Niederländische Finanzverwaltung, EuGH, Slg. 1963, S. 1 ff.

[22] Rs. 6/64, Costa/E.N.E.L., EuGH, Slg. 1964, S. 1251 ff.

[23] Vgl. etwa *H. P. Ipsen*, Europäisches Gemeinschaftsrecht, Tübingen 1972, § 2/33 ff.; *T. Oppermann*, Europarecht, München 1991, S. 154 ff.; J. Schwarze/R. Bieber (Hrsg.), Eine Verfassung für Europa, Baden-Baden 1984, mit zahlreichen Einzelbeiträgen. Auch das BVerfG hat anerkannt, daß der EWG-Vertrag „gewissermaßen die Verfassung der Gemeinschaft“ darstellt, s. BVerfGE 22, S. 293 (296); ausführlich zu den daraus sich ergebenden Folgen *G. C. Rodriguez Iglesias*, Der Gerichtshof der Europäischen Gemeinschaften als Verfassungsgericht, Europarecht (EuR) 1992, S. 225; ders., Zur „Verfassung“ der Europäischen Gemeinschaft, EuGRZ 1996, S. 125 ff.

[24] Rs. 26/62, Van Gend en Loos/ Niederländische Finanzverwaltung, EuGH, Slg. 1963, S. 1 ff.

zeption hat der Gerichtshof seitdem in ständiger Rechtsprechung verfolgt.[25] So hat er später etwa dem Gemeinschaftsbürger das Recht zugestanden, sich unmittelbar auf eine Richtlinie zu berufen, wenn sie vom betreffenden Mitgliedstaat nicht fristgerecht in nationales Recht umgesetzt worden ist.[26] Diese Möglichkeit ist vor allem in solchen Fällen bedeutsam, in denen die Richtlinie dem einzelnen eine im Vergleich zum innerstaatlichen Recht günstigere Position verschafft. Bekanntlich hat der Gerichtshof in seiner jüngsten Rechtsprechung zusätzlich an die Nichtumsetzung von Richtlinien und darüber hinaus unter bestimmten Umständen an die Verletzung des Gemeinschaftsrechts allgemein Schadensersatzpflichten der Mitgliedstaaten geknüpft.[27]

Von der Proklamation der Eigenständigkeit des Gemeinschaftsrechts und dessen unmittelbarer Durchsetzbarkeit in den Mitgliedstaaten war es nur ein weiterer folgerichtiger Schritt, dem Gemeinschaftsrecht seit dem Fall Costa/E.N.E.L.[28] Vorrang vor allem nationalen Recht zuzuweisen. Soll das Gemeinschaftsrecht nicht seine besondere Eigenart als neue, eigenständige

---

[25] Zur Rechtsprechung zur unmittelbaren Wirkung s. nur *T. Oppermann*, aaO. (Fn. 23), S. 179 f.; *B. Beutler/R. Bieber/J. Pipkorn/J. Streil*, Die Europäische Union, Rechtsordnung und Politik, 4. Aufl., Baden-Baden 1993, S. 206 ff.; sowie *F. Emmert*, Europarecht, München 1996, S. 157 ff.

[26] Rs. 8/81, *U. Becker*/Finanzamt Münster-Innenstadt, EuGH, Slg. 1982, S. 53 ff. Diese Rechtsprechung ist später vom BVerfG (E 75, S. 223 (235 ff.)) ausdrücklich bestätigt worden. Zur unmittelbaren Wirkung siehe besonders *U. Everling*, Zur direkten innerstaatlichen Wirkung der EG-Richtlinien: Ein Beispiel richterlicher Rechtsfortbildung auf der Basis gemeinsamer Rechtsgrundsätze, in: FS für Karl Carstens, Köln u. a. 1984, Bd. 1, S. 95 ff. mit umfangreichen Nachweisen aus der Rechtsprechung des EuGH; *C. Langenfeld*, Zur Direktwirkung von EG-Richtlinien, DÖV 1992, S. 955 ff.; speziell für den Bereich des Umweltschutzrechts *R. Steinberg/B. Klößner*, Zur unmittelbaren Wirkung von Umweltschutz-Richtlinien der Europäischen Gemeinschaften, BayVBl. 1994, S. 33 ff.

[27] Verb. Rs. C-66/90 und C-9/90, *Andrea Francovich* u. a./Italienische Republik, EuGH, Slg. 1991, S. I-5357; bestätigt durch Rs. C-334/92, *Teodoro Wagner Miret*/Fondo de garantía salarial, EuGH, Slg. 1993, S. I-6926; Rs. C-91/92, *Paolo Faccini Dori*/Recreb Srl, EuGH, Slg. 1994, S. I-3325; Rs. 178/84, Kommission/Bundesrepublik Deutschland („Brasserie du pêcheur"), EuGH, Slg. 1987, S. 1227 ff.; Rs. C-392/93, The Queen/*H. M. Treasury*, ex parte: British Telecommunications plc, EuGH, Slg. 1996, S. I-1631; verb. Rs. C-178 u. 179/94, C-188 bis 190/94, *Dillenkofer u. a.*/Bundesrepublik Deutschland, EuGH, Slg. 1996, S. I-4845; verb. Rs. C-283, 291 und 292/94, *Denkavit u a.*/Bundesamt für Finanzen, Slg. 1996, S. I-5063.

[28] Rs. 6/64, Costa/E.N.E.L., EuGH, Slg. 1964, S. 1251.

Rechtsordnung einbüßen, die im gesamten Gemeinschaftsgebiet einheitlich gilt, so muß es auch Vorrang vor jedwedem nationalen Recht genießen, damit seine Geltung nicht nachträglich durch einseitige staatliche Gesetzgebungsmaßnahmen in Frage gestellt werden kann.

Mit diesen drei Attributen: der Eigenständigkeit, der unmittelbaren Wirkung und dem Vorrang des Gemeinschaftsrechts hat sich die Gemeinschaft von den klassischen Kooperationsformen des Völkerrechts und der intergouvernementalen Zusammenarbeit gelöst. Statt dessen hat sie jedenfalls auf einzelnen, eher zunehmenden Feldern den Mitgliedstaaten Souveränitätseinbußen insofern zugemutet, als eigenständige hoheitliche Entscheidungsbefugnisse auf besondere von den europäischen Gemeinschaftsverträgen geschaffene Gemeinschaftsinstitutionen übertragen worden sind. Einer der juristischen Wegbegleiter des europäischen Integrationsprozesses, *Werner von Simson,* hat diesen Integrationsvorgang in einem Debattenbeitrag im Kreise der Vereinigung der Deutschen Staatsrechtslehrer wie folgt näher gekennzeichnet:

„Es handelt sich nicht um die Delegation einer Befugnis, die früher bei der einen Stelle war, an eine andere Stelle, sondern um die Einbringung der Befugnis in eine rechts- und verwaltungsschöpferische Organisation, die etwas tun kann, was der Einbringende nicht hätte tun können. Das heißt also, um eine grenzüberschreitende Kompetenz, die neu geschaffen wird."[29]

Diese Formulierung von der Einbringung der Befugnis zur gemeinsamen Ausübung, die der Gemeinschaft eine grenzüberschreitende Kompetenz verleiht, die dem übertragenden Mitgliedstaat ehedem nicht zu Gebote stand, fördert die grundlegende Einsicht zutage, daß wir heute keineswegs der simplen Alternative gegenüberstehen, daß wir politische und wirtschaftliche Gestaltungsbefugnisse nach Belieben auf die Europäische Union übertragen oder dieselben in nationalstaatlicher Verantwortung belassen könnten. Diese Wahlfreiheit besteht in der praktischen Politik jedenfalls nicht mehr unbegrenzt. Eine Vielzahl öffentlicher Aufgaben läßt sich gegenwärtig nur noch in internationaler Arbeitsteilung und zwischenstaatlicher Kooperation erfolgreich lösen.

Auf mein engeres Thema: das Konzept des europäischen Gemeinschaftsrechts bezogen, möchte ich den Rückblick auf die Entstehungsgeschichte und

---

[29] VVDStRL 31 (1973), S. 129. Zu dieser Konzeption näher *J. Schwarze*, Die überstaatliche Bedingtheit des Staates - Bemerkungen zu Grundpositionen *Werner von Simsons* auf dem Gebiete des Europarechts, in: P. Häberle/J. Schwarze/W. Graf Vitzthum, Europarecht, Beiheft I/1993, Die überstaatliche Bedingtheit des Staates, S. 39 (40 f.).

die wesentlichen Eckpfeiler des Gemeinschaftsrechts mit einem Zitat beschließen, das ich erneut *Hans von der Groebens* Band "Aufbaujahre der Europäischen Gemeinschaft" entnehme. Ich komme damit auf die besondere rechtliche Situation in der Gemeinschaft zu sprechen, die dadurch gekennzeichnet ist, daß hier das Richterrecht[30] eine vergleichsweise große Rolle im Verhältnis zum geschriebenen Vertrags- und Gesetzesrecht spielt. Zur Rolle des Europäischen Gerichtshofes schreibt *Hans von der Groeben:* "Die Errichtung des Europäischen Gerichtshofs war vor allem aus Gründen der Rechtsstaatlichkeit und Rechtssicherheit erfolgt - sie sollte sich aber auch als ein glücklicher Wurf erweisen, um den jeweiligen Integrationsbestand rechtlich abzusichern und - dynamisch an den Zielen des Vertrages ausgerichtet - weiterzuentwickeln."[31]

Mit dem folgendem Satz *Hans von der Groebens* gelangen wir schon deutlich näher an einen neuralgischen Punkt unserer Tage: "Nur von wenigen wurde damals allerdings erkannt, daß damit nicht nur ein europäisches Zivil- und Verwaltungsgericht, sondern ein Verfassungsgericht geschaffen wurde, dessen Entscheidungen für die Verfassung der Gemeinschaft und die Beziehungen der Gemeinschaft zu den Mitgliedstaaten von grundlegender Bedeutung werden sollten."[32]

III.

Will man nach dieser Rückbestimmung auf die Anfänge der Integration und das dabei verfolgte rechtliche und institutionelle Konzept den Gegenwarts- und Zukunftsbezug über das letzte Zitat hinaus weiter verstärken, so lassen sich folgende Gesichtspunkte stichwortartig vorbringen:

---

[30] Zum Richterrecht in der Gemeinschaft *U. Everling*, Rechtsvereinheitlichung durch Richterrecht in der Europäischen Gemeinschaft, RabelsZ 1986, S. 193 ff. Die Zulässigkeit richterlicher Rechtsfortbildung in der Gemeinschaft ist vom BVerfG (E 75, S. 223, 243 f.) ausdrücklich anerkannt worden.

[31] *H. von der Groeben*, Aufbaujahre, aaO. (Fn. 3), S. 264.

[32] *H. von der Groeben*, aaO. (Fn. 31), S. 265.

1.

Wenn man den Verträgen Wirkung und Funktion einer Verfassung[33] zumißt und den EuGH zu Recht als Verfassungsgericht[34] kennzeichnet, so ergibt sich natürlich die Frage, in welchem Verhältnis und in welcher Zuordnung das solcherart gekennzeichnete europäische Verfassungsrecht zu den nationalen Verfassungsordnungen der Mitgliedstaaten steht. Keine Sorge, ich beginne keinen eigenen Vortrag zum Maastricht-Urteil des BVerfG[35] und zu den künftigen verfassungsrechtlichen Grenzen der Integration,[36] sondern benenne nur ein Problemfeld für unsere Debatte. Wichtig scheinen mir unter diesem Blickwinkel jedenfalls zwei Aspekte, die im Zusammenspiel von europäischem Gemeinschaftsrecht und nationalem Verfassungsrecht künftig besondere Beachtung verdienen.

Zum einen läßt sich heute aufgrund einer wachsenden Einflußnahme des Gemeinschaftsrechts unstreitig eine Europäisierung[37] des nationalen Rechts auf weiten Feldern konstatieren. Für das Verfassungsrecht sei die Feststellung erlaubt, daß es mittlerweile eine europäische Dimension[38] aufweist.

Zum anderen läßt sich hoffen, daß - wie von unserem Verfassungsgericht proklamiert - EuGH und BVerfG jenseits von Machtansprüchen künftig eine vertrauensvolle Kooperation[39] praktizieren, die in verfassungsprozessualer Hinsicht dem heutigen Verhältnis gegenseitigen Aufeinanderangewiesenseins von europäischem und staatlichem materiellen Verfassungsrecht entspricht.

---

33 Zur Charakterisierung der Verträge als Verfassung der Gemeinschaft siehe oben Fn. 23.

34 Siehe dazu den Band J. Schwarze (Hrsg.), Der Europäische Gerichtshof als Verfassungsgericht und Rechtsschutzinstanz, Baden-Baden 1983; sowie J. Schwarze (Hrsg.), Fortentwicklung des Rechtsschutzes in der Europäischen Gemeinschaft, Baden-Baden 1987.

35 BVerfGE 89, S. 155 ff.

36 Dazu etwa *K. Stern*, Das Staatsrecht der Bundesrepublik Deutschland, 2. Aufl., München 1984, S. 535 ff.; *K. Hesse*, Grundzüge des Verfassungsrechts der Bundesrepublik Deutschland, 20. Aufl., Heidelberg 1995, S. 46 f.; *R. Scholz*, in: Maunz/Dürig, Kommentar zum Grundgesetz, Stand 1996, Art. 23, Rn. 78 ff.

37 Dazu zuletzt statt vieler *H. J. Rabe*, 50 Jahre NJW: Die Europäisierung der Rechtsordnung, NJW 1997, S. 2631 ff.

38 Siehe dazu mein Beitrag Die europäische Dimension des Verfassungsrechts, in: FS Ulrich Everling, Baden-Baden 1995, S. 1355 ff.

39 BVerfGE 89, S. 155 (175); *K. Hesse*, Stufen der Entwicklung der deutschen Verfassungsgerichtsbarkeit, JöR 46 (1997), erscheint demnächst; *G. Hirsch*, Europäischer Gerichtshof und Bundesverfassungsgericht - Kooperation oder Konfrontation?, NJW 1996, S. 2457 ff.

2.

Als zweiter Punkt scheint mir Folgendes wesentlich: In der politischen und wirtschaftlichen Realität unserer Tage werden Zeichen dafür sichtbar, daß die Vorstellung von der europäischen Rechtsgemeinschaft und darüber hinaus von der Existenz einer Gemeinschaftsverfassung jedenfalls nicht immer als eine so vorbehaltlos akzeptierte, man könnte sagen: fraglos hingenommene Notwendigkeit angesehen wird, wie dies besonders in den Anfangszeiten des Integrationsgeschehens der Fall war. Gewiß erleidet die Gemeinschaft keinerlei Schaden, wenn immer wieder in den dafür vorgesehenen Verfahren über die Kompetenz der Gemeinschaftsorgane und die konkrete Reichweite der Vertragsbestimmungen gestritten wird. Eine Rechtsgemeinschaft bewährt sich im Alltag auch im prozessualen Streit. Das Gemeinschaftsrecht als Basis der Gemeinschaft nimmt aber dann Schaden, wenn es zunehmend allein als Anspruch gegenüber den anderen Mitgliedstaaten und Partnern, weniger aber auch als eine kontinuierlich einzuhaltende Selbstverpflichtung gegenüber gemeinsam geschaffenen Rechtsregeln mißverstanden werden sollte.[40]

3.

Um diesen Gefahren zu begegnen, ist es - abgesehen von dem nötigen politischen Bewußtsein - notwendig, daß sich das Gemeinschaftsrecht mit seinen spezifischen Attributen auch künftig als eigenständige Rechtskategorie[41] behauptet.

Es ist deshalb nur folgerichtig, wenn sich die Europäische Union in ihren jüngsten Reformbemühungen - dem Vertrag von Amsterdam - um eine Ausdehnung der eigentlichen Gemeinschaftsverfahren und des eigentlichen Gemeinschaftsrechts vor allem im Bereich der sog. dritten Säule - der Zusammenarbeit auf dem Gebiet von Justiz und Innerem - bemüht.[42] Neben der nötigen, aber noch nicht erreichten institutionellen Reform bei der Zusammensetzung und den Entscheidungsverfahren von Rat und Kommission, ist die Auf-

---

[40] Dazu näher mein Beitrag in: J. Schwarze (Hrsg.), 17. FIDE-Kongress - Ergebnisse und Perspektiven, Baden-Baden 1997, S. 13 (15).

[41] Zur Eigenständigkeit des Gemeinschaftsrechts siehe nur *H. P. Ipsen*, Europäisches Gemeinschaftsrecht, aaO. (Fn. 23), S. 6 ff.; *G. Nicolaysen*, Europarecht I, aaO. (Fn. 14), S. 29 ff.; *T. Oppermann*, Europarecht, aaO. (Fn. 23), S. 152 f.

[42] Siehe Vertrag von Amsterdam: Text und konsolidierte Fassungen des EU- und EG-Vertrags, Baden-Baden 1997 mit Einführung von *A. Bardenhewer*, S. 13 (17).

rechterhaltung und Durchsetzung eines eigenständigen Gemeinschaftsrechts besonders auch mit Blick auf die künftige Erweiterung der Union erforderlich. Beitrittsgrundlage ist in diesem Zusammenhang der „acquis communautaire".

4.

Dazu ist es freilich erforderlich, daß das Gemeinschaftsrecht auch selbst zu den nötigen Wandlungen und Anpassungen bereit ist. Einmal gehört dazu, daß die Verträge und das auf ihrer Grundlage geschaffene Sekundärrecht zukünftig klarer und einfacher gestaltet werden.

Von der Notwendigkeit der „Vereinfachung des Gemeinschaftsrechts" geht auch der Amsterdamer Vertrag aus, wenn er diesem Gesichtspunkt einen eigenen zweiten Teil widmet.[43] Freilich hat der Amsterdamer Vertrag selbst dieses Ziel keineswegs vollständig erreicht.

Zum anderen scheint mir dazuzugehören, daß die gemeinschaftliche Rechtsordnung im Zeichen der Subsidiarität nicht alle Regelungen selber treffen sollte, sondern genügend Raum für dezentrale Gestaltung offenläßt.[44] Von einer Beschränkung auf das Wesentliche bei ihrer Gesetzgebung könnte die Union m. E. zukünftig nur gewinnen. Überhaupt kommt dem Verhältnis von europäischem und nationalem Recht künftig eine zentrale Rolle zu. Der in Gang gesetzte Prozeß wechselseitiger Einwirkung und Beeinflussung von Gemeinschaftsrecht und mitgliedstaatlichem Recht[45] trägt nicht nur zur Verringerung der Konfliktlagen, sondern durch verstärkte Verankerung im internen Rechtsbereich der Mitgliedstaaten auch zur größeren Stabilität der europäischen Rechtsordnung bei.

---

[43] Siehe aaO. (Fn. 42), S. 81 ff.

[44] Vgl. *J. Schwarze*, Kompetenzverteilung in der Europäischen Union und föderales Gleichgewicht, DVBl. 1995, S. 1265 ff.

[45] So bereits *J. Rivero*, Vers un droit commun européen - nouvelles perspectives en droit administratif, in: M. Cappelletti (Hrsg.), New perspectives for a common law in Europe, Florenz 1978, S. 401; *J. Schwarze*, Europäisches Verwaltungsrecht, Bd. 2, Baden-Baden 1988, S. 841 f., 1130 ff.; ders., Deutscher Landesbericht, in: J. Schwarze (Hrsg.), Das Verwaltungsrecht unter europäischem Einfluß: Zur Konvergenz der mitgliedstaatlichen Verwaltungsrechtsordnungen in der Europäischen Union, Baden-Baden 1996, S. 123 m.w.N.

5.

Damit bin ich bei meiner Betrachtung der Gegenwartslage des Gemeinschaftsrechts nahezu am Ende angelangt. Zu den Perspektiven der Entwicklung des Gemeinschaftsrechts möchte ich lediglich noch zwei Gesichtspunkte anfügen.

Der erste Gesichtspunkt betrifft die Konsolidierung des Gemeinschaftsrechts in einem materiellen Sinne. Nach meinem Eindruck werden wir künftig unseren Blick verstärkt auf die Bedingungen richten müssen, unter denen ein möglichst großes Maß an einheitlichem Gesetzesvollzug in der Gemeinschaft gelingen kann.

Nach meiner Ansicht kann es nicht allein darum gehen, immer neue und weitere Ziele in die Verträge aufzunehmen. Mindestens ebenso wichtig erscheint mir, daß das Gemeinschaftswerk in dem Sinne konsolidiert wird, daß die Voraussetzungen für einen möglichst einheitlichen und gleichmäßigen Vollzug der gemeinsam verabredeten materiellen Politiken geschaffen werden. Dies bedeutet, daß wir verstärkt an eine Kodifizierung des Gemeinschaftsrechts - etwa im Bereich des Verwaltungsrechts - denken sollten.[46]

Den Hauptgewinn europäischer Kodifikationsbemühungen sehe ich weniger darin, für alle Details und Einzelfragen selbst eine genauere Lösung herbeizuführen, als vielmehr darin, einen Entwicklungsprozeß in Gang zu setzen, aus dem sich dann im Laufe der Zeit ein größeres Maß an einheitlichem Gesetzesvollzug und damit auch ein größeres Maß an Wettbewerbsgleichheit in der gesamten Gemeinschaft ergibt.

6.

Meine zweite abschließende Bemerkung gilt dem Umfeld, auf das alle unsere Überlegungen über die Zukunft des Gemeinschaftsrechts Rücksicht nehmen müssen. Es gehört zu den kaum bestreitbaren Einsichten heutiger weltpolitischer und ökonomischer Zusammenhänge, daß der überkommene Nationalstaat nicht mehr die Fähigkeit besitzt, die auf ihn und uns zukommenden komplexen Aufgaben allein zu meistern. Dies gilt verstärkt im Zeitalter der Globalisierung der Kommunikationssysteme und der Märkte. Der auf die Europäische Union zukommende Druck, an der Lösung der internationalen Pro-

---

[46] Siehe dazu *J. Schwarze*, Die Europäisierung des nationalen Verwaltungsrechts, in: J. Schwarze (Hrsg.), Das Verwaltungsrecht unter europäischem Einfluß Union, aaO. (Fn. 45), S. 789 (834 ff.).

bleme mitzuwirken, wird unter diesen Auspizien nahezu zwangsläufig zunehmen. Dies bedeutet m. E. freilich nicht, daß die Europäische Union zukünftig von ihrem bisherigen Weg einer allmählichen, aber kontinuierlichen Fortentwicklung ihres im Inneren wirkenden Bindeglieds - des Gemeinschaftsrechts - abgehen sollte. Trotz der durch die Globalisierung und den Erweiterungsdruck gewachsenen Reform- und Anpassungsnotwendigkeiten muß die Union jedenfalls nach meiner Einschätzung ihr traditionelles Konzept des europäischen Gemeinschaftsrechts nicht grundsätzlich umschreiben. Das Gemeinschaftsrecht wird aller Voraussicht nach auch künftig eher zunehmen. Es muß hier allerdings in der Zukunft, wie es auch der Amsterdamer Vertrag erneut bekräftigt,[47] jeweils zu einer genauen Prüfung kommen, ob unter dem Blickwinkel der Subsidiarität eine Gemeinschaftsgesetzgebung tatsächlich erforderlich erscheint.

Das in absehbarer Zeit wohl wichtigste Konfliktfeld, auf das eine weitere Ausdehnung des Gemeinschaftsrechts stoßen wird, ist die Herstellung eines angemessenen Ausgleichs zwischen gemeinschaftlicher und mitgliedstaatlicher Zuständigkeit und die Herbeiführung einer, wenn Sie so wollen, praktischen Konkordanz zwischen europäischem und nationalem Verfassungsrecht.[48] Das sich hier stellende grundsätzliche Problem scheint mir allerdings nicht unlösbar. Es würde m. E. viel an prinzipieller Schärfe verlieren, wenn die folgende Überlegung berücksichtigt würde, die *Werner von Simson* und ich in unserer kleinen Schrift „Europäische Integration und Grundgesetz" wie folgt formuliert haben:

„Ein Einbruch in die eigene Rechts- und Verfassungsordnung wird um so bedenklicher erscheinen, je mehr man sich vom Bilde eines potentiell allzuständigen Staates leiten läßt, der nach wie vor seine öffentlichen Angelegenheiten allein und in eigener Regie meistern kann. Wenn demgegenüber wahrgenommen wird, wie viele politische, wirtschaftliche und soziale Aufgaben heute nur noch in grenzüberschreitender internationaler Zusammenarbeit bewältigt werden können, ... so erscheinen auch Einbußen an eigener staatlicher Hoheitsentfaltung und die durch internationale Kooperation bedingte Unter-

---

[47] Siehe hierzu das Protokoll über die Anwendung der Grundsätze der Subsidiarität und der Verhältnismäßigkeit, in: Vertrag von Amsterdam: Text und konsolidierte Fassungen des EU- und EG-Vertrags, aaO. (Fn. 42), S. 133 ff.

[48] Siehe *K. Hesse*, Grundzüge des Verfassungsrechts der Bundesrepublik Deutschland, 20. Aufl. aaO. (Fn. 36), S. 49 ff., zum Begriff der praktischen Konkordanz, S. 28 (142); sowie *J. Schwarze*, Das Staatsrecht in Europa, JZ 1993, S. 585 (591 ff.).

werfung unter ein internationales Rechtsregime weit weniger als Eingriffe in die Identität und Struktur des eigenen Verfassungssystems."[49]

[49] *W. von Simson/J. Schwarze*, Europäische Integration und Grundgesetz: Maastricht und die Folgen für das deutsche Verfassungsrecht, Berlin/New York 1992, S. 31.

Die Entwicklungsstufen der Europäischen Union unter besonderer Berücksichtigung regional und föderal gegliederter Staaten[1]

ANTONIO D'ATENA

I. Die ursprüngliche Landesblindheit der Europäischen Gemeinschaften

Es ist ein Verdienst der deutschen Staatsrechtslehre, ausgehend von einem berühmten Aufsatz von Hans Peter Ipsen von 1966[2], auf die Landesblindheit der Europäischen Gemeinschaften hingewiesen zu haben.

Obwohl die Integrationsverträge die Untergliederungen in den Mitgliedstaaten[3] nicht gänzlich verkennen, erkennen sie ihnen die Rolle als institutionelle Akteure in der europäischen Rechtsordnung nicht zu.

Die Verträge strukturieren die Europäischen Gemeinschaften mitgliedstaatlich:

einerseits, weil sie als ausschließliche Träger der gemeinschaftlichen Pflichten und Rechte nur die Mitgliedstaaten anerkennen;

andererseits (und infolgedessen), weil sowohl die Struktur der Gemeinschaftsorgane als auch die Artikulation der europäischen Verfahren nur die Mitgliedstaaten als solche in Betracht ziehen.

---

1 Übersetzung: *Maria Böhmer*

2 *Ipsen*, Als Bundesstaat in der Gemeinschaft, in Probleme des Europäischen Rechts. Festschrift für Walter Hallstein zu seinem 65. Geburtstag, Frankfurt a.M. 1966, 248 ff., insbes. 256.

3 Man denke z.B. an Art. 68 Abs. 3 EWGV, der ausdrücklich die "enti locali" (oder je nachdem, ob es sich um die deutsche oder französische Version handelt, die "Gebietskörperschaften" oder "collectivités publiques territoriales") anführt, die in den Mitgliedstaaten vorhanden sind. Dazu: *Ipsen*, Als Bundesstaat, a.a.O. 256 ff., auf den auch im Zusammenhang mit anderen Abschnitten des Vertrags hingewiesen wird, die nach seiner Auffassung eine ähnliche Öffnung erkennen lassen.

II. Die Spannung zwischen dem europäischen Integrationsprozeß und den föderal oder regional ausgerichteten Mitgliedstaaten

Die deutlichste Folge dieser Landesblindheit ist in der generellen Verschlechterung der verfassungsrechtlichen Stellung von Bundesländern und Regionen zu sehen.

Wie die Staaten sind diese Körperschaften von der Übertragung von Hoheitsrechten auf die Gemeinschaften betroffen. Da diese Übertragung oft Sachgebiete betrifft, die verfassungsrechtlich den unterstaatlichen Einheiten vorbehalten sind, bringt sie Kompetenzverluste für letztere mit sich (oder, anders gesagt, Kompetenzenteignungen zugunsten der Europäischen Gemeinschaft). Man denke z.B. an die Landwirtschaft, die der EG von den Art. 38 ff EWGV übertragen ist und zu den Gesetzgebungs- und Vollzugskompetenzen der deutschen Bundesländer und der italienischen Regionen gehört.[4]

Im Gegensatz zu den Mitgliedstaaten fehlt es den unterstaatlichen Einheiten jedoch an jeglicher Kompensation in der Gemeinschaftsordnung.

Es ist bekannt, daß der Übertragung von Kompetenzen auf die EG eine Reduzierung der Mitwirkungsrechte der unterstaatlichen Einheiten entspricht. Diese verlieren in den der EG übertragenen Sachgebieten die Möglichkeit, direkt an den Entscheidungsprozessen teilzunehmen. Dies gilt besonders für die deutschen Bundesländer, denen das Grundgesetz die Möglichkeit garantiert, über den Bundesrat auf eine Reihe wichtiger Entscheidungen auf Bundesebene Einfluß zu nehmen.[5] Ähnliche Überlegungen lassen sich, wenn auch in abgeschwächter Form, für die italienischen Regionen anstellen, deren

[4] Für eine Zusammenstellung der Interferenzen zwischen den Kompetenzen der Gemeinschaft und denen der italienischen Regionen und der deutschen Länder s. jeweils *D'Atena*, Le Regioni italiane e la Comunità Economica Europea, Milano 1981, 28 f.; *Vitale*, Regioni-Stato-Comunità Europea, Roma 1982, 51; *Starck*, Die deutschen Länder und die auswärtige Gewalt, in Pérez-Gonzalez (Hg.), La acción exterior y comunitaria des los Länder, Regiones, Cantones y Comunidades Autónomas, Bd. I, Bilbao 1994, 389. Zur diesbezüglichen italienischen Verfassungsrechtsprechung s. die sorgfältige kritische Untersuchung von *Cocozza, V.*, Regioni e diritto comunitario nella giurisprudenza della Corte costituzionale, in Le Regioni, 1992, 620 ff.

[5] Zum Verlust solcher Mitwirkungsrechte der Länder infolge der Kompetenzübertragung auf die EG vgl. u.a.: *Geiger, R.*, Die Stellung der Bundesländer im Europäischen Gemeinschaftsrecht und ihre Rechtsschutzmöglichkeiten gegen Rechtsakte der Gemeinschaft, in Kremer (Hg.), Die Landesparlamente im Spannungsfeld zwischen europäischer Integration und europäischem Regionalismus, 1988, 57.

Volksvertretungen aufgrund der Verfassung über Initiativrechte im Staatsgesetzgebungsverfahren verfügen.[6]

Außerdem ist die Seite des Rechtsschutzes zu bedenken. Es ist nämlich bekannt, daß Länder und Regionen auf europäischer Ebene nicht über Rechtschutzmittel zur Verteidigung der jeweiligen Kompetenzsphären verfügen, die denen vergleichbar wären, die ihnen von den Staatsverfassungen zugesichert sind.[7]

III. Landesblindheit als Folge der zentralistisch geprägten Struktur der großen Mehrheit der Gründerstaaten

Es ist hier nicht möglich, auf Einzelheiten einzugehen. Es soll nur betont werden, daß die zitierte Landesblindheit wahrscheinlich auf die Verfassungsstruktur der Mitgliedstaaten im Anfangsstadium des europäischen Integrationsprozesses zurückgeführt werden kann.

---

[6] Art. 121 Abs. 2 Verf. (dazu bes.: *D'Orazio*, Contributo allo studio delle funzioni costituzionali delle Regioni, in: Rivista trimestrale di diritto pubblico, 1972, 676 ff.). Dem ist hinzuzufügen, daß aufgrund der ordentlichen Gesetzgebung und aufgrund der Rechtsprechung des Verfassungsgerichtshofes zu den indirekten Einbußen, die die Regionen erlitten haben, dadurch daß auf die EU Kompetenzen in Sachgebieten übertragung wurden, die nach der Verfassung ihnen zustehen, auch das Recht gehört, Gemeinschaftsakte aus- und durchzuführen. Die anfänglich angenommene Lösung sah in Bezug auf die Kompetenzen eine Enteignung zugunsten des Staates vor. Gegenwärtig wird zwar das Recht der Regionen anerkannt, Gemeinschaftsakte in regionalen Sachgebieten aus- und durchzuführen, aber es ist durch die ordentliche Gesetzgebung eine (im übrigen von der Verfassung nicht bedachte) Art Bundesexekution vorgesehen, dadurch daß der Staat das Recht hat, an Stelle der Regionen zu handeln, wo diese den gemeinschaftlichen Pflichten nicht nachkommen. Zu einer kritischen Beurteilung beider Lösungen s. *D'Atena*, Le Regioni italiane e la Comunità Economica Europea, a.a.O., 52 ff.; *Ders.*, The Prospects for Regionalism in the Process of European Integration (The Problem of Implementing European Legislation), in University of Rome II, Yearbook, 1989, 506 ff. Es bleibt schließlich daran zu erinnern, daß das Verfassungsgericht in seiner jüngsten Rechtsprechung ausdrücklich anerkennt, daß die Gemeinschaftsorgane das Recht haben, die Verteilung der Kompetenzen zwischen Staat und Regionen zu verändern (dazu, bes. in Bezug auf die Verfassungsrechtsprechung: *Anzon*, Federalismo interno e processo di integrazione europea, in Pace (Hg.), Quale dei tanti federalismi?, Padova 1997, 276.

[7] In Bezug auf die italienischen Regionen s. *D'Atena*, Le Regioni italiane e la Comunità Economica Europea, a.a.O., 126 ff.; in Bezug auf die deutschen Bundesländer siehe *Geiger, R.*, Die Stellung der Bundesländer, a.a.O., 51 ff., 58 ff.

Bekanntlich waren bei Unterzeichnung der Integrationsverträge nahezu alle Gründerstaaten nach dem französischen Muster streng zentralistisch organisiert. Die einzigen Ausnahmen stellten Deutschland und Italien dar.

Was Italien anbetrifft, ist jedenfalls zu unterstreichen, daß die Regionalisierung zur Zeit der römischen Verträge nur zum Teil verwirklicht worden war. In den fünfziger Jahren gab es tatsächlich nur die fünf Regionen mit Sonderautonomie, d.h.: Sizilien, Sardinien, Aosta-Tal, Trentino - Südtirol und Friaul - Julisch Venetien. Die übrigen 15 Regionen, die Regionen mit ordentlichem Statut, blieben trotz der ihnen von der Verfassung 1947 gewidmeten Regelung zwanzig Jahre lang sozusagen "eingefroren", weil die nötigen Ausführungsgesetze nicht erlassen worden waren.

IV. Die Regionalisierungsprozesse in Europa seit den siebziger Jahren

Diese Situation hat sich jedoch seit den siebziger Jahren grundlegend geändert.

1970 ist durch die effektive Einrichtung der 15 Regionen mit ordentlichem Statut die Regionalisierung für ganz Italien durchgeführt worden.

In den siebziger Jahren hat auch in Belgien ein Regionalisierungsprozeß stattgefunden, der zur Einrichtung von drei Regionen und drei damals "kulturell" genannten Gemeinschaften geführt hat, denen eine Vielzahl von Kompetenzen übertragen wurde.

Im folgenden Jahrzehnt (genau am 1.1.1985) ist außerdem der Beitritt von zwei Staaten zur Europäischen Gemeinschaft zu verzeichnen, die in der Zwischenzeit zu einer regionalen Struktur übergegangen waren: Spanien und Portugal, deren Übergang zur Demokratie mit einem Prozeß mehr oder weniger deutlicher Regionalisierung zusammengefallen ist.

In Spanien gab es eine totale Regionalisierung, da aufgrund der Verfassung von 1978 17 autonome Gemeinschaften entstanden, die das gesamte Staatsgebiet abdecken.

In Portugal wurde dagegen nur eine teilweise Regionalisierung durchgeführt: die Verfassung von 1976 hat nur den Inselgruppen der Azoren und Madeira das Statut autonomer Regionen zuerkannt.

Aber das ist nicht alles.

Bekanntlich haben in den neunziger Jahren zwei institutionelle Umstände die föderalistische Komponente in der Europäischen Gemeinschaft verstärkt:

a) der Übergang Belgiens zum Föderalismus, der in der Verfassung von 1993 verankert ist;

b) der Beitritt eines zweiten Staates mit einer soliden föderalistischen Tradition zur EG: Österreichs (1.1.1994).

Und nicht zu vergessen: einen weiteren Anstoß erhielten die Regionalisierungstendenzen der Mitgliedstaaten durch die jüngsten Volksabstimmungen vom 11. und 18. September dieses Jahres in Schottland und Wales.
Es ist offensichtlich, daß die obengenannten Umwandlungen der Regionalfrage im europäischen Rahmen neuen Auftrieb geben. Heute stellen die regional oder föderal ausgerichteten Mitgliedstaaten keine malerische institutionelle Ausnahme dar, sondern eine Regel, die mit der Regel der unitarisch geprägten Mitgliedstaaten konkurriert.

V. Die ersten Öffnungen Europas zugunsten der Regionen und der lokalen Gebietskörperschaften

Die veränderte Situation hat in den ersten Öffnungen der Gemeinschaft zugunsten der Untergliederungen der Mitgliedstaaten ihren Widerhall gefunden.

1988 richtete die Kommission den Beirat der lokalen und regionalen Gebietskörperschaften ein[8], der aus Personen bestand, die auf lokaler oder auf regionaler Ebene ein Mandat innehatten, und in zwei Fachgruppen untergliedert war, die jeweils die Interessen der Regionen und der lokalen Gebietskörperschaften vertraten.[9]

Das neue Gefühl der Gemeinschaftsorgane für die Probleme, die durch die Regionalisierung innerhalb der Mitgliedstaaten aufkamen, hat auch zu einigen bedeutungsvollen Stellungnahmen geführt.

---

[8] Entschließung Nr. 487 vom 24.6.1988.

[9] Dazu: *Strozzi*, Partecipazione delle Regioni all'elaborazione delle politiche comunitarie e loro competenze nell'attuazione degli atti comunitari alla luce della legge 86/89, in Riv.it.dir.pub.com., 1992, 112 f.; *Falcon*, Regionalismo e federalismo di fronte al diritto comunitario, in Le Regioni, 1992, 1239 f.; *Kleffner-Riedel*, Regionalausschuß und Subsidiaritätsprinzip. Die Stellung der deutschen Bundesländer nach dem Vertrag über die Europäische Union, Frankfurt a.M. - Berlin - Bern - New York - Paris - Wien 1993, 22, 140 ff.

Man denke an die Gemeinsame Erklärung vom 19.6.1984, wo zu lesen ist: "Die drei Institutionen (d.h. Parlament, Rat und Kommission) stimmen hinsichtlich der Vorteile überein, die effizientere Beziehungen - mit gebührender Rücksicht auf die innerstaatliche Kompetenz der Mitgliedstaaten und die Regelungen des Gemeinschaftsrechts - zwischen der Kommission der Gemeinschaften und regionalen oder - wo anwendbar - lokalen Gebietskörperschaften haben. Dies ermöglicht, daß regionale Interessen besser berücksichtigt werden, wenn regionale Entwicklungs- und Förderprogramme aufgestellt werden."[10]

Man denke außerdem an die Entschließung des Europäischen Parlaments zur Regionalpolitik der Gemeinschaft und zur Rolle der Regionen vom 18.11.1988: die sogenannte Gemeinschaftscharta zur Regionalisierung.[11]

Deren Art. 1 Nr.1 lautet: "Im Sinne dieser Charta versteht man unter Region ein Gebiet, das aus geographischer Sicht eine deutliche Einheit bildet oder aber einen gleichartigen Komplex von Gebieten, die ein in sich geschlossenes Gefüge darstellen und deren Bevölkerung durch bestimmte gemeinsame Elemente gekennzeichnet ist, die die daraus resultierenden Eigenheiten bewahren und weiterentwickeln möchte, um den kulturellen, sozialen und wirtschaftlichen Fortschritt voranzutreiben." In dieser Charta heißt es weiter: a) daß die Mitgliedstaaten aufgefordert sind, "auf ihren Hoheitsgebieten Regionen im Sinne von Artikel 1 dieser Charta zu institutionalisieren bzw. beizubehalten, wo sie bereits bestehen" (Art. 2); b) daß diese Regionen "volle Rechtspersönlichkeit" haben sollen (Art.3 Abs.3); c) daß ihre Organe eine von der Bevölkerung direkt gewählte Regionalversammlung und eine demokratisch legitimierte Regierung aufweisen sollen (Art. 6,7 und 9); d) daß den Regionen Gesetzgebungsbefugnisse zuerteilt werden können (Art. 11).

Es handelt sich jedoch um Öffnungen mit recht bescheidener Wirkung. Der Beirat hatte ein bloß fakultatives Anhörungsrecht, während die Gemeinsame Erklärung und die Gemeinschaftscharta zur Regionalisierung nicht

---

[10] Über diese Erklärung: *Kleffner-Riedel*, Regionalausschuß, a.a.O., 16, 149; *Sirianni*, La partecipazione delle Regioni alle scelte comunitarie. Il Comitato delle Regioni: organizzazione, funzioni, attività, Milano 1997, 10.

[11] ABEG 326 vom 19.12.1988. Der Text ist wiedergegeben bei Knemeyer (Hg.), Europa der Regionen - Europa der Kommunen, Baden-Baden 1994, 199 ff. Im italienischen Schrifttum wird der besonders innovative Charakter der Charta hervorgehoben von *Guizzi*, Manuale di diritto e politica dell'Unione Europea, Napoli 1994, 512; *Sirianni*, La partecipazione delle Regioni, a.a.O., 18 f.

mehr als eine gute Absicht erklären und weit davon entfernt sind, den unterstaatlichen Einheiten als solchen Anerkennung zu verschaffen. Dazu wäre eine Verankerung in den Integrationsverträgen vonnöten.[12]

VI. Die Entwicklung der vertraglichen Regelung

1. Die Einheitliche Europäische Akte

Die Einheitliche Europäische Akte von 1986 hat nicht zu dieser Verankerung geführt.

Insbesondere kann man sich nicht auf den Art. 130 a Abs. 2 berufen, der zu den Zielen der Gemeinschaft ausdrücklich zählt: "die Unterschiede im Entwicklungsstand der verschiedenen Regionen und den Rückstand der am stärksten benachteiligten Gebiete, einschließlich der ländlichen Gebiete zu verringern". Dieser Rechtssatz erkennt den Regionen in der Tat nicht die Rolle von Akteuren in der Gemeinschaft zu, sondern beschränkt sich darauf, die rechtliche Grundlage der Regionalpolitik der Gemeinschaft zu verstärken.[13]

2. Der Europäische Unionsvertrag

Erst mit dem Vertrag von Maastricht wird den Forderungen der Regionen (und der lokalen Gebietskörperschaften) nachdrücklich Gehör verschafft. Es geht dabei vor allem um drei Neuerungen.

Die erste Neuerung besteht im Subsidiaritätsprinzip.[14] Um möglichen Mißverständnissen vorzubeugen, möchte ich unterstreichen, daß der diesbezügliche Rechtssatz nicht in Art. 3 B des Vertrags besteht, der die unterstaatlichen

---

[12] Zu der Notwendigkeit einer Verankerung in den Verträgen für die Anerkennung der gemeinschaftlichen Subjektivität der Regionen s. *Anzon*, Federalismo interno e processo di integrazione europea, a.a.O., 272.

[13] So *Zuleeg*, Die Stellung der Länder im europäischen Integrationsprozeß, in DVBl., 1992, 1330; *Kleffner-Riedel*, Regionalausschuß, a.a.O., 20.

[14] S. dazu *D'Atena*, Il principio di sussidiarietà nella Costituzione italiana, in Riv. dir. pubbl. com., 1997, 603 ff. Bekanntlich ist die diesbezüglich vom Maastrichter Vertrag eingeführte Regelung zum Teil schon von der Einheitlichen Europäischen Akte vorweggenommen worden, und zwar mit Bezug auf den Bereich des Umweltschutzes. Vgl. Art. 130 r Abs. 4 EWGV. Dazu u.a. *Geiger, R.*, Die Stellung der Bundesländer, a.a.O., 62 f.; *Erasmy-Süllwald*, Zur Justitiabilität des Subsidiaritätsprinzips, in Arbeitgeber, 1994, 127.

Einheiten nicht ausdrücklich in Betracht zieht[15], sondern in Art. A Abs. 2, der einen Satz der Präambel aufnimmt und unter den vom Vertrag verfolgten Zielen ausdrücklich "die Verwirklichung einer immer engeren Union der Völker Europas..., in der die Entscheidungen möglichst bürgernah getroffen werden" anführt.

Die zweite Neuerung ist die Einrichtung des Ausschusses der Regionen, in den "Vertreter der regionalen und lokalen Gebietskörperschaften" berufen werden.[16]

Die dritte Neuerung besteht darin, daß der Ministerrat für Repräsentanten der unterstaatlichen Einheiten geöffnet wird. Bekanntlich ist die ursprüngliche Regelung, die die Vertretung der Mitgliedstaaten auf Mitglieder der jeweiligen Regierungen beschränkte, dadurch überholt worden, daß man in Art. 146 die Bezugnahme auf die Regierungen der Mitgliedstaaten gestrichen hat. Nach der neuen Fassung ist es mithin möglich, daß die Mitgliedstaaten sich in den Sitzungen von Mitgliedern der regionalen Regierungen vertreten lassen.

Die Probleme, zu denen diese Neuerungen geführt haben, sind bekannt (und wiederholt in der wissenschaftlichen und politischen Diskussion herausgestellt worden).

Was die Erwähnung des Subsidiaritätsprinzips betrifft, genügt es darauf hinzuweisen, daß es in einer Art Staatszielbestimmung enthalten ist, die, um ihr Ziel zu erfüllen, Ausführungsrechtssätze verlangt.

Nach meiner Auffassung wäre es jedoch übertrieben, anzunehmen, daß obenerwähnte Bestimmung bis zur Verabschiedung solcher Ausführungsrechtssätze ohne jegliche rechtliche Wirkung bliebe. Die größte Wirkung, die jetzt schon abzusehen ist, ist, daß sie die Möglichkeiten einer extensiven Auslegung der Gemeinschaftskompetenzen einschränkt[17]. Während ursprünglich die ausgesprochen theleologisch ausgerichtete Definition der Gemeinschafts-

---

[15] Das ist eine weitverbreitete Auffassung. U.a.: *Pastori*, L'integrazione delle Regioni italiane nell'ordinamento europeo dopo Maastricht, in Le Regioni, a.a.O., 16 f.; *Paladin*, Il deficit democratico nell'ordinamento comunitario, in Le Regioni, 1996, 1037.

[16] Art. 198a EGV, zu dessen Entstehung vgl.: *Tizzano*, La partecipazione delle Regioni al processo d'integrazione comunitaria, a.a.O., 611 ff.; *Hoffschulte*, Kommunale und regionale Selbstverwaltung im Europa der Regionen - Zur Rolle der vierten Ebene in der Europäischen Union, in Knemeyer (Hg.), Europa der Regionen, a.a.O., 142.

[17] Vgl. *D'Atena*, Il principio di sussidiarietà, a.a.O., 611 f.

kompetenzen[18] ihnen den Weg zu einer zunehmenden und unkontrollierten Ausweitung geebnet hat[19], dürfte jetzt aufgrund des Subsidiaritätsprinzips das Gewicht des teleologischen Kriteriums keine so extensive Auslegung mehr erlauben[20]. Dem steht das Kriterium der Bürgernähe (und die Vorrangentscheidung, auf der sie beruht) entgegen. In Bezug auf den Regionalausschuß gibt es im wesentlichen drei kritische Punkte.

Der erste betrifft die Zusammensetzung des Ausschusses selbst. Der Vertrag nennt ohne Unterscheidung "Vertreter der regionalen und lokalen Gebietskörperschaften" und zieht damit nicht ausschließlich die regionale Ebene in Betracht, die im übrigen auch gar nicht in allen Mitgliedstaaten gegeben ist[21]. Folglich ist nicht garantiert, daß alle regionalen Einheiten im Ausschuß vertreten sind. Dazu ist anzumerken, daß Italien zur Hälfte von regionalen und zur anderen Hälfte von lokalen Repräsentanten vertreten ist[22]. Infolgedes-

---

[18] Vgl. *D'Atena*, Le Regioni italiane e la Comunità Economica Europea, a.a.O., 22 ff.

[19] Vgl. z.B. : *Tizzano*, Lo sviluppo delle competenze materiali delle Comunità europee, in Riv. dir. eur., 1981, 159 ff.

[20] Interessante Ansätze dazu bei: *Lecheler*, Das Subsidiaritätsprinzip. Strukturprinzip einer europäischen Union, Berlin 1993, 99 ff.; *Barnes*, El principio de subsidiariedad en el tratado de Maastricht y su impacto sobre las regiones europeas, in Riv. it. dir. pubbl. com., 1994, 837 f.; *Pastori*, L'integrazione delle Regioni italiane nell'ordinamento europeo, a.a.O., 1221; *Nascimbene*, Brevi rilievi in tema di diritti fondamentali, cittadinanza e sussidiarietà nel trattato sull'Unione europea, in Le prospettive dell'Unione europea e la Costituzione, Kongreßakten der Mailänder Tagung des Verbandes italienischer Verfassungsrechtler , Padova 1995, 269 ff.

[21] Was die Mitgliedschaft betrifft, so wird in der deutschen Fassung des Artikels das Wort "Gebietskörperschaften " verwendet, womit eindeutig auf die regionalen und lokalen Institutionen verwiesen wird. Weniger deutlich ist hindessen die italienische Fassung, die mit dem allgemein gehaltenen Ausdruck "collettività regionali e locali " (regionale und lokale Gemeinschaften) zu der im Schrifttum vertretenen Hypothese geführt hat, daß der Vertrag damit weniger auf einen institutionellen Begriff der Region abzielt, als auf einen wirtschaftlich - geographischen (so :*Anzon*, Federalismo interno e processo di integrazione europea, a.a.O., 270; ebenso vielleicht: *Pastori*, L'integrazione delle Regioni italiane nell'ordinamento europeo, a.a.O., 1224).

[22] Aufgrund des Dekrets des Präsidenten des Ministerrats vom 6.8.1993, das durch ein weiteres vom 24.9.1993 ergänzt wurde, entfallen von den 24 Sitzen Italiens 12 auf die Regionen, 5 auf die Provinzen und 7 auf die Gemeinden. Eine kritische Beurteilung dieser Lösung findet sich bei *D'Atena*, La Pubblica Amministrazione e l'Europa, in Dir. amm., 1995, 119 f. Wichtig im Bezug darauf ist die Entschließung des Europäischen Parlaments A3-0325/93 vom 18.11.1993 (wiedergegeben bei *Sirianni*, La partecipazione delle Regioni,

sen haben - im Gegensatz zu allen anderen föderal oder regional ausgerichteten Mitgliedstaaten - nicht alle italienischen Regionen einen Vertreter im Ausschuß[23].

Der zweite kritische Punkt ist die Weisungsfreiheit seiner Mitglieder. Sie verhindert, daß diese eine wirklich repräsentive Rolle wahrnehmen, da sie sich nicht an Richtlinien ihrer jeweiligen Gebietskörperschaften (und der entsprechenden Vertretungs- und Regierungsorgane) orientieren dürfen[24].

Der dritte kritische Punkt betrifft die Rechte des Ausschusses. Es handelt sich um bloße Anhörungsrechte, die als solche einen recht bescheidenen Einfluß auf den Entscheidungsprozeß der Gemeinschaft haben[25].

Wenn wir schließlich die mögliche Teilnahme von Regionalvertretern an den Sitzungen des Ministerrats betrachten, zeigt sich, daß Art. 146 vorsieht, daß die Vertreter "auf Ministerebene" zu wählen seien. Diese Bedingung läßt

---

a.a.O., 73 ff.), die, unter Wiederaufnahme einer vorhergehenden Entschließung, die Notwendigkeit betont, daß den Mitgliedstaaten mit vorwiegend regionaler Struktur die Vertretung aller verfassungsrechtlich anerkannten Regionen im Ausschuß garantiert wird.

23 Für einen Überblick über die Sitzverteilung unter den verschiedenen Regierungsebenen in den einzelnen Mitgliedstaaten s. *Guizzi*, Comitato delle Regioni della Comunità europea, in La riforma della Pubblica Amministrazione, VI, hrsg. v. d. Presidenza Del Consiglio Dei Ministri - Dipartimento Per La Funzione Pubblica, Roma 1994, 278 ff. Dazu auch: *Mascia*, Il Comitato delle Regioni nel sistema dell'Unione europea, Padova 1996, 40; *Sirianni*, La partecipazione delle Regioni, a.a.O., 48 ff. Zu der von Belgien angewandten Lösung, um die Vertretung der deutschsprachigen Gemeinschaft zu sichern, vgl.: *Van Boxtael*, La participation des communautés et des régions à l'élaboration et à la mise en oeuvre des décisions de l'Union Européenne, in Pérez Gonzalez (Hg.), La acción exterior y comunitaria, a.a.O., 536 f. Zur Frage der Mitgliedschaft, unter besonderer Berücksichtigung von Deutschland vgl. *Knemeyer/Heberlein*, Der Ausschuß der Regionen - Ein Ansatz zur Einbindung der Regionen und lokalen Gebietskörperschaften in eine entstehende Europäische Union, in Knemeyer (Hg.), Europa der Regionen - Europa der Kommunen, a.a.O., 92 ff.

24 Vgl. *Anzon*, Federalismo interno e processo di integrazione europea, a.a.O., 270.

25 Dies ist eine weitverbreitete Einschätzung (vgl. z.B.: *Scudiero*, Il ruolo delle Regioni nell'Europa di Masstricht, in Le Regioni, 1993, 1030). Für eine detaillierte Untersuchung der vom Ausschuß tatsächlich ausgeübten Beratungstätigkeit (bis zum 18.1.1996) s. *Mascia*, Il comitato delle Regioni, a.a.O., 57 ff. (der im Anhang die Liste der im Berichtszeitraum verfaßten Stellungnahmen abdruckt). Nach Auffassung des Verf. hat diese Tätigkeit effektiv einen nicht unbedeutenden Einfluß auf den Inhalt der Entschließungen ausgeübt, die von den zuständigen Gemeinschaftsorganen getroffen wurden.

sich nun gut bei Mitgliedern der unterstaatlichen Regierungen Deutschlands[26], Belgiens[27] und Österreichs[28] erfüllen. Aber sie verschließt den meisten italienischen Regionen den Eintritt in das Organ[29]. Nach der italienischen Verfassungsregelung wird nämlich nur für den Präsidenten der Region Sizilien der Ministerrang anerkannt. Er hat nach Art. 21 des Sonderstatuts das Recht, mit Ministerrang und mit beschließender Stimme an den Sitzungen der Staatsregierung teilzunehmen, sofern seine Region betreffende Fragen auf der Tagesordnung stehen[30]. Dies gilt jedoch weder für die Präsidenten der übrigen Regionen[31], noch für andere Mitglieder der Regionalregierung.

3. Der Amsterdamer Vertrag

Wenn wir nun den Amsterdamer Vertrag ansehen, zeigt sich, daß die einzigen Änderungen an dem bisher skizzierten Rahmen den Regionalausschuß betreffen.

Der Vertrag hat vor allem die Autonomie des Gremiums verstärkt, indem er ihm das Recht zuerkennt, nach einer eigenen Geschäftsordnung zu verfah-

---

[26] In diesem Sinn ausdrücklich Art. 23 Abs. 6 n. F. Zu den Einwänden, die vor ihrer Annahme gegen diese Lösung vorgebracht wurden (besonders wegen der mangelnden Verantwortlichkeit gegenüber dem Bundestag) vgl. *Zuleeg*, Die Stellung der Länder im europäischen Integrationsprozeß, a.a.O., 1336.

[27] Vgl. *Van Boxtael*, La participation des communautés et des régions , a.a.O., 528.

[28] Diese Möglichkeit ist in Art. 23d Abs. 3 ÖBVerf. ausdrücklich vorgesehen.

[29] Vgl. die Hinweise bei *Tizzano*, La partecipazione delle Regioni al processo d'integrazione comunitaria, a.a.O., 611; *Anzon*, Federalismo interno e processo di integrazione europea, a.a.O., 271.

[30] Dazu: *Spagna Musso*, Il Presidente della Regione nel sistema degli ordinamenti regionali, Napoli 1961, 72 ff., der jedoch zu der Schlußfolgerung gelangt, daß diese Norm nicht wörtlich zu interpretieren sei, und demzufolge abstreitet, daß dem sizilianischen Präsidenten im Rahmen der staatlichen Regierung eine beschließende Stimme zuerkannt werden könne.

[31] Man muß diesbezüglich daran erinnern, daß auch für die Präsidenten der übrigen Regionen mit Sonderstatut, also nicht nur Siziliens, die Teilnahme an den Sitzungen des Ministerrats vorgesehen ist. Im Unterschied zu Art. 21 des sizilianischen Statuts sehen jedoch die entsprechenden Normen in den Statuten für diese Präsidenten weder Ministerrang noch beschließende Stimme vor (s. *Spagna Musso*, Il presidente, a.a.O., 68 ff.).

ren, während vorher nach dem Maastrichter Vertrag die Genehmigung des Rats dafür einzuholen war[32].

Im Amsterdamer Vertrag ist außerdem ausdrücklich vorgesehen, daß der Ausschuß ein Anhörrecht vor dem Europäischen Parlament[33] und nicht nur vor der Kommission und vor dem Rat hat, wie es nach dem Maastrichter Vertrag der Fall war[34].

Schließlich hat der Vertrag die Fälle ausgedehnt, in denen der Ausschuß obligatorisches Beratungsrecht hat. Sie betreffen jetzt weitere Bereiche wie Verkehr[35], Arbeitsumwelt[36], Sozialversicherungen, die Bekämpfung der Arbeitslosigkeit[37], die den Europäischen Sozialfonds betreffenden Durchführungsbeschlüsse[38], die berufliche Bildung[39] und den Umweltschutz[40].

Wie man sieht, hat die neue Regelung sowohl die ursprüngliche Organisationsstruktur des Ausschusses (unter besonderer Berücksichtigung seiner "zwei Seelen": der regionalen und der lokalen, und der Weisungsfreiheit der Mitglieder) als auch die Natur seiner Rechte (die weiterhin nur Anhörrechte sind) unberührt gelassen.

---

32 Die neue Regelung ist in Art. 264 (vorm. Art. 198b) Abs. 2 enthalten, womit eine Forderung des Ausschusses aufgenommen wurde (vgl. *Sirianni*, La partecipazione delle Regioni, a.a.O., 56). Es ist außerdem zu beachten, daß der Amsterdamer Vertrag, um die Unabhängigkeit der Mitglieder zu stärken, die Unvereinbarkeit der Ämter eines Mitglieds des Regionenausschusses und eines Abgeordneten des Europäischen Parlaments vorsieht. So Art. 263 (vorm. Art 198a).

33 Art. 265 (vorm. Art. 198c) Abs. 4. Auf diese Weise ist einer Forderung zugestimmt worden, die schon zur Entstehungszeit des Maastrichter Vertrags erhoben worden war (diesbezüglich: *Hoffschulte*, Kommunale und regionale Selbstverwaltung im Europa der Regionen , a.a.O., 159 ff.) und vom Ausschuß selbst wiederaufgenommen wurde (*Sirianni*, La partecipazione delle Regioni, a.a.O., 57).

34 Art. 198c Abs 1.

35 Art. 71 (vorm Art. 75) Abs. 1.

36 Art. 137 (vorm. Art. 118) Abs. 1 und 2.

37 Art. 137 (vorm. Art. 118) Abs. 3.

38 Art. 148 (vorm. Art. 125).

39 Art. 150 (vorm. Art. 127) Abs. 4.

40 Art. 175 (vorm. Art. 130s) Abs. 1 und 2.

VII. Die unerfüllten Forderungen

Es ist nicht zu bestreiten, daß die von den beiden letzten Verträgen eingeführten Neuerungen trotz aller Einschränkungen große Bedeutung haben. Zum ersten Mal sind die regionalen (und lokalen) Institutionen auf der Ebene der Integrationsverträge "sichtbar" geworden, was ihnen bisher nicht vergönnt war.

Es stellt sich aber die Frage, ob diese Neuerungen als Zwischenstationen in einem Prozeß zu sehen sind, der mit dem Ziel einer intensiveren Regionalisierung der institutionellen Ordnung der EU weitergehen soll.

Die Auffassung, daß der Regionalisierungsprozeß der gemeinschaftlichen Institutionen weitergeführt werden muß, wird oft von den europäischen Regionen und ihren Verbänden vertreten. Sie ist aber auch nicht selten in der wissenschaftlichen und politischen Diskussion im Innern der einzelnen Mitgliedstaaten anzutreffen.

Es lassen sich dabei jedoch verschiedene Varianten feststellen. Wenn einerseits die Vorstellung "über Maastricht hinaus" zu gehen (und heute müßte man hinzufügen "über Amsterdam hinaus") breite Zustimmung findet, so gehen andrerseits die strategischen Ziele und die Mittel, sie zu erreichen, weit auseinander.

1. Das Muster "Europa der Regionen" und seine Varianten

Was die strategischen Ziele betrifft, so hat das Modell vom Europa der Regionen eine große Anhängerschaft. Es wird allerdings auf verschiedenste Weise ausgelegt[41].

a) Die radikale Variante: die Auflösung der Mitgliedstaaten

Nach der radikaleren Auffassung sollte der Integrationsprozeß ein Europa von nur Regionen zum Ziel haben. In diesem Sinn sollte die Schaffung einer engeren europäischen Union (oder sogar eines europäischen Bundesstaates)

---

[41] Eine systematische Darlegung gibt *Bleckmann*, Europarecht, 6. Aufl., Köln-Berlin-Bonn-München 1997, 1010 f. Zur Ambivalenz des Modells s. *Schefold*, Die Beteiligung der Länder am Entscheidungsprozeß der Europäischen Union, in Pérez Gonzalez (Hg.), La acción exterior y comunitaria, a.a.O., 406 f. Ebenso *Paladin*, Il deficit democratico, a.a.O., 1038.

die Auflösung der Nationalstaaten mit sich bringen, die in jeder Hinsicht durch die gegenwärtigen unterstaatlichen Einheiten ersetzt würden.

Es handelt sich um ein Modell, das in letzter Zeit in Italien von den Befürwortern der Sezession der sogenannten Padania aufgenommen wurde. *Prof. Miglio* z.B. vertritt die Ansicht, daß im Rahmen einer zukünftigen europäischen Föderation (die seiner Meinung nach den Charakter eines Staatenbundes und nicht den eines Bundesstaates haben sollte) die Glieder nicht die gegenwärtigen Mitgliedstaaten sondern die unterstaatlichen Einheiten sein sollten. Diese könnten im übrigen jede Zugehörigkeit zu ihrem jeweiligen Staat auflösen und neue regionale Einheiten ins Leben rufen, indem sie mit Regionen verschmelzen, die gegenwärtig der Souveränität verschiedener Mitgliedstaaten unterstehen[42].

b) Die gemäßigtere Variante: der dreigliedrige Aufbau der Europäischen Union

Auf eine breitere Zustimmung stößt das gemäßigtere Modell von einem dreigliedrigen Europa. Hier würden beim Aufbau Europas die Regionen nicht an die Stelle der Mitgliedstaaten treten, sondern als dritte institutionelle Ebene hinzukommen.[43]

Im Hinblick darauf müßte den Regionen und den Bundesländern jene europäische Subjektivität zuerkannt werden, die ihnen gegenwärtig fehlt.

2. Die Vorschläge für die Vertragsänderung

Wenn man nun die Vorschläge für die Vertragsänderung betrachtet, wie sie konkret vorgebracht werden, lassen sich grundsätzlich zwei Ziele ausmachen[44]: die Umformung des Regionalausschusses und die Anerkennung des Klagerechts der Regionen.

---

[42] Vgl. *Miglio*, in Jacobelli (Hg.), Il federalismo degli italiani, Bari 1997, 88.

[43] Diese Auffassung wurde in den Ministerpräsidentenkonferenzen und über den Bundesrat wiederholt von den deutschen Ländern vertreten. Detaillierte Informationen darüber bei *Kleffner-Riedel*, Regionalausschuß und Subsidiaritätsprinzip, a.a.O. 153 ff.

[44] Ein weiteres Ziel betrifft das Subsidiaritätsprinzip. Im besonderen wird gefordert, daß Art. 3 b des Vertrags ausdrücklich auf die regionalen Untergliederungen der Mitgliedstaaten Bezug nimmt oder jedenfalls auf die regionalen und lokalen Untergliederungen. Im letzteren Sinn s. z.B. den Entwurf zum Thema regionale und lokale Gebietskörperschaften, der dem Europäischen Parlament am 21.5.1996 von der Abgeordneten Arlene McCarthy vorgelegt

In Bezug auf den Regionalausschuß betreffen die Vorschläge sowohl die Struktur als auch die Funktionen.

Die Struktur sollte die eines wirklich repräsentativen Organs sein, zu dem nur die Regionen gehören, und das hätte drei Folgen:

a) Die lokalen Gebietskörperschaften wären aus dem Gremium ausgeschlossen.

b) Es wäre vorgesehen, daß die Mitglieder Ausdruck ihrer Herkunftsregionen sind und daher durch Verfahren ausgewählt werden, die eine institutionelle Verbindung zwischen ihnen und den entsprechenden Körperschaften garantieren[45].

c) Die Regel des freien Mandats würde durch die Weisungsgebundenheit der Mitglieder ersetzt.[46]

Was die Funktionen betrifft, begegnen wir den verschiedensten Forderungen. Sie reichen von der Forderung, den Stellungnahmen des Ausschusses größeres Gewicht zu verleihen, indem ein Begründungszwang bei Abweichungen eingeführt wird[47], bis dahin, das Gremium in eine echte Regionenkammer umzuformen, die als solche ein Mitentscheidungsrecht (oder zumindest ein Vetorecht) hat.[48]

---

wurde und in dem eine ausdrückliche Erwähnung der regionalen und lokalen Gebietskörperschaften vorgeschlagen wird.

[45] Die diesbezüglich vorgeschlagenen Modelle sind verschiedener Natur: vom Bundesrat nach deutschem Muster über die Wahl durch die Volksvertretungen - analog zum Verfahren beim österreichischen Bundesrat - bis zu dem Vorschlag, die Mitglieder sollten Träger eines Wahlmandats, bzw. einem gewählten Organ gegenüber direkt verantwortlich sein, wie es in einigen Vorschlägen lautet, die im Europäischen Parlament eingebracht wurden (so z.B. in dem bereits zitierten Entwurf, der am 21. Mai 1996 dem Europäischen Parlament von McCarthy vorgelegt wurde).

[46] Vgl. *Kleffner-Riedel*, Regionalausschuß und Subsidiaritätsprinzip, a.a.O., 203.

[47] In diesem Sinn hat sich z.B. am 24.8.1990 der deutsche Bundesrat ausgesprochen (*Kleffner-Riedel*, Regionalausschuß und Subsidiaritätsprinzip, a.a.O.,198, 208).

[48] Diese Forderung, die von den deutschen Ländern mehrfach vorgebracht wurde (vgl. bes. den schon zitierten Vorschlag des Bundesrats vom 24.8.1990 und s. diesbezüglich *Kleffner-Riedel*, Regionalausschuß und Subsidiaritätsprinzip, a.a.O., 208) ist in die von der Sonderkommission für institutionelle Fragen des Regionalausschusses verfaßten Stellungnahme zur institutionellen Reform von 1994 nicht aufgenommen worden. Dazu s.: *Sirianni*, La partecipazione delle Regioni, a.a.O. 55 f.

Wenn wir schließlich das Klagerecht betrachten, so gibt es hier den Vorschlag, die Regionen zu den privilegierten Klagebefugten (nach der Terminologie von Constantinesco[49]) zu zählen und ihnen die Möglichkeit einzuräumen, alle Akte der EG anzufechten, die eine Verletzung ihrer von den jeweiligen mitgliedstaatlichen Verfassungen anerkannten Kompetenzen darstellen[50].

3. Kritische Beurteilung

Es ist an dieser Stelle nicht möglich, alle oben genannten Hypothesen (und weitere, die bei einer etwas gründlicheren Betrachtung ans Licht kämen) analytisch zu beurteilen.

Zur Kürze gezwungen, läßt sich sagen, daß das Modell vom Europa der Regionen realistisch gesehen nicht praktikabel erscheint. Und das wohlgemerkt nicht nur in seiner radikaleren Variante. Wie wir sehen werden, stößt nämlich auch der dreigestufte Aufbau auf Hindernisse, die gegenwärtig unüberwindbar sind.

Bedenkenswert scheinen indessen einige Vorschläge zur Vertragsänderung.

a) Die unentbehrliche Rolle der Mitgliedstaaten

Niemand wird daran zweifeln, daß das Modell Europa von nur Regionen nicht ernsthaft in Betracht gezogen werden kann.[51] Es stößt insbesondere auf drei Hindernisse:

Das erste Hindernis liegt in der fortdauernden Bedeutung der Souveränität der Mitgliedstaaten. Diese bleiben Herren der Verträge[52]. Es gibt also Grund

---

[49] *Constantinesco*, Das Recht der Europäischen Gemeinschaften, I Das institutionelle Recht, Baden-Baden 1977, 842 f.

[50] Es handelt sich um eine häufig von den deutschen Ländern und den Konferenzen "Europa der Regionen" vorgebrachte Forderung (vgl. *Kleffner-Riedel*, Regionalausschuß und Subsidiaritätsprinzip, a.a.O., 155, 198, 242), die auch vom Regionalausschuß übernommen wurde (vgl. *Sirianni*, La partecipazione delle Regioni, a.a.O., 58) und von einem Teil des Schrifttums unterstützt wird (s. z.B.: *Knemeyer*, Zusammenfassung und Perspektiven - Strukturelemente einer europäischen Union, in Knemeyer (Hg.), Europa der Regionen - Europa der Kommunen, a.a.O., 192 f.).

[51] Analog: *Zuleeg*, Die Stellung der Länder im europäischen Integrationsprozeß, a.a.O. 1337.

zur Vermutung, daß, selbst wenn sie einen Föderalisierungsprozeß im engen Sinn befürworten würden (mit entsprechender Umformung der EU in einen Bundesstaat), sie nicht auf die Rolle von Mitgliedern der Föderation zugunsten der Regionen verzichten würden, oder anders gesagt: sie würden nicht die Voraussetzungen für ihren eigenen Selbstmord schaffen.

Dem ist hinzuzufügen, und damit sind wir beim zweiten Hindernis, daß in Bezug auf den Großteil der Mitgliedstaaten die Beibehaltung der Staatsebene eine Garantie für die kulturelle Identität der jeweiligen Bevölkerung darstellt. Bekanntlich sind mit Ausnahme von Spanien, Belgien und Großbritannien alle Mitgliedstaaten, auch wenn sie sprachlich-kulturelle Minderheiten aufweisen, im wesentlich mono- und nicht pluri-national. In den meisten Fällen sind also gerade die gegenwärtigen Mitgliedstaaten die ersten Garanten für jene Vielfalt, die eines der größten Güter unseres Kontinents ausmacht[53].

Das dritte Hindernis besteht in dem Umstand, daß die regionale Untergliederung, obwohl sie sich (wie ich gezeigt habe) im Vergleich zu den Anfängen ausgedehnt hat, nicht auf alle Mitgliedstaaten zutrifft. Sie kann somit nicht die Grundlage für den institutionellen Aufbau des zukünftigen Europas abgeben. Europa kann nicht allen Staaten die Regionalisierung aufzwingen[54]. Ebensowenig ist denkbar, daß die Regionen die Staaten nur dort ersetzen, wo Regionen verfassungsrechtlich vorgesehen sind. Mit anderen Worten, es ist nicht sinnvoll, sich einen europäischen Bundesstaat oder immerhin eine engere Union vorzustellen, deren Mitglieder zum einen Teil aus Nationalstaaten (wie Frankreich, Irland oder Griechenland) bestehen, und zum andern aus den heutigen Regionen (wie der Basilicata, Kalabrien, Bremen, Bayern oder Madrid).

---

[52] Vgl. insbesondere: *Kirchhof, P.*, Deutsches Verfassungsrecht und Europäisches Gemeinschaftsrecht, in EuR, Beiheft 1/1991, 13 ff.

[53] Daß eine Europäisierung um den Preis einer Auflösung der Staaten Entwurzelung bedeute, bei: *Kirchhof, P.*, Der deutsche Staat im Prozeß der europäischen Integration, in Isensee / Kirchhof (Hg.), Handbuch des Staatsrechts der Bundesrepublik Deutschland, Band VII, Heidelberg 1992, 879 f. Im allgemeinen über die in diesem Zusammenhang unverzichtbare Rolle der Nationalstaaten vgl. *Bleckmann*, Die Wahrung der "nationalen Identität" im Unions-Vertrag, in JZ 1997, 265 ff., der einerseits auf die Vorrangstellung des Nationalbewußtseins dem Regionalbewußtsein gegenüber und andrerseits auf Art. F Abs. 1 EU abhebt.

[54] Eine Forderung nach Regionalisierungsprozessen ist im übrigen in der Gemeinschaftscharta zur Regionalisierung enthalten (s. oben, Abschnitt 5).

b) Die Unanwendbarkeit des Musters eines dreistufigen institutionellen Gefüges

Die letzte Überlegung gilt auch für die Hypothese, die das institutionelle Gefüge Europas mit drei und nicht mit zwei Ebenen haben möchte: zu der übernationalen Ebene und zur Ebene der Mitgliedstaaten sollte sich noch die regionale gesellen.

Offensichtlich könnte ein derartiges Modell nur unter einer Bedingung in Betracht gezogen werden, und zwar wenn die regionale Ebene in allen Mitgliedstaaten vorhanden wäre. Da dieser gemeinsame Nenner fehlt, erscheint die Forderung, daraus die dritte Ebene des europäischen Gefüges zu machen, in keinster Weise durchführbar[55].

c) Die Reformierbarkeit des Regionalausschusses und ihre Grenzen

Für die Forderungen, die den Regionalausschuß betreffen muß man genauere Betrachtungen anstellen.

Sicher nicht zu verwirklichen ist die Vorstellung, dieses Gremium zu einer Regionalkammer zu machen. Denn da eine solche Lösung die Mitgliedstaaten ohne Regionen aus dem Gremium ausschließen würde, fände sie wohl kaum die Zustimmung derselben.

Ebenso unzulässig ist die Einführung des Prinzips der Weisungsgebundenheit für die Ausschußmitglieder. Dieses Prinzip setzt voraus, daß jede Körperschaft für sich in dem Organ vertreten ist, und ihre Repräsentanten verpflichtet sind, nach ihren Richtlinien oder Weisungen zu handeln. Aber diese Bedingung läßt sich technisch nur für die Regionen erfüllen, sicher nicht für die lokalen Gebietskörperschaften, die sich mit einer kollektiven Repräsentanz begnügen müssen. Man denke dabei nur an Italien, wo es über 8000 Gemeinden und über 100 Provinzen gibt.

All das bedeutet jedoch nicht etwa, daß der Ausschuß absolut nicht reformierbar wäre.

Es wäre zum Beispiel sinnvoll:

---

[55] In diesem Sinn u.a.: *Schindler*, Europäische Union: Gefahr oder Chance für den Föderalismus in Deutschland, Österreich und der Schweiz?, in VVDStRL, H. 53 (1994), 78 ff.

a) wenn der Vertrag vorschreiben würde, daß die Ausschußmitglieder den Regierungen oder den Volksvertretungen der im Ausschuß vertretenen Körperschaften angehören müssen;

b) wenn der Vertrag im Hinblick auf die Ernennung von Ausschußmitgliedern die Staaten verpflichten würde, Vertreter beim Rat vorzuschlagen, die von den Gebietskörperschaften, von möglichen gemeinsamen Organen oder von den entsprechenden Spitzenverbänden benannt worden sind.[56]

Wie man sieht, ginge es darum, im Vertrag Prinzipien zu kodifizieren, die in das Recht der Mitgliedstaaten schon Eingang gefunden haben. Man denke an § 14 des deutschen Gesetzes über die Zusammenarbeit von Bund und Ländern in Angelegenheiten der Europäischen Union vom 12. März 1993 und an entsprechende Regelungen in Spanien[57] und Österreich[58].

Aber das ist nicht alles. Meiner Meinung nach ist eine Stärkung des Gremiums auch auf der Ebene der Funktionen möglich. Insbesondere ist es möglich, den Begründungszwang bei Abweichungen von den Stellungnahmen einzuführen, ebenso, das Gremium mit einem Initiativrecht auszustatten,

---

[56] Ein Änderungsvorschlag des Vertrags in diesem Sinn wurde am 21.4.1995 vom Ausschuß vorgebracht. Zu diesem Punkt s. *Mascia*, Il Comitato delle Regioni, a.a.O., 38 f.

[57] Dazu: *Parejo Alfonso*, La participación de las Comunidades Autónomas en el proceso de adopción de decision de la Unión Europea, in Perez Gonzalez (Hg.), La acción exterior y comunitaria, a.a.O. 98, der wiedergibt, daß die Abordnung der 17 Vertreter der autonomen Gemeinschaften und der 4 Vertreter der lokalen Gebietskörperschaften aufgrund von Vorschlägen erfolgt, die von jeder autonomen Gemeinschaft bzw. von der Federación Española de Municipios y Provincias gemacht werden.

[58] Art. 23d der Bundesverfassung (eingeführt durch die Bundesverfassungsnovelle vom November 1994) schreibt in Absatz 3 folgendes vor: "Die österreichische Mitwirkung an der Ernennung von Mitgliedern des Ausschusses der Regionen und deren Stellvertretern hat auf Grund von Vorschlägen der Länder sowie des Österreichischen Städtebundes und des Österreichischen Gemeindebundes zu erfolgen. Hierbei haben die Länder je einen, der Österreichische Städtebund und der Österreichische Gemeindebund gemeinsam drei Vertreter vorzuschlagen". Zu dieser Regelung: *Schäffer*, Österreichische Beteiligung an der Willensbildung in der Europäischen Union, insbesondere an der europäischen Rechtssetzung, in ZÖR (Austrian Journal of Public and International Law) 50 (1996), 23 f.

sowie mit dem Klagerecht im Fall einer Verletzung seiner Mitwirkungsrechte[59].

Was mir unmöglich erscheint, ist, dem Ausschuß tiefgreifendere Mitentscheidungsrechte zu gewähren, als er im Moment hat, und zwar in Form von Abstimmungs- und Vetorecht.

Solche Rechte wären nur für den Fall gerechtfertigt, daß sie Sachgebiete betreffen, die aufgrund innerstaatlicher Kompetenzregelung der Gesetzgebung aller im Ausschuß vertretenen Körperschaften unterstehen.
Bezüglich solcher Sachgebiete

a) hätte die Einbeziehung die Funktion, die Verluste der Gebietskörperschaften für zu kompensieren, die sie durch die Europäisierung der jeweiligen Gesetzgebungszuständigkeiten erleiden;

b) würde die Einbeziehung die Mitwirkung eben dieser Gebietskörperschaften in der sog. deszendierenden Phase begünstigen und die spontane Befolgung des Gemeinschaftsrechts vonseiten der Körperschaften nahelegen, die dazu bestimmt sind, es aus- und durchzuführen.

Bekanntlich ist diese Bedingung jedoch nicht gegeben[60].

Den lokalen Gebietskörperschaften fehlt es im Gegensatz zu den Regionen an echten Gesetzgebungskompetenzen.

Dem ist hinzuzufügen, daß in Bezug auf den Inhalt der Gesetzgebungskompetenzen der Körperschaften, die damit ausgestattet sind (wie die Bundesländer, die Regionen und die autonomen Gemeinschaften), enorme Unterschiede zwischen den einzelnen Verfassungsregelungen bestehen. Demzufolge verfügen die deutschen und österreichischen Länder, die italienischen und belgischen Regionen, die autonomen spanischen und belgischen Gemeinschaften über Gesetzgebungskompetenzen, die nicht deckungsgleich sind. Ich beschränke mich auf ein einziges Beispiel: die Kulturhoheit, die den "harten Kern" der Kompetenzen der deutschen Bundesländer ausmacht, ist aus der Kompetenzsphäre der italienischen Regionen ausgeschlossen.

Es fehlt im übrigen nicht an Unterschieden innerhalb ein und desselben Mitgliedstaates. Das ist zum Beispiel der Fall bei den autonomen spanischen

---

[59] ...womit eine auch vom Ausschuß vorgebrachte Forderung aufgenommen würde (vgl. Sirianni, La partecipazione delle Regioni, a.a.O., 58).

[60] Im allgemeinen zu diesem Punkt: *Berti*, Regionalismo europeo nella prospettiva del trattato di Maastricht, in Le Regioni, 1992, 1210.

Gemeinschaften und bei den italienischen Regionen mit Sonderautonomie, deren Zuständigkeiten in den jeweiligen Statuten festgelegt sind und sich voneinander unterscheiden[61].

Meines Erachtens ist dem Ausschuß angesichts dieser entschieden heterogenen Elemente mit seiner beratenden Rolle eine unüberwindbare Grenze gesetzt[62].

d) Das Klagerecht von Bundesländern und Regionen

Was die Forderung betrifft, die Bundesländer und Regionen nach Art. 173 Abs. 2 EGV zu den privilegierten Klagebefugten zu rechnen, so ergeben sich hier die größten Schwierigkeiten aus der Konkurrenz, die dabei zwischen den unterstaatlichen Einheiten und den entsprechenden Mitgliedstaaten entstehen würde.

Man muß bedenken, daß die Klageerhebung vonseiten der Mitgliedstaaten nicht automatisch erfolgt, sondern Ergebnis einer politischen Entscheidung ist. Auch im Fall einer Vertragsverletzung kann ein Staat von der Klageerhebung absehen, wenn er sie aufgrund politischer oder anderer Einschätzungen für nicht opportun hält[63]. Es ist sinnvoll, daß derartige Einschätzungen im Monopol der Mitgliedstaaten bleiben. Es erscheint mir mit anderen Worten nicht annehmbar, daß der Staat sich einer Region beugen müßte, wenn sie in Fällen, wo er selbst davon Abstand nehmen würde, Klage erheben wollte.

Theoretisch könnte die einzige Lösungsmöglichkeit darin bestehen, daß man der verfassungsrechtlichen Zuständigkeitsverteilung im Hinblick auf die Klagebefugnis europäische Relevanz zugesteht. Auf dieser Grundlage könnte man zum Beispiel die Klagebefugnis der Länder für Sachgebiete anerkennen,

---

[61] Zu dieser Besonderheit des spanischen Regionenmodells (die auch für die italienischen Regionen mit Sonderstatut gilt) s. *D'Atena*, L'impatto del policentrismo legislativo sul sistema delle fonti, in Dir. e soc., 1997, 22.

[62] So: *Seidl-Hohenveldern*, Die Bundesländer und die Europäische Union, in Pérez Gonzalez (Hg.), La acción exterior y comunitaria, a.a.O., 454 f.; außerdem, vor dem Maastrichter Vertrag (und mit Bezug auf die mögliche Einrichtung einer europäischen Länderkammer): *Ehlermann*, Zur Diskussion um einen "Solange III" Beschluß: Rechtspolitische Perspektiven aus der Sicht des Gemeinschaftsrechts, in EuR, Beiheft 1/1991, 36. Zu gleichen Schlußfolgerungen, wenn auch auf Art. F Abs. 1 EUV gestützt, kommt *Bleckmann*, Die Wahrung der "nationalen Identität" im Unions-Vertrag, a.a.O., 268.

[63] Vgl. *Fuss*, Rechtsschutz gegen deutsche Hoheitsakte zur Ausführung des Europäischen Gemeinschaftsrechts, in NJW, 1966, 1786.

die ihrer Zuständigkeit unterstehen, und die des Bundes für alle übrigen Sachgebiete. Dieses Modell könnte entsprechend auch für Italien, Spanien, Belgien und Portugal angewendet werden.

Aber eine solche Lösung stößt auf zwei Schwierigkeiten, die meiner Meinung nach nicht aus der Welt zu schaffen sind.

a) Nicht immer ist die Grenze zwischen den Sachgebieten klar zu ziehen. Es gibt somit Grenzzonen, für die sich äußerst diffizile Auslegungsprobleme stellen würden.

b) Überdies müßte man dem EuGH, wenn man diesen Weg einschlagen wollte, zugestehen, die Voraussetzungen für die Klageerhebung zu beurteilen. Er müßte also eine Auslegung der nationalen Verfassungsregelungen vornehmen, die die Zuständigkeiten zwischen den verschiedenen institutionellen Ebenen aufteilen, und würde somit eine Rolle übernehmen, die den innerstaatlichen Verfassungsgerichtsbarkeiten vorbehalten ist und es bleiben muß[64].

VIII. Die mitgliedstaatliche Regelung als "Gegenmittel" gegen die Provinzialisierung von Bundesländern und Regionen

Im Licht des bisher Gesagten kann eine Frage nicht ausbleiben. Muß man sich damit abfinden, daß die Europäisierung der regionalen Zuständigkeiten in keiner Weise durch Kompensationsformen ausgeglichen werden kann?

Meiner Meinung nach ist diese Frage alles in allem zu verneinen, wenn auch mit der Einschränkung, daß die diesbezüglichen Lösungen zwar den Kompetenzverlust der Länder mildern, aber nicht völlig kompensieren können, da sie nicht imstande sind, die Entscheidungskompetenz zu ersetzen[65].

Man muß sich jedoch des Umstands bewußt sein, daß dem Gemeinschaftsrecht im Hinblick auf den Interessenschutz der Regionen beschränkte Mittel zur Verfügung stehen.

Der beste Weg, Kompensationen zu verwirklichen, ist daher das innerstaatliche Recht. Das ist im übrigen ein Weg, der von den Mitgliedstaaten bereits vielfach beschritten wurde.

---

[64] Dazu: *Kleffner-Riedel*, Regionalausschuß, a.a.O., 242.

[65] So: *Geiger, R.*, Die Stellung der Bundesländer, a.a.O., 59.

Diesbezüglich sind höchst interessante Lösungen in Deutschland und Österreich erarbeitet worden. Man denke an das bereits zitierte Gesetz über die Zusammenarbeit von Bund und Ländern in Angelegenheiten der europäischen Union und an Art. 23d ÖBVerf., der mit der Bundesverfassungsnovelle vom November 1994 eingeführt wurde.[66]

Außerdem ist von größtem Interesse, wie diese Frage in Spanien[67] und Belgien[68] gehandhabt wird.

In Italien ist im Zug der laufenden Verfassungsrevision ein Vorschlag von der gemeinsamen Parlamentskommission vorgelegt worden. Darin ist vorgesehen, daß die Regionen "an den Entscheidungen, die Gemeinschaftsakte betreffen, mitwirken und für ihre Aus- und Durchführung sorgen" (Art. 118). In einer vorhergehenden Fassung hieß es außerdem, daß eine Region im Fall von regionalen Kompetenzverletzungen durch Akte der EU bei der Staatsregierung eine Klageerhebung vor den Rechtsorganen der EU beantragen könne und die Regierung darüber mit Begründungszwang zu befinden habe. Wie gesagt hat man jedoch in der jüngsten von der gemeinsamen Parlamentskommission verabschiedeten Fassung unglücklicherweise auf diesen

---

[66] Diese Regelung schreibt folgendes vor: "(1) Der Bund hat die Länder unverzüglich über alle Vorhaben im Rahmen der Europäischen Union, die den selbständigen Wirkungsbereich der Länder berühren oder sonst für sie von Interesse sein können, zu unterrichten und ihnen Gelegenheit zur Stellungnahme zu geben. Solche Stellungnahmen sind an das Bundeskanzleramt zu richten. Gleiches gilt für die Gemeinden... Die Vertretung der Gemeinden obliegt in diesen Angelegenheiten dem Österreichischen Gemeindebund (Art. 115 Abs. 3). (2) Liegt dem Bund eine einheitliche Stellungnahme der Länder zu einem Vorhaben im Rahmen der Europäischen Union vor, das Angelegenheiten betrifft, in denen die Gesetzgebung Landessache ist, so ist der Bund bei Verhandlungen und bei Abstimmung in der Europäischen Union an diese Stellungnahme gebunden. Der Bund darf davon nur aus zwingenden außen- und integrationspolitischen Gründen abweichen. Der Bund hat diese Gründe den Ländern unverzüglich mitzuteilen. (3) Soweit ein Vorhaben im Rahmen der Europäischen Union auch Angelegenheiten betrifft, in denen die Gesetzgebung Landessache ist, kann die Bundesregierung einem von den Ländern namhaft gemachten Vertreter die Mitwirkung an der Willensbildung im Rat übertragen. Die Wahrnehmung dieser Befugnis erfolgt unter Beteiligung des zuständigen Mitgliedes der Bundesregierung und in Abstimmung mit diesem. Für einen solchen Ländervertreter gilt Abs. 2. Der Vertreter der Länder ist dabei in Angelegenheiten der Bundesgesetzgebung dem Nationalrat, in Angelegenheiten der Landesgesetzgebung den Landtagen gemäß Art. 142 verantwortlich."

[67] Vgl. *Parejo Alfonso*, La participación de las Comunidades Autónomas, a.a.O. 100 ff.

[68] Vgl. *Van Boxtael*, La participation des communautés et des régions , a.a.O., 537 ff.

Passus verzichtet. Es bleibt nur zu hoffen, daß er bei der Parlamentsdebatte vor den zwei Kammern, denen der Vorschlag der Kommission vorgelegt werden muß, wiederaufgenommen wird.

Jedenfalls ist jenseits vom Inhalt der verschiedenen Lösungen, die in einzelnen Aspekten durchaus kritisiert werden können, ein Punkt besonders hervorzuheben. Und zwar, daß die innerstaatlichen Regelungen nicht den strukturellen Beschränkungen unterworfen sind, die der europäischen Regelung sozusagen wesenseigen sind.

Da die innerstaatlichen Regelungen nur auf die jeweiligen Mitgliedstaaten beschränkt sind, können sie deren verfassungsrechtliche Besonderheiten berücksichtigen und - wenn man so sagen kann - sich den einzelnen nationalen Gegebenheiten anpassen wie ein Maßanzug. Es ist z.B. offensichtlich, daß die Verfahren zur Einbeziehung der Länder, die sich auf ein Organ wie den deutschen Bundesrat stützen, nicht in anderen europäischen Staatsordnungen gelten können, wo ein entsprechendes Organ fehlt und dementsprechend andere Verfahren angewendet werden müssen. Es darf von daher nicht erstaunen, daß z.B. die österreichische Bundesverfassung die direkte Mitwirkung der einzelnen Länder bei der innerstaatlichen Phase des europäischen Entscheidungsprozesses vorsieht[69].

---

[69] Zu der Unmöglichkeit, das deutsche Modell bei den strukturellen Unterschieden zwischen dem österreichischen und dem deutschen Bundesrat anzuwenden, vgl. *Seidl-Hohenveldern,* Die Bundesländer und die Europäische Union, a.a.O., 441; *Schäffer*, Österreichische Beteiligung an der Willensbildung in der Europäischen Union, a.a.O., 26 f. Die Regelung, auf die Bezug genommen wird, findet sich im obenerwähnten Art. 23 d ÖBVerf. (ebenfalls durch die Bundesverfassungsnovelle vom November 1994 eingeführt). Es bleibt daran zu erinnern, daß im Anschluß an eine von den Ländern aufgrund Art. 15 a ÖBVerf. geschlossene Vereinbarung die Integrationskonferenz der Länder (IKL) eingerichtet wurde, in der die einzelnen Länder durch die jeweiligen Landeshauptmänner und durch die Landtagspräsidenten vertreten sind (letztere nur mit beratender Stimme). Die Konferenz hat die Aufgabe, die gemeinsame Willenbildung der Länder in Angelegenheiten der europäischen Integration zum Ausdruck zu bringen. Dazu: *Seidl-Hohenveldern,* Die Bundesländer und die Europäische Union, a.a.O., 442 ff.; *Schäffer,* Landesparlamente und Europapolitik. Das österreichische Beispiel, in DÖV, 1996, 399 f.; Ders., Österreichische Beteiligung an der Willensbildung in der Europäischen Union, a.a.O., 37 f.

IX. Die mitgliedstaatlichen Verfassungen und die Rolle einer möglichen europäischen Homogenitätsklausel

Es gibt jedoch noch einen weiteren Grund, der für die innerstaatliche Regelung spricht, und zwar einen institutionellen. Wie auch immer der europäische Integrationsprozeß aussehen wird, es läßt sich nicht bestreiten, daß die Mitgliedstaaten unverzichtbare Strukturelemente, oder anders gesagt: Bausteine bleiben sollen[70]. Das bedeutet im wesentlichen zwei Dinge:

einerseits, daß der institutionelle Aufbau weiterhin mitgliedstaatlich sein wird;

andrerseits, daß zwischen der mitgliedstaatlichen und der europäischen Ebene weiterhin eine Zuständigkeitsverteilung bestehen wird.

Das wird durch folgendes bestätigt: jenseits von Unterschieden, die sich aus der Besonderheit der von der europäischen Integration verursachten Probleme ergeben (Besonderheit, die das Bundesverfassungsgericht dazu gezwungen hat, den Terminus "Staatenverbund" zu prägen[71]) weist die institutionelle Ordnung, die in Europa im Entstehen begriffen ist, bemerkenswerte Berührungspunkte mit den Staatenbunden und Bundesstaaten auf.[72] In diesen ist bekanntlich die Regelung der Verfassungsstruktur ihrer Glieder ausschließliche Kompetenz derselben und deren Verfassungen.

---

[70] Über die Gefahren der Einrichtung eines europäischen Bundesstaates (und die daraus folgende Zweckmäßigkeit, den Charakter der supranationalen Einrichtung der EU beizubehalten und "nicht dagegen nationalstaatliche Muster zu kopieren") sind aufschlußreich die Überlegungen von Grimm, Braucht Europa eine Verfassung?, in JZ, 1995, 581 ff.

[71] ... dazu s. *Tomuschat*, Die Europäische Union unter der Aufsicht des Bundesverfassungsgerichts, in EUGRZ, 1993, 491 f.

[72] Es handelt sich um eine weitverbreitete Auffassung. Vgl. z.B.: *Mosler*, Der Vertrag über die Europäische Gemeinschaft für Kohle und Stahl, in ZaöR, 1951, 32 ff.; *Cansacchi*, Les éléments fédéraux de la Communauté Economique Européenne (M.E.C.), in Melanges en l'honneur de G. Gidel, Paris 1961, 91 ff.; *Ophüls*, Quellen und Aufbau des Europäischen Gemeinschaftsrechts, in NJW, 1963, 1698; *Lucatello*, I lineamenti guiridici, im II. "Quaderno" des EG -Dokumentations- und Studienzentrums der Universität Ferrara, 1963, 27 ff.; *NERI*, Sulla natura giuridica delle Comunità europee, in Riv. dir. int., 1964, 237 ff.; *IPSEN*, Als Bundesstaat, a.a.O., 250 ff.

Ebendiese Verfassungsautonomie der Mitgliedstaaten wird meines Erachtens auch im Hinblick auf eine engere europäische Integration bestehen bleiben.[73]

Die Verfassungsautonomie hindert die EU nicht daran, den Mitgliedstaaten gegenüber ihre eigene Verfassungspolitik zu betreiben. Sie legt ihr aber auf, nicht direkt zu handeln, sondern indirekt über die nötige Vermittlung der Mitglieder und deren jeweilige Verfassungen. Es gibt hierzu unzählige Beispiele.

Man denke an die Wiener Schlußakte (von 1820). Der Art. LVII lautete folgendermaßen: "Da der deutsche Bund, mit Ausnahme der freien Städte, aus souverainen Fürsten besteht, so muß, dem hierdurch gegebenen Grundbegriffe zufolge, die gesammte Staatsgewalt in dem Oberhaupte des Staats vereinigt bleiben, und der Souverain kann durch eine landständische Verfassung nur in der Ausübung bestimmter Rechte an die Mitwirkung der Stände gebunden werden." Man denke ebenso an die in den Verfassungen der meisten Bundesstaaten gegebenen Homogenitätsklauseln, wie Art. IV Abschnitt 4 Verf. USA, Art. 4 Abs. 6 Schweizerische Bundesverfassung oder Art. 28 GG.

Ähnlich könnte meiner Meinung nach die EU vorgehen, um eine stärkere Stellung der Untergliederungen in den Mitgliedstaaten zu garantieren[74].

Ein diesbezüglich brauchbares Modell scheint mir das in Art. 28 Abs. 2 GG gegebene. Es verpflichtet bekanntlich die Landesverfassungen, den Gemeinden das Recht zu gewährleisten, "alle Angelegenheiten der örtlichen Gemeinschaft...in eigener Verantwortung zu regeln".

Im übrigen gibt es im Maastrichter Vertrag ansatzweise bereits eine Klausel dieser Art, und zwar in dem schon oben hervorgehobenen Art. A Abs. 2, der eine Vorrangentscheidung zugunsten der bürgernahen Ebenen enthält. Es geht also darum, diese Klausel weiterzuentwickeln und die Verfassungsautonomie der Mitgliedstaaten ausdrücklich in diese Richtung zu lenken.[75]

---

[73] Auf dieser Linie: *Kirchhof*, Deutsches Verfassungsrecht und Europäisches Gemeinschaftsrecht, a.a.O., 15.

[74] Eine ähnliche Hypothese, allerdings auf die Gemeindeebene bezogen, wird problematisch durchleuchtet bei *Hoffschulte*, Kommunale und regionale Selbstverwaltung im Europa der Regionen, a.a.O., 155 ff.

[75] In diese Richtung geht- wie schon zu sehen war (s. oben, Abschnitt 5) die bereits zitierte Gemeinschaftscharta zur Regionalisierung.

Wenn diese Sehweise sich durchsetzen würde, könnte der Vertrag offensichtlich die Mitgliedstaaten dazu verpflichten, am Subsidiaritätsprinzip ausgerichtete Modelle der innerstaatlichen Zuständigkeitsverteilung anzuwenden.

Wie schon erwähnt, könnte der Vertrag überdies festlegen, daß die Mitgliedstaaten für die Zusammensetzung des Regionalausschusses Vertreter vorschlagen, die vonseiten der entsprechenden Gebietskörperschaften oder ihrer Spitzenverbände benannt worden sind.

Der Vertrag könnte schließlich - im Einklang mit der deutschen Regelung-vorsehen, daß in dem Moment, wo die Verletzung der europäischen Normen vonseiten der Gemeinschaftsorgane gleichzeitig eine Verletzung der Kompetenzen mit sich bringt, die den mitgliedstaatlichen Untergliederungen verfassungsmäßig garantiert sind, diese letzteren mit den geeigneten Rechtsmitteln ausgestattet sein müssen, um die Klageerhebung durch ihren zugehörigen Staat in die Wege zu leiten. Dieser Weg hat einen zweifachen Vorteil:

einerseits berücksichtigt er die Komplementarität der europäischen Verfassung und derjenigen der Mitgliedstaaten[76];

andererseits sichert er den Schutz der etwaigen Untergliederungen auf eine weniger labile Weise, als er durch das "fair play" der Mitgliedstaaten gegeben wäre.

---

[76] Die Komplementarität zwischen Bundes- und Landesverfassung stellt einen der "Topoi" bei den Überlegungen zum Föderalismus dar. Diesbezüglich immer noch aktuell die "klassischen" Ausführungen von *Nawiasky*, Der Bundesstaat als Rechtsbegriff, Tübingen 1920, 144.

Diskussionsbericht

Im Anschluß an die Referate von *Hänsch*, *Schwarze* und *D'Atena* eröffnete *Stern* die Diskussion, die sich zunächst auf die Ausführungen *Hänschs* konzentrierte.

Hirsch fragte mit Blick auf den Europäischen Gerichtshof, wie *Hänsch* zu der vom Europäischen Parlament im Zuge der Verhandlungen von Amsterdam vorgebrachten Forderung nach einem Mitspracherecht bei der Ernennung der Richter des Europäischen Gerichtshofes stehe. Dabei gab *Hirsch* zu bedenken, daß die Erfahrungen in den Vereinigten Staaten bei der Benennung von Richtern durch das Parlament nicht durchweg positiv seien. Allerdings könne er sich Mitwirkungsrechte, die nicht auf persönliche Anhörungen hinauslaufen, durchaus vorstellen.

Hänsch wies darauf hin, daß es dazu im Parlament unterschiedliche Meinungen gebe. Eine Reihe seiner Kollegen habe das Mitspracherecht bei der Ernennung der Europäischen Richter auf eine der ersten Stellen der Prioritätenliste gesetzt, er persönlich jedoch nicht. Er habe immer darauf gedrungen, daß sich das Europäische Parlament auf die Mitentscheidung bei der Gesetzgebung und einen stärkeren Einfluß auf die Ernennung der Kommission als Exekutive konzentriere. Trotzdem würde eine Art Vetorecht des Parlaments bei der Ernennung der Richter eine zu begrüßende Verstärkung des demokratischen Einflusses in der Europäischen Union darstellen. Vor einer solchen Letztentscheidung des Parlaments, die es ja bei einem Vetorecht ausüben würde, müsse jedoch notwendigerweise eine öffentliche Anhörung auf europäischer Ebene durchgeführt werden. Darüber hinaus habe sich gezeigt, daß das Europäische Parlament mit solchen öffentlichen Anhörungen gut umgehen könne. Bei der Vorbereitung des Vertrauensvotums für die Europäische Kommission im Jahre 1995 sei es gelungen, eine „Beziehungsanhörung" amerikanischen Stils zu vermeiden und sich auf die Frage zu beschränken, ob der Kandidat bzw. die Kandidatin fachlich zur Leitung des jeweiligen Ressorts geeignet erschien. Mit Blick auf den aktuellen Fall des belgischen Richters *Wathelet* bemerkte *Hänsch*, daß ein Vetorecht in Form einer Notbremse wünschenswert sei, so daß das Parlament oder sein dafür zuständiger Ausschuß in letzter Instanz einen ungeeigneten Kandidaten ablehnen könnte. Durch ein solches Mitspracherecht wüchse die demokratische Legitimation des Europäischen Gerichtshofes und der Europäischen Union insgesamt.

Im Anschluß daran sprach *Stein* das Thema Außen- und Außensicherheitspolitik an, wobei er an *Hänsch* die Frage richtete, ob das Europäische Parlament angesichts des Amsterdamer Vertrages, der ja keine weitere Integration in diesem Bereich gebracht habe und bestehender Bedenken, daß es in dieser sensiblen Thematik den Nationalstaaten zu sehr hineinreden würde, zu größerer Zurückhaltung auf diesem Gebiet bereit sei.

Der Referent äußerte die Ansicht, niemand sei mit den Ergebnissen des Amsterdamer Vertrages im Bereich der gemeinsamen Außen- und Sicherheitspolitik zufrieden. Jedoch dürfe man nicht aus den Augen verlieren, daß es nun durch Schaffung einer gemeinsamen Analyseeinheit zum ersten Mal die Möglichkeit gebe, gemeinsame Außenpolitik auch gemeinsam vorzubereiten. Denn eines der technischen Mängel bei der Bewältigung der Probleme in Jugoslawien sei gewesen, daß alle nationalen Ministerien auf unterschiedlichen Vorstellungen basierende Vorbereitungen getroffen hätten, die erst auf Brüssler Ebene zur Übereinstimmung gebracht werden mußten. Dies habe eine schnelle gemeinsame Reaktion verhindert. Daher stelle die Schaffung einer gemeinsamen Analyseeinheit, wie sie der Amsterdamer Vertrag vorsehe, einen nicht zu verachtenden Schritt dar.

Ein Grundproblem der europäischen Außen- und Sicherheitspolitik sei jedoch die fehlende Möglichkeit, die in großen Bereichen bestehenden Gemeinsamkeiten der Mitgliedstaaten nach außen sichtbar zu machen. Daher sei auf europäischer Ebene eine dem NATO-Generalsekretär vergleichbare Institution erforderlich, die in der Lage sei, selbständig für die Außenpolitik der Europäischen Union zu sprechen. Die im Vertrag von Amsterdam vorgesehene Lösung, den Generalsekretär des Rates mit dieser Aufgabe zu betrauen, sei nicht ausreichend. In Zukunft sei es jedoch durchaus denkbar, daß es gelingen werde, aus dieser Position etwas zu machen.

Bezugnehmend auf die von *Stein* angesprochene Zurückhaltung des Europäischen Parlaments im Bereich der Außenpolitik stellte *Hänsch* klar, daß es nicht an Forderungen seitens des Europäischen Parlaments gelegen habe, daß die Mitgliedstaaten in diesem Bereich nicht entscheidend weitergekommen seien. Seiner Ansicht nach sei Außenpolitik traditionell und vernünftigerweise in erster Linie eine Domäne der Exekutive, so daß das Parlament nicht versuchen solle, mit Beschlüssen in operative Aktionen hineinzuregieren. Ungeachtet dessen habe das Europäische Parlament in der Vergangenheit aufpassen müssen, daß sein garantiertes Haushaltsrecht nicht durch Handlungen auf dem Gebiet der gemeinsamen Außen- und Sicherheitspolitik ausgehöhlt wurde. Zu diesem Zweck sei eine institutionelle Vereinbarung vorbereitet worden, welche mit dem Vertrag von Amsterdam in Kraft treten solle und die Berücksichtigung der Rechte des Parlaments im Bereich der Haushaltsplanung garantiere, ohne daß es Einwirkungen auf die operativen Einzelheiten der Gestaltung der Außenpolitik erhalte.

Generell sei in der öffentlichen Diskussion verkannt worden, daß der Amsterdamer Vertrag die sogenannten Petersberg-Aufgaben der WEU übernehme, so daß die EU nun auch für friedensschaffende Maßnahmen, also Militäreinsätze zuständig werde. Dies stelle für die neutralen Mitgliedstaaten eine bemerkenswerte Möglichkeit dar, sich an einer militärischen Zusammenarbeit zu beteiligen.

Abschließend stellte *Hänsch* klar, daß in dem Bereich Außen- und Sicherheitspolitik die Mitgliedstaaten zwar nicht zu ersetzen seien, daß der Vertrag von Amsterdam jedoch einen positiven Schritt in Richtung einer weiteren Integration auf diesem Gebiet darstelle.

Anknüpfend an den Vortrag *D'Atenas*- widersprach *Lecheler* der letzten Bemerkung *Hänschs*: Erstens stelle seiner Ansicht nach der Nationalismus weiterhin ein historisch verhängnisvolles und gefährliches Potential dar, weswegen an eine Randkorrektur nationalstaatlicher Organisation gedacht werden müsse. Gerade die grenzüberschreitende Zusammenarbeit der Regionen stelle hierbei eine existenziell wichtige Erscheinung dar, so daß der europäische Regionalismus gestärkt werden müsse.

Ferner könne er *Hänschs* Äußerung, daß die Mitgliedstaaten in ihrer Bedeutung niemals auf die Rolle deutscher Länder herabsinken würden, nicht zustimmen, da gerade dies im Bereich der Währungspolitik geschehen sei.

Bezüglich einer weiteren Regionalisierung in der EU wies *Hänsch* auf die von *D'Atena* dargestellten rechtlichen und institutionellen Probleme hin. Es liege einzig und allein bei den Mitgliedstaaten, darüber zu entscheiden, ob und wie weit sie sich regionalisieren oder föderalisieren. Regionalisierung, auch grenzüberschreitende, könne nicht von Brüssel verordnet oder vorbereitet werden, sondern müsse sich nach den Traditionen, Verfassungen und dem Geschichtsverständnis der Mitgliedstaaten richten. In realpolitischer Sicht habe sich außerdem herausgestellt, daß es nicht im Interesse der europäischen Ebene liege, nationalistische Tendenzen in einzelnen Mitgliedstaaten zu bekämpfen, da dies erfahrungsgemäß zu einer Blockadehaltung führe.

Mit seiner bewußt radikalen Formulierung, daß es einen europäischen Bundesstaat deutschen oder amerikanischen Musters nicht geben werde, habe, er, *Hänsch* nicht sagen wollen, daß der status quo das Ende der Entwicklung darstelle. Vielmehr sei er der Überzeugung, daß zukünftig zwischen diesen beiden Extremen neue Formen gefunden würden, in denen sich europäische Politik und europäische Entscheidungen abspielen werden.

Mit Blick auf die Osterweiterung der Europäischen Union fragte *Blanke* nach der Haltung des Europäischen Parlamentes zu der „Agenda 2000“, wobei er besonders auf die notwendigen Reformen im Bereich des Strukturfonds und der Landwirtschaftspolitik abstellte.

Hänsch erläuterte, daß das Parlament gegenwärtig an einer Stellungnahme zur „Agenda 2000“ arbeite, die es Anfang Dezember abgeben werde, wobei sowohl die Reform der Strukturfonds, als auch die der Landwirtschaftspolitik zu sehr strittigen Diskussionen quer durch alle Fraktionen geführt habe. Im Bereich der Strukturfonds unterstütze das Parlament den Vorschlag der Kommission, die Zahl der Förderprogramme und der Zielgebiete von fünf auf drei zu verringern. Dies habe bis in den Osten Deutschlands hineinreichende Konsequenzen. Er vermute, daß auch in der Frage der Landwirtschaftspolitik die Grundvorstellungen der Kommission von einer Mehrheit der Parlamentarier unterstützt würden. Diese Neuerungen zielten darauf ab, im Rahmen der ohnenhin notwendigen Reformen im Zusammenhang mit der Welthandelsorganisation und der aufgrund des GATT notwendigen Anpassungen zu einer stärkeren Marktorientierung der Agrarpolitik zu kommen, die insbesondere eine Verringerung der Exporterstattungen zur Folge habe. Darüber hinaus gebe es im Parlament augenblicklich eine Grundauseinandersetzung darüber, ob das von der Kommission für die Finanzierung des europäischen Haushalts gesetzte Limit von 1,27% des Bruttosozialprodukts aktzeptiert, oder ob es als für die erste Runde der Erweiterung nicht ausreichend zurückgewiesen werden solle. Hinter der Forderung nach einem höheren Prozentsatz stecke das Interesse vor allem der südlichen Mitgliedstaaten, mit der Struktur- und Agrarpolitik fortzufahren wie bisher. Insoweit stelle das Festhalten an der 1,27%-Grenze ein Druckmittel zur Durchführung der notwendigen Reformen im Bereich der Struktur- und Agrarpolitik dar.

Im zweiten Teil der ersten Diskussionsrunde, in der die Referate von *Schwarze* und *D'Atena* im Mittelpunkt standen, richtete *Baur* an *Schwarze* die Frage, ob es keine Möglichkeit gebe, die in seinen Augen häufig undurchsichtig, unübersichtlich und künstlich erscheinende Rechtsetzung der Europäischen Union für den Praktiker zu verdeutlichen. Seiner Ansicht nach könnten diese Mißstände durch eine Kodifikation des sekundären Gemeinschaftsrecht abgeschafft werden, welche jedoch auch das Privatrecht umfassen müsse.

Schwarze pflichtete *Baur* zwar bei, daß das Gemeinschaftsrecht „das unbekannte Wesen“ sei, wies jedoch darauf hin, daß auch dem deutschen Staatsbürger beispielsweise die Einzelheiten einer öffentlichen Debatte im Steuerrecht verborgen blieben. Sein Vorschlag einer Kodifikation stelle den Versuch dar, aus den festzustellenden Angleichungstendenzen der Rechtsordnungen der Mitgliedsstaaten Konsequenzen zu ziehen. Er strebe auf dem Gebiet des öffentlichen Rechts einheitliche Grundzüge für das Verwaltungsrecht an. Auf europäischer Ebene müsse es ein höheres Maß an Transparenz geben, um die Akzeptanz der Gemeinschaft zu stärken. Eine solche Akzeptanz sei insbesondere dadurch zu erreichen, daß das Gemeinschaftsrecht zumindest in seinen Grundzügen für jedermann einsehbar sei. In praktischer Hinsicht würde eine Kodifikation darüber hinaus zu größerer Wettbewerbsgleichheit zwischen den Mitgliedstaaten führen. Insgesamt seien die weltweite Systematisierung sowie ein erhöhtes Maß von Transparenz, gefolgt von einer möglichst weitgehenden Kodifikation die am besten geeigneten Mittel zur Schaffung von rechtlichen Rahmenbedingungen in einer durch die Globalisierung gekennzeichneten Welt. Im Bereich der Europäsichen Union dürfe dieser Ansatz jedoch nicht zu zusätzlichen Gemeinschaftskompetenzen oder noch mehr Detailbesessenheit führen. Vielmehr müsse sich die Union bei einer Kodifikation auf wesentliche Grundentscheidungen des Gemeinschaftsrechts zurückbesinnen.

Anknüpfend an die von *Lecheler* vorgetragene Forderung nach einer stärkeren Einbeziehung der Regionen in die Entscheidungsprozesse der Europäischen Union wies *D'Atena* auf die Schwierigkeiten hin, die durch eine doppelte föderale Verflechtung - auf Nationalstaats- und Gemeinschaftsebene - entstehen würden. Seiner Ansicht nach könnten diese Schwierigkeiten durch eine vertraglich kodifizierte Homogenitätsklausel beseitigt werden, in der bestimmte gemeinschaftliche Grundregeln für das Mitwirken der Regionen in der Gemeinschaft aufgestellt werden sollten. Eine solche Klausel könnte auf den bereits von einzelnen Mitgliedstaaten eingeführten Regelungen basieren und würde gerade in Staaten, die nicht föderalistisch oder regional organisiert seien, wie z.B. Italien, zu einer Stärkung der Lage der Regionen auch im nationalen Gefüge führen. Eine Homogenitätsklausel stelle die einzige Möglichkeit der Gemeinschaft dar, auf eine Stärkung der Regionen hinzuwirken, alles weitere sei Kompetenz der Mitgliedstaaten.

Stern regte darüber hinaus an, auch die kommunale Selbstverwaltung, die ja bisher lediglich in einer Charta erwähnt sei, in das vertragliche Regelungswerk der Gemeinschaft mit einzubeziehen.

Bezogen auf seine frühere Äußerung stellte *Lecheler* klar, daß er keineswegs eine Oktryoierung des Regionalismus via Brüssel oder Straßburg anstrebe. Ihm ginge es vielmehr darum, aufzuzeigen, daß das starke Festhalten an verfassungsrechtlichen Nationalvorstellungen immer wieder ein sehr großes Hindernis für den europäischen Einigungsprozeß darstelle. Ein Beispiel für dieses Festhalten an nationalstaatlichen Vorstellungen, die sich insbesondere gegen eine weitere Regionalisierung richteten, stelle die derzeitige Entwicklung in Frankreich dar, wo der Conseil Constitutionnel entschieden habe, daß bereits die im korsischen Selbständigkeitsstatut gewählte Bezeichnung „peuple corse", korsisches Volk, gegen die französische Verfassung verstoße. In einer weiteren Entscheidung habe der Verfassungsrat die Unterzeichnung des europäischen Rahmenabkommens zum Schutz von Minderheiten durch Frankreich für verfassungswidrig erklärt, da die Vorstellung einer Minderheit, die auch Angehörige der Nation umfasse gegen Art. 2 der französischen Verfassung verstoße, wonach die Nation eine einheitliche und unteilbare Republik sei.

Auch *D'Atena* beurteilt die Auslegung der in der französichen Verfassung garantierten Einheit und Unteilbarkeit durch die französische Judikatur als streng, zeigte jedoch auf, daß diese nicht zwingend sei: Obwohl dasselbe Konzept auch Teil der spanischen, italienischen oder portugiesischen Verfassung sei, schlösse es dort das Bestehen von sprachlichen Minderheiten oder von Regionen mit eigener Gesetzgebungskompetenz nicht aus. Diese Interpretation stelle seiner Ansicht nach einen gelungenen Kompromiß dar.

(*Till Schreiber*, R.I.Z.)

Die Rolle des Europäischen Gerichtshofs bei der Weiterentwicklung des Gemeinschaftsrechts

GÜNTER HIRSCH

Meine Aufgabe, die Rolle des Europäischen Gerichtshofs bei der Weiterentwicklung des Gemeinschaftsrechts darzustellen, kann sich nicht darin erschöpfen, einen Überblick über weichenstellende Urteile des Gerichtshofs zu geben. Denn die Rechtsfortbildung durch Richterrecht wirft immer auch die Grundsatzfrage der Abgrenzung der rechtsprechenden Gewalt von der Legislative auf. Sie bedarf daher unter dem rechtsstaatlichen Obersatz der Gewaltenteilung einer spezifischen Legitimation, jedenfalls aber einer besonderen Sensibilität. Der gelegentlichen Qualifizierung des Gerichtshofs als "Motor der Integration" liegt sicherlich teilweise auch der Vorwurf der Anmaßung und Grenzüberschreitung bei der Weiterentwicklung des Rechts zugrunde.

I. Ausgangslage des Gerichtshofes

Bevor auf die Frage nach den Grenzen zulässiger Rechtsfortbildung durch Richterrecht und die Rolle des Europäischen Gerichtshofs im fortschreitenden Prozeß europäischer Rechtsverdichtung auf dem Hintergrund bedeutender Rechtsprechungsschwerpunkte eingegangen wird, will ich kurz die Ausgangssituation in Erinnerung rufen:

Als der Gerichtshof im Oktober 1958 seine Tätigkeit nach dem EWG-Vertrag aufnahm, fand er sich in einer Lage, die sich von der rechtlichen Situation in Deutschland, aber auch von der heutigen Rechtslage in der Gemeinschaft, völlig unterschied. Von Normenflut konnte keine Rede sein, im Gegenteil herrschte, um im Bild zu bleiben, geradezu eine normative Ebbe. Es gab den Gemeinschaftsvertrag mit institutionellen Vorschriften, mit Zielvorstellungen und Grundnormen sowie Ermächtigungen zur Setzung sekundären Gemeinschaftsrechts. Nachgeordnetes Gemeinschaftsrecht, also insbesondere Richtlinien und Verordnungen, entstanden erst im Laufe der Zeit.

Dem Europäischen Gerichtshof war im Vertrag die Aufgabe zugewiesen, die Wahrung des Rechts in der Gemeinschaft zu sichern. Auf der Grundlage einer völlig neuen, nämlich einer supranationalen Rechtsordnung ohne Vorbild, die noch in keiner Weise ausdifferenziert war, mußte er in jeder Hinsicht

Neuland betreten. Er sah sich vor die Aufgabe gestellt, auf dem Hintergrund unterschiedlicher nationaler Rechtsfindungssysteme eine eigene Methodik der Auslegung von Normen einer völlig neuen Qualität zu finden und rechtliche Probleme ohne die umfassende Unterstützung einer etablierten Rechtswissenschaft zu lösen. Der Gerichtshof mußte, kurz gesagt, seine Rolle als Gericht erst definieren und sich selbst das geistige Rüstzeug erarbeiten für den - um einen Ausdruck von Ihering zu gebrauchen - "Kampf ums Recht".

Dabei konnte der Gerichtshof zwar auf mehr oder weniger ausgefeilte Methodenlehren in den einzelnen Mitgliedstaaten zurückgreifen, die weitgehend eine gemeinsame Wurzel im Römischen Recht haben. Es galt jedoch, auf deren Grundlage eine neue, den speziellen Anforderungen des Gemeinschaftsrechts gerecht werdende *Methodik der Rechtsfindung* zu entwickeln.

Um hier nur einige Stichworte zu nennen:
Dem für die Auslegung nationalen Rechts vorrangigen Wortlaut der Norm sowie dem Willen des Gesetzgebers kommt für die Auslegung von Gemeinschaftsrecht erheblich geringere Bedeutung zu. Ist doch eine Norm in der Fassung einer jeden Amtssprache der Gemeinschaft authentisch, so daß sie in der Regel keineswegs so eindeutig ist, wie es auf den ersten Blick, d.h. nach einem Blick auf eine der sprachlichen Fassungen, der Fall zu sein scheint.

Der Wille des Gesetzgebers - also in der Gemeinschaft vorrangig der Mitgliedstaaten und der Gemeinschaftsorgane als Autoren von primärem sekundärem Gemeinschaftsrecht - ist häufig heterogen, wenig klar und ersichtlich von politischen Kompromissen überlagert.

Deshalb hat in der Rechtsprechung des Europäischen Gerichtshofs die teleologische Interpretation maßgebende Bedeutung gewonnen. Die Suche nach dem Ziel einer Regelung in ihrem systematischen Kontext beherrscht die Suche nach der richtigen Auslegung der Norm. Im letzten ist jede Gesetzesauslegung das Erforschen des Telos, und zwar in einem objektivierten Sinne.

In diesem Kontext steht das Interpretationskriterium des "effet utile", das in etlichen Entscheidungen des Europäischen Gerichtshofes, mit denen das Gemeinschaftsrecht weiterentwickelt wurde, die Rolle des Weichenstellers spielt; die gängige deutsche Übersetzung mit "praktische Wirksamkeit" erscheint allerdings nicht sehr glücklich.

Die Art und Weise der Konkretisierung und Fortbildung des Gemeinschaftsrechts durch den Europäischen Gerichtshof wird nicht nur durch die spezifische Methodik der Rechtsfindung, der sich das Gericht bedient, bestimmt. Vielmehr wirkt sich zweifellos auch die Binnenstruktur des Gerichts auf seine Rechtsprechung aus.

Jeder der fünfzehn Mitgliedstaaten ist durch einen Richter beim Europäischen Gerichtshof vertreten. Jeder der Richter ist geprägt vom Rechtssystem seines Landes. Dies bedeutet z.B., daß ein Richter aus einer Rechtskultur, der die Vorstellung fremd ist, daß ein Gericht ein Parlamentsgesetz überprüfen und für nichtig erklären kann, in bestimmten Fällen anders argumentieren wird als ein Richter, dessen Rechtssystem eine gerichtliche Normenkontrolle kennt, wie z.B. das deutsche.

Hinzu kommt das Sprachenproblem. Auch wenn der Gerichtshof intern nur in einer Sprache arbeitet, nämlich in französisch, bringt dies erhebliche Probleme mit sich, die hier nur angedeutet werden können. Da ist zum einen das Übersetzungsproblem. Jedes Urteil wird in französisch formuliert und in dieser Sprachform beschlossen. Es ist die Aufgabe der Übersetzungsabteilung, das französische Urteil in die spezifische juristische Tradition, Begrifflichkeit und Struktur des jeweiligen Rechtssystems zu übertragen, ohne sich vom beschlossenen Text inhaltlich zu entfernen.

Zum anderen besagt der Umstand, daß die Richter die gleiche Sprache benützen, noch nicht, daß sie identische juristische Inhalte mit den jeweiligen französischen Begriffen verbinden. Vielmehr interpretiert jeder seinen Mikrokosmos juristischer Vorprägung hinein in diesen Begriff. Decken sich die Begriffsinhalte nicht und wird dies erkannt, bedarf es einer sprachlichen Klärung.

Hinzu kommt, daß Rechtsfindung in einem heterogenen Rechtsraum kein abstrakter Erkenntnisprozeß ist, dessen Ergebnis vom Gesetzgeber eindeutig vorprogrammiert wäre. Da dem Prozeß der Rechtsfindung häufig auch - und zwar legitimerweise - ein voluntatives Element immanent ist, ist die Auslegung einer Norm immer auch ein von subjektiven Überzeugungen, persönlichen Erfahrungen und Erkenntnissen geprägter Vorgang.

Dabei spielt das richterliche Selbstverständnis eine nicht zu unterschätzende Rolle, das jeder Richter, entsprechend dem plakativen Titel einer einschlägigen Publikation, irgendwo zwischen den Extremen "Richterkönig oder Subsumtionsautomat" anzusiedeln hat.

Wirken an der Rechtsfindung Richter aus fünfzehn Staaten mit, Staaten, die jeweils unterschiedliche Rechtssysteme, verschiedene historische Erfahrungen, voneinander abweichende soziale, gesellschaftliche und politische Umfeldbedingungen aufweisen, so kann diese Rechtsprechung nicht identisch sein mit derjenigen *eines* Mitgliedstaates. Es kann andererseits aber auch nicht darum gehen, jeweils den kleinsten gemeinsamen Nenner zu finden.

Wie sieht nun vor diesem strukturellen Hintergrund konkret der Beitrag des Europäischen Gerichtshofs zur Weiterentwicklung des Gemeinschaftsrechts aus? Lassen Sie mich dies beispielhaft anhand einzelner Wegmarken aus der Rechtsprechung des Europäischen Gerichtshofs aufzeigen.

II. Unmittelbare Wirkung des Gemeinschaftsrechts

Die Europäische Gemeinschaft war von Anfang an mehr als eine Freihandelszone auf völkerrechtlicher Basis. Sie war von Beginn an auch als Rechtsgemeinschaft konzipiert.

Mit den Römischen Verträgen und den Nachfolgeverträgen, die selbst Rechtsvorschriften enthalten und die zur Setzung sekundären Gemeinschaftsrechts ermächtigen, war die Frage nach dem Verhältnis dieses Rechts zur nationalen Rechtsordnung gestellt.

Den mit Abschluß der Römischen Verträge programmierten Theorienstreit, ob die Verträge eine rein völkerrechtliche Qualität haben und ausschließlich die Mitgliedstaaten binden, ohne unmittelbar in die innerstaatlichen Rechtsordnungen hineinzuwirken, hat der Europäische Gerichtshof 1963 beendet. In der Entscheidung Van Gend/Loos stellte er fest, daß die Gemeinschaft nicht nur wechselseitige Verpflichtungen zwischen den vertragsschließenden Staaten begründet, sondern "eine neue Rechtsordnung des Völkerrechts darstellt, zu deren Gunsten die Staaten, wenn auch in begrenztem Rahmen, ihre Souveränitätsrechte eingeschränkt haben, eine Rechtsordnung, deren Rechtssubjekte nicht nur die Mitgliedstaaten, sondern auch die einzelnen sind."[1]

Das von der Gesetzgebung der Mitgliedstaaten unabhängige Gemeinschaftsrecht könne daher den einzelnen Pflichten auferlegen und Rechte verleihen.

Dieser Grundsatz der unmittelbaren Wirkung des Gemeinschaftsrechts in den nationalen Rechtsordnungen war sozusagen der Urknall für das Entstehen der Gemeinschaft als Rechtsgemeinschaft. Er steht längst gemeinschaftsweit außer Streit. So hat insbesondere auch das Bundesverfassungsgericht 1967 klargestellt, daß die Europäische Gemeinschaft eine "neue öffentliche Gewalt" darstellt, die gegenüber der Staatsgewalt der einzelnen Mitgliedstaaten selbständig und unabhängig ist[2]. Ihre Akte bräuchten daher von den Mitgliedstaaten weder bestätigt zu werden noch könnten sie von ihnen aufgehoben werden. Das Bundesverfassungsgericht bestätigte die Rechtsprechung

---

1 EuGH, Slg. 1963, S. 1 (Pt. 10).

2 BVerfGE 22, 293/296.

des Europäischen Gerichtshofs, daß das vom EWG-Vertrag geschaffene Recht aus einer "autonomen Rechtsquelle" fließe.

Aber auch hier, wie so oft, steckt der Teufel im Detail. Denn in der Folgezeit war zu klären, welche Bestimmungen des Gemeinschaftsrechts im einzelnen unmittelbar wirken - und dies ist eine Frage, die den Gerichtshof auch heute noch immer wieder beschäftigt.

Welche Vorschriften des primären und des sekundären Gemeinschaftsrechts unmittelbare Wirkung zukommt, ist jeweils durch Auslegung zu ermitteln. Der Gerichtshof hat festgestellt, daß eine Gemeinschaftsnorm nur dann unmittelbare Geltung hat, wenn sie eine klare und unbedingte Verpflichtung auferlegt, die zu ihrer Durchführung oder Wirksamkeit keiner weiteren Maßnahmen der Gemeinschaftsorgane oder der Mitgliedstaaten bedarf.[3]

Daß dies z.B. für die Grundfreiheiten und Grundrechte gilt, ist unbestritten. Aber auch andere Vorschriften, denen dies nicht so ohne weiteres anzusehen ist, können unmittelbare Wirkungen in den Rechtsbeziehungen zwischen den Mitgliedstaaten, aber auch zwischen dem Mitgliedstaat und seinen Bürgern erzeugen, so z.B. das Gebot der Abschaffung der Zölle zwischen den Mitgliedstaaten.

Besonders hervorzuheben ist die Rechtsprechung des Gerichtshofs zur unmittelbaren Wirkung von Richtlinienrecht. Sie führte in Deutschland zu erheblichen Rechtsprechungsturbulenzen.

Nach dem Vertrag ist, wie bekannt, die Richtlinie für jeden Mitgliedstaat hinsichtlich des zu erreichenden Zieles verbindlich, überläßt jedoch den innerstaatlichen Stellen die Wahl der Form und der Mittel (Art. 189 Abs. 3 EGV). In der Rechtssache Ratti stellte der Europäische Gerichtshof jedoch fest, daß damit nicht grundsätzlich ausgeschlossen sei, daß sich betroffene Personen unmittelbar auf die durch die Richtlinie auferlegte Verpflichtung des Staates berufen könnten. Die praktische Wirksamkeit des Gemeinschaftsrechts wäre abgeschwächt, wenn sich die einzelnen vor Gericht nicht darauf berufen könnten, daß die Mitgliedstaaten gemäß der Richtlinie zu einem bestimmten Verhalten verpflichtet seien.[4]

Inzwischen besteht eine gefestigte Rechtsprechung des Europäischen Gerichtshofs, nach der Einzelvorschriften einer Richtlinie unmittelbare Wirkung zugunsten der Gemeinschaftsbürger zukommt, wenn

---

[3] Vgl. etwa EuGH, Slg. 1963, S. 1 (Pt. 8, 12, 13).

[4] EuGH, Slg. 1979, S. 1629 (Pt. 21).

- keine (ausreichende) Umsetzung der Richtlinie innerhalb der Frist erfolgt ist und
- die Vorschrift inhaltlich unbedingt und hinreichend genau ist.

Der Bundesfinanzhof sah in dieser Rechtsprechung des Europäischen Gerichtshofs zur direkten Wirkung von Richtlinien eine Kompetenzüberschreitung, die die Gerichte der Mitgliedstaaten nicht binden könne. Das hiergegen angerufene Bundesverfassungsgericht stellte dagegen fest, daß der Europäische Gerichtshof mit dieser Rechtsprechung nicht die Grenzen überschritten habe, die der richterlichen Rechtsfortbildung gesetzt seien. Es führte hierzu folgendes aus:

"Zwar ist dem Gerichtshof keine Befugnis übertragen worden, auf diesem Wege Gemeinschaftskompetenzen beliebig zu erweitern; ebensowenig aber können Zweifel daran bestehen, daß die Mitgliedstaaten die Gemeinschaft mit einem Gericht ausstatten wollten, dem Rechtsfindungswege offenstehen sollten, wie sie in jahrhundertelanger Gemeineuropäischer Rechtsüberlieferung und Rechtskultur ausgeformt worden sind."[5]

Die Rechtsprechung des Gerichtshofs zur Möglichkeit des Marktbürgers, sich auf Richtlinien bestimmter Art unmittelbar zu berufen, bleibe weit davon entfernt, die Grenzen der Gemeinschaftsgewalt zu überschreiten.

Daß mit der Zuerkennung der unmittelbaren Wirkung von Richtlinienrecht kein Damm gebrochen war, zeigte deutlich die Folgerechtsprechung des Gerichtshofs. So stellte er z.B. klar, daß Richtlinien nicht zu Lasten eines Bürgers - etwa in einem Strafverfahren - unmittelbar angewandt werden können. Außerdem haben sie keine horizontale Drittwirkung, gelten also im Verhältnis der Gemeinschaftsbürger untereinander nicht unmittelbar.[6]

III. Vorrang des Gemeinschaftsrechts

Was der unbestrittene Grundsatz der unmittelbaren Wirkung von Gemeinschaftsrecht in der Praxis wert ist, zeigt sich im Kollisionsfall, also dann, wenn Gemeinschaftsrecht auf widersprechendes nationales Recht trifft. Dann stellt sich die Vorrangfrage.

Aus der Sicht des EuGH lautet die Antwort im Kollisionsfall klar und eindeutig: wenn und soweit das Gemeinschaftsrecht unmittelbare Wirkung ent-

---

5 BVerfGE 75, 223/243.

6 EuGH, Slg. 1994-I, S. 3325 (Pt. 24).

faltet, kommt ihm Vorrang vor nationalem Recht zu, auch vor nationalem Verfassungsrecht.

Aus der Sicht des deutschen Verfassungsrechts gilt dieser Anwendungsvorrang dagegen nicht uneingeschränkt.

Gemeinsamer Ausgangspunkt für den Europäischen Gerichtshof wie auch für das Bundesverfassungsgericht ist die Bewertung des Gemeinschaftsrechts als eine eigenständige Rechtsordnung. Bereits 1964 hat der EuGH formuliert:

"Dem vom Vertrag geschaffenen, somit aus einer autonomen Rechtsquelle fließenden Recht können wegen seiner Eigenständigkeit keine wie immer gearteten innerstaatlichen Rechtsvorschriften vorgehen, wenn ihm nicht sein Charakter als Gemeinschaftsrecht aberkannt und wenn nicht die Rechtsgrundlage der Gemeinschaft selbst in Frage gestellt werden soll."[7]

Das Bundesverfassungsgericht hat diesen prinzipiellen Vorrang des Gemeinschaftsrechts anerkannt und erklärt, durch die Ratifizierung des EWG-Vertrages sei eine eigenständige Rechtsordnung der EWG entstanden, die in die innerstaatliche Rechtsordnung hineinwirken und von den deutschen Gerichten anzuwenden sei.[8]

Der Rechtsanwendungsbefehl des Zustimmungsgesetzes verschafft somit dem Gemeinschaftsrecht in Deutschland grundsätzlich Anwendungsvorrang vor deutschem Recht.

Nach dieser verfassungsrechtlichen Konstruktion vom konstitutiven Rechtsanwendungsbefehl des Zustimmungsgesetzes kann jedoch nur solches Gemeinschaftsrecht in Deutschland wirksam werden, das die wesentlichen Rechtsprinzipien des Grundgesetzes, insbesondere dessen Grundrechte, achtet und das sich in den Grenzen der der Gemeinschaft eingeräumten Hoheitsrechte hält.[9]

Diese Begrenzung des Anwendungsvorrangs des Gemeinschaftsrechts birgt, wie allgemein bekannt, ein Konfliktpotential. Es geht weniger um die verfassungsrechtliche Konstruktion der innerstaalichen Geltung des Gemeinschaftsrechts aufgrund des deutschen Zustimmungsgesetzes. Das Gemeinschaftsrecht überläßt den Weg, mit dem seine unmittelbare Wirkung innerstaatlich sichergestellt wird, dem nationalen Recht. Es geht im eigentlichen um die Frage, ob nationale Gerichte über die Anwendbarkeit von Gemeinschaftsrecht im jeweiligen Mitgliedstaat entscheiden können, oder ob es nicht dem Europäischen Gerichtshof vorbehalten ist, über die Vereinbarkeit von

---

[7] EuGH, Slg. 1964, S. 1251 (Pt. 12).

[8] BVerfGE 22, 293/298.

[9] Vgl. BVerfGE 73, 339/375, 376.

sekundärem Gemeinschaftsrecht mit den Grundrechten und Kompetenzvorschriften des Vertrages verbindlich zu entscheiden.

Während das Bundesverfassungsgericht bei Grundrechtsfragen die Problematik mit der Solange II-Entscheidung dadurch entschärft hat, daß es seine Rechtsprechung nicht mehr ausübt, weil und solange den Gemeinschaftsbürgern ausreichender Grundrechtsschutz durch den Europäischen Gerichtshof gewährt wird,[10] beansprucht es in der Kompetenzfrage seine Entscheidungsbefugnis.[11] Auch wenn hier nicht der Platz ist, diese Frage zu vertiefen, erlauben Sie mir doch die Feststellung, daß ich die Rechtsauffassung, nationale Gerichte könnten Gemeinschaftsrecht auf seine Vereinbarkeit mit Gemeinschaftskompetenzen prüfen und gegebenenfalls verwerfen, nicht teile.[12]

IV. Grundrechte

Die Anerkennung von Menschenrechten, nicht vom Staat verliehen, sondern jeder Person kraft ihres Menschseins eigen, nicht Produkt eines Rechtsstaats, sondern sein Fundament, war eine der großen okzidentalen Kulturleistungen. Die Geschichte der Menschen- und Grundrechte ist die Geschichte der Demokratien und der modernen Staatslehre. Menschen- und Grundrechte waren und sind, wie Klaus Stern formuliert, "ein bedeutsamer Bestandteil der Geistes- und Wertkultur und somit auch der Rechtskultur eines Volkes."

Sucht man im Index der Kommentarliteratur zum EG-Vertrag das Stichwort "Grundrechte", findet man die grundsätzlichen Ausführungen nicht unter den materiell-rechtlichen Regelungen des Vertrages, sondern bei Art. 164 EGV, also bei der Bestimmung, daß der Europäische Gerichtshof die Wahrung des Rechts zu sichern hat bei der Auslegung und Anwendung des Vertrages. Der Vertrag kennt keinen Grundrechtskatalog. Er enthält einige wenige spezifische Grundrechtsverbürgungen, wie insbesondere das Verbot von Diskriminierung aus Gründen der Staatsangehörigkeit (Art. 6 Abs. 1, Art. 48 Abs. 2 EGV) sowie das Gebot der Gleichbehandlung von Männern und Frauen, allerdings - interessanterweise - beschränkt auf den Grundsatz des gleichen Entgelts für gleiche Arbeit (Art. 119 EGV).

Aus dieser Grundrechtsabstinenz der Römischen Verträge wurde ursprünglich der Schluß gezogen, Grundrechte seien ausschließlich Bestandteil

---

[10] BVerfGE 73, 339/387.

[11] BVerfGE 89, 155/188.

[12] Vgl. *G. Hirsch*, NJW 1996, 2457.

nationaler Rechtsordnungen, nicht des - primär völkerrechtlich definierten - Gemeinschaftsrechts. Demgemäß zögerte auch der Europäische Gerichtshof, Grundrechte als Gemeinschaftsrecht anzuerkennen und zu schützen.

Dies änderte sich Ende der 60er Jahre. Der Europäische Gerichtshof begann, zunächst noch tastend, im Rahmen allgemeiner Rechtsgrundsätze, die er der Auslegung und der Prüfung der Rechtmäßigkeit von Gemeinschaftsakten zugrundelegte, Grundrechte zu entwickeln und zu schützen.

In der Folgezeit gewann die Grundrechtsrechtsprechung des Gerichtshofs immer größeres Gewicht; sie wurde, wie ich meine, zu einer seiner größten Rechtsprechungsleistungen.

Bei seiner Grundrechtsrechtsprechung bedient sich der Europäische Gerichtshof der klassischen Rechtsfindungsmethoden. Er berücksichtigt hierbei insbesondere vier Erkenntnisquellen.

Als erste und nächstliegende "Quelle der Inspiration" stützt sich der Gerichtshof auf den Vertrag selbst. In ihm sind Grundfreiheiten verankert - wie insbesondere der freie Warenverkehr sowie die Niederlassungs- und Dienstleistungsfreiheit. Insbesondere aber sind der Gleichheitssatz sowie Diskriminierungsverbote, wenngleich nicht umfassend und grundsätzlich, so doch in speziellen Kontexten im Vertrag angelegt sowie durch subsidiäres Gemeinschaftsrecht konkretisiert.

Die zweite Erkenntnisquelle, nämlich die gemeinsamen Verfassungsüberlieferungen der Mitgliedstaaten, belegt in besonders klarer Weise den Anspruch der Gemeinschaft, die Mitgliedstaaten in einer Rechtsgemeinschaft zu vereinen. So hat der Gerichtshof in der Entscheidung Nold 1974 formuliert, daß er in Erfüllung seiner Aufgabe, das Recht in der Gemeinschaft zu wahren, keine Maßnahmen als Rechtens anerkennen kann, die unvereinbar sind mit den von den Verfassungen der Mitgliedstaaten anerkannten und geschützten Grundrechten.

Als dritte Rechtsordnung, auf die der Gerichtshof in seiner Grundrechtsrechtsprechung zurückgreift, können die internationalen Verträge über den Schutz der Menschenrechte, an deren Abschluß die Mitgliedstaaten beteiligt waren, Hinweise geben, die im Rahmen des Gemeinschaftsrechts zu berücksichtigen sind. Unmittelbar gilt die EMRK ja bekanntlich nicht für die Gemeinschaft, da sie als solche nicht Mitglied ist und, vorbehaltlich einer Änderung des EGV, nach einem Rechtsgutachten des Europäischen Gerichtshofs auch nicht die Zuständigkeit hat, ihr beizutreten. Die Rechtsprechung des Gerichtshofs für Menschenrechte in Straßburg wird vom Europäischen Gerichtshof sehr genau verfolgt und häufig zur Unterstützung seiner Grundrechtsrechtsprechung herangezogen.

Schließlich stützt sich der Europäische Gerichtshof auch auf einschlägige Erklärungen von Parlament, Rat und Kommission, um die Existenz und Tragweite von Grundrechten zu konkretisieren.

Festzuhalten bleibt, daß die Grundrechte integraler Bestandteil des Gemeinschaftsrechts sind und ihren Verbindlichkeitsanspruch allein auf dieses gründen. Sie bilden den Schlußstein in dieser autonomen Rechtsordnung, die damit erst zu einer gemeineuropäischen Werteordnung, zu einer Grundrechtsgemeinschaft, geworden ist.

Die Europäische Gemeinschaft bezieht ihre Legitimation, ihren politischen Rang und ihren Zukunftsanspruch aus ihrer Qualität als Rechtsgemeinschaft. Ihrem Anspruch, Rechtsgemeinschaft zu sein und Normen mit unmittelbarer Wirkung für die Bürger zu setzen, kann die Gemeinschaft nur gerecht werden, wenn ihr Recht den allgemeinen Rechtsgrundsätzen entspricht, die als gemeinsame Verfassungstradition in allen Mitgliedstaaten anerkannt sind und kraft Völkerrechts in allen Mitgliedstaaten gelten.

Eine Rechtsordnung, die einzelnen Pflichten auferlegt, kann nur dann allgemeinen Geltungsanspruch erheben, wenn sie über grundrechtliche Leitplanken verfügt.

Die Anerkennung und der Schutz von Gemeinschaftsgrundrechten neben den nationalen Grundrechten ist somit schlechthin konstitutiv für die Eigenschaft der Gemeinschaft als Rechtsgemeinschaft.

V. Grundrechtsschutzniveau

Die Spannungslage zwischen der deutschen und der gemeinschaftsrechtlichen Grundrechtssituation hat sich inzwischen verschoben. Ging es bisher darum, Gemeinschaftsgrundrechte anzuerkennen, die dem deutschen Grundrechtskatalog im wesentlichen entsprechen, bahnt sich jetzt eine Diskussion darüber an, ob das *Grundrechtsschutzniveau* des Europäischen Gerichtshofs dem des Bundesverfassungsgerichts entspricht.

So hat z.B. das Verwaltungsgericht Frankfurt/Main in einer Vorlage an das Bundesverfassungsgericht vom Oktober 1996 ausführlich dargelegt, daß - jedenfalls im Hinblick auf die Bananenmarktordnung - der Europäische Gerichtshof seiner Meinung nach die Grundrechte der deutschen Bananenimporteure nicht in einer Weise schütze, die dem nach dem Grundgesetz unabdingbaren Grundrechtsstandard entspreche. Der Kernsatz der Vorlage lautet, daß "zwischen dem nach dem Grundgesetz zu gewährleistenden Rechtsschutz, wie er seine Ausprägung durch die Rechtsprechung des Bundesverfassungsgerichts erlangt hat, und dem Grundrechtsschutz nach dem Gemeinschaftsrecht, wie er nach der Rechtsprechung des Europäischen Gerichtshofs zu erlangen ist, ein strukturelles Defizit besteht."[13]

Nun kann man sicherlich die Rechtsprechung des Europäischen Gerichtshofs nicht unter dem "Mikroskop deutscher Grundrechtsdogmatik" sehen. Die deutsche Grundrechtsdogmatik kann nicht den Anspruch erheben, alleiniger Urmeter europarechtlicher Grundrechtsrechtsprechung zu sein, die ja auch noch auf 14 anderen Rechtsordnungen aufbaut.

Aber die Kritik, daß der Europäische Gerichtshof Grundrechte zwar anerkennt, sie aber zum Teil in unsubstantiierter, formelhafter Weise abhandelt, ohne den Grundrechtsträgern ausreichend materiellen Schutz zu gewährleisten, kommt inzwischen auch von dem einen oder anderen "amicus curiae". Diese Kritik wird, das kann ich versichern, ernst genommen, nicht nur weil durch die Vorlage des Verwaltungsgerichts Frankfurt auch das Bundesverfassungsgericht damit befaßt ist, sondern weil die Gewährleistung effektiven Grundrechtsschutzes ein zentrales Anliegen des Gerichtshofs ist.

VI. Von Grundfreiheiten zu Grundrechten

Eine besonders interessante Entwicklungslinie der Rechtsprechung des Europäischen Gerichtshofs betrifft die Grundfreiheiten des Vertrages. Ursprünglich als bloße Diskriminierungsverbote verstanden, bekamen der freie Warenverkehr, die Dienstleistungsfreiheit und schließlich auch der freie Personenverkehr die materielle Qualität von Grundrechten. Lassen Sie mich diese Rechtsprechungsentwicklung kurz nachzeichnen.

Art. 30 des Vertrages verbietet im Warenverkehr zwischen den Mitgliedstaaten "mengenmäßige Einfuhrbeschränkungen sowie alle Maßnahmen gleicher Wirkung". Damit sollen offene und verdeckte protektionistische Maßnahmen, die dem Grundprinzip des freien Binnenmarktes widersprechen, unterbunden werden. Ging ursprünglich selbst die Kommission davon aus, das Verbot betreffe nur die Diskriminierung ausländischer Waren, greife also nicht bei nationalen Regelungen, die unterschiedslos auf inländische und eingeführte Waren anwendbar sind, so erweiterte der Gerichtshof mit der Dassonville-Entscheidung 1974 die Wirkkraft der Warenverkehrsfreiheit.[14] Hiernach sind als "Maßnahmen gleicher Wirkung" alle Handelsregelungen der

[13] VG Frankfurt, EuZW 1997, 182/190.

[14] EuGH, Slg. 1974, S. 837 (Pt. 5).

Mitgliedstaaten verboten, die geeignet sind, den innergemeinschaftlichen Handel unmittelbar oder mittelbar, tatsächlich oder potentiell zu behindern, auch wenn sie in gleicher Weise in- und ausländische Waren betreffen.

Wie Sie wissen, hat der Europäische Gerichtshof diese Formel im Urteil Keck/Mithouard 1993 relativiert, um eine zu weitgehende Beschränkung nationaler Maßnahmen mit mittelbaren Auswirkungen auf den freien Warenverkehr zu verhindern. Betreffen die Maßnahmen lediglich Verkaufsmodalitäten und gelten sie gleichermaßen für in- und ausländische Waren, unterfallen sie nicht Art. 30 des Vertrages.[15]

Im Bereich der Dienstleistungsfreiheit fand eine ähnliche Entwicklung statt. Auch sie wurde ursprünglich als Verbot verstanden, Ausländer gegenüber Inländern zu diskriminieren. Die wachsende Bedeutung der grenzüberschreitenden Dienstleistungen sowie die Vollendung des Binnenmarktes führten dazu, daß der Europäische Gerichtshof auch Regelungen über die Zulassung und Ausübung von Dienstleistungen, die gleichermaßen für Inländer und Ausländer gelten, in den Geltungsbereich des Art. 59 EGV einbezog, wenn sie diesen Zugang oder die Ausübung der Tätigkeit für Ausländer faktisch erschweren, es sei denn, sie sind im Allgemeininteresse gerechtfertigt. Ob die damit vollzogene Parallele von Warenverkehrs- und Dienstleistungsfreiheit auch insoweit fortgeführt werden wird, als bestimmte Modalitäten vom Beschränkungsverbot ausgenommen sind, bleibt abzuwarten.

Mit dem Bosman-Urteil vom Dezember 1995 wurde schließlich auch die Arbeitnehmer-Freizügigkeit fortgeschrieben oder "umgewidmet" vom Verbot der Ausländerdiskriminierung zum Recht auf grenzüberschreitende Freizügigkeit der Arbeitnehmer. In diesem Urteil wird aus Art. 48 des Vertrages ausdrücklich ein "Grundrecht auf freien Zugang zur Beschäftigung" abgeleitet. Regelungen, die den Zugang von EG-Ausländern zur Beschäftigung beschränken, könnten auch nicht Regelungen über die Modalitäten des Verkaufs von Waren im Sinne der Keck-Rechtsprechung gleichgestellt werden.[16]

Das Verhältnis der Grundfreiheiten zu den Grundrechten kann hier nicht erschöpfend behandelt werden. Daß hier vom Europäischen Gerichtshof eine bedeutsame Rechtsentwicklung ausging, die wohl noch nicht abgeschlossen ist, erscheint eindeutig.

---

[15] EuGH, Slg. 1993-I, S. 6097 (Pt. 16).

[16] EuGH, Slg. 1995-I, S. 4921 (Pt. 96, 103).

VII. Institutionelles Gleichgewicht

Eine zwischen den Verfassungsinstitutionen austarierte Machtbalance, also ein System von "checks and balances", ist Grundlage und Kennzeichen rechtsstaatlich verfaßter Demokratien.

In der Europäischen Gemeinschaft, die ja kein Staatswesen ist und der ursprünglich nur ansatzweise das Prinzip der Gewaltenteilung zugrundelag, war dieser Gedanke des institutionellen Gleichgewichts durchaus nicht selbstverständlich.

Er wurde vom Europäischen Gerichtshof 1970 aufgegriffen - es ging um das Verhältnis von Rat und Kommission - und als immanentes Strukturprinzip der Gemeinschaftsordnung anerkannt.[17]

1980 sanktionierte der Europäische Gerichtshof das Recht des Parlaments, im Gesetzgebungsverfahren gehört zu werden, unter Berufung auf das institutionelle Gleichgewicht, das ein "grundlegendes demokratisches Prinzip" widerspiegele.[18]

Mit diesen Entscheidungen war das Fundament gelegt für eine Rechtsprechung, die zweifellos im Grenzbereich von Rechtsfortbildung und Rechtsschöpfung anzusiedeln ist. Denn der Europäische Gerichtshof erkannte im Urteil Les Verts 1986 dem Parlament Passivlegitimation bei Nichtigkeitsklagen zu, obwohl die einschlägigen Vertragsbestimmungen dies nicht vorsahen.[19] Er stützte sich auf den Geist des Vertrages, wie er in der allgemeinen Rechtsschutzaufgabe des Europäischen Gerichtshofs Ausdruck gefunden hat, sowie auf seine Systematik. In einer Rechtsgemeinschaft, so der Europäische Gerichtshof, dürfe kein Gemeinschaftsorgan der gerichtlichen Kontrolle darüber entzogen werden, ob seine Handlungen im Einklang mit der Verfassungsurkunde stehen.

In konsequenter Fortführung dieser Rechtsprechung wurde dem Parlament im Urteil Tschernobyl I 1990 auch die aktive Klagebefugnis eingeräumt und hierbei ausgeführt:

"Die Wahrung des institutionellen Gleichgewichts gebietet es, daß jedes Organ seine Befugnisse unter Beachtung der Befugnisse der anderen Organe ausübt. Sie verlangt auch, daß eventuelle Verstöße gegen diesen Grundsatz geahndet werden können."[20]

---

[17] EuGH, Slg. 1970, S. 1161.

[18] EuGH, Slg. 1980, S. 333.

[19] EuGH, Slg. 1986, S. 1339 (Pt. 23).

[20] EuGH, Slg. 1990-I, S. 2041 (Pt. 22).

Inzwischen ist die Rechtsstellung des Parlaments im Vertrag gestärkt worden. Seine richterrechtlich entwickelte Aktiv- und Passivlegitimation wurde normiert.

VIII. Sonstiges

Wenn Recht gesprochen wird, wird es immer auch fortgebildet. Anwendung des Rechts setzt, von Ausnahmen abgesehen, dessen Auslegung voraus. Die Auslegung des Gemeinschaftsrechts aber ist gemäß dem in Art. 177 des Vertrages formulierten Kooperationsverhältnisses zwischen den nationalen Gerichten und dem Europäischen Gerichtshof letzterem zugewiesen. Im Rahmen der Aufgabe, die Wahrung des Rechts in der Gemeinschaft zu sichern, findet somit eine ständige Weiterbildung des Rechts durch den Gerichtshof statt.

Ich möchte insoweit - über die eben ausführlicher dargestellte Rechtsprechung hinaus - nur die Stichworte nennen:

- Der Gerichtshof entwickelte ein inzwischen weitgehend geschlossenes System der Staatshaftung für legislatives Unrecht, wenn das innerstaatliche Recht dem Gemeinschaftsrecht widerspricht und hieraus ein Schaden für Gemeinschaftsbürger entsteht.[21]
- Der Gerichtshof konkretisierte und differenzierte den vorläufigen Rechtsschutz, den einerseits die nationalen Gerichte, andererseits der Europäische Gerichtshof bei behaupteten Mängeln des Gemeinschaftsrechts gewähren können.[22]
- Der Gerichtshof sah sich insbesondere in letzter Zeit mehrfach veranlaßt, die Grenzen der Verfahrensautonomie der nationalen Gerichte zu definieren.[23]
- Die Tragweite und Justitiabilität des Subsidiaritätsprinzips ist in Ansätzen bereits Gegenstand von Entscheidungen gewesen.

---

[21] Vgl. etwa EuGH, Slg. 1996-I, S. 4848 sowie Slg. 1996-I, S. 1029.

[22] Vgl. etwa EuGH, Slg. 1996-I, S. 6065.

[23] Vgl. z.B. EuGH, Slg. 1995-I, S. 4599 (Pt. 12) sowie S. 4705 (Pt. 17).

IX. Grenzen richterrechtlicher Rechtsfortbildung

Eine Analyse der Rechtsprechung des Europäischen Gerichtshofes zeigt, daß er die richterrechtliche Kompetenz zur Rechtsfortbildung mitunter in erheblichem Ausmaße in Anspruch nimmt, vielleicht in der einen oder anderen Frage in größerem Umfange als dies in jedem der Mitgliedstaaten noch als angemessen angesehen wurde.

Befaßt man sich mit der Frage zulässigen Richterrechts auf der Ebene der Europäischen Gemeinschaft, ist als spezifischer Aspekt dieser Rechtsordnung zu bedenken, daß hier Rechtsfortbildung zugleich das Verhältnis der Gemeinschaft zu den Mitgliedstaaten betrifft. Denn in vielen Fällen bedeutet die Fortschreibung von Gemeinschaftsrecht immanent eine Kompetenzbeschränkung für die Mitgliedstaaten. Dies sind zwei Seiten der gleichen Medaille. Rechtsfortbildung durch Richterrecht auf Gemeinschaftsebene hat somit nicht nur einen rechtsstaatlichen Aspekt, sondern auch einen institutionell-kompetenzrechtlichen.

Gerade die jüngere Rechtsprechung des Gerichtshofs zeigt jedoch, daß er sich sehr wohl der Grenzen seiner Rechtsprechungskompetenzen bewußt ist. So hat er sich in einem Gutachten vom 28. März 1996 zum Beitritt der Gemeinschaft zur Menschenrechtskonvention nicht in der Lage gesehen, die Kompetenzvorschrift des Art. 235 des Vertrages so weit auszudehnen, daß sie es erlauben würde, ein umfassendes System des Schutzes der Menschenrechte auf der Grundlage dieser beschränkten Ermächtigungsnorm in das Gemeinschaftsrecht einzuführen. Wegen der grundlegenden institutionellen Auswirkungen sei vielmehr ein konstitutioneller Akt hierfür nötig.[24]

Die äußerste Grenze, die nicht durch Richterrecht übersprungen werden kann, bildet das "Integrationsprogramm" des Vertrages. In ihm manifestiert sich, welche Integrationsdichte dem Willen der "Väter der Verträge" entspricht.

Die europäische Integration ist eine politische Jahrhundertaufgabe, die nicht in erster Linie mit den Mitteln des Rechts erreicht werden kann, die jedoch ohne diese Mittel nicht erreichbar ist. Das Recht bildet, um mit Walter Hallstein zu sprechen, als politisch-kulturelles Phänomen die tiefsten Wurzeln europäischer Gemeinsamkeiten.

---

[24] EuGH, Slg. 1996-I, S. 1543 (Pt. 35).

Es ist, funktional gesehen, das Instrument, mit dem ein von der Politik definiertes Ziel erreicht werden soll. Damit unvereinbar wäre ein richterliches Selbstverständnis, das auf diese politische Ebene gestaltend hinübergreift.

Da nun aber das Recht keine mathematische Gleichung ist, die nur eine richtige Lösung kennt, sondern auf Interpretation angewiesen und angelegt ist, ist der Richter immer wieder vor die Frage gestellt, wo Rechtsfortbildung - und damit seine Legitimation - endet und Rechtsschöpfung - die allein der Legislativen zukommt - beginnt.

Diese Grenze ist nicht trennscharf gezogen. Deshalb wird es auch in Zukunft immer wieder Diskussionen darüber geben, ob der Europäische Gerichtshof sie im Einzelfall eingehalten oder überschritten hat. Was die bisherige Rechtsprechung des Gerichts angeht, so kann es nicht Aufgabe dieses Vortrages sein, alle einschlägigen Urteile daraufhin zu überprüfen, ob sie jeweils diese äußersten Grenzen gewahrt haben. Insgesamt kann jedoch festgestellt werden, daß der Gerichtshof auch und gerade mit seinen wegweisenden Urteilen zu im Vertrag nicht ausdrücklich geregelten Fragen die Gemeinschaft als Rechtsgemeinschaft gestärkt und die Rechte der Gemeinschaftsbürger nachhaltig ausgebaut hat, also seiner Aufgabe, das Recht - und dies ist mehr als nur die geschriebenen Rechtssätze - zu wahren, gedient hat.

Er hat sich hierbei der in der europäischen Tradition liegenden Auslegungsmethoden bedient. Dies hat das Bundesverfassungsgericht in der Kloppenburg-Entscheidung anerkannt. Es hat bestätigt, daß dem Europäischen Gerichtshof all die Rechtsfindungswege offenstehen, die in jahrhundertelanger gemeineuropäischer Rechtsüberliefung und Rechtskultur ausgeformt worden sind. Wörtlich führt das Bundesverfassungsgericht aus:

"Der Richter war in Europa niemals lediglich 'la bouche qui prononce les paroles de la loi'; das römische Recht, das engliche common law, das Gemeine Recht waren weithin richterliche Rechtsschöpfungen ebenso wie in jüngerer Zeit etwa in Frankreich die Herausbildung allgemeiner Rechtsgrundsätze des Verwaltungsrechts durch den Staatsrat oder in Deutschland das allgemeine Verwaltungsrecht, weite Teile des Arbeitsrechts oder die Sicherungsrechte im privatrechtlichen Geschäftsverkehr. Die Gemeinschaftsverträge sind auch im Lichte gemeineuropäischer Rechtsüberlieferung und Rechtskultur zu verstehen. Zu meinen, dem Gerichtshof der Gemeinschaften wäre die Methode der Rechtsfortbildung verwehrt, ist angesichts dessen verfehlt."[25]

Ob man die Rechtsfortbildung durch den Gerichtshof zum Anlaß nehmen kann, ihm zu attestieren, daß er selbst seine Rolle als die eines "Motors der Integration" definiert, erscheint mir fraglich. Dies mag in früheren Jahrzehn-

---

[25] BVerfGE 75, 223/243.

ten vielleicht der Fall gewesen sein; der Vorwurf, der Gerichtshof habe ein "gouvernement des juges" errichtet, war jedoch zu keiner Zeit zutreffend. Heute, vor dem Hintergrund eines inzwischen ausdifferenzierten Gemeinschaftsrechtssystemes und einer umfangreichen Judikatur des Europäischen Gerichtshofes kann es jedenfalls nicht mehr Aufgabe des Gerichtshofes sein, die Geschwindigkeit der weiteren Europäischen Integration zu bestimmen und Fortschritte der Integration in jedem Falle über die Interessen der einzelnen Mitgliedstaaten zu stellen.

Er kann weder, wenn er gefragt ist, unter Berufung auf "judicial self-restraint" eine Antwort verweigern noch aber kann er "Motor der Integration" sein; er ist Hüter der Verträge und Garant der Grundfreiheiten, die die Gemeinschaft zu einem Europa der Bürger machen.

Der Gerichtshof hat sich immer so gesehen und wird dies sicherlich auch in Zukunft tun.

Diskussionsbericht

Die sich anschließende Diskussion leitete *Stein* mit der an *Hirsch* gerichteten Frage ein, wie lange der Europäische Gerichtshof noch ohne einen geschriebenen Katalog von Grundrechten deren Schutz betreiben könne. In diesem Bereich stoße die Rechtsprechung des Gerichtshofs an die durch das Gewaltenteilungsprinzip gezogene Grenze und setze sich dem Vorwurf unzulässiger Rechtsfortbildung aus. Denn immerhin seinen die Mitgliedstaaten die eigentlichen Gesetzgeber der Union. Er, *Stein*, frage sich, ob nicht schon aus diesem Grunde ein Grundrechtskatalog auf der Ebene der Europäischen Union geschaffen werden müsse, auch wenn es in Amsterdam wieder versäumt worden sei, der Europäischen Gemeinschaft die Kompetenz zum Beitritt zur Europäischen Menschenrechtskonvention (EMRK) einzuräumen?

Hirsch stimmte *Stein* insofern zu, daß die Rechtsfortbildung durch den Europäischen Gerichtshof ein Grundproblem berge. Zwar werde dem Unionsbürger im Wege der Rechtsfortbildung ein umfassenderer Rechtsschutz gewährt, zugleich beinhalte dies aber auch eine Erweiterung der eigenen Kompetenzen des Gerichtshofs, da dieser schließlich für die Überprüfung der Einhaltung der Grundrechtsstandards im Einzelfall zuständig sei. Deshalb sei es grundsätzlich wünschenswert, den Grundrechtsschutz in der Gemeinschaft auf einen entsprechenden Grundrechtskatalog zu stützen, schon um den Europäischen Gerichtshof von dem Vorwurf zu entlasten, er betreibe durch die Zubilligung vermehrten Rechtsschutzes mittelbar die Erweiterung seiner eigenen Kompetenzen. Der Vertrag von Amsterdam weise aber in Art. L dem Europäischen Gerichtshof nunmehr ausdrücklich die Aufgabe der Grundrechtsprüfung zu. Damit werde die vom Maastrichter Vertrag gelassene Lücke geschlossen und die Grundrechtsprüfung auch formal als eine Aufgabe des Europäischen Gerichtshofs anerkannt. Er persönlich habe bei den Vorbereitungen zu der Amsterdamer Konferenz immer ein etwas zögerliches Verhältnis zu der Forderung gehabt, im Amsterdamer Vertrag einen Grundrechtskatalog zu formulieren, da er befürchtet habe, daß ein die Einstimmigkeit der Mitgliedstaaten erfordernder Grundrechtskatalog möglicherweise nur auf den kleinsten gemeinsamen Nenner hinausgelaufen wäre. Er habe die Gefahr eines verhängnisvollen Rückschritts für den Grundrechtsschutz gesehen, da der Europäische Gerichtshof in seiner Rechtsprechung den Grundrechtsschutz bereits weit angelegt habe.

Kingreen kritisierte, daß die Methode der teleologischen Auslegung, die für den Europäischen Gerichtshof die wichtigste Auslegungsmethode darstelle, ein stärkeres systematisches Element vermissen lasse. So gehe ihm die Auslegung im Bereich der Grundfreiheiten, bei der die Beschränkungsverbote aus den Diskriminierungsverboten entwickelt worden seien, zu weit. Im Fall *Bosman*[1] finde sich im Urteil des Europäischen Gerichtshofs lediglich die eine Aussage zu der Anwendbarkeit der Personenverkehrsfreiheiten, daß der Spieler *Bosman* von Belgien nach Frankreich habe wechseln wollen. Diese Feststellung allein habe zur Rechtfertigung der Anwendbarkeit der Grundfreiheiten gedient. Die Grundfreiheiten als subjektiv-öffentliche Rechte auf oberster Ebene des supranationalen Gemeinwesens bewirkten aber eine so weitgehende Unitarisierung, daß sie in der Lage seien, das Prinzip der begrenzten Einzelermächtigung sowie das Subsidiaritätsprinzip auszuhebeln. Hierin sehe er die Gefahr, die die teleologische Auslegung für die Rechtsentwicklung in der Gemeinschaft begründe. An *Hirsch* gewandt stellte *Kingreen* die Frage, ob dieser Gefahr nicht durch die Stärkung systematischer Elemente bei der Auslegung entgegengewirkt werden müsse?

Hirsch bestätigte, daß auch aus seiner Sicht der teleologischen Auslegungsmethode die Gefahr innewohne, in Einzelbereichen voranszuschreiten, dabei andere Bereiche zu vernachlässigen und zu einer punktuellen Rechtsprechung zu führen, die kein klares und einheitliches Bild ergebe. Der Europäische Gerichtshof bemühe sich natürlich, seiner Rechtsprechung die erforderliche Systematik zugrundezulegen. Das vorrangige Bestreben des Gerichtshofs sei es aber, sich auf den Einzelfall zu beschränken. Als deutscher Richter vermisse auch er selbst ausführlichere Begründungen in den Urteilen des Europäischen Gerichtshofs. Die Kürze der Ausführungen des Gerichtshofs sei möglicherweise bei dem Rechtsfindungsprozeß in einem derart heterogenen Gremium, wie es der Europäische Gerichtshof darstelle, unvermeidbar. Man einige sich in kontroversen Diskussion bei schwierigen Punkten in der Regel zunächst über das Ergebnis und erst dann über die entsprechende Begründung. Bei der Abfassung der Begründung sei dann die Neigung groß, die kontroverse Diskussion um einzelne Begründungsteile zu beenden, indem man die Frage stelle, ob auf den umstrittenen Satz nicht gänzlich verzichtet werden könne. Auf diese Weise finde ein Prozeß der Verschlankung statt, bis das, was übrig bleibe, als Konzentrat nicht mehr die Ausführlichkeit aufweise, die man von deutschen Urteilen gewohnt sei.

---

[1] EuGH, Rs. C-415/93 - Union Royale Belge des Sociétés de Football Association/Bosman - Rspr. 1995 I, 4921.

Kingreen kritisierte, daß der Europäische Gerichtshof bei seinem Gutachten zum Beitritt der EG zur Europäischen Menschenrechtskonvention[2] auf Art. 235 EGV abgestellt habe, der das Verhältnis der Mitgliedstaaten zur Gemeinschaft regele. Wenn allein die Frage des Beitritts der Gemeinschaft zur Konvention Gegenstand der Untersuchungen des Gerichtshofs gewesen sei, sei Art. 235 EGV nicht einschlägig. Er würde daher gern wissen, inwieweit sei es in dem Gutachten auch um die einzelnen Mitgliedstaaten gegangen, um die Anwendung des Art. 235 EGV zu erklären?

Hirsch erwiderte hierzu, daß Art. 235 EGV die einzige in Betracht zu ziehende Ermächtigungsgrundlage für die Zulässigkeit eines Beitritts zur Europäischen Menschenrechtskonvention darstelle. Ein konstitutiver Akt von derart weitreichender Bedeutung wie der Beitritt der Gemeinschaft zur Menschenrechtskonvention könne aber nicht durch das Hintertürchen des Art. 235 EGV im sekundären Gemeinschaftsrecht eingeführt werden. Dabei habe der Europäische Gerichtshof in seinem Gutachen die Bedeutung der Konvention deutlich herausgestellt und auch ausgesprochen, daß ein Beitritt der Gemeinschaft zur Konvention wünschenswert sei. Man habe in diesem Zusammenhang den Verdacht geäußert, der Gerichtshof habe durch die Unzulässigerklärung des Beitritts verhindern wollen, daß er selbst der Straßburger Jurisdiktion unterfalle, was ja auch in der Tat die Konsequenz eines solchen Beitritts sei. *Hirsch* versicherte, daß solche Überlegungen bei den Erwägungen des Gerichtshofs überhaupt keine Rolle gespielt hätten. Ausschlaggebend sei einzig die Qualität der Ermächtigungsgrundlage des Art. 235 EGV gewesen. Erstaunlich sei in diesem Zusammenhang übrigens, daß die Bundesrepublik in ihrem Plädoyer Art. 235 EGV als Ermächtigungsgrundlage akzeptiert habe, obwohl sie sich immer gegen eine zu weite Ausdehnung der Anwendung des Art. 235 EGV ausgesprochen habe. Jedenfalls habe der Europäische Gerichtshof bei der Abfassung seines Gutachtens der Versuchung widerstanden, politisch Wünschenswertes über das rechtlich Machbare zu setzen.

An die allgemeine Frage *Lechelers*, wie sich das Kooperationsverhältnis zwischen dem Europäischen Gerichtshof und dem Europäischen Gerichtshof für Menschenrechte darstelle, knüpfte *Tettinger* die Überlegung, ob nicht der vom Bundesverfassungsgericht beschrittene Weg auch eine Möglichkeit für den Europäischen Gerichtshof darstellen könnte, unabhängig von konkreten formaljuristischen Fragen die Judikatur des Europäischen Gerichtshofs für Menschenrechte in die eigene Rechtsprechung mit einzubeziehen. Das Bun-

---

2 EuGH, Gutachten vom 28.03.1996 - 2/94, veröffentlicht in EuZW 1996, 307 ff.

desverfassungsgericht greife mittelbar auf die Europäische Menschenrechtskonvention, der ja kein Verfassungsrang zukomme, zurück, indem es die Rechtsprechung des Straßburger Gerichtshofs bei der Auslegung und Erläuterung des Grundgesetzes berücksichtige.

Hirsch betonte, daß beide Gerichte sich gegenseitig sehr schätzten. In einschlägigen Urteilen des Europäischen Gerichtshofs würden häufig Entscheidungen der Straßburger Instanzen zu Grundrechts- und Menschenrechtsfragen zitiert. Es sei also keineswegs so, daß hier zwei Gerichte nebeneinander möglicherweise gleiche Menschenrechtsfragen entschieden, ohne voneinander Kenntnis zu nehmen und sich zu respektieren. Zum Begriff des Kooperationsverhältnisses, der ja ursprünglich vom Bundesverfassungsgericht im Maastricht-Urteil[3] auf das Verhältnis des Verfassungsgerichts zum Europäischen Gerichtshof in Grundrechtsfragen bezogen worden sei, stellte *Hirsch* fest, daß dieser im allgemeinen keinen Rechtsbegriff darstelle, mit dem man arbeiten könne. Im Zusammenhang mit dem Maastricht-Urteil wolle er aber auf einen Bericht des SPIEGEL in der Ausgabe vom 27.10.1997 eingehen, in dem bereits der Konfliktfall zwischen Bundesverfassungsgericht und Europäischem Gerichtshof heraufbeschworen werde. Aus dem Umstand, daß das Bundesverfassungsgericht die Bundesregierung um Stellungnahme zu der Vorlage des Verwaltungsgerichts Frankfurt am Main[4] gebeten habe, schließe das Magazin, daß das Bundesverfassungsgericht offensichtlich die Bananenmarktordnung verwerfen wolle, während der Europäische Gerichtshof diese vor drei Jahren ausdrücklich gehalten habe. Ohne auf den konkreten Fall eingehen zu wollen, könne er aber versichern, daß zwischen den Gerichten in Luxemburg und Karlsruhe ein reger Gedankenaustausch stattfinde. Dabei seien sich die Gerichte einig, daß es ein sogenanntes Kooperationsverhältnis gebe und dieses in Art. 177 EGV ausdrücklich verankert sei. Nach seiner Ansicht würden die Gerichte daher äußerst problembewußt Handeln, sollte es einmal darum gehen, in diese konfliktträchtige Zone einzutreten. Zunächst werde man jedoch alle anderen Möglichkeiten ausschöpfen, wozu beispielsweise die Option gehöre, nach Art. 177 EGV die Auffassung des anderen Gerichts einholen. Er glaube nicht, daß sich der Konfliktfall an der Bananenmarktordnung entzünden werde.

---

[3] BVerfGE 89, 155 ff.

[4] VG Frankfurt/Main, Beschluß vom 24.10.1996 - 1 E 798/95 (V) u. 1 E 2949/93 (V), veröffentlicht in EuZW 1997, 182 ff.

Hobe meinte, den Ausführungen *Hirschs* sei nach seiner Auffassung eine gewisse Sympathie für die kritische Sicht des Verwaltungsgerichts Frankfurt zu entnehmen.

Dazu erwiderte *Hirsch*, er habe nur darauf hinweisen wollen, daß das Bundesverfassungsgericht die Einwände des Vorlagegerichts durchaus ernstzunehmen scheine. Denn das Bundesverfassungsgericht hätte die Vorlage des Verwaltungsgerichts Frankfurt auch einfacher und schneller handhaben können, wenn es unter Berufung auf seine Solange-II-Rechtsprechung[5] seine Unzuständigkeit erklärt hätte.

Mit seiner Frage, ob die sogenannten Ausnahmeklauseln von Grundfreiheiten auch dem Prüfungsmaßstab der Gemeinschaftsgrundrechte unterworfen seien, obwohl diese Ausnahmeklauseln in den Kompetenzbereich der Mitgliedstaaten fielen, lenkte *Störmer* die Diskussion wieder auf die Grundfreiheiten.

Hierzu erklärte *Hirsch*, die Mitgliedstaaten seien nicht nur bei der Durchführung von Gemeinschaftsrecht an die Gemeinschaftsgrundrechte gebunden, sondern auch, wenn sie von den Ausnahmeklauseln der Grundfreiheiten Gebrauch machten. Die neuere Rechtsprechung des Europäischen Gerichtshofs mit dem Urteil *Familia Press*[6] liege aus seiner Sicht dabei auf der Linie der bisherigen Grundrechts-Rechtsprechung, obgleich es einen neuen - möglicherweise qualitativen - Schritt bedeute.

(*Markus Grube,* R.I.Z.)

---

[5] BVerfGE 73, 339 ff.

[6] EuGH, Urteil vom 26.06.1997 - Rs. C-368/95, veröffentlicht in EuZW 1997, 471 ff.

Kapitel II

Privatrechtsvereinheitlichung und Verbraucherschutz

Einführung in den Themenkreis

NORBERT HORN

Ein einheitlicher Markt braucht ein einheitliches Privatrecht. Daher wurde 1861 für die Einzelstaaten des Deutschen Bundes das Allgemeine Deutsche Handelsgesetzbuch geschaffen, und der Uniform Commercial Code brachte ab 1954 eine vereinheitlichte Rechtsgrundlage für den Handel zwischen den Einzelstaaten der USA. Die Europäische Union besitzt weder eine einheitliche Kodifizierung für das Privatrecht, Handelsrecht und Gesellschaftsrecht noch eine entsprechende gesetzgeberische Kompetenz. Wohl aber bestehen verschiedene rechtliche Ansätze für begrenzte Rechtsvereinheitlichungsmaßnahmen, und zugleich hat sich die rechtspolitische Diskussion um Wege und Ziele der europäischen Privatrechtsvereinheitlichung verstärkt. Über beides - die rechtspolitische Diskussion und das etwas diffuse Bild der punktuellen Rechtsvereinheitlichungsbemühungen - wird das Hauptreferat von Müller-Graff ausgiebig und anschaulich Auskunft geben, so daß zur Einführung knappe Hinweise genügen mögen.

Eine Merkwürdigkeit der legislativen Entwicklung auf dem Gebiet des Privatrechts besteht darin, daß die Fortschritte unter der Flagge des Verbraucherschutzes am größten sind. Man sollte doch meinen, daß die Regelungsprobleme eher bei den Verträgen der Unternehmen untereinander lägen, die den grenzüberschreitenden Güterverkehr und die wirtschaftliche Kooperation tragen, und nicht so sehr bei den relativ weniger häufigen grenzüberschreitenden Verbraucherverträgen. Oder ist im Handels- und Gesellschaftsrecht das Bedürfnis tatsächlich weniger groß? Eine Kodifikation des Privatrechts oder wenigstens seiner handels- und gesellschaftsrechtlichen Materien auf Gemeinschaftsebene ist jedenfalls kein Anliegen einer europäischen Wirtschaftslobby, sondern eher ein Programm von Professoren und einigen Europaabgeordneten. Ein Grund dafür könnte sein, daß die Wirtschaft auf anderen Gebieten ein Übermaß von europarechtlichen Regelungen erlebt und dadurch Reserven gegen eine Ausweitung der Kompetenzen des europäischen Gesetzgebers geweckt werden.

Aber es gibt gewiß noch andere Gründe für diese Zurückhaltung, und dies führt uns zur Frage, welche Wege der Harmonisierung oder Vereinheitlichung des Privatrechts in der Europäischen Union denn überhaupt zu erkennen sind. Hier ist das Wirken der Legislative nur ein Teil der Entwicklung bzw. der Entwicklungschancen. Ein zweiter Faktor ist die Ähnlichkeit der europäischen Privatrechte aufgrund ihrer gemeinsamen Geschichte. Selbst die Trennung zwischen Common Law und Kontinent ist hier nur von relativer Bedeutung. Nun kann man zwar konkrete Differenzen zwischen den nationalen Rechten keineswegs durch eine Beschwörung der europäischen Rechtsgeschichte zum Verschwinden bringen. Aber oft sind Unterschiede z. B. in den Kerngebieten Vertragsrecht und Sachenrecht in ihren praktischen Auswirkungen weniger gravierend, als es unterschiedliche dogmatische Konzepte vermuten lassen. Ein dritter Faktor kommt hinzu. Der grenzüberschreitende Wirtschaftsverkehr hat seit jeher eine starke Tendenz zur Vereinheitlichung der Kautelarpraxis.[1]

All dies mag dazu beitragen, daß das Fehlen einer gemeinschaftlichen Privtrechtskodifikation nicht als so nachteilig empfunden wird. Aber die Entwicklung steht natürlich nicht still. Es gibt schon einzelne Gebiete des Vertragsrechts, wo Vereinheitlichungen dringlich sind; als Beispiel sei das Gebiet des Geld- und Kapitalverkehrs und der Bank- und Finanzdienstleistungen genannt. Die Harmonisierungsansätze erfolgen auch hier unter dem Vorzeichen des Verbraucher- und Anlegerschutzes. Aber auch im Interbankenverkehr stehen wichtige Regelungsprobleme an, z. B. im Abrechnungsverkehr oder im Effektengiroverkehr. Weitere Beispiele lassen sich auf dem Gebiet des Gesellschafts- und Unternehmensrechts finden, denen ein eigenes Kapitel gewidmet ist (i. F. Kap. III). Wir können für die Zukunft erwarten, daß der europäische Gesetzgeber einige dringliche Regelungsprobleme legislativ angehen wird. Auch Wissenschaft und Kautelarpraxis werden nicht zögern, ihren Part bei der Harmonisierung oder Vereinheitlichung derjenigen Rechtsmaterien zu spielen, die für das Funktionieren des Binnenmarktes wichtig sind.

---

[1] Zur einheitlichen Kautelarpraxis des Euroanleihemarktes schon Horn, Das Recht der internationalen Anleihen, 1972.

Privatrechtsangleichung durch EG-Recht - Sachgebiete und Querschnittsprobleme -

PETER-CHRISTIAN MÜLLER-GRAFF

Privatrechtsangleichung durch die EG - dieses Thema hat seit dem Kolloquium aus Anlaß des 65. Geburtstags des ehemaligen Mitglieds der Rechtswissenschaftlichen Fakultät der Universität zu Köln und Direktors des Instituts für das Recht der Europäischen Gemeinschaften, des Privat-, Wirtschafts- und Europarechtlers *Bodo Börner*[1] breite Aufmerksamkeit gewonnen[2]. Es ist

---

[1] Vgl. dazu: Staat und Wirtschaft in der EG - Kolloquium zum 65. Geburtstag von Prof. Dr. Bodo Börner (hrsg. von Peter-Christian Müller-Graff/Manfred Zuleeg), 1987; hierin *Peter-Christian Müller-Graff*, Privatrecht und Europäisches Gemeinschaftsrecht, S. 17 ff.; als Separatum *ders.*, Privatrecht und Europäisches Gemeinschaftsrecht - Gemeinschaftsprivatrecht, 2. Aufl. 1991.

[2] Vgl. aus der angewachsenen Literatur namentlich *Ernst A. Kramer*, Europäische Privatrechtsvereinheitlichung, JBl. 1988, 477 ff.; *Fritz Rittner*, Die wirtschaftliche Ordnung der EG und das Privatrecht, JZ 1990, 839 ff.; *ders.*, Das Gemeinschaftsprivatrecht und die europäische Integration, JZ 1995, 849 ff.; *Christoph E. Hauschka*, Grundprobleme der Privatrechtsfortbildung durch die Europäische Wirtschaftsgemeinschaft, JZ 1990, 521 ff.; *Uwe H. Schneider*, Europäische und internationale Harmonisierung des Bankvertragsrechts, NJW 1991, 1985 ff.; *Peter-Christian Müller-Graff*, Common Private Law in the European Community, in: Bruno de Witte/Caroline Forder (eds.), the Common Law of Europe and the Future of Legal Education, 1992, 239 ff.; *ders.*, Gemeinsames Privatrecht in der Europäischen Gemeinschaft: Ebenen und gemeinschaftsprivatrechtliche Grundfragen, in: Europarecht - Energierecht - Wirtschaftsrecht, Festschrift für Bodo Börner (hrsg. von Jürgen F. Baur/Peter-Christian Müller-Graff/Manfred Zuleeg), 1992, S. 303 ff.; *ders.*, Europäisches Gemeinschaftsrecht und Privatrecht, NJW 1993, 13 ff.; *ders.*, Gemeinsames Privatrecht in der Europäischen Gemeinschaft - Ansatzpunkte, Ausgangsfragen, Ausfaltungen, in: Peter-Christian Müller-Graff (Hrsg.), Gemeinsames Privatrecht in der Europäischen Gemeinschaft, 1993, S. 7 ff.; *ders.*, Diritto privato comunitario. Realtà in Germania e prospettive per l'Europa, Rassegna di diritto civile 1997, 281 ff.; *Peter Ulmer*, Vom deutschen zum europäischen Privatrecht?, JZ 1992, 1 ff.; *Oliver Remien*, Illusion und Realität eines europäischen Privatrechts, JZ 1992, 277 ff.; *ders.*, Denationalisierung des Privatrechts in der Europäischen Union? - Legislative und gerichtliche Wege, ZfRV 1995, 116 ff.; *Giuseppe Gandolfi*, Pour un code européen des contrats, RTDC 1992, 707 ff.; *Uwe Blaurock*, Wege zur Rechtseinheit im Zivilrecht Europas, in: Rechtsvereinheitlichung durch Gesetze - Bedingungen, Ziele, Methoden-, 1992, 90 ff.; *ders.*, Europäisches Privatrecht, JZ 1994, 270 ff.; *Peter Hommelhoff*, Zivilrecht unter dem Einfluß europäischer Rechtsangleichung, AcP 192

auch deshalb reizvoll, etwas mehr als zehn Jahre später hier in Köln die seitdem erfolgte Entwicklung zu vergegenwärtigen und damit zugleich Standort und Perspektiven der Privatrechtsangleichung zu bestimmen. Sie hat viele, mittlerweile im Schrifttum in zahlreiche Einzelverästelungen verzweigte Facetten und erlaubt im verfügbaren Rahmen nur das Wagnis einer die wichtigsten Einzelelemente systematisch verknüpfenden Skizze. Nachfolgend sollen in einer Dreigliederung die Fragen nach den Ausgangspunkten und Konzepten (I.), nach den Identifikationsgründen bestimmter Sachgebiete zur Angleichung (II.) und nach den Querschnittproblemen (III.) aufgegriffen werden.

(1992), 71 ff.; *Ewoud Hondius/Marcel Storme*, Europäisches Privatrecht, ERPL 1 (1993), 21 ff.; *Filip de Ly*, Europese Gemeenschap en Privaatrecht, 1993; *Hans Claudius Taschner*, Privatrechtsentwicklung durch die Europäische Gemeinschaft, in: Peter-Christian Müller-Graff (Hrsg.), Gemeinsames Privatrecht in der Europäischen Gemeinschaft, 1993, S. 155 ff.; *John A. Usher*, Community Law and Private Law - A View from the United Kingdom, ebda., S. 171 ff.; *Jochen Taupitz*, Europäische Privatrechtsvereinheitlichung, heute und morgen, 1993; *ders.*, Privatrechtsvereinheitlichung durch die EG: Sachrechts- oder Kollisionsrechtsvereinheitlichung, JZ 1993, 533 ff.; *Carl Baudenbacher*, Grundprobleme der Wirtschaftsverfassung der EG aus der Sicht des Privatrechts, Aussenwirtschaft 48 (1993), 425 ff.; *Willibald Posch*, Die Europäisierung und Dekodifikation des Privatrechts als Konsequenz der Teilnahme Österreichs am Europäischen Wirtschaftsraum, in: Konrad Ginther/Hubert Isak/Willibald Posch (Hrsg.), Recht und Politik in einem größeren Europa, 1993; S. 13 ff.; *ders.*, Die Auswirkungen der Teilnahme Österreichs an der Europäischen Integration auf das österreichische Bürgerliche Recht, ZEuP 1995, 507 ff.; *Ivo Schwartz*, Perspektiven der Angleichung des Privatrechts in der Europäischen Gemeinschaft, ZEuP 1994, 559 ff.; A. S. Hartkamp et al. (eds.), Towards a European Civil Code, 1994; Bruno Schmidlin (Hrsg.), Vers un droit privé européen commun? Skizzen zum gemeineuropäischen Privatrecht, 1994; *Martin Bangemann*, Privatrechtsangleichung in der Europäischen Union, ZEuP 1994, 377 ff.; *Otto Sandrock*, Die Europäischen Gemeinschaften und die Privatrechte ihrer Mitgliedstaaten: Einheit oder Vielfalt?, EWS 1994, 1 ff.; *Ewoud Hondius*, Naar een Europees personen- en familierecht, in: Drie Treden, 1995, S. 173 ff.; *Ernst Steindorff*, EG-Vertrag und Privatrecht, 1996, S. 385 ff.; *Jürgen Basedow*, Von Privatrechtsvereinheitlichung und Grundfreiheiten, in: Festschrift Ernst-Joachim Mestmäcker, 1996, S. 347 ff.; *Stefan Grundmann*, EG-Richtlinie und nationales Privatrecht, JZ 1996, 274 ff.; *Brigitta Lurger*, Regulierung und Deregulierung im europäischen Privatrecht, 1997, S. 103 ff.; *Irene Klauer*, Die Europäisierung des Privatrechts, Diss. St.Gallen 1997; *Vito Rizzo* (a cura di), Diritto Privato Comunitario, Volume I (Fonti, Princípi, Obbligazioni e Contratti) e II (Lavoro, Impresa e Società), 1997; *Martin Gebauer*, Grundfragen der Europäisierung des Privatrechts, 1998, S. 99 ff.

I. Ausgangspunkte und Konzepte

Über Privatrechtsangleichung durch die EG läßt sich kaum sinnvoll sprechen, ohne zunächst deren *Systemstellung* in den Römischen Verträgen in ihrer heutigen Fassung und damit deren Anlaß und Konzept in der Vertragsverfassung der EG[3] zu bestimmen. Der *ursprünglich* auslösende Grund, aus dem allmählich Einzelfragen des Privatrechts zum Gegenstand der Angleichungspolitik wurden, ist die Politik der seinerzeitigen EWG und heutigen EG zur Verwirklichung des mit der Einheitlichen Europäischen Akte zum Binnenmarkt pointierten[4] Gemeinsamen Marktes, also der Verwirklichung des vertragsverfassungsrechtlichen Konzepts der Grundfreiheiten in einem System, in dem der Wettbewerb vor Verfälschungen geschützt ist[5]. Zunehmend wird diese Entwicklung allerdings *begleitet* -und in der allgemeinen Wahrnehmung vielleicht sogar überlagert- von Konzepten, die entweder auf verbraucherrechtsbegründete Integrationserschwernisse oder *spezifisch* auf *Verbraucherschutz* ausgerichtet sind[6] oder, neuerdings (insbesondere seit Amsterdam), unter dem eher der politischen Rhetorik entstammenden Wort des europäischen *Rechtsraums*[7] darauf abzielen, Gemeinschaft und Union als Rechtsgemeinschaft in allen Bereichen auszubauen.

1. Grundkonzept des Gemeinsamen Marktes

Zum Verständnis der Herkunft, der Entwicklung und der realistischen Perspektiven der EG im allgemeinen und der Privatrechtsangleichung durch die EG im besonderen ist es gleichwohl *unverändert* hilfreich, sich an *zwei Ausgangspunkte* zu erinnern: erstens, daß der EG-Vertrag für die Integration und die Gemeinschaftsbildung nicht zuallererst auf die Vergemeinschaftung und

[3] Zum Gedanken der Vertragsverfassung *Peter-Christian Müller-Graff*, Verfassungsziele der EG/EU, in: Handbuch des EG-Wirtschaftsrechts, 1997 A I Rdz. 68.

[4] Zum Verhältnis von Binnenmarkt und Gemeinsamem Markt vgl. *Peter-Christian Müller-Graff*, Die Rechtsangleichung zur Verwirklichung des Binnenmarkts, EuR 1989, 122 ff. m.w.N.; *Ingolf Pernice*, Auswirkungen des europäischen Binnenmarktes auf das Umweltrecht - Gemeinschafts(verfassungs-)rechtliche Grundlagen, NVwZ 1990, 204.

[5] Vgl. Art. 9 ff., 85 ff. EGV; als Legaldefinition des Binnenmarktes Art. 7a Abs. 2 EGV.

[6] Rechtsgrundlage für spezifische Aktionen des Verbraucherschutzes Art. 129a Abs. 1 lit. b EGV.

[7] Vgl. in der Fassung des Vertrags von Amsterdam: Art. 73i EGV (= Art. 61 EGV konsolidierte Fassung) und Art. K. 1 EUV (= Art. 29 EUV konsolidierte Fassung).

Supranationalisierung kompletter nationaler Hoheitsbereiche angelegt ist. Dieses nach 1945 teilweise intensiv verfolgte Grundkonzept scheiterte bekanntlich bereits im Jahre 1954 spektakulär im Ratifikationsverfahren des Vertrages über die Europäische Verteidigungsgemeinschaft[8] und mit dem damit verbundenen Vorhaben einer Europäischen Politischen Gemeinschaft[9] und dies wiederum führte zur sog. relance européenne der Römischen Verträge. Erst das Ziel der Europäischen Währungsunion[10] nimmt den Gedanken der Supranationalisierung eines kompletten Hoheitsbereiches wieder auf und läßt wohl gerade auch deshalb in Deutschland die sensible Unruhe über die ungewohnte Dimension eines zentralen nationalen Souveränitäts- und darin Machtverzichts nicht verstummen[11]. Auch setzt der EG-Vertrag für die Integration und die Gemeinschaftsbildung daher nicht allein und wegen seiner Zielbezogenheit auch nicht primär auf die Schaffung von Gemeinschaftsinstitutionen und -verwaltungen, denn die Institutionen der EG sind im EG-Vertrag nicht als Selbstzweckgeschöpfe eingesetzt und in der Vertragssystematik folgerichtig auch nicht am Anfang, sondern als zieldienliche und zielverpflichtete Einrichtungen konsequenterweise erst am Ende aufgeführt[12]. Wegen dieser Zielausrichtung ist daher die Analyse der Vertragsverfassung der Gemeinschaft mit dem Paradigma des *Gesellschaftsvertrages* naheliegender und organischer als mit dem gerne bemühten und leicht irreführenden Paradigma des Föderalismus.

Zweitens ist daher zu erinnern, daß EG- und EU-Vertrag zum Zweck der politischen, wirtschaftlichen und gesellschaftlichen Zusammenführung der aus der Tiefe der europäischen Geschichte gewachsenen Staaten unverändert zuallererst auf den tragenden Sockel des Konzepts der Marktgrundfreiheiten setzen und damit darauf, daß die binnengrenzüberschreitende Privatinitiative bei Warenaustausch und Dienstleistungsverkehr, bei Beschäftigung, Niederlassung und Kapitalgeschäften möglichst ungehindert von mitgliedstaatlichen

---

8 Text des Vertrages vgl. BGBl. 1954 II, S. 343 ff.

9 Entwurf der Satzung abgedruckt bei Lipgens (Hrsg.), 45 Jahre Ringen um die Europäische Verfassung, S. 335 ff.

10 Vgl. Art. 105 ff. EGV; zum Konzept *Rainer Stadler*, Der rechtliche Handlungsspielraum des Europäischen Systems der Zentralbanken, 1996, S. 63 ff.

11 Nachweise zum Streit um die Ratifizierung des Unionsvertrages von Maastricht vgl. *Rainer Stadler*, a.a.O., S. 61 Fn. 232, 233. Der Beginn der Währungsunion ist gegenwärtig Gegenstand mehrerer Verfassungsbeschwerden.

12 Vgl. Art. 137 ff. EGV.

Zugangsbeschränkungen und Wettbewerbsverfälschungen wirken kann[13]. Zu diesem Zweck enthält der EG-Vertrag zwei gerade auch für das *Privatrecht*[14] erhebliche Kategorien von Rechtsnormen: unmittelbar geltende primärrechtliche Kontrollnormen (2.) und Ermächtigungsnormen zum Erlaß von Sekundärrecht (3.).

2. *Primärrechtliche Kontrolle von mitgliedstaatlichem Privatrecht*

So ist das Recht der Grundfreiheiten und der Wettbewerbsregeln für Unternehmen von unmittelbar anwendbaren primärrechtlichen Verboten geprägt[15], die nach der Rechtsprechung des EuGH bekanntlich Anwendungsvorrang vor dazu widersprechenden nationalen Vorschriften entfalten[16]. Derartig konfligierende Bestimmungen können, wie namentlich die reiche Judikatur zum Verbot der Maßnahmen gleicher Wirkung wie mengenmäßige Einfuhrbeschränkungen zeigt[17] (Art. 30 EGV; nach dem Konsolidierungsvorschlag künftig Art. 28 EGV), in allen Rechtsgebieten auftreten, auch im Privatrecht[18], wiewohl dies hier dem ersten Blick weniger auffällig erscheinen mag

[13] Vgl. dazu schon *Peter-Christian Müller-Graff*, Privatrecht und europäisches Gemeinschaftsrecht, in: Peter-Christian Müller-Graff/Manfred Zuleeg (Hrsg.), Staat und Wirtschaft in der EG, 1987, S. 27.

[14] Inwieweit auch die begriffliche Unterscheidung zwischen Privatrecht und öffentlichem Recht durch das Gemeinschaftsrecht beeinflußt wird, ist unklar; vgl. neuerdings *Wassilios Skouris*, Der Einfluß des Europäischen Gemeinschaftsrechts auf die Unterscheidung zwischen Privatrecht und öffentlichem Recht - dargestellt für das öffentliche Auftragswesen und die Privatisierung, 1997.

[15] Dies gilt im Kreis der vier Grundfreiheiten nach der Novellierung durch den Unionsvertrag von Maastricht nunmehr zweifelsfrei auch für die Kapitalverkehrsfreiheit: vgl. Art. 73b EGV.

[16] Zum Anwendungsvorrang des Gemeinschaftsrechts grundlegend EuGH -Costa/ENEL-, Slg. 1964, 1261 ff.; speziell zum Anwendungsvorrang der Wettbewerbsregeln für Unternehmen EuGH -Walt Wilhelm/Bundeskartellamt- Slg. 1969, 1, 13 f.

[17] Vgl. dazu als Auflistung und Kommentierung *Peter-Christian Müller-Graff*, in: Hans von der Groeben/Jochen Thiesing/Claus-Dieter Ehlermann (Hrsg.), Kommentar zum EU-/EG-Vertrag, 5. Aufl. 1997, Art. 30 Rdz. 16 ff., 28 ff., 71 ff.

[18] Vgl. ebda., Art. 30 Rdz. 162 ff.; s. auch Rdz. 117 ff., 148 ff.; *Wulf-Henning Roth*, Die Freiheiten des EG-Vertrags und das nationale Privatrecht, ZEuP 1994, 5 ff.; *Peter O. Mülbert*, Privatrecht, die EG-Grundfreiheiten und der Binnenmarkt, ZHR 159 (1995), 9 ff.; *Ernst Steindorff*, a.a.O., S. 55 ff.; *Peter von Wilmowsky*, Europäisches Kreditsicherungsrecht, 1996, S. 32 ff.; *ders.*, EG-Freiheiten und Vertragsrecht, JZ 1996, 590 ff.; *ders.*, Kreditsicherheiten im Binnenmarkt, 1997, S. 4 ff.; *Irene Klauer*, a.a.O., S. 48 ff.

als etwa im Wirtschaftsverwaltungsrecht, im Lebensmittelrecht und Arzneimittelrecht. Indes werden zunehmend Konflikte zwischen Grundfreiheiten und nationalem Privatrecht erkannt. So betreffen Kollisionen namentlich das Recht gegen unlauteren Wettbewerb, hier insbesondere in Gestalt von Werbebeschränkungen[19], des weiteren die Zivilrechtssanktionen bei gewerblichen Schutzrechten und Urheberrechten[20], aber auch schuldrechtliche Regeln einfuhrdiskriminierender Art wie beispielsweise im deutschen Recht die vorvertragliche Pflicht zur Aufklärung über Sondergefahren für die Wartung bei Parallelimporten von Kraftfahrzeugen[21], die Erweiterung der Verkehrssicherungspflichten des Importeurs[22], die Aufstellung einer eigenen Produktbeobachtungspflicht der inländischen Vertriebsgesellschaft eines ausländischen Herstellers als einziger inländischer Repräsentantin oder des selbständigen inländischen Alleinimporteurs[23] oder die Erweiterung der Prüfungspflichten von Presseunternehmen bei der Veröffentlichung von Anzeigen von Auftraggebern mit Sitz in einem anderen Mitgliedstaat[24]. Auch unterschiedslos anwendbares Privatrecht kann in Konflikt mit den Grundfreiheiten geraten, so namentlich Vorschriften mit produktgestaltendem Charakter im Bereich der Bank- und Versicherungsgeschäfte[25], Vorgaben für das Kollisionsrecht für Verbraucherverträge[26] und Normen zur Tragweite des inländischen ordre

---

[19] Vgl. *Peter-Christian Müller-Graff*, a.a.O., Art. 30 Rdz. 117 ff.; monographisch zuletzt *Guido Perau*, Werbeverbote im Gemeinschaftsrecht, 1997 m.w.N.

[20] Vgl. *Peter-Christian Müller-Graff*, a.a.O., Art. 30 Rdz. 148 ff.; zu den Konfliktlagen zwischen gewerblichen Schutzrechten und Urheberrechten mit den Zielen des Gemeinsamen Marktes grundlegend schon *Ernst-Joachim Mestmäcker*, Europäisches Wettbewerbsrecht, 1974, S. 440 ff.

[21] Vgl. *Karl-Heinz Fezer*, Europäisierung des Wettbewerbsrechts, JZ 1994, 625; a. A. zur Aufklärungspflicht über die Weigerung deutscher Vertragshändler, an parallel importierten Motorrädern Gewährleistungsreparaturen durchzuführen EuGH -CMC Motorradcenter- Slg. 1993, I-5009 Ziff. 13 (zweifelhaft; vgl. etwa *Helmut Köhler*, ZEuP 1994, 669 f.). Allerdings läßt sich die Aufklärungspflicht aus Gründen des Schutzes des Geschäftspartners rechtfertigen.

[22] Vgl. *Wulf-Henning Roth*, a.a.O., ZEuP 1994, 26.

[23] BGHZ 99, 171; BGH JZ 1994, 576 mit Anmerkung von *Gert Brüggemeier*; *Peter O. Mülbert*, Privatrecht, die EG-Grundfreiheiten und der Binnenmarkt, ZHR 159 (1995), 24.

[24] Vgl. *Wulf-Henning Roth*, a.a.O.

[25] Vgl. *ders.*, Rückzug des Europäischen Gerichtshofs vom Binnenmarktkonzept?, in: Marktwirtschaft und Wettbewerb im sich erweiternden europäischen Raum, 1995, S. 42.

[26] Vgl. *ders.*, RabelsZ 55 (1991), 652 ff.

public[27]. Es ist die These aufgestellt worden, bei dispositivem Recht scheide von vornherein die Eignung zur Behinderung des Freiverkehrs aus und gleiches gelte im Falle der Möglichkeit zur Abwahl zwingenden nationalen Privatrechts durch Rechtswahl[28]. Dies ist jedoch zweifelhaft. Denn allein die bloße Existenz dispositiven Rechts kann ein Handelshemmnis oder ein Wettbewerbserschwernis[29] für alle diejenigen begründen, die zu Abdingung oder Rechtswahl im Vorfeld eines Vertragsabschlusses keinen Anlaß oder keine Möglichkeit fanden.

Allerdings ist generell die *substantiierbare* Eignung unterschiedslos anwendbarer Zivilrechtsnormen zur Einfuhrbehinderung um so weniger zu erwarten, je allgemeiner sie gefaßt sind und je anwendungsambivalenter sie daher im zwischenstaatlichen Handel wirken können[30], so daß Sorgen über „systemsprengende" Wirkungen[31], deren Unterscheidung von der historisch üblichen und legitimen Fortentwicklung von Rechtsordnungen ohnehin unklar ist, auf der Ebene der Grundfreiheitenkontrolle übertrieben wirken. Andererseits ist aber auch nicht zu verkennen, daß allein die Existenz unterschiedlicher Zivilrechtsnormen für den grenzüberschreitend Tätigen Rechtsberatungsbedarf und damit einfuhrbelastende Transaktionskosten begründet, daß die Existenz unterschiedlichen Verbraucherschutzes den nachdenklichen Konsumenten etwa beim Fernabsatz zu grenzüberschreitender Zurückhaltung zu veranlassen vermag und daß mitgliedstaatsspezifische verbraucher-, arbeitnehmer-, gesellschafter-, gläubiger- und konkurrentenschützende Standards überdies als kostenrelevante Faktoren den Wettbewerb zwischen Unternehmen mit unterschiedlichen regionalen Marktschwerpunkten zu verzerren und daher auch insoweit potentiell zur Erschwerung des erfolgreichen binnengrenzüberschreitenden Wirtschaftens geeignet sind.

---

27 Vgl. *Martiny*, in: Christian von Bar (Hrsg.), Europäisches Gemeinschaftsrecht und Internationales Privatrecht, 1991, S. 211 ff.

28 *Eva-Maria Kieninger*, in: Rupert Scholz (Hrsg.), Europäische Integration - Schon eine Union des Rechts? Zwischen Erfolgsbilanz und Balanceverlust, 1996, S. 113 f. unter Berufung auf den Rechtswahlgedanken in EuGH -Alsthom Atlantique/Sulzer- Slg. 1991 I, 124 Rdz. 15, der jedoch zur Klärung der speziellen Frage einer spezifischen Beschränkung der Ausfuhr gemäß Art. 34 EGV eingesetzt wurde und keine Aussage zu Art. 30 EGV oder der Erforderlichkeit nach Art. 100, 100a (i.V.m. Art. 7a), 235 EGV enthält.

29 Zutreffend *Jürgen Basedow*, Europäisches Vertragsrecht für europäische Märkte, 1995, S. 12 f.; *ders.*, a.a.O., in: Festschrift Mestmäcker, S. 355.

30 Vgl. *Peter-Christian Müller-Graff*, a.a.O., Art. 30 Rdz. 165.

31 Vgl. *Peter O.Mülbert*, a.a.O., 6 ff.

Freilich bleibt die Überwindung derartiger Hindernisse über unmittelbar anwendbare Vorschriften des Gemeinschaftsrechts letztlich zum einen auf eher punktuell auftretende *Einzelfragen beschränkt* und zum anderen wegen der Möglichkeit der *Rechtfertigbarkeit* von Handelshemmnissen aus zwingenden Gründen, z.B. im Warenverkehrsrecht über die sog. Cassis-Rechtsprechung[32], hierbei privatrechtlich insbesondere des Verbraucherschutzes und der wettbewerblichen Lauterkeit, sowie über Art. 36 EGV, hierbei privatrechtlich namentlich des Schutzes des gewerblichen Eigentums *begrenzt*, wenn nicht sogar schon im Ansatz die Eignung zur Handelsbeschränkung mit dem freilich terminologisch und in seiner Begründung problematischen Gedanken der vom EuGH so benannten, aber nur vage definierten „bestimmten Verkaufsmodalitäten“ (sog. Keck-Rechtsprechung)[33] verneint wird.

3. *Ermächtigungen zum Erlaß von sekundärrechtlichem Gemeinschaftsprivatrecht*

Da aus diesen Gründen die Funktionsfähigkeit des Binnenmarktes im Ergebnis infolge einer mitgliedstaatlichen Regelung beschwert sein kann, öffnet der EG-Vertrag der Gemeinschaft folgerichtig die *Befugnis zur Rechtssetzung*, so insbesondere nach Art. 100a Abs. 1 EGV zum Erlaß von Maßnahmen zur Angleichung der Rechts- und Verwaltungsvorschriften der Mitgliedstaaten, die die Errichtung und das Funktionieren des Binnenmarktes zum Gegenstand haben. Rechtsangleichung dient auf dieser Grundlage der Verwirklichung der Grundfreiheiten durch Beseitigung von Marktzugangshindernissen oder Marktzugangserschwernissen in Gestalt von normbegründeten Wettbewerbsverfälschungen[34]. Bei dieser Ermächtigung zur verbindlichen Vorgabe des Ziels und Maßstabs binnenmarktbezogener einzelstaatlicher Rechtsangleichung handelt es sich im Rahmen des EG-Vertrages um eine Befugnis, die wegen ihrer profilbildenden Eigenheit, die Funktionserfordernisse des Binnenmarktes in einer bestimmten Sachfrage für alle Mitgliedstaa-

---

[32] Vgl. dazu im Zusammenhang z.B. *Peter-Christian Müller-Graff*, a.a.O., Art. 30 Rdz. 186 ff. m.w.N.; vgl. als Entscheidungssammlung *Gert Meier*, Die Cassis-Rechtsprechung des Gerichtshofs der Europäischen Gemeinschaften, 2. Aufl. 1989; s. schon *Martin Seidel*, Die sogenannte Cassis-de-Dijon-Rechtsprechung des Europäischen Gerichtshofs und der Schutz von Herkunftsangaben in der Europäischen Gemeinschaft, GRUR Int. 1984, 80 ff.

[33] Vgl. EuGH -Keck und Mithouard- Urteil v. 24.11.1993; Nachweise der umfangreichen Diskussion dieser Entscheidung und Stellungnahme vgl. *Peter-Christian Müller-Graff*, a.a.O., Art. 30 Rdz. 239 ff.

[34] Ähnlich *Jürgen Basedow*, a.a.O., in: Festschrift Mestmäcker, S. 351 ff.

ten *verbindlich* festzulegen, ihrer Natur nach allein der Gemeinschaft zukommen kann[35], während *nach* Erlaß einer Angleichungsrichtlinie die zielgemäße Verwirklichung der darin enthaltenen Vorgaben dem davon zu trennenden Tätigkeitsbereich zugehört, der den Mitgliedstaaten obliegt. Diese zu *unterscheidenden* „Bereiche" und „Befugnisse" werden in der Diskussion um die Erstreckbarkeit des normativ definierten Subsidiaritätsprinzips des Art. 3b Abs. 2 EGV auf die Ermächtigung des Art. 100a Abs. 1 EGV oft nicht auseinandergehalten[36], wobei überdies die *isoliert* auf das Verhältnis zwischen der Kompetenzausübungsregel des Art. 3b Abs. 2 EGV und Art. 100a Abs. 1 EGV bezogene Erörterung regelmäßig verkennt, daß die Argumente zugunsten der „Nicht-Ausschließlichkeit" der Zuständigkeit ihrem Inhalt nach[37] bereits die normlogisch vorrangige Frage des Bestehen der Kompetenz (Art. 3b Abs. 1 EGV) verneinen, da diese nur bei „Erforderlichkeit" der Angleichung (Art. 100a Abs. 1 EGV i.V.m. Art. 7 Abs. 1, 3 lit. h EGV) gegeben ist[38]. Beides gilt auch für den Gesichtspunkt der autonomen mitgliedstaatlichen Beseitigung von Handelshemmnissen *vor* Erlaß einer Angleichungsrichtlinie[39], die definitionsgemäß nur auf dem freibleibenden Binnenmarktverständnis eines Mitgliedstaats beruht (und möglicherweise ein Erfordernis zur Angleichung nicht auftreten läßt), nicht aber ein binnenmarktliches

---

[35] Es ist daher auch schwer zu erkennen, daß dieser profilbildende Kern der Befugnis der Gemeinschaft aus Art. 100a Abs. 1 EGV im Rahmen des Art. 3b Abs. 2 EGV zu „den Bereichen" gerechnet werden kann, „die nicht in ihre ausschließliche Zuständigkeit fallen" (vgl. dazu *Peter-Christian Müller-Graff*, Binnenmarktauftrag und Subsidiaritätsprinzip?, ZHR 159 (1995), 68 ff.

[36] So zuletzt etwa *Wulf-Henning Roth*, Einlagensicherung im Binnenmarkt, ZBB 1997, 375; ohne Vertiefung des Problems *Hans D. Jarass*, Die Kompetenzen der Europäischen Gemeinschaft und die Folgen für die Mitgliedstaaten, 1997, S. 35; ungenau *Mathias Rohe*, Binnenmarkt oder Interessenverband?, RabelsZ 61 (1997), 31.

[37] So z.B. *Wulf-Henning Roth*, a.a.O., 375.

[38] Aus diesem Grund zurückhaltend gegenüber der Aktivierbarkeit des Subsidiaritätsprinzips auch *Petra Buck*, Subsidiarität und Europäisierung des Gesellschaftsrechts, in: Rudolf Hrbek (Hrsg.), Das Subsidiaritätsprinzip in der Europäischen Union - Bedeutung und Wirkung für ausgewählte Politikbereiche, 1995, S. 80 ff.

[39] Anders *Wulf-Henning Roth*, a.a.O., 375; ähnlich, aber unklar *Ivo E. Schwartz*, EG-Kompetenzen für den Binnenmarkt: Exklusiv oder konkurrierend/subsidiär?, in: Festschrift für Ulrich Everling, 1995, S. 1347 (bis zur Angleichung durch die Gemeinschaft parallele Rechtsetzungskompetenz) und S. 1348 (Art. 3b Abs. 2 EGV ist nicht auf das Ob, sondern nur auf das Wie anwendbar; dies ist aber bereits eine Frage der kompetenzbegründenden „Erforderlichkeit" und damit des Art. 3b Abs. 1 EGV).

Funktionserfordernis umsetzt, das auf einem als erforderlich erachteten verbindlichen Definitionsakt der Gemeinschaft beruht.

Ermächtigungen zum Erlaß von sekundärrechtlichem Gemeinschaftsprivatrecht sind des weiteren in dem -dem Art. 100a Abs. 1 EGV vergleichbar auf die Verwirklichung der Marktintegration bezogenen- älteren Art. 100 EGV und -speziell zur Verwirklichung der Niederlassungsfreiheit von Gesellschaften- in der Ermächtigung des Art. 54 Abs. 3 lit. g EGV enthalten. Weitergehend gestattet der vom Unionsvertrag von Maastricht eingefügte Art. 129a EGV spezifische Verbraucherschutzmaßnahmen, m.a.W. auch Maßnahmen, die nicht aus dem Erfordernis der Herstellung oder des Funktionierens des Binnenmarktes begründbar sind, sondern genuin auf Verbraucherschutz gestützt werden, sofern eine derartige Binnenmarktferne der Maßnahme im Einzelfall überhaupt annehmbar ist. Eine abrundende Reservekompetenz wird schließlich bekanntlich von Art. 235 EGV vorgehalten, falls ein Tätigwerden der Gemeinschaft erforderlich erscheint, um im Rahmen des Gemeinsamen Marktes eines ihrer Ziele zu verwirklichen, und die hierfür erforderlichen Befugnisse im Vertrag ansonsten nicht vorgesehen sind.

Mit der *Rechtsangleichung* durch die EG geht es dabei nicht um die Schaffung unmittelbar in allen Mitgliedstaaten geltenden Gemeinschaftseinheitsrechts, sondern um die Harmonisierung der Inhalte mitgliedstaatlicher Rechte[40], sei es auf nationaler, regionaler oder lokaler Ebene. Das Instrument der Angleichung ist daher *nicht* die einheitsrechtsstiftende *Verordnung* -wie etwa im Bereich der Gruppenfreistellungs-Verordnungen für Franchise-Verträge, Alleinbezugsverträge, Kfz-Händler-Verträge oder Patentlizenzverträge mit ihrem allerdings faktisch durchaus harmonisierend zu wirken geeignetem Potential auf die Vertragsgestaltung durch die beratenden Anwälte[41]. Das

---

[40] Zum Konzept der Rechtsangleichung vgl. schon *Ivo Schwartz*, Zur Konzeption der Rechtsangleichung in der Europäischen Gemeinschaft, in: Probleme des Europäischen Rechts - Festschrift für Walter Hallstein, 1966, 474 ff.; *Winfried Schmeder*, Die Rechtsangleichung als Integrationsmittel der EG, 1978; *Christoph Eiden*, Die Rechtsangleichung gemäß Art. 100 des EWG-Vertrages, 1984; *Ulrich Everling*, Zur Funktion der Rechtsangleichung in der Europäischen Gemeinschaft - Vom Abbau der Verzerrungen zur Schaffung des Binnenmarktes, in: Du droit international au droit de l'integration - Liber amicorum Pierre Pescatore, 1987, S. 227 ff.; *Peter-Christian Müller-Graff*, Die Rechtsangleichung zur Verwirklichung des Binnenmarktes, EuR 1989, 107 ff.

[41] Vgl. *Gerhard Wiedemann*, Erste Erfahrungen mit den EWG-Gruppenfreistellungsverordnungen, insbesondere für Patentlizenz- und Know-how-Vereinbarungen, GRUR Int. 1990, 811 f.; *Hermann-Josef Bunte/Herbert Sauter*, EG-Gruppenfreistellungsverord-

Rechtsforminstrument der Angleichung ist vielmehr die *Richtlinie* oder im Rahmen des Art. 220 EGV die traditionelle Konvention. Da der Zweck der Richtlinie die Herstellung einer inhaltlich vergleichbaren Rechtslage in allen Mitgliedstaaten ist, kann Harmonisierung konsequenterweise auch die erstmalige Schaffung entsprechender Regeln in einem Mitgliedstaat bedeuten.

Tatsächlich hat sich auf der Grundlage der Angleichungsermächtigungen seit über einem Jahrzehnt eine mittlerweile *beachtenswerte Zahl* von Privatrechtsangleichungs-Richtlinien herausgebildet[42]. Die binnenmarktfinale Grundlage dieser Richtlinien erklärt, daß diese aber nicht Ausdruck eines Konzepts zur Schaffung angeglichener Privatrechtsordnungen sind, sondern Folge des Konzepts der Erleichterung des binnengrenzüberwindenden Wirtschaftsaustausches. Dies wiederum erklärt den schon früh befürchteten[43], allerdings nicht nur pointillistischen Befund der Privatrechtsharmonisierung, die eine oft aktualitätsveranlaßte marktprivatrechtliche Angleichung ist.

II. Angleichungsgegenstände und deren Identifikationsgründe

Das sachgegenständlich und konzeptionell heterogene Bild wird deutlich, wenn man sich den wichtigsten mittlerweile von der Angleichung im Privatrecht erfaßten *Sachgebieten* des materiellen Rechts im einzelnen zuwendet. Betroffen sind -in dieser Einschränkung auf das Sachrecht[44]- aus der Sicht der

---

nungen, 1988, VO Nr. 123/85 Rdz. 3 m.w.N.; *Peter-Christian Müller-Graff*, Die Freistellung vom Kartellverbot, EuR 1992, 40.

[42] Als neueste Auflistung vgl. Annex zu *Peter-Christian Müller-Graff*, EC Directives as a Means of Private Law Unification, in: Towards a European Civil Code II, 1998 (im Erscheinen).

[43] Vgl. *Peter-Christian Müller-Graff*, Privatrecht und Europäisches Gemeinschaftsrecht, in: Peter-Christian Müller-Graff/Manfred Zuleeg (Hrsg.), Staat und Wirtschaft in der EG, 1987, S. 39 m.w.N.

[44] Daneben ist auch das *Kollisionsrecht* von der Rechtsangleichung betroffen; vgl. dazu die regelmäßigen Berichte und Entwicklungserörterungen des Europäischen Kollisionsrechts von *Erik Jayme/Christian Kohler* in der IPrax; s. aus dem neueren Schrifttum auch: *Karl F. Kreuzer*, Die Europäisierung des Internationalen Privatrechts - Vorgaben des Gemeinschaftsrechts, in: Peter-Christian Müller-Graff (Hrsg.), Gemeinsames Privatrecht in der Europäischen Gemeinschaft, 1993, S. 373 ff. m.w.N.; *Eckart Brödermann/ Holger Iversen*, Europäisches Gemeinschaftsrecht und Internationales Privatrecht, 1994; *Bernd von Hoffmann*, Richtlinien der Europäischen Gemeinschaft und Internationales Privatrecht, ZfRV 1995, 45 ff.; *Hans Jürgen Sonnenberger*, Die Umsetzung kollisionsrechtlicher Regelungsgebote in EG-Richtlinien, ZEuP 1996, 382 ff.; *ders.* , Europarecht und Internationales Privat-

deutschen privatrechtlichen Terminologie und Einteilung bislang vor allem das Vertragsrecht (1.), das Haftungsrecht (2.) und das Arbeitsrecht (3.), das Handelsrecht (4.) und das Gesellschaftsrecht (5.), das Wettbewerbsrecht (6.), der gewerbliche Rechtsschutz und das Urheberrecht (7.).

1. Vertragsrecht

So ist insbesondere im *Vertragsrecht* neben der elementaren primärrechtlichen Gewährleistung der grenzüberschreitenden Abschluß- und Inhaltsfreiheit gegen ungerechtfertigte Beschränkungen die bislang stärkste Einwirkung des Gemeinschaftsrechts in Gestalt der marktintegrativen Angleichungspolitik zu erkennen. Sie hat ihren Aktivitätsschwerpunkt vor allem im Bereich der sog. Verbraucherschutzvorschriften[45] gefunden, deren Harmoni-

---

recht, ZVglRWiss, 3 ff.; *Jürgen Basedow*, Europäisches Internationales Privatrecht, NJW 1996, 1921 ff.; *Ralf Michels/Hans-Georg Kamann*, Europäisches Verbraucherschutzrecht und IPR, JZ 1997, 601 ff.; vgl. schon *Wulf-Henning Roth*, Der Einfluß des Europäischen Gemeinschaftsrechts auf das Internationale Privatrecht, RabelsZ 55 (1991), 623 ff.; Christian von Bar (Hrsg.), Europäisches Gemeinschaftsrecht und Internationales Privatrecht, 1991. Zu Entwicklungen im Bereich des *Zivilprozeßrechts* vgl. z.B. *Walther Habscheid*, Die Europäisierung des Zivilprozeßrechts, in: Peter-Christian Müller-Graff (Hrsg.), a.a.O., S. 449 ff.; *Hanns Prütting*, Die Entwicklung eines europäischen Zivilprozeßrechts, 1992; Mieczyslaw Sawczuk (ed.), Unity of Civil Procedural Law and its National Divergencies, 1994; zum Zwangsvollstreckungsrecht *Giuseppe Tarzia*, Aussichten für eine Harmonisierung des Zwangsvollstreckungsrechts in der Europäischen Union, ZEuP 1996, 231 ff.

[45] Vgl. dazu z.B. *Ewoud Hondius*, Consumer Law and Private Law: The Case for Integration, in: Neues Europäisches Vertragsrecht und Verbraucherschutz (Tagungsskript ERA), 1997 Ziff. 10; Übersicht: *Waltraud Hakenberg*, Der europäische zivilrechtliche Verbraucherschutz, AnwBl. 1997, 56 ff.; S. schon *Norbert Reich*, Europäisches Verbraucherschutzrecht, 2. Aufl. 1993; *ders.*, Zur Theorie des Europäischen Verbraucherrechts, ZEuP 1994, 381 ff.; Privatrecht und Verbraucherschutz in der Europäischen Union, 1995; *Peter Hommelhoff*, Verbraucherschutz im System des deutschen und europäischen Privatrechts, 1995; *Klaus Tonner*, Die Rolle des Verbraucherrechts bei der Entwicklung eines europäischen Zivilrechts, JZ 1996, 533 ff..; *Hans Claudius Taschner*, Mindestharmonisierung im Verbraucherschutzrecht, in: Ulrich Everling/Wulf-Henning Roth (Hrsg.), Mindestharmonisierung im Europäischen Binnenmarkt, 1997, S. 159 ff. mit Stellungnahmen von *Norbert Reich* und *Oliver Remien*, *Irene Klauer*, a.a.O., S. 94 ff.; zur legislativen Umsetzungspraxis in Deutschland *Martin Kainz*, Die Umsetzung der Verbraucherschutzrichtlinien und ihre Auswirkungen im nationalen Recht, in: Neues Europäisches Vertragsrecht und Verbraucherschutz, ERA-Tagungsunterlagen 1997 Ziff. 12; (kritisch aus judikativer Sicht *Rolf Stürner/Alexander Bruns*, ebda. Ziff. 15); in Spanien *Rafael C. Pellicer Zamora*, ebda., Ziff. 13 (aus judikativer Sicht *D. Augustín Azparren Lucas*, ebda., Ziff. 16); im Vereinigten König-

sierung janusköpfig begründbar ist: einerseits mit der Entlastung der Unternehmen von Wettbewerbsverzerrungen aus unterschiedlichen nationalen Standards des Verbraucherschutzes[46], wiewohl insoweit die Begründungen der Richtlinien oft substantiierter hätten sein können; und andererseits zugleich mit der Ermutigung der Verbraucher zum grenzüberschreitenden Vertragsschluß[47] (insbesondere: Transparenzerhöhung, Mindestverbraucherschutz, Auswahlerhöhung[48]), also mit der Förderung der Wahrnehmung ihrer Marktgrundfreiheiten (im Sinne der Förderung der Bereitschaft zum Warenkauf in anderen Mitgliedstaaten oder zur grenzüberschreitenden Inanspruchnahme von Dienstleistungen[49]). Aus diesen Wurzeln erwuchsen bislang Richtlinienvorgaben für einzelne, teils gemeinschaftsrechtlich neu kreierte oder definierte Vertragstypen: für Verträge außerhalb von Geschäftsräumen[50], für Verbraucherkreditverträge[51], für Pauschalreiseverträge[52], für -in ihrer Bedeutung etwas randständig- Verträge über Teilnutzungsrechte an Immobilien[53] und für Fernabsatzverträge[54]; daneben querschnittsartig für die Kon-

---

reich *Stephen Weatherill*, ebda., Ziff. 14 (aus judikativer Sicht *Konrad Schiemann*, ebda., Ziff. 17).

[46] Vgl. z.B. 2. Erwägungsgrund der Richtlinie über mißbräuchliche Klauseln in Verbraucherverträgen; im Blick auf die Verbraucherkredit-Richtlinie *Irene Klauer*, a.a.O., S. 103.

[47] Vgl. z.B. 5. - 7. Erwägungsgrund der Richtlinie über mißbräuchliche Klauseln in Verbraucherverträgen, ABlEG 1993 Nr. L 95/29.

[48] Zu diesem Ansatz z.B. *Norbert Reich*, a.a.O.

[49] Zur Gewährleistung der Inanspruchnahme von Dienstleistungen in einem anderen Mitgliedstaat grundlegend EuGH -Luisi und Carbone- Slg. 1984, 377 ff.

[50] Richtlinie betreffend den Verbraucherschutz im Falle von außerhalb von Geschäftsräumen geschlossenen Verträgen, ABlEG 1985 Nr. L 372/31.

[51] Richtlinie zur Angleichung der Rechts- und Verwaltungsvorschriften der Mitgliedstaaten über den Verbraucherkredit, ABlEG 1987 Nr. L 42/48; geänd. ABlEG 1990 Nr. L 61/14; zur Umsetzung vgl. *Volker Emmerich*, Das Verbraucherkreditgesetz, JuS 1991, 705 ff.; *Friedrich Graf von Westphalen*, Verbraucherkreditgesetz und Gemeinschaftsrecht, ZIP 1993, 93 ff.

[52] Richtlinie über Pauschalreisen, ABlEG 1990 Nr. L 158/59; vgl. dazu *Klaus Tonner*, Die EG-Richtlinie über Pauschalreisen, EuZW 1990, 409 ff.; *Hans-Werner Eckert*, Verbraucherschutz im Reiserecht, ZRP 1991, 454 ff.; *Ernst R. Führich*, Zur Umsetzung der EG-Pauschalreise-Richtlinie in das deutsche Reisevertragsrecht, EuZW 1993, 347 ff.

[53] Richtlinie über den Erwerb von Teilzeitnutzungsrechten an Immobilien, ABlEG 1994 Nr. L 280/83; zum Vorschlag kritisch *Michael Martinek*, Das Teilzeiteigentum an Immobilien in der Europäischen Union, ZEuP 1994, 470 ff.; zur Umsetzung *Andreas Kappus*, EU-Time-Sharing-Richtlinie und deutsche Umsetzungsgesetzgebung, EWS 1996, 273 ff.

trolle mißbräuchlicher Vertragsklauseln in Verbraucherverträgen[55]. Das jüngste Vorhaben betrifft die Garantie beim Verbrauchsgüterkauf[56], also den zivilrechtlich zentralen Bereich des Kaufgewährleistungsrechts.

Mit diesen Richtlinien wird Verbraucherschutz, dessen Leitprinzipien noch zu bestimmen sind[57], im einzelnen auf ganz unterschiedliche Weise zu sichern versucht: namentlich durch *Rücktritts-* bzw. *Widerrufsrechte* des Verbrauchers (so bei Haustürgeschäften[58], Teilzeiteigentum-Verträgen[59] und Fernabsatzverträgen[60]), durch *Informationsobliegenheiten* bzw. *-pflichten* des Gewerbetreibenden (so bei Verbraucherkreditverträgen[61], Teilzeiteigentum-Verträgen[62] und Fernabsatzverträgen[63] einschließlich Teleshopping und Internet), durch *Schriftformerfordernisse* (so bei Haustürgeschäften[64] und Teilzeiteigentum-Verträgen[65]) sowie durch *vertragsspezifische* Gefahrvorkehrungen: so etwa bei Teilzeiteigentum-Verträgen durch die Einbeziehung von Prospektaussagen in das Vertragsprogramm[66], durch ein Vorauszahlungsver-

---

54 Richtlinie über den Verbraucherschutz bei Vertragsabschlüssen im Fernabsatz, ABlEG 1997 Nr. L 144/19; dazu im Überblick *Irene Klauer*, a.a.O., S. 132 ff.

55 Richtlinie über mißbräuchliche Klauseln in Verbraucherverträgen, a.a.O.; zu Entstehung und Verhältnis zum deutschen Recht Schrifttumsnachweise unten in III. 2. d); zum Beitrag zur Europäisierung des Privatrechts *Christian Joerges*, Die Europäisierung des Privatrechts als Rationalisierungsprozeß und als Streit der Disziplinen, ZEuP 1995, 181 ff.

56 Vorschlag für eine Richtlinie über den Verbrauchsgüterkauf und -garantien, ABlEG 1996 Nr. C 307/8; dazu *Peter Schlechtriem*, Verbraucherkaufverträge - ein neuer Richtlinienentwurf, JZ 1997, 441 ff.; zum Kontext *Anton K. Schnyder/Ralf Michael Straub*, Das EG-Grünbuch über Verbrauchsgütergarantien und Kundendienst - Erster Schritt zu einem einheitlichen EG-Kaufrecht?, ZEuP 1996, 8 ff.

57 Ansatz z.B. bei *Wendt Nassall*, Die Anwendung der EU-Richtlinie über mißbräuchliche Klauseln in Verbraucherverträgen, JZ 1995, 689 ff.

58 Art. 5 der Richtlinie betreffend den Verbraucherschutz im Falle von außerhalb von Geschäftsräumen geschlossenen Verträgen, a.a.O.

59 Art. 5 der Teilzeitnutzungsrechte-Richtlinie, a.a.O.

60 Art.6 der Fernabsatz-Richtlinie, a.a.O.

61 Art. 4,6 der Verbraucherkredit-Richtlinie, a.a.O.

62 Art. 4 i.V.m. Anhang der Teilzeitnutzungsrechte-Richtlinie, a.a.O.

63 Art. 4 der Fernabsatz-Richtlinie, a.a.O.

64 Art. 4 der Haustürgeschäfte-Richtlinie, a.a.O.

65 Art. 4 der Teilzeitnutzungsrechte-Richtlinie, a.a.O.

66 Ebda.

bot vor Ablauf der Rücktrittsfrist[67] und durch die Ermöglichung des Einwendungsdurchgriffs bei Drittfinanzierung[68]; bei Pauschalreiseverträgen durch die Konkurssicherung von Reisenden[69] und bei Gewährleistungsfällen in Kaufverträgen durch die Gewährung alternativer Rechte (unentgeltliche Instandsetzung, Ersatzleistung, Minderung, Vertragsauflösung)[70]. Im Detail von Einzelregelungen und im Verbraucherbegriff zeigen sich freilich Unabgestimmtheiten zwischen den Richtlinien[71] und geben Anlaß zur Frage nach Abstimmung und der Entwicklung übergreifender allgemeiner Regeln[72].

Darüber hinaus ist die Verengung einer binnenmarktfinal begründeten Vertragsrechtsangleichung auf Verbraucherverträge wenig sinnfällig. So können beispielsweise national unterschiedliche Kontrollstandards für Allgemeine Geschäftsbedingungen auch im Hinblick auf zwischen Kaufleuten abgeschlossene Verträge vergleichbare Binnenmarkterschwernisse beinhalten[73]. Überdies ist nicht zu verkennen, daß ein den Geschäftsverkehr tragendes und gestaltendes einheitliches materielles Vertragsrecht die Funktionsweise und Intensität eines Binnenmarktes nachhaltig zu fördern geeignet ist[74].

---

[67] Art. 6 ebda.

[68] Art. 7 ebda.

[69] Art. 7 der Pauschalreise-Richtlinie, a.a.O.

[70] Art. 3 Abs. 4 des Vorschlags der Verbrauchsgüterkauf-Richtlinie, a.a.O.

[71] Vgl. z.B. *Peter-Christian Müller-Graff*, Europäisches Gemeinschaftsrecht und Privatrecht, NJW 1993, 19; *Peter Hommelhoff*, a.a.O., 93 f., 103 f.

[72] Ansätze zu übergreifenden Prinzipien z.B. bei *Wendt Nassall*, Die Anwendung der EU-Richtlinie über mißbräuchliche Klauseln in Verbraucherverträgen, JZ 1995, 689 ff.; vgl. auch *Dieter Hoffmann*, „Gerechtigkeitsprinzipien" im europäischen Verbraucherprivatrecht - Fortschreitende Privatrechtskodifikation als Teil des sozialen Europas-, in: Ludwig Krämer/ Hans-W. Micklitz/Klaus Tonner (Hrsg.), Liber amicorum Norbert Reich, 1997, S. 305.

[73] Zutreffend *Jürgen Basedow*, Europäisches Vertragsrecht für europäische Märkte, 1996, S. 14 ff.

[74] Allgemein ebda., S. 22 ff.: „Marktvoraussetzung"; s. auch *Guiseppe Gandolfi*, a.a.O., RTDC 1992, 708 ff.; *Ulrich Drobnig*, Ein Vertragsrecht für Europa, in: Festschrift für Ernst Steindorff, 1990, S. 1141 ff.

2. *Haftungsrecht*

Weitaus bescheidener hat sich bislang die Angleichung des *Haftungsrechts* vollzogen[75], die -am Gedanken einer mit dem Verursacherrisiko verbundenen Unternehmenshaftung orientiert- auf die Vermeidung von Wettbewerbsverzerrungen zielt[76], aber darin auch verbraucherschützende Wirkungen hat. Der für Praxis und normatives Konzept durchaus zentralen Vorgabe der verschuldensunabhängigen Haftung für fehlerhafte Produkte[77] konnte bislang keines der weiteren großen Vorhaben an die Seite gestellt werden: weder die konzeptionell an der Produkthaftungs-Richtlinie ausgerichtete, jedoch wieder zurückgezogene Regelung der zur Dienstleistungsfreiheit korrespondierenden Haftung für Dienstleistungen[78] noch die Haftung für durch Abfälle verursachte Schäden[79].

---

[75] Vgl. *Christian Joerges/Gert Brüggemeier*, Europäisierung des Vertrags- und Haftungsrechts, in: Peter-Christian Müller-Graff (Hrsg.), Gemeinsames Privatrecht in der Europäischen Gemeinschaft, 1993, S. 261 ff.; *Christian von Bar*, Vereinheitlichung und Angleichung von Deliktsrecht in der Europäischen Union, ZfRV 1994, 221 ff.; *Irene Klauer*, a.a.O., S. 138 ff.; s. auch *Christian Joerges*, Rationalisierungsprozesse im Vertragsrecht und im Recht der Produktsicherheit: Beobachtungen zu den Folgen der Europäischen Integration für das Privatrecht, EUI Working Paper Law No. 94/5, S. 29 ff.

[76] Vgl. *Hans Claudius Taschner*, Produkthaftung, 1986, Einf. Rdz. 8.

[77] Richtlinie über die Haftung für fehlerhafte Produkte, ABlEG 1985 Nr. L 210/29; dazu als Kommentar *Hans Claudius Taschner/Edwin Frietsch*, Produkthaftungsgesetz und EG-Produkthaftungsrichtlinie, 2. Aufl. 1990; zur Umsetzung *Rolf Sack*, Das Verhältnis der Produkthaftungsrichtlinie der EG zum nationalen Produkthaftungsrecht, VersR 1988, 439 ff.; *Friedrich Graf von Westphalen*, Das neue Produkthaftungsgesetz, NJW 1990, 83 ff.; *Ingeborg Schwenzer*, Die Umsetzung der EG-Richtlinie zur Produkthaftung in der Bundesrepublik Deutschland, 1991; als neuere Würdigung *Gerhard Hohloch*, Produkthaftung in Europa, ZEuP 1994, 408 ff.

[78] Entwurf einer Richtlinie zur Haftung bei Dienstleistungen, ABlEG 1991 Nr. C 192/6; dazu *Christian Joerges/Gert Brüggemeier*, a.a.O., S. 267; *Christian von Bar*, a.a.O., 226; Entwurf einer Richtlinie über die Haftung bei Dienstleistungen, ERA Band 2, 1992.

[79] Vorschlag für eine Richtlinie über die zivilrechtliche Haftung für die durch Abfälle verursachten Schäden, ABlEG 1989 Nr. C 251/3; geänd. ABlEG 1991 Nr. C 192/6; vgl. dazu *Günter Hager*, Die Haftung des Abfallerzeugers nach dem Vorschlag der EG-Abfallhaftungs-Richtlinie aus Sicht des deutschen Rechts, in: Umwelt- und Technikrecht 15, 1991, 149 ff.; *Peter von Wilmowsky*, Die Haftung des Abfallerzeugers, NuR 1991, 253 ff.; *Gert Brüggemeier*, Unternehmenshaftung für „Umweltschäden" im deutschen Recht und nach EG-Recht, in: Festschrift für Günther Jahr, 1994, S. 223 ff.,238 ff.

3. Arbeitsrecht

Demgegenüber von der Angleichung aus ganz unterschiedlichen Gründen stärker betroffen stellt sich das Arbeitsrecht dar[80]. Geht es hierbei inhaltlich vor allem entweder um Arbeitnehmerschutz (so bei Zahlungsunfähigkeit des Arbeitgebers[81], bei Betriebsübergang[82], bei Massenentlassungen[83] und bei der Arbeitsplatzgestaltung[84]) oder um die auch arbeitnehmerschützende Gleichberechtigung von Männern und Frauen im Arbeitsleben[85], so ist doch die binnenmarktspezifisch Begründung des Harmonisierungsbedarfs in der jeweiligen Präambelbegründung teils unsubstantiiert[86] und läßt sich ganz unter-

---

[80] Dazu z.B. *Rolf Birk*, Elemente eines Gemeinschaftsrechts der Arbeitsbeziehungen, in: Peter-Christian Müller-Graff (Hrsg.), Gemeinsames Privatrecht in der Europäischen Gemeinschaft, 1993, S. 309 ff.; *ders.*, Der Einfluß des Gemeinschaftsrechts auf das Arbeitsrecht der Bundesrepublik Deutschland, RIW 1989, 6 ff.; s. auch *Bernd Waas*, Die Europäisierung des Arbeitsrechts, JJZ 1992, 185 ff.; *Pierre Garonne*, La notion de travailleur en droit communautaire, in: Le Travail et le Droit, 1994, S. 415 ff.; *Martin Franzen*, Rechtsangleichung der Europäischen Union im Arbeitsrecht, ZEuP 1995, 797 ff.

[81] Richtlinie zur Angleichung der Rechtsvorschriften der Mitgliedstaaten über den Schutz der Arbeitnehmer bei Zahlungsunfähigkeit des Arbeitgebers, ABlEG 1980 Nr. L 283/23.

[82] Richtlinie zur Angleichung der Rechtsvorschriften der Mitgliedstaaten über die Wahrung von Ansprüchen der Arbeitnehmer beim Übergang von Unternehmen, Betrieben oder Betriebsteilen, ABlEG 1977 Nr. L 61/26; dazu zuletzt *Ulrich Baeck/Stefan Lingemann*, Auftragsübergang als Betriebsübergang? - Neues vom EuGH, NJW 1997, 2492 ff.

[83] Richtlinie zur Angleichung der Rechtsvorschriften der Mitgliedstaaten über Massenentlassungen, ABlEG 1975 Nr. L 48/29.

[84] Vgl. z.B. Richtlinie zur Angleichung der Rechts- und Verwaltungsvorschriften der Mitgliedstaaten über den Schutz der Gesundheit von Arbeitnehmern, die Vinylchloridmonomer ausgesetzt sind, ABlEG 1978 Nr. L 197/12; als Übersicht zu weiteren Arbeitsschutz-Richtlinien vgl. *Rolf Birk*, Europäisches Arbeitsrecht, 1990, S. 237 ff.

[85] Vgl. insbesondere die auf Art. 235 EGV gestützte Richtlinie zur Verwirklichung des Grundsatzes der Gleichbehandlung von Männern und Frauen hinsichtlich des Zugangs zur Beschäftigung, zur Berufsbildung und zum beruflichen Aufstieg sowie in bezug auf die Arbeitsbedingungen, ABlEG 1976 Nr. L 39/40.

[86] So besagt beispielsweise die Präambel der auf Art. 100 EGV gestützten Betriebsübergangs-Richtlinie lediglich: „Es sind Bestimmungen notwendig, die die Arbeitnehmer bei einem Inhaberwechsel schützen und insbesondere die Wahrung ihrer Ansprüche gewährleisten. Zwischen den Mitgliedstaaten bestehen in bezug auf den Umfang des Arbeitnehmerschutzes auf diesem Gebiet weiterhin Unterschiede, die verringert werden sollten. Diese Unterschiede können sich auf das Funktionieren des Gemeinsamen Marktes unmittelbar auswirken. Daher muß auf die Angleichung der Rechtsvorschriften in diesem Bereich auf dem Wege des Fortschritts im Sinne des Art. 117 des Vertrages hingewirkt werden."

schiedlich deuten und präzisieren: von Erleichterungen für die Wahrnehmung der nach Art. 48 EGV garantierte Freizügigkeit der Arbeitnehmer bis zur Entlastung von Unternehmen von Wettbewerbsverzerrungen aus unterschiedlichen Standards. Dieser Rekurs entfällt sogar ganz, soweit über Art. 235 EGV ein Rückgriff auf das in der Präambel aufgeführte Vertragsziel des wirtschaftlichen und sozialen Fortschritts vorgenommen und dieser in der Gleichbehandlung im Arbeitsleben[87] erkannt wird.

4. Handelsrecht

Das Handelsrecht, wenn man dessen Sachgegenstände aus Sicht des deutschen Handelsgesetzbuches umreißt[88], ist wiederum aus anderen binnenmarktspezifischen Begründungen in Einzelaspekten Angleichungsgegenstand. So strahlt das Ziel, zur Ermöglichung der Niederlassungsfreiheit von Gesellschaften mit Herkunft aus anderen Rechtsordnungen die Schutzbestimmungen für Gesellschafter und Gläubiger, soweit erforderlich, gleichwertig zu gestalten (Art. 54 Abs. 3 lit. g EGV), auf die verschiedenen Elemente des Rechts der handelsrechtlichen Publizität aus: Handelsregister[89], Bekanntmachung[90], Bilanz[91]. Demgegenüber hat das Anliegen, Handelsschranken und Wettbewerbsverzerrungen im Warenverkehr zu überwinden und die Dienstleistungsfreiheit zu fördern, das Handelsvertreterrecht erfaßt[92].

---

[87] Vgl. Präambelbegründung der Gleichbehandlungs-Richtlinie, a.a.O.

[88] Zu den kodifikatorischen Mängeln des Handelsgesetzbuches *Karsten Schmidt*, Woher - wohin? ADHGB, HGB und die Besinnung auf den Kodifikationsgedanken, ZHR 161 (1997), 2, 5 ff.

[89] So namentlich die sog. Publizitätsrichtlinie, ABlEG 1968 Nr. L 65/8; erläuternd dazu *Marcus Lutter*, Europäisches Unternehmensrecht, 4. Aufl. 1995, S. 101 ff. m.w.N.; *Irene Klauer*, a.a.O., S. 166 ff.

[90] Ebda.

[91] So namentlich die Jahresabschlußrichtlinie (ABlEG 1978 Nr. L 222/11; mehrfach geändert, zuletzt ABlEG 1984 Nr. L 314/28), die Mittelstandsrichtlinie (ABlEG 1990 Nr. L 317/57), die GmbH & Co KG-Richtlinie (ABlEG 1990 Nr. L 317/60) und die Richtlinie über den konsolidierten Abschluß (ABlEG 1983 Nr. L 193/1); dazu erläuternd jeweils *Marcus Lutter*, a.a.O., S. 139 ff., 207 ff.; s. auch *Karel van Hulle*, Das europäische Bilanzrecht - Entwicklungen und Herausforderungen, 1994; *Irene Klauer*, a.a.O., S. 217 ff.

[92] Richtlinie zur Koordinierung der Rechtsvorschriften der Mitgliedstaaten betreffend die selbständigen Handelsvertreter, ABlEG 1986 Nr. L 382/17; dazu *Jörg Ankele*, Harmonisiertes Handelsvertreterrecht für die Europäische Gemeinschaft, DB 1987, 569 ff.; *ders.*, Das deutsche Handelsvertreterrecht nach der Umsetzung der EG-Richtlinie, DB 1989, 2211 ff.;

Und schließlich drängen Konzepte der Verwirklichung der Marktfreiheiten im Dienstleistungsverkehr, im Kapitalverkehr und bei der binnengrenzüberschreitenden Niederlassung zur Harmonisierung von Regeln des Bank-[93], des Börsen-[94] und des Versicherungsrechts[95].

5. *Gesellschaftsrecht*

Unter dem schon genannten Sondergesichtspunkt der Ermöglichung von Niederlassungsfreiheit durch die gleichwertige Gestaltung von Gesellschafter- und Gläubigerschutz ist bekanntlich das Recht der *Kapitalgesellschaften* und hierbei vor allem das Aktiengesellschaftsrecht in nennenswertem Umfang Gegenstand gemeinschaftsrechtlicher Harmonisierung geworden[96]: insbesondere im Hinblick auf das Kapitalrecht[97], das Publizitätsrecht[98], das Recht von

---

Bernd Westphal, Die Handelsvertreterrichtlinie und deren Umsetzung in den Mitgliedstaaten der Europäischen Union, Diss. Köln 1994. *Irene Klauer*, a.a.O., S. 153 ff.

93 Als Auflistung von Richtlinien und Richtlinienentwürfen vgl. *Marcus Lutter*, a.a.O., S. 308 ff.

94 Als Auflistung vgl. ebda., S. 528 ff.

95 Vgl. z.B. *Helmut Müller*, Versicherungsbinnenmarkt - Die europäische Integration im Versicherungswesen, 1995; *Wulf-Henning Roth*, Die Vollendung des europäischen Binnenmarktes für Versicherungen, NJW 1993, 3028.

96 Überblick über die einzelnen Rechtsakte vgl. *Marcus Lutter*, a.a.O., S. 101 ff. sowie Synthese ebda., S. 4 ff., 36 ff.; *Klaus J. Hopt*, Harmonisierung im europäischen Gesellschaftsrecht, ZGR - Status quo, Probleme, Perspektiven, ZGR 1992, 265 ff.; *Peter Hommelhoff*, Konturen eines gemeinschaftsrechtlichen Unternehmensrechts, in: Peter-Christian Müller-Graff (Hrsg.), Gemeinsames Privatrecht in der Europäischen Gemeinschaft, 1993, S. 287 ff.; *ders.*, in: Ulrich Everling/Wulf-Henning Roth (Hrsg.),Mindestharmonisierung im Europäischen Binnenmarkt, 1997, S. 83 ff.; *Peter Behrens*, Gesellschaftsrecht, in: Handbuch des EG-Wirtschaftsrechts, 1993, E. III.; s. auch *Irene Klauer*, a.a.O., S. 163 ff.; *Eric Werlauff*, From a National Company Law towards a „Federal" Enterprise Law, 1995; unter der Frage der Tauglichkeit einer „Mindestharmonisierung" *Wolfgang Schön*, Mindestharmonisierung im Gesellschaftsrecht, in: Ulrich Everling/Wulf-Henning Roth (Hrsg.), Mindestharmonisierung im Europäischen Binnenmarkt, 1997, S. 55 ff.

97 Vgl. dazu z.B. *Peter Kindler*, Die sachliche Rechtfertigung des aktienrechtlichen Bezugsausschlusses im Lichte der Zweiten Gesellschaftsrechtlichen Richtlinie der Europäischen Gemeinschaft, ZHR 158 (1994), 339 ff.; *Irene Klauer*, a.a.O., S. 177 ff.

98 Nachweise s. o. unter 4.

Spaltung und Zusammenschluß[99] und das Recht der Einpersonen-Gesellschaften[100].

6. *Wettbewerbsrecht*

Wieder ein anderes marktintegratives Motivbündel hat zwar nicht das gesamte Recht zur Bekämpfung unlauteren Wettbewerbs[101], wohl aber -jenseits der Kontrolle durch das Recht der Grundfreiheiten[102]- zwei seiner zentralen Bereiche, nämlich das Recht der irreführenden und vergleichenden Werbung, unter legislativen Harmonisierungssog gebracht[103]. Dessen Angleichung vermag vor allem einzelstaatliche Handelshemmnisse zu überwinden, die aus Lauterkeits- oder Verbraucherschutz gerechtfertigt sind[104], kann allerdings auch wiederum Unternehmen von Wettbewerbsverfälschungen entlasten und Verbraucher zu grenzüberschreitendem Engagement ermutigen. Demgegenüber scheint sich jedenfalls im Grundsatz eine Angleichung der nationalen

[99] Überblick *Irene Klauer*, a.a.O., S. 224 f.

[100] Richtlinie zur Einpersonen-GmbH, ABlEG 1989, Nr. L 395/40; dazu *Hans-Werner Eckert*, Die Harmonisierung des Rechts der Einpersonen-GmbH, EuZW 1990, 54 ff.; *Marcus Lutter*, a.a.O., S. 274 ff.

[101] Als vorbereitende Untersuchung *Eugen Ulmer*, Gutachten, Band 1, Vergleichende Darstellung, 1965. Als Bilanz *Gerhard Schricker*, Die europäische Angleichung des Rechts des unlauteren Wettbewerbs - ein aussichtsloses Unterfangen?, GRUR Int. 1990, 771 ff.

[102] Als Überblick *Ernst Steindorff*, Unlauterer Wettbewerb im System des EG-Rechts, WRP 1993, 139 ff.; *René Joliet*, Das Recht des unlauteren Wettbewerbs und der freie Warenverkehr, GRUR Int.1994, 1 ff.; *Irene Klauer*, a.a.O., S. 357 f.

[103] Richtlinie zur Angleichung der Rechts- und Verwaltungsvorschriften der Mitgliedstaaten über irreführende Werbung, ABlEG 1984 Nr. L 250/17; vgl. dazu *Hanns Ullrich*, Die gemeinschaftsrechtliche Gestaltung des Wettbewerbsrechts und des Rechts des geistigen Eigentums - Eine Skizze, in: Peter-Christian Müller-Graff (Hrsg.), Gemeinsames Privatrecht in der Europäischen Gemeinschaft, 1993, S. 367 f.; *Irene Klauer*, a.a.O., S. 405 ff.; zur Diskussion der daraus resultierenden Frage des auch für § 3 UWG maßgeblichen Verbraucherleitbilds zuletzt *Ulf Doepner*, Verbraucherleitbilder zur Auslegung des wettbewerbsrechtlichen Irreführungsverbots -Anmerkungen zum Diskussionsstand, in: Festschrift für Ottfried Lieberknecht, 1997, S. 165 ff.; vgl. schon *Karl-Heinz Fezer*, Europäisierung des Wettbewerbsrechts, JZ 1994, 317 ff.; *ders.*, Das wettbewerbsrechtliche Irreführungsverbot als ein normatives Modell des verständigen Verbrauchers im Europäischen Unionsrecht, WRP 1995, 671 ff.

[104] Scil.: im Rahmen der sog. Cassis-Rechtsprechung des EuGH; s. o.

Regeln gegen Wettbewerbsbeschränkungen[105] nicht dringlich darzustellen, da die binnenmarkterheblichen Sachverhalte ohnehin von den ausgereiften Regeln des unmittelbar anwendbaren Gemeinschaftskartellrechts (Art. 85 ff. EGV) erfaßt werden[106].

7. Gewerblicher Rechtsschutz und Urheberrechte

Schließlich sind aus der Sachnähe zu Waren- und Dienstleistungsverkehr bekanntlich auch Regeln des gewerblichen Rechtsschutzes und des Urheberrechts angleichungsprädestiniert, da unterschiedliche und rechtfertigbare einzelstaatliche Regeln von Patent- und Gebrauchsmusterrecht, Markenrecht und Urheberrecht marktrelevante Handelshemmnisse oder Wettbewerbsbeschränkungen auszulösen imstande sind[107]. Dies schlug sich bislang namentlich im Markenrecht[108], im Halbleiterschutz[109] und vor allem im Bereich der Urheberrechte[110] nieder, hier namentlich im Hinblick auf Computerprogramme[111], Da-

---

[105] Zu dieser Diskussion vgl. z.B. *Fritz Rittner*, in FIW (Hrsg.), Integration oder Desintegration der europäischen Wettbewerbsordnung? 1983, S. 31 ff.; FIW (Hrsg.), Harmonisierungsbedürfnis zwischen dem Wettbewerbsrecht der EG und der Mitgliedstaaten?, 1991.

[106] So auch *Hanns Ullrich*, a.a.O., S. 335 ff.

[107] Vgl. zu Konflikten mit der Warenverkehrsfreiheit als Überblick *Peter-Christian Müller-Graff*, a.a.O., Art. 30 Rdz. 148 ff.; Art. 36 Rdz. 71 ff.; *Carsten Thomas Ebenroth*, Gewerblicher Rechtsschutz und europäische Warenverkehrsfreiheit. Ein Beitrag zur Erschöpfung gewerblicher Schutzrechte, 1992; zur Angleichung im Zusammenhang *Hanns Ullrich*, a.a.O., S. 346 ff.

[108] Richtlinie zur Angleichung der Rechtsvorschriften der Mitgliedstaaten über die Marken, ABlEG 1989 Nr. L 40/1; dazu z.B. *Hanns Ullrich*, a.a.O., S. 356 ff.; *Hans Peter Kunz-Hallstein*, Perspektiven der Angleichung des nationalen Markenrechts in der EWG, GRUR Int. 1992, 81 ff.; *Irene Klauer*, a.a.O., S. 239 ff. m.w.N.

[109] ABlEG 1989 Nr. L 24/36.

[110] Zum Stand der Harmonisierung vgl. *Irene Klauer*, a.a.O., S. 308 ff.; s. auch schon *Martin Vogel*, Harmonisierung des Urheberrechts in Europa, 1994.

[111] Richtlinie über den Rechtsschutz von Computerprogrammen, ABlEG 1991 Nr. L 122/42; dazu *Michael Lehmann*, Die Europäische Richtlinie über den Schutz von Computerprogrammen, GRUR Int. 1991, 327 ff.; zur Umsetzung *Jürgen Ernsthaler/Heinz T. Möllenkamp*, Reichweite des urheberrechtlichen Softwareschutzes nach der Umsetzung der EG-Richtlinie zum Rechtsschutz der Computerprogramme, GRUR 1994, 151 ff.

tenbanken[112], Satellitenrundfunk und Kabelweiterverbreitung[113], Vermietung und Verleih[114] sowie Schutzdauer[115].

III. Querschnittsfragen

Unbeschadet der Eigenheiten und Fragen der inhaltlichen Regeln in den einzelnen Harmonisierungsrichtlinien zu diesen ganz unterschiedlichen Sachgegenständen sind bei der Privatrechtsangleichung durch die EG doch auch übergreifende Fragen erkennbar, also nicht sachgebietsspezifische Querschnittsprobleme, die im folgenden anzusprechen sind. Sie lassen sich zunächst nach dem Kontext ihres Auftretens untergliedern in Probleme der Rechtsanwendung (1.), der Rechtssetzung (2.) und der Rechtspolitik (3.).

1. Rechtsanwendung

Die erste Kategorie umfaßt die vor allem für die nationalen Gerichte erheblichen Probleme der Anwendung angeglichenen Privatrechts oder, allgemeiner formuliert, die Fragen der Handhabung nationalen Rechts nach Rechtsangleichung. Hierbei lassen sich insbesondere Wahrnehmungsprobleme der Zivilgerichte (a), Auslegungsfragen angeglichenen Privatrechts (b), die Direktwirkungsproblematik (c) und Verfahrensfragen (d) unterscheiden. Sie werden ergänzt vom Erfordernis der Auslegung der Privatrechtsrichtlinien durch den EuGH (e).

a) Wahrnehmungsprobleme der Zivilgerichte

Der erste dieser Problemkreise ist profan und umfaßt doch schon den Keim zur fehlerhaften Rechtsanwendung im Bereich angeglichenen Privatrechts.

---

112 Richtlinie über den rechtlichen Schutz von Datenbanken, ABlEG 1996 Nr. L 77/20; dazu *Florian Kappes*, Die EG-Datenbank-Richtlinie und ihre Umsetzung in das deutsche Urheberrechtsgesetz, ZEuP 1997, 654 ff.

113 Richtlinie zur Koordinierung bestimmter urheber- und leistungsschutzrechtlicher Vorschriften betreffend Satellitenrundfunk und Kabelweiterverbreitung, ABlEG 1993 Nr. L 248/15.

114 Richtlinie zum Vermiet- und Verleihrecht sowie zu bestimmten dem Urheberrecht verwandten Schutzrechten im Bereich des geistigen Eigentums, ABlEG 1992 Nr. L 346/61.

115 Richtlinie zur Harmonisierung der Schutzdauer des Urheberrechts und bestimmter verwandter Schutzrechte, ABlEG 1993 Nr. L 290/9.

Denn die wiederkehrend von deutschen Richtern und Anwälten im Gespräch beklagte und im Schrifttum vermutete[116] Schwierigkeit der Praxis, den Angleichungscharakter des anzuwendenden nationalen Privatrechts überhaupt wahrzunehmen, kann zur Folge haben, daß die Sonderregeln[117] für die Auslegung und Anwendung angeglichener Rechtsnormen nicht beachtet werden. Diese Besorgnis ist nicht grundlos. Denn die Angleichung hat jedenfalls im deutschen Recht nicht dazu geführt, daß die angeglichene nationale Norm in dieser Eigenschaft immer kenntlich wäre. Zwar mögen buchstabenkombinierte Vorschriften, z.B. § 611a oder § 613a BGB, warnfähig genug sein, ebenso wie neugeschaffene Satellitengesetze zum BGB, z.B. das Verbraucherkreditgesetz, das Produkthaftungsgesetz oder das Haustürwiderrufsgesetz. Doch gilt dies nicht für duktusintegrierte Vorschriften, z.B. für § 15 Abs. 3 HGB, der auch nur teilweise auf einer Richtlinie beruht, sowie für zahlreiche Vorschriften des Rechts der Handelsvertreter und Handelsbücher im HGB und für Normen im Aktiengesetz. Noch weniger ist dies für äußerlich unveränderte Korrespondenznormen des nationalen Privatrechts der Fall, wie namentlich bei § 3 UWG als Korrespondenznorm zur Richtlinie über irreführende Werbung oder bei § 9 AGBG als teilweise Korrespondenznorm zur Richtlinie über mißbräuchliche Vertragsklauseln. Trotz dieser Schwierigkeiten scheint die Wahrnehmungssensibilität für den Angleichungscharakter in der deutschen Gerichtspraxis aber doch nicht gänzlich unterentwickelt zu sein, wie eine in Vorbereitung des letzten Deutschen Richtertags durchgeführte Durchsicht der in einschlägigen Fachzeitschriften veröffentlichten Judikatur aller Fachgerichtsbarkeiten ergab[118]. Davon zu unterscheiden ist allerdings die Frage der Bereitschaft nationaler Gerichte zu Auslegungsvorlagen an den EuGH. Sie wird in der Literatur gerade für die deutsche Zivilgerichtsbarkeit teils sehr kritisch gesehen[119]. Indes ist auch hier als

[116] Vgl. z.B. *Jürgen Basedow*, Der Bundesgerichtshof, seine Rechtsanwälte und die Verantwortung für das europäische Privatrecht, in: Festschrift Brandner, 1996, S. 671 („Kenntnislücken").

[117] S. unten b)

[118] Vgl. im einzelnen *Peter-Christian Müller-Graff*, Europäische Normgebung und ihre judikative Umsetzung in nationales Recht, DRiZ 1996, 261 ff.

[119] Vgl. namentlich *Winfried Brechmann*, Die richtlinienkonforme Auslegung, 1994, S. 107 unten; Zweifel auch bei *Burkhard Heß*, Die Einwirkungen des Vorabentscheidungsverfahrens nach Art. 177 EGV auf das deutsche Zivilprozeßrecht, ZZP 108 (1995), 63; *Jürgen Basedow*, a.a.O., S. 665 ff., wobei allerdings in den monierten Fällen einer vermiedenen Vorlage des BGH die Entscheidungserheblichkeit der Auslegung einer gemeinschaftsprivat-

Ergebnis der erwähnten Durchsicht moderierend hinzuzufügen, daß die Vorlagebereitschaft durchaus zuzunehmen scheint und auch keineswegs immer nur dieselben Gerichte vorlegen.

b) Auslegungsfragen angeglichenen Privatrechts

An Bedeutung zugenommen hat in der Rechtsanwendung aber zweifelsohne der Problemkreis der Auslegung angeglichenen Privatrechts[120], zum einen schon angesichts der quantitativen Ausweitung des Angleichungsrechts, zum anderen wegen der Verfeinerung der gemeinschaftsrechtlichen Anforderungen. Hierbei geht es insbesondere um die Fragen nach den Voraussetzungen, dem Inhalt, den erfaßten nationalen Normen[121], dem Beginn[122] und darin auch der Begründung[123] der vom EuGH entwickelten Pflicht zur richtlinienkonformen Auslegung nationalen Privatrechts[124], die funktional schwerlich abtrennbar auch die Pflicht zur richtlinienkonformen Rechtsfortbildung umfaßt. Aufgeworfen ist des weiteren das Problemfeld des Verhältnisses dieser Pflicht zu traditionellen nationalen Auslegungsprinzipien, in Deutschland also zu den Grundsätzen grammatikalischer, systematischer, historischer und teleologi-

---

rechtlichen Norm für den jeweils streitgegenständlichen Fall genauerer Überprüfung bedürfte; *Ulrich Ehricke*, Die Bindungswirkung von Urteilen des EuGH im Vorabentscheidungsverfahren nach deutschem Zivilprozeßrecht und nach Gemeinschaftsrecht, 1997, S. 12 ff.

[120] Vgl. monographisch zuletzt *Winfried Brechmann*, a.a.O.; s. auch *Sacha Prechal*, Directives in European Community Law, 1995, S. 200 ff.; aus dem neueren Schrifttum: *Gil Carlos Rodriguez Iglesias/Kurt Riechenberg*, Zur richtlinienkonformen Auslegung des nationalen Rechts, in: Festschrift für Ulrich Everling, 1995, S. 1213 ff.; *Ulrich Ehricke*, Die richtlinienkonforme und gemeinschaftsrechtskonforme Auslegung nationalen Rechts, RabelsZ 59 (1995), 598 ff.; *Marek Schmidt*, Privatrechtsangleichende EU-Richtlinien und nationale Auslegungsmethoden, RabelsZ 59 (1995), 569 ff.; *Stefan Grundmann*, Richtlinienkonforme Auslegung im Bereich des Privatrechts - insbesondere: der Kanon der nationalen Auslegungsmethoden als Grenze?, ZEuP 1996, 399 ff.; *Peter-Christian Müller-Graff*, a.a.O., DRiZ 1996, 312 ff.; *Christian Baldus/Rainer Becker*, Haustürgeschäfte und richtlinienkonforme Auslegung, ZEuP 1997, 874 ff.

[121] Vgl. z.B. *Peter-Christian Müller-Graff*, Europäisches Gemeinschaftsrecht und Privatrecht, NJW 1993, 21; *ders.*, DRiZ 1996, 313.

[122] Ebda., 313 f.

[123] Vgl. z.B. *Winfried Brechmann*, a.a.O., S. 247 ff.

[124] Grundlegend EuGH -von Colson und Kamann- Slg. 1984, 1891 Ziff. 26; -Harz- Slg. 1984, 1921; zur Entstehung und Entwicklung dieser Rechtsprechung vgl. *Winfried Brechmann*, a.a.O., S. 31 ff.

scher Auslegung[125], aber auch zum Grundsatz verfassungskonformer Auslegung. Ferner geht es um die Frage nach der Auslegung der zugrunde liegenden Angleichungsrichtlinie und darin der Befugnis des EuGH zur Konkretisierung von Richtlinienbegriffen, weiters um die Problematik des bei der Auslegung angeglichenen nationalen Privatrechts zu beachtenden richtigen Verfahrens und schließlich um die Frage, inwieweit eine Bindung an die Richtlinien-Auslegung durch den EuGH besteht. Es ist hier nicht Ort noch Anlaß, alle diese Fragen in Gründlichkeit zu entfalten[126].

Zu fragen ist aber doch, ob die sich einpendelnde *deutsche Praxis* gemeinschaftsrechtskonform verfährt, wenn sie der Sache nach zunächst die traditionellen Auslegungsmaßstäbe ausschöpft, ehe sie die Frage nach der richtlinienkonformen Auslegung aufwirft. So kam etwa das Bundesarbeitsgericht in der Auslegung des -mittlerweile geänderten- § 611a Abs. 2 BGB a. F., der beim Verstoß gegen das Gleichbehandlungsgebot von Mann und Frau beim Zugang zu einem Beschäftigungsverhältnis den Ersatz von Vertrauensschaden gewährte, zu dem Ergebnis, daß die Norm ungeachtet der zugrunde liegenden Richtlinie nach Wortlaut und Zweck nicht auslegungsfähig in Richtung einer anderen Rechtsfolge sei[127], etwa in Form eines Anspruchs auf Einstellung oder auf Ersatz eines immateriellen Schadens. Dies hinderte das Gericht aber nicht, sodann in richtlinienkonformer Auslegung bzw. Fortbildung der §§ 823 Abs. 1, 847 BGB den Verstoß gegen das Gleichbehandlungsgebot als schmerzensgeldpflichtige Verletzung des allgemeinen Persönlichkeitsrechts zu bewerten[128]. Ein methodisch vergleichbares Verfahren läßt sich beispielsweise einem jüngeren Vorlagebeschluß des Bundesgerichtshofs an den EuGH entnehmen, wenn darin zur Auslegung von Art. 1 Abs. 1 der Richtlinie über Haustürgeschäfte ausgeführt wird: „Nach der Rechtsprechung des erkennenden IX. Zivilsenats ist eine Bürgschaft kein auf eine entgeltliche Leistung gerichteter Vertrag im Sinne von § 1 Abs. 1 des Haustürwiderrufsgesetzes ..., weil sie eine von der Verbindlichkeit des Schuldners verschiedene, eigene, einseitig übernommene Verbindlichkeit des Bürgen begründet ... Die dagegen erhobenen Einwände sind, soweit sie allein

[125] Vgl. hierzu z.B. *Marcus Lutter*, Die Auslegung angeglichen Rechts, JZ 1992, 598 ff.; *Wolfgang Dänzer-Vanotti*, Methodenstreit um die EG-Richtlinien konforme Auslegung, DB 1994, 1052 ff.; *Marek Schmidt*, a.a.O.

[126] Vgl. zum Schrifttum die Nachweise in Fn. 120.

[127] BAG, NJW 1990, 65.

[128] Ebda.

auf das deutsche Recht gestützt werden, nicht zwingend."[129] Allerdings knüpft der BGH nunmehr die Frage an, ob die Richtlinie anders zu verstehen sei[130].

Steht ein derartiges Vorgehen der gemeinschaftsrechtlich ungetrübten ersten Auslegung nationalen Zivilrechts im Einklang mit der gemeinschaftsrechtlichen Pflicht zur richtlinienkonformen Auslegung? Hier ist zu *unterscheiden*. Soweit Zivilgerichte mit den herkömmlichen Auslegungsmethoden ermitteln, ob das nationale Recht *überhaupt* einer richtlinienkonformen Auslegung oder Fortbildung zugänglich oder aber durch ein klares Wort des Gesetzgebers verschlossen ist, ist dies nicht zu beanstanden, sondern steht im Einklang mit Begründung und Pflicht der richtlinienkonformen Auslegung. Denn diese fußt auf der in Art. 189 Abs. 3 EGV enthaltenen Verbindlichkeit der Richtlinie hinsichtlich des zu erreichenden Ziels für die Mitgliedstaaten. Nach Ablauf der Umsetzungsfrist trifft diese Pflicht alle Träger mitgliedstaatlicher öffentlicher Gewalt, mithin auch die Gerichte. Da diese aber, unbeschadet der Sonderfrage der ausnahmsweisen Direktwirkung einer nicht umgesetzten, hinreichend bestimmten und unbedingten Richtlinienbestimmung[131]- an das interne Gewaltenteilungsgefüge gebunden bleiben, kann eine richtlinienkonforme Auslegung nur erfolgen, soweit das von den Gerichten anzuwendende Recht nach herkömmlichen nationalen Vorgaben, also gerade auch nach den nationalen Auslegungsmethoden auslegungsfähig oder rechtsfortbildungsfähig ist. Die Feststellung der Auslegungs*un*fähigkeit des § 611 Abs. 2 BGB a. F. durch das BAG war daher methodisch und inhaltlich auch im Licht des Gemeinschaftsrechts korrekt.

Davon zu unterscheiden ist, wenn der erste Schritt eine Unklarheit und damit Auslegungs*fähigkeit* des nationalen Rechts ergibt, indes die Frage nach der Stellung der richtlinienkonformen Auslegung im Kanon der Auslegungsgrundsätze. Da die gleichmäßige Verwirklichung der Pflicht vereitelt würde, könnte ihr Rang im jeweiligen von der nationalen Rechtsordnung gebotenen Kanon von dieser selbst festgelegt werden, ist der Pflicht wegen des allgemeinen Vorrangprinzips des Gemeinschaftsrechts auch eine *präponderante* Wirkung zuzusprechen. Dies bedeutet präziser, daß das Gebot der richtlini-

[129] BGH, NJW 1996, 930; dazu *Christian Baldus/Rainer Becker*, Haustürgeschäfte und richtlinienkonforme Auslegung, ZEuP 1997, 874 ff.; *Thomas Pfeiffer*, Ein zweiter Anlauf des deutschen Bürgschaftsrechts zum EuGH, NJW 1996, 3297 ff.; *Wulf-Henning Roth*, Bürgschaftsverträge und EG-Richtlinie über Haustürgeschäfte, ZIP 1996, 1285 ff.; s. auch *Stefan Vogenauer*, Richtlinienkonforme Auslegung nationalen Rechts, ZEuP 1997, 158 ff.

[130] BGH, NJW 1996, 930.

[131] S. unten c)

enkonformen Auslegung *zweifelüberwindende* Wirkung entfaltet, wenn bei Anwendung der herkömmlichen Auslegungsmethoden die zu entscheidende Frage offen bleibt. So war in dem BAG-Fall durchaus zweifelhaft, ob die Ablehnung der Einstellung aus Gründen des Geschlechts *allein* aus den Wertungen der deutschen Rechtsordnung in den -auslegungsbedürftigen und fortbildungsfähigen- *Schutzzweckbereich* des judikativ als sonstiges Recht im Sinne des § 823 Abs. 1 BGB entwickelten Persönlichkeitsrechts einzubeziehen ist oder nicht. Hier konnte aber der vom EuGH hervorgehobene *Wertungstopos* der Richtlinie, Verletzungen des Gleichbehandlungsgebots mit einer hinreichend wirksamen Sanktion zu versehen[132], zu Recht als ausschlaggebend erachtet werden.

c) Die Direktwirkungsproblematik

Unverändert virulent ist auch der dritte Fragenkreis, die Direktwirkungsproblematik nicht umgesetzter, hinreichend bestimmter und unbedingter Bestimmungen von Privatrechts-Angleichungsrichtlinien in sog. Horizontalverhältnissen[133], z.B. des Widerrufsrechts der Haustürgeschäfte-Richtlinie, falls eine richtlinienkonforme Auslegung nicht möglich ist. Zwar ist mittlerweile zu Recht unstreitig, daß Bestimmungen derartiger Richtlinien zu Lasten der öffentlichen Hand des umsetzungssäumigen Staates wirken können, wie dies etwa im Hinblick auf das Gleichbehandlungsgebot beim Beschäftigungszugang gegenüber einem öffentlichen Arbeitgeber in England vom EuGH bestätigt wurde[134]. Demgegenüber bleibt die Frage nach der sog. horizontalen Direktwirkung umstritten und ist vom EuGH in der Variante der Pflichtenbegründung zu Lasten Einzelner bislang mehrmals, wiewohl nicht recht über-

---

[132] Vgl. EuGH -von Colson und Kamann- a.a.O.

[133] Vgl. als Überblick zur Diskussion *Sacha Prechal*, a.a.O., S. 295 ff. m.w.N.; s. auch *Peter-Christian Müller-Graff*, a.a.O., NJW 1993, 20 f. m.w.N.; *Walter van Gerven*, The Horizontal Effect of Directive Provisions Revisited, 1994; *Brigitta Lurger*, a.a.O., S. 129 ff. m.w.N.; *Irene Klauer*, a.a.O., S. 28 ff. m.w.N., die angesichts des wachsenden Widerstands gegen den Ausschluß der horizontalen Richtlinienwirkung erwartet, daß der EuGH diese Rechtsprechung „früher oder später aufgeben wird." (S. 44). Stimmen gegen die horizontale Direktwirkung im deutschen Schrifttum zuletzt 1993: *Meinhard Hilf*, Die Richtlinie der EG - ohne Richtung, ohne Linie?, EuR 1993, 9; *Claus Dieter Classen*, Zur Bedeutung von EWG-Richtlinien für Privatpersonen, EuZW 1993, 84.

[134] EuGH -Marshall- Slg. 1986, 723; -Johnston- Slg. 1986, 1651; -Marshall II- EuZW 1993, 706.

zeugend, ausdrücklich abgelehnt worden[135], auch trotz gut begründeter gegenläufiger Schlußanträge mehrerer Generalanwälte[136]. Der eine Direktwirkung einschränkende Gedanke aus dem sog. umgekehrten Vertikalverhältnis (scil.: Staat gegen Bürger), ein Staat dürfe sich dem Einzelnen gegenüber nicht auf eine von ihm nicht umgesetzte Richtlinie berufen[137], läßt sich offenkundig nicht übertragen. Denn in reinen Privatrechtsstreitigkeiten sind die sich gegenüberstehenden Parteien nicht von der Umsetzungspflicht adressiert, so daß der Treuwidrigkeitsgedanke nicht zum Zuge kommen kann. Wohl aber schlägt die Verweigerung der Direktwirkung (z.B. Versagung eines Widerrufsrechts für den Geschäftspartner) zugleich zum Vorteil der einen Partei und zum Nachteil der anderen Partei aus, obwohl alle Träger öffentlicher Gewalt, also auch die Gerichte, verpflichtet sind, das Ziel der Richtlinie zu verwirklichen. Daneben ergeben sich bei Ablehnung der horizontalen Direktwirkung spezielle Ungereimtheiten bei nicht umgesetzten arbeitnehmerschützenden Richtlinien unter dem Gesichtspunkt des Richtlinienzwecks, wenn die Verweigerung der horizontalen Direktwirkung dazu führt, daß Richtlinienbestimmungen zwar den öffentlichen, nicht aber den privaten Arbeitgeber binden. Der Verweis des zu Schaden gekommenen Einzelnen auf Schadensersatzansprüche gegen den umsetzungssäumigen Staat durch den EuGH[138] ist eine wenig überzeugende, umständliche und in ihrer Effektivität unklare Ersatzlösung.

Überdies verschließt die Rechtsprechung des EuGH zu Recht keineswegs eine horizontale *Wirkung* zu Lasten Einzelner im Rahmen der richtlinienkonformen Auslegung, wie etwa das Faccini-Dori-Urteil zeigt, in dem der EuGH ganz selbstverständlich davon ausgeht, das nationale Gericht müsse das italienische Recht, falls möglich, dahin auslegen, daß das Ziel der Haustürgeschäfte-Richtlinie, in concreto die Entlastung von Frau Faccini Dori von der Erfüllung eines Fernlehrgangvertrages, erreicht werde[139]. Dies läßt indes er-

---

[135] EuGH -Marshall- Slg. 1986, 723: -Faccini Dori- Slg. 1994, I-3356 Rdz. 25; -El Corte Inglés-Urteil v. 7.3.1996.

[136] Vgl. insbesondere Schlußanträge des Generalanwalts *Carl Otto Lenz*, in: EuGH -Faccini Dori- Slg. 1994, 3325 Rdz. 65; s. auch Schlußanträge des Generalanwalts *Walter van Gerven*, in: EuGH -Marshall II- Slg. 1993, 4387 Rdz. 12; Schlußanträge des Generalanwalts *Francis Jacobs*, in: EuGH -Vaneetveldt- Slg. 1994, 769 ff. Rdz. 15 ff.

[137] EuGH -Kolpinghuis Nijmwegen- Slg. 1987, 3969.

[138] So in EuGH -Faccini Dori- Slg. 1994, I-3357 Rdz. 27.

[139] EuGH -Faccini Dori- Slg. 1994, I-3357 Rdz. 26; s. auch -El Corte Inglés- Urteil v. 7.3.1996 Rdz. 22.

kennen, daß die strikte Grenzziehung zwischen horizontaler *Wirkung* im Wege richtlinienkonform ausgelegten Rechts und horizontaler *Direkt*wirkung der Richtlinie zwar formell durchführbar sein mag, rechtstheoretisch aber fraglich bleibt. Denn wenn eine nationale Norm ihren anwendungsfallbezogenen konkreten Inhalt im Einzelfall erst durch die teleologische Fernsteuerung einer Richtlinie erhält, wirkt dann der inspirierende Zweck und Wortlaut nicht doch direkt zu Lasten einer Partei des Zivilprozesses? Gestalten dann nicht die Topoi der Richtlinie direkt die Aussagen des nationalen Zivilrechts? Die Abgrenzung kann aber auch ganz unfaßlich werden wie in der Entscheidung „Marleasing“[140]. Darin war der EuGH unter dem Gesichtspunkt der richtlinienkonformen Auslegung zu dem Ergebnis gelangt, die Auslegung der Nichtigkeitsgründe des spanischen Zivilgesetzbuches sei im Bereich von Gesellschaftsverträgen nach fruchtlosem Ablauf der Umsetzungsfrist der ersten gesellschaftsrechtlichen Richtlinie auf den in dieser Richtlinie enthaltenen Numerus Clausus der Nichtigkeitsgründe beschränkt. Es bleibt erklärungsbedürftig, diese *Beschränkung* der bisherigen Auslegbarkeit nationalen Rechts ohne jedweden nationalen Umsetzungsakt nicht als Direktwirkung anzusehen.

d) Verfahrensfragen

Des weiteren verdienen für die Anwendung angeglichenen nationalen Privatrechts unverändert die verfahrensrechtlichen Fragen der Vorlagen zur Auslegung von dem nationalen Recht zugrunde liegenden Richtlinien Aufmerksamkeit. Es liegt auf der Hand, daß eine derartige Vorlage beim EuGH gemäß Art. 177 Abs. 2 EGV angezeigt und unter den Voraussetzungen des Art. 177 Abs. 3 EGV sogar geboten ist, wenn eine richtlinienkonforme Auslegung des nationalen Rechts möglich und erforderlich ist: beispielsweise in der Frage der Reichweite des Begriffs des Verbraucherkreditvertrages im Sinne des Verbraucherkreditgesetzes, falls Unklarheiten hinsichtlich des Inhalts des Begriff des Verbraucherkredits in der zugrunde liegenden Richtlinie bestehen. Die für das Vorlageverfahren bestehenden Fragen sind in abstracto mittlerweile weitgehend geklärt[141]. Dies gilt insbesondere für den Kreis der

---

[140] EuGH -Marleasing- Slg. 1990, I-4135.

[141] Vgl. übersichtlich *Christian Koenig/Claude Sander*, Einführung in das EG-Prozeßrecht, 1997, S. 225 ff.; s. auch *Jürgen Gündisch*, Rechtsschutz in der Europäischen Gemeinschaft, 1994, S. 88 ff.; *Hans-Werner Rengeling/Andreas Middeke/Martin Gellermann*, Rechtsschutz in der Europäischen Union, 1994, S. 187 ff. Rdz. 341 ff.

vorlagepflichtigen Gerichte[142], den Ausnahmen für die Vorlagepflicht[143] und die Frage der Bindungswirkung einer Auslegungsentscheidung des EuGH[144], ohne dies hier im einzelnen ausfalten zu müssen.

Im vorliegenden Zusammenhang ist lediglich zu fragen, inwieweit dies für *Zivilverfahren vor deutschen Gerichten* Wirkung entfaltet. Bemerkenswert ist insbesondere, daß der Kreis der *vorlagepflichtigen* Gerichte wegen des Normzwecks des Art. 177 Abs. 3 EGV zu Recht nicht auf institutionelle Höchstgerichte zu begrenzen, sondern funktionell-konkret[145] danach zu ziehen ist, ob die Auslegungsfrage vor einem Gericht gestellt wird, dessen Entscheidung in dem *konkreten* Verfahren (außer im Verfahren des einstweiligen Rechtsschutzes[146]) nicht mehr mit einem ordentlichen Rechtsmittel anfechtbar ist. Die sich nun auch nach Abschluß von Zivilverfahren ausbreitende Verfassungsbeschwerde ist demgegenüber ein außerordentliches Rechtsmittel[147]. Erfaßt ist folgerichtig auch ein Amtsgericht oder Landgericht, dessen Entscheidung wegen Nichterreichung der Berufungssumme unanfechtbar ist. Auf dieser Grundlage stellt sich aber auch die Frage, ob die Vorlagepflicht schon dann zu bejahen ist, wenn eine Revision von der Zulassung durch das Gericht ad quem abhängt (§ 554b Abs. 1 ZPO), mithin während des schwebenden Verfahrens noch unklar ist, ob das Rechtsmittel tatsächlich verfügbar sein wird. Dem Zweck des Art. 177 Abs. 3 EGV läßt sich hierbei auf unterschiedliche Weise dienen: entweder durch eine Vorlagepflicht des Instanzgerichts oder durch die Begrenzung des Ermessens des Revisionsgerichts hinsichtlich der Nichtannahme. Gemeinschaftsrechtlich vertretbar ist daher die vom Bundesverfassungsgericht aus verfassungsrechtlichen Gründen präferierte zweite Lösung[148], wiewohl zur Lösung dieser Frage wohl eine Vorlage zur Ausle-

---

[142] Ebda., S. 244 Rdz. 482 ff. m.w.N.

[143] Ebda., S. 245 Rdz. 485 m.w.N.

[144] Ebda., S. 252 ff. Rdz. 497 ff.

[145] Vgl. EuGH -CILFIT- Slg. 1982, 3415 Rdz. 6.

[146] Vgl. z.B. OLG Frankfurt a. M., EWS 1994, 405.

[147] *Hans Krück*, in: Hans von der Groeben/Jochen Thiesing/Claus-Dieter Ehlermann (Hrsg.), Kommentar zum EWG-Vertrag, 4. Aufl.1991, Art. 177 Rdz. 66; *Jürgen Gündisch*, a.a.O., S. 104.

[148] Vgl. BVerfGE 82, 151, 192 ff.; BVerfG, NJW 1994, 2017.

gung des Art. 177 Abs. 3 EGV hätte erfolgen müssen[149]. Die These von der mangelnden Vorlagebereitschaft vorlagepflichtiger deutscher Zivilgerichte[150] scheint jedenfalls für Bundesgerichtshof und Bundesarbeitsgericht, wie bereits erwähnt[151], mittlerweile doch etwas übertrieben.

e) Die Auslegung der Privatrechtsrichtlinien durch den EuGH

Schließlich begründen fakultative und obligatorische Vorlagen die Aufgabe der Auslegung von Privatrechtsrichtlinien durch den EuGH und damit dessen Funktion auch als Zivilgericht[152] und Arbeitsgericht[153]. Bei deren Wahrnehmung[154] steht der EuGH regelmäßig vor der Herausforderung, auf der Grundlage unbestimmter und damit auslegungsbedürftiger Rechtsbegriffe im Rahmen des jeweiligen Zwecks der Richtlinienbestimmung das Gemeinschaftsprivatrecht zu konkretisieren und insoweit auch zu entwickeln. Insbesondere bei Fragen nach der gemeinschaftsrechtlich zu substantiierenden Mißbräuchlichkeit von Vertragsklauseln im Sinne des Art. 3 Abs. 1 der Richtlinie über mißbräuchliche Klauseln in Verbraucherverträgen[155] wird der EuGH nicht gänzlich vermeiden können, inzident und unter Nutzung der Ausgangspunkte, die im Beispielanhang mißbräuchlicher Klauseln enthalten

---

[149] Auch das Bundesverfassungsgericht ist ein vorlagepflichtiges Gericht im Sinne des Art. 177 Abs. 3 EGV (zutreffend *Christian Koenig/Claude Sander*, a.a.O., S. 244 Rdz. 483), wenn dessen übrige Voraussetzungen vorliegen.

[150] S. o. III. 1. a) a.E.

[151] Ebda.

[152] Vgl. dazu *Irene Klauer*, a.a.O., S. 16 ff.; *Uwe H. Schneider/Ulrich Burgard*, Die zunehmende Bedeutung der Rechtsprechung des EuGH auf dem Gebiet des Privatrechts, EuZW 1993, 617; *Stephen Weatherill*, Prospects for the Development of European Private Law Through „Europeanisation" in the European Court - the Case of the Directive on Unfair Terms in Consumer Contracts, ERPL 3 (1995), 307 ff.; *Walter van Gerven*, The Case-Law of the European Court of Justice and National Courts as a Contribution to the Europeanisation of Private Law, ERPL 3 (1995), 367 ff.

[153] Vgl. dazu *Herbert Buchner*, Die Rolle des Europäischen Gerichtshofs bei der Entwicklung des Arbeitsrechts, ZFA 1993, 279 ff.; *Ulrich Preis*, Entwicklungslinien in der Rechtsprechung des EuGH zum Arbeitsrecht, ZIP 1995, 891 ff.; speziell zum Betriebsübergangsrecht *Manfred Zuleeg*, Wege der Einwirkung des Gemeinschaftsrechts auf das Privatrecht, Versicherungsrecht 1995, 863 ff.

[154] Differenzierende Würdigung der bisherigen Erfüllung dieser Funktion bei *Irene Klauer*, a.a.O., S. 423 f.

[155] EuGH, Urteil v. 22.04.1997

sind, allgemeine Wertmaßstäbe des Privatrechtsverkehrs zugrunde zu legen, aus denen sich die Bewertung einer konkreten Klausel als mißbräuchlich erschließen kann. Grundsätzlich schafft jede gemeinschaftsprivatrechtliche Norm zugleich ein Potential für *judikative Verdichtung* von Gemeinschaftsprivatrecht, wie dies beispielsweise in der sukzessiven Konkretisierung der Anforderungen an die den Mitgliedstaaten aufgegebenen „notwendigen" innerstaatlichen Vorschrift im Sinne des Art. 6 der Richtlinie 76/207/EWG zur Verwirklichung des Grundsatzes der Gleichbehandlung von Männern und Frauen hinsichtlich des Zugangs zur Beschäftigung, zur Berufsbildung und zum beruflichen Aufstieg sowie in bezug auf die Arbeitsbedingungen zuletzt mit der Entscheidung „Nils Draehmpaehl/Urania Immobilienservice OHG" im Hinblick auf Einzelfragen der Ausgestaltung des Schadensersatz- und Entschädigungsrechts deutlich wurde.

2. *Rechtssetzung*

Eine zweite Gruppe von Querschnittfragen betrifft nicht die Rechtsprechung, sondern die Rechts*setzung*. Hierbei geht es insbesondere um die Fragen der Kompetenz zur Privatrechtsangleichung (a), der Wahl der Rechtsform (b), der Bedeutung des Subsidiaritätsprinzips (c), der sachgeeigneten Umsetzung (d) und der Wahrung der inhaltlichen Privatrechtseinheit nach Umsetzung oder Ablauf der Umsetzungfrist (e).

a) Kompetenz zur Privatrechtsangleichung

Die anfänglich teils sehr pointiert diskutierte Frage nach der Kompetenz der EG zur Privatrechtsangleichung[156] hat ersichtlich an Gewicht verloren. Gegen die ursprünglich vereinzelt verfochtene pauschale These der Unzuständigkeit der EG zur Privatrechtsangleichung[157] hat sich die zutreffende Einsicht durchgesetzt, daß -abgesehen von der speziellen gesellschaftsrechtlichen Ermächtigung (Art. 57 Abs. 3 lit. g EGV) und der nunmehr vom Unionsvertrag ausdrücklich eingefügten verbraucherschutzpolitischen Kompetenz (Art. 129a EGV)- insbesondere die marktfunktional orientierten allgemeinen Kompetenznormen der Art. 100, 100a EGV, aber auch 235 EGV das Privatrecht nicht ausdrücklich erwähnen müssen, um es gleichwohl zu ergreifen[158]. Frei-

---

[156] Vgl. dazu *Peter-Christian Müller-Graff*, a.a.O., NJW 1993, 16 f. m.w.N.

[157] Vgl. *Fritz Rittner*, a.a.O., JZ 1990, 842.

[158] Vgl. dazu schon *Peter-Christian Müller-Graff*, NJW 1993, 17.

lich ist damit nicht eine Blankettkompetenz für das Privatrecht insgesamt eröffnet, sondern nur eine Ermächtigung zu markt- oder ansonsten zielfunktionalen Maßnahmen, zu denen die Schaffung eines einheitlichen Zivilrechtsraums gegenwärtig wohl schwerlich zu rechnen wäre. Die marktintegrativen Angleichungsermächtigungen bestehen gemäß Art. 3 lit. h i.V.m. Art. 100 EGV, Art. 7a Abs. 1 i.V.m. Art. 100a EGV, Art. 54 Abs. 3 lit. g EGV nur bei Erforderlichkeit. Ihre Wahrnehmung unterliegt der Pflicht zur substantiierten Begründung nach Art. 190 EGV, deren Erfüllung gerichtlich nachprüfbar ist. Anzunehmen, das gesamte marktrelevante Privatrecht sei wegen der aus unterschiedlichen Privatrechtsordnungen in der Gemeinschaft folgenden Transaktionkosten für Unternehmen und Verbraucher bereits im Reifezustand der Angleichungserforderlichkeit, wäre wohl ein kühner Vorgriff auf eine freilich durchaus denkbare Bewertungsentwicklung, wie sie allerdings für das geschäftsermöglichende Vertragsrecht näher rückt[159]. Unabhängig davon steht mit der Zunahme immer neuer Verbraucherschutzrichtlinien mit unterschiedlichen Schutzgestaltungen und Verbraucherbegriffen und mit der damit einhergehenden Zunahme von Unübersichtlichkeit und Wahrnehmungsproblemen die Kodifikationsfrage speziell des Verbraucherschutzes ähnlich wie im Zollrecht und Umweltrecht bereits vor der Tür[160]. Auch für das Schutzrecht bei Kapitalgesellschaften läßt sich daran denken. Dagegen bildet die Existenz des dritten Pfeilers der Union in der geltenden Fassung[161] mit seiner Betonung einer justitiellen Zusammenarbeit in Zivilsachen[162] schon deshalb keine Schranke gegen EG-Maßnahmen, da er primär auf prozeß-, vollstreckungs- und kollisionsrechtliche Fragen abstellt. In der Reformperspektive des Vertrages von Amsterdam werden diese Bereiche überdies künftig dem Gemeinschaftsrecht zugänglich gemacht[163], so daß künftig etwa EuGVÜ und EVÜ auf eine Verordnung gestützt werden könnten.

---

[159] So namentlich auch *Jürgen Basedow*, Europäisches Vertragsrecht für europäische Märkte, 1996, S. 22 ff.; *ders.*, a.a.O., in: Festschrift Mestmäcker, S. 358 ff., 363.

[160] Ansätze in diese Richtung auch bei *Dieter Hoffmann*, a.a.O., S. 303 ff.

[161] Dazu Peter-Christian Müller-Graff (Hrsg.), Europäische Zusammenarbeit in den Bereichen Justiz und Inneres, 1996; zur Entwicklung *Peter-Christian Müller-Graff*, Justiz und Inneres nach Amsterdam, Integration 1997, 271 ff.

[162] Art. K. 1 Ziff. 6 EUV.

[163] Art. 73m EGV (= Art. 65 EGV konsolidierte Fassung).

b) Die Wahl der Rechtsform

An Aktualität zugenommen hat die Frage der Wahl der Rechtsform bei privatrechtswirksamen Maßnahmen der Gemeinschaft[164]. Denn die mit der Privatrechtsangleichung im Wege von Richtlinien verbundenen Schwierigkeiten[165] sind zunehmend deutlicher geworden. Stichworte sind: Umsetzungsschwierigkeiten in den einzelstaatlichen Privatrechtsordnungen, so in Form der Einbettung ungewohnter und zum nationalen Recht querliegender Begriffe (z.B. Verbraucherkreditvertrag, der querliegt zum Besonderen Teil des Schuldrechts des BGB), aber auch Umsetzungsschwierigkeiten inhaltlicher Vorgaben und Konzepte (so z.B. für das deutsche Privatrechtsverständnis der ungewohnte Gedanke eines Sonderprivatrechts für Verbraucher[166]); des weiteren die Auflösung der Kodifikationen auf dem Kontinent[167] und die Kodifizierung im Umfeld des common law. Überdies sind Privatrechtsrichtlinien den allgemeinen richtlinieneigenen Problemen ausgesetzt[168]. Stichworte hierzu sind: Verantwortungsentlastung des Richtliniengebers von der verbindlichen Fassung der unmittelbar anwendbaren Rechtsnorm, womit die Gefahr einer Entprofessionalisierung der Normfassung auf Gemeinschaftsebene einhergeht, die wiederum nachfolgende Auslegungsprobleme für nationale Gerichte und EuGH nach sich zieht; die Risiken der Verzögerung oder Unzulänglichkeit der Umsetzung durch einzelnen Mitgliedstaaten, die eine laufende Kontrolle der Umsetzung jeder Richtlinie durch die Kommission erforderlich machen; des weiteren Anwendungserschwernisse durch das Gebot der richtlinienkonformen Auslegung[169]. Andererseits werden die von der Richtlinie erhofften Vorteile (Erhöhung von Legitimation, Akzeptanz und Einpassungsfähigkeit) um so geringer, je detaillierter die Zielformulierung der Richtlinie wegen der Genauigkeitserfordernisse des Privatrechts und der Erforderlichkeitsvoraussetzung der Angleichungsermächtigung zu fassen ist. Damit bleibt die Vorzugswürdigkeit unmittelbar anwendbarer Verordnungen

---

[164] Vgl. dazu schon *Peter-Christian Müller-Graff*, a.a.O. (Fn. 1), S. 44; *ders.*, a.a.O., NJW 1993, 22 f.

[165] Ebda.

[166] Vgl. *Peter-Christian Müller-Graff*, a.a.O.(Fn. 2), Rassegna di diritto civile 1997, 290 f.; *Peter Hommelhoff*, Verbraucherschutz im System des deutschen und europäischen Privatrechts, 1996, S. 1 ff.

[167] *Peter-Christian Müller-Graff*, a.a.O. (Fn. 2), Rassegna di diritto civile 1997, 288 ff.

[168] Dazu schon a.a.O., NJW 1993, 22.

[169] S. o. III. 1. b)

wie z.B. in Gestalt der Verordnung über die Schaffung einer Europäischen wirtschaftlichen Interessenvereinigung[170] oder der Gruppenfreistellungs-Verordnungen[171], also die Ersetzung der Angleichung durch Einheitsrecht, ein fortdauerndes Thema.

c) Subsidiaritätsprinzip?

Seit der Novellierung des früheren EWG-Vertrages durch den Unionsvertrag neu aufgeworfen ist die Frage nach der Bedeutung des bei nicht-ausschließliche Zuständigkeiten der EG zu beachtenden Subsidiaritätsprinzips des Art. 3b Abs. 2 EGV für die Privatrechtsangleichung[172]. Es ist eine Kompetenzausübungsregel[173]. Indes ist, wie bereits ausgeführt[174], aus mehreren Gründen fraglich, ob sie bei marktfunktionaler Privatrechtsangleichung überhaupt greift. Denn erstens kann sich die Frage nach der Anwendbarkeit des Subsidiaritätsprinzips nur stellen, wenn die EG überhaupt eine Angleichungskompetenz besitzt. Diese hängt aber, wie gezeigt, von der vorlaufenden Frage nach der Erforderlichkeit ab. Ist diese aber bejaht, ist schon kaum denkbar, daß über das Subsidiaritätsprinzip noch zusätzliche Wertungsgesichtspunkte für die als erforderlich befundene Gesamtmaßnahme („ob" und „wie") einfließen könnten. Zum zweiten ist die Anwendbarkeit des Subsidiaritätsprinzips aber auch deshalb zweifelhaft, weil sich die Definition der verbindlichen Intensität der Binnenmarktintegration für alle Mitgliedstaaten, darin auch die Wahl zwischen der Angleichung von Sachrecht oder Kollisionsrecht oder die Wahl zwischen Richtlinie oder Verordnung, ihrer Natur nach schwerlich als nicht-ausschließliche Befugnis der EG begreifen läßt[175].

d) Die sachgeeignete Umsetzung in nationales Recht

Im Schrifttum nehmen Fragen nach der jeweils sachgeeigneten Umsetzung in nationales Recht naturgemäß jeweils breiten Raum ein, so beispielsweise die seinerzeitige Diskussion, ob die Vorgaben der Richtlinie über mißbräuchliche

[170] ABlEG 1985 Nr. L 199/1.

[171] Dazu z.B. *Peter-Christian Müller-Graff*, Die Freistellung vom Kartellverbot, EuR 1992, 27 ff.

[172] Vgl. schon oben I. 3.

[173] Ebda.

[174] Id.

[175] S. oben I. 3. auch zur Diskussion.

Vertragsklauseln in das AGB-Gesetz eingefügt werden oder ein neues Gesetz generieren sollten[176]. Von Gemeinschaftsrechts wegen sind für die Umsetzung insbesondere das Erfordernis der besten Eignung für die Gewährleistung der praktischen Wirksamkeit der Richtlinie[177] sowie die Erfordernisse der Rechtssicherheit und der Rechtsklarheit zu beachten[178], aus denen bislang indes nicht auch das Erfordernis der hinreichenden Kennzeichnung des Angleichungscharakters einer nationalen Vorschriften gefolgert wurde. In diesem Rahmen bleibt die sachgeeignete Umsetzung eine auf nationaler Ebene zu beantwortende Frage der Zweck- und Rechtmäßigkeit. So scheint etwa in Frankreich eher eine Tendenz zur Einfügung in bestehende Kodifikationen vorzuherrschen, während in Deutschland eher eine Tendenz zur Schaffung zusätzlicher Gesetze besteht.

[176] Vgl. zu der Umsetzungsdiskussion z.B. *Helmut Heinrichs*, Die EG-Richtlinie über mißbräuchliche Klauseln in Verbraucherverträgen, NJW 1993, 1817 ff.; *Peter Hommelhoff/Kai-Udo Wiedenmann*, Allgemeine Geschäftsbedingungen gegenüber Kaufleuten und unausgehandelte Klauseln in Verbraucherverträgen - Grundsätzliches zur Transformation der EG-Klauselrichtlinie in das deutsche Recht, ZIP 1993, 562 ff.; *Matthias Habersack/Detlef Kleindieck/Kai-Udo Wiedenmann*, Die EG-Richtlinie über mißbräuchliche Klauseln in Verbraucherverträgen, ZIP 1993, 1670 ff.; *Hans-W. Micklitz*, AGB-Gesetz und die EG-Richtlinie über mißbräuchliche Vertragsklauseln in Verbraucherverträgen, ZEuP 1993, 522 ff.; *Reinhard Damm*, Europäisches Verbrauchervertragsrecht und AGB-Recht, JZ 1994, 161 ff.; *Oliver Remien*, AGB-Gesetz und Richtlinie über mißbräuchliche Verbrauchervertragsklauseln in ihrem europäischen Umfeld, ZEuP 1994, 34 ff.; zur Diskussion um die Inhaltsgestaltung der Richtlinie namentlich *Hans Erich Brandner/Peter Ulmer*, EG-Richtlinie über mißbräuchliche Klauseln in Verbraucherverträgen - Kritische Bemerkungen zum Vorschlag der EG-Kommission, BB 1991, 701 ff.; zur Umsetzung *Wendt Nassall*, Die Auswirkungen der EU-Richtlinie über mißbräuchliche Klauseln in Verbraucherverträgen für nationale Individualprozesse; *ders.*, Die Anwendung der EU-Richtlinie über mißbräuchliche Klauseln in Verbraucherverträgen, JZ 1995, 689 ff.; *Helmut Heinrichs*, Das Gesetz zur Änderung des AGB-Gesetzes - Umsetzung der EG-Richtlinie über mißbräuchliche Klauseln in Verbraucherverträgen durch den Bundesgesetzgeber, NJW 1996, 2190 ff.; *Hermann-Josef Bunte*, Die EG-Richtlinie über mißbräuchliche Klauseln in Verbraucherverträgen und ihre Umsetzung durch das Gesetz zur Änderung des AGB-Gesetzes, DB 1996, 1389 ff.

[177] EuGH -Royer- Slg. 1976, 497 ff.

[178] Z.B. EuGH -Kommission/Niederlande- Slg. 1982, 1791 ff.; -Kommission/Italien- Slg. 1986, 2945 ff.; *Michael Schweitzer/Waldemar Hummer*, Europarecht, 5. Aufl. 1996, S. 105 Rdz. 360.

e) Wahrung der inhaltlichen Privatrechtseinheit nach Umsetzung

Gestiegen ist die Sensibilität für das Problem der Wahrung der inhaltlichen Privatrechtseinheit *nach* Umsetzung bzw. nach Ablauf der Umsetzungsfrist. Zwar wurde schon früh erkannt, daß die Pflicht zur Angleichungsverwirklichung zugleich eine fortdauernde Bindung des nationalen *Gesetzgebers* beinhaltet, richtliniengemäß gesetztes Recht künftig nicht richtlinienwidrig zu ändern[179]. Indes ist die Bindung der nationalen *Judikative* erst über die bereits angesprochene, allmählich entwickelte Pflicht zur richtlinienkonformen Auslegung nationalen Rechts artikuliert worden[180]. Wegen der damit ins Spiel gebrachten, der Wahrung der Rechtseinheit dienenden Pflicht zu Auslegungsvorlagen an den EuGH werden indes teilweise praktische Schwierigkeiten im Bereich der Anwendung von richtlinienkorrespondierenden Generalklauseln wie § 3 UWG und § 9 AGBG i.V.m. § 24a AGBG gesehen, die den EuGH wegen Art. 177 Abs. 3 EGV zum obersten europäischen Zivilgericht in einer Vielzahl von Fällen machen könnten[181]. Noch ist nicht absehbar, ob sie sich ähnlich wie im Rahmen des Luxemburger Auslegungsprotokolls beim EuGVÜ[182] als überzogen erweisen.

3. Rechtspolitik

Schließlich betrifft eine dritte Kategorie von Querschnittsproblemen die Rechts*politik*, nämlich insbesondere die Fragen der Erforderlichkeit von Sachrechtsangleichung (a), der Regelbildung (b) und des Gesamtkonzepts privatrechtswirksamer Angleichungspolitik (c).

---

[179] Sog. Sperrwirkung: *Hans-Peter Ipsen*, Europäisches Gemeinschaftsrecht, 1972, S. 701 f.

[180] S. o. III. 1. b)

[181] Zu diesem Problem z.B. *Burkhard Heß*, a.a.O., ZZP 108 (1995), 84 ff.; *Helmut Heinrichs*, a.a.O., NJW 1996, 2196 (mit nicht überzeugender Qualifizierung von Vorlagefragen zu Art. 3 Abs. 1 der Richtlinie über mißbräuchliche Klauseln als bloße „Anwendung" im Unterschied zu der von Art. 177 EGV erfaßten „Auslegung"); s. auch *Claus-Wilhelm Canaris*, Der EuGH als zukünftige privatrechtliche Superrevisionsinstanz?, EuZW 1994, 417 (mit zu enger Begrenzung der Vorlagepflicht auf Fälle der Divergenz zwischen letztinstanzlichen nationalen Gerichten). Zum Potential der Handhabung der Richtlinie durch den EuGH *Stephen Weatherill*, a.a.O., ERPL 1995, 307 ff.; *Oliver Remien*, a.a.O., ZEuP 1994, 58 ff.

[182] Dazu *Jürgen Basedow*, a.a.O., S. 674 f.

a) Die Frage der Erforderlichkeit

Die dauerhaft virulente Frage der kompetenzbegründenden und kompetenzbegrenzenden Erforderlichkeit von Sachrechtsangleichung wird aus verschiedenen Gesichtspunkten problematisiert: so namentlich aus dem fundamentalen Gedanken der Gefährdung der kulturellen Identität[183], die allerdings von den von der bisherigen Rechtsangleichung betroffenen marktnahen Regeln von Vertragsrecht, Haftungsrecht, Gesellschaftsrecht und Wettbewerbsrecht zwar durchaus gestreift[184], aber doch nicht grundlegend erschüttert wird, zumal zu den im Recht sich ausdrückenden kulturellen Identitäten in Westeuropa auch deren Gemeinsamkeiten zählen ebenso wie deren Eigenheit der Entwicklungsoffenheit und der wechselseitigen Rezeptionen und Beeinflussungen[185]. Auch der wichtige Topos der Gefährdung der Kohärenz der nationalen Privatrechtsordnungen[186] scheint zu allgemein, um bei einzelnen Angleichungsakten wirklich durchschlagend zu wirken. Ohnehin bestätigen diese, soweit sie im Recht der Beteiligten wurzeln, im Kern oft die überkommene Rechtslage. Falls dies aber nicht zutrifft, ist erneut zu erinnern, daß Rechtsordnungen in ihren Einzelausprägungen nicht starre Gebilde, sondern Normengefüge in ideengeschichtlicher Fortentwicklung sind. Während der

---

[183] So etwa Diskussionsbeitrag von *Beale* auf der Konferenz: Towards a European Civil Code, Den Haag 1997; zum Problem *Hugh Collins*, European Private Law and the Cultural Identity of States, ERPL 3 (1995), 353 ff.; allgemein zur Verknüpfung von kultureller Identität und Rechtsordnung insbesondere *Erik Jayme*, Ein internationales Privatrecht für Europa, 1991; *ders.*, Identité Culturelle et Intégration: Le Droit International Privé Postmoderne, 1995, S. 33 ff.

[184] So namentlich bei der Absenkung traditioneller Vigilanzstandards von Kunden in einzelnen Mitgliedstaaten im Gefolge von Verbraucherschutzrichtlinien. Zu denken ist auch an die Förderung der teleologischen Auslegungsmethode in englischen Gerichten durch das Gemeinschaftsrecht (vgl. dazu *John A. Usher*, Community Law and Private Law - A View from the United Kingdom, in: Peter-Christian Müller-Graff (Hrsg.), Gemeinsames Privatrecht in der Europäischen Gemeinschaft, 1993, S. 183 f.; als rechtshistorischer Vergleich *Reinhard Zimmermann*, Statuta sunt stricte interpretanda? Statutes and the Common Law: A Continental Perspective, in: Cambridge Law Journal 56 (1997), 315 ff.), möglicherweise auch an Folgen der Zurückdrängung des „ultra vires“-Gedanken im englischen Gesellschaftsrecht infolge des Gemeinschaftsrechts; allgemein zum Aufeinandertreffen von Rechtsangleichung der EG und unterschiedlichen sozialen Grundverständnissen von Recht und Staat *Peter-Christian Müller-Graff*, Die Rechtsangleichung zur Verwirklichung des Binnenmarktes, EuR 1989, 111 ff.

[185] Vgl. nur *Hans Hattenhauer*, Europäische Rechtsgeschichte, 1992.

[186] Vgl. *Peter O. Mülbert*, a.a.O.

Hinweis auf das Subsidiaritätsprinzip, wie gezeigt[187], für die Privatrechtsangleichung eher abstrakt und fraglich bleibt, tragen Plädoyers für einen Wettbewerb der Sachrechtsordnungen (auch: Wettbewerb der Gesetzgeber) und die daraus gefolgerte Favorisierung einer kollisionsrechtlichen Harmonisierung statt einer Sachrechtsangleichung, so etwa von Taupitz[188] und neuerdings von Habermeier[189], den materiellrechtlichen Vereinfachungserfordernissen eines Binnenmarktes wohl nicht hinreichend Rechnung[190]. Daher beseitigt auch die Vermutung der Anpassungsfähigkeit der Wirtschaft und ihres Beraterstabs an unterschiedliche Privatrechtsordnungen weder die darin liegenden Transaktionskosten noch die Erschwernisse für die Verbraucher. Hierüber hilft auch der manchmal gegebene Hinweis[191] nicht hinweg, daß der US-amerikanische Binnenmarkt fünfzig einzelstaatliche Privatrechtsordnungen überspannt. Denn bei genauerer Betrachtung bestehen in den USA -unbeschadet aller einzelstaatlichen Eigenheiten im Privatrecht[192]- doch weitaus stärkere Klammern der Detailgemeinsamkeit in dem für den wirtschaftlichen Austausch erheblichen Privatrecht. Stichworte im einzelnen sind: die Common-Law-Verflechtung der Rechtsprechung, Uniform Codes, Restatements, gemeinsame Literatur, unionsweite Ausbildung der Juristen anhand derselben Lehrtexte[193]. Schließlich ist auch der Gedanke der Mindestharmonisierung[194]

---

[187] S. o. III. 2. c)

[188] A.a.O. (Fn. 2)

[189] *Stefan Habermeier*, Neue Wege zum Wirtschaftskollisionsrecht, 1997, S. 308 f.

[190] Zu diesen Erfordernissen vgl. jüngst auch *Klaus J. Hopt*, Europäisches und deutsches Übernahmerecht, ZHR 161 (1997), 383 f.; ebenso differenzierend zum Gedanken eines „Wettbewerbs der Gesetzgeber" für das Gesellschaftsrecht *Wolfgang Schön*, a.a.O., S. 26 ff., 38.

[191] So z.B. *Hein Kötz*, Rechtsvereinheitlichung - Nutzen, Kosten, Methoden, Ziele, RabelsZ 50 (1986), 14.

[192] Vgl. dazu *Mathias Reimann*, Amerikanisches Privatrecht und europäische Rechtseinheit - Können die USA als Vorbild dienen? , in: Amerikanische Rechtskultur und europäisches Privatrecht, 1995, S. 132 ff.

[193] Vgl. *Peter-Christian Müller-Graff*, a.a.O., NJW 1993, 18; so auch *Carl Baudenbacher*, a.a.O., Aussenwirtschaft 1993, 437.; vgl. demgegenüber zum Befund in Europa *Thijmen Koopmans*, The Birth of European Law. At the Crossroad of Legal Traditions, American Journal of Comparative Law 39 (1991) 493 ff.; zu unterschiedlichen Ausbildungs- und Stiltraditionen in Europa *Filippo Ranieri*, Der europäische Jurist - Rechtshistorisches Forschungsthema und rechtspolitische Aufgabe, in: Ius Commune - Zeitschrift für Europäische Rechtsgeschichte XVII (1990), S. 9 ff.

letztlich nur eine Umschreibung der einzelprojektweise zu entscheidenden Erforderlichkeit der Angleichungstiefe.

b) Die Regelbildung

In der Frage der *Regelbildung* von Angleichungspolitik muß naturgemäß jeweils ausschlaggebend sein, überzeugende Problemlösungen in Gestalt erforderlicher Einzelbestimmungen festzulegen: so beispielsweise eine Nachbesserungspflicht des Verkäufers bei fehlerhaften Gebrauchsgütern[195], die verschuldensunabhängige Haftung des Herstellers für fehlerhafte Produkte[196] oder das Schriftformerfordernis und Widerrufsrecht bei Verträgen mit besonderer Übereilungsgefahr[197]. Zur bisherigen gemeinschaftsprivatrechtlichen Regelbildung im einzelnen fehlt bislang eine systematische empirische Querschnittsuntersuchung unter den Gesichtspunkten von Verfahren, Beteiligung, Durchsetzung nationaler Vorstellungen und Entwicklung neuer Vorstellungen, doch lassen sich derartige Einsichten den Darstellungen des Werdegangs einzelner Richtlinien entnehmen[198]. Im Zusammenhang der Regelbildung stellt sich auch die Frage nach der Bedeutung der Rechtsvergleichung[199] und der geschichtlichen Rechtswissenschaft für die Regelfestlegung, bei

---

[194] Dazu allgemein vertiefend *Rudolf Streinz*, Mindestharmonisierung im Binnenmarkt, in: Ulrich Everling/Wulf-Henning Roth (Hrsg.), Mindestharmonisierung im Europäischen Binnenmarkt, 1997, S. 9 ff.; im Verbraucherschutzrecht *Hans Claudius Taschner*, ebda., S. 159 ff.; im Gesellschaftsrecht *Wolfgang Schön*, ebda., S. 55 ff.; im Bankrecht *Johannes Köndgen*, ebda., S. 111 ff.

[195] S. o. II. 1.

[196] S. o. II. 2.

[197] S. o. II. 1.

[198] Vgl. z.B. *Dieter Hoffmann*, Der Werdegang einer Richtlinie zum Privatrecht am Beispiel der Richtlinie über mißbräuchliche Vertragsklauseln, ERA-Tagungstyposkript mit Materialien, 1997; als Querschnittanalyse zu den Rechtsetzungstechniken vgl. *ders.*, Analyse der europäischen Rechtsetzungstechniken im Bereich des Vertragsrechts aus der Sicht der Europäischen Kommission, in: Neues Europäisches Vertragsrecht und Verbraucherschutz, ERA-Tagungsunterlagen, 1997.

[199] Vgl. *Hein Kötz*, Rechtsvergleichung und gemeineuropäisches Privatrecht, in: Peter-Christian Müller-Graff (Hrsg.), Gemeinsames Privatrecht in der Europäischen Gemeinschaft, 1993, S. 95 ff. Als rechtsvergleichender Ertrag für das Vertragsrecht *ders.*, Europäisches Vertragsrecht, 1996; für das Deliktsrecht *Christian v. Bar*, Gemeineuropäisches Deliktsrecht, 1997; zu den Vorarbeiten schon *Joachim Schmidt-Salzer*, Deliktsrecht in Europa: Bestandsaufnahme mittels Landesberichten und Folgerungen für Rechtsangleichungsprojekte, ZEuP 1996, 243 ff.

letzterer namentlich unter dem Gesichtspunkt der Nachwirkungen des ius commune[200]. Deren Bedeutung für die aktuelle Rechtsangleichungspolitik mag sich dem ersten Blick wohl eher als moderat darstellen, zumal wenn es sich, wie meist, um vergleichsweise moderne Fragen handelt (so etwa beim Schutz von Halbleitern und Computerprogrammen[201], bei der Produkthaftung[202], bei den Verbraucherkreditverträgen[203], bei der Mißbrauchskontrolle von Vertragsklauseln[204], u.a.m.). Allerdings vermag die Angleichung doch von allgemeinen, früher gelegten kompatiblen Vorstellungen zu profitieren, die aktuell zu halten eine Aufgabe ist. Der Festlegung der Angleichungsregel zweifelsohne unmittelbar dienlich ist die aktuelle Rechtsvergleichung, sowohl durch einen Bestandsvergleich, wie er beispielsweise schon vor den ersten Angleichungsschritten im Gesellschaftsrecht vorgenommen wurde[205], als auch präzeptorisch durch das kreative Gespür für die gemeinsam für eine Mehrheit von Mitgliedstaaten akzeptable modernste Problemlösung, wie sie etwa als Konzept dem Lehrbuch von *Kötz* zum europäischen Vertragsrecht zugrunde liegt[206] und auch bei der Entwicklung der Allgemeinen Prinzipien eines Vertragsrechts in der *Lando*-Kommission mitbestimmend war[207].

---

[200] Dazu z.B. *Reiner Schulze,* Gemeineuropäisches Privatrecht und Rechtsgeschichte, in: Peter-Christian Müller-Graff (Hrsg.), Gemeinsames Privatrecht in der Europäischen Gemeinschaft, 1993, S. 71 ff.; sowie ausweitend *Reinhard Zimmermann*, Historische Verbindungen zwischen civil law und common law, ebda., S. 47 ff.; *ders.*, „Heard melodies are sweet, but those unheard are sweeter ..." - Conditio tacita, implied condition und die Fortbildung des europäischen Vertragsrechts, AcP 193 (1993), 121, 123; *Bruno Schmidlin*, Gibt es ein gemeineuropäisches System des Privatrechts?, in: Bruno Schmidlin (Hrsg.), a.a.O., S. 33 ff.

[201] S. o. II. 7.

[202] S. o. II. 2.

[203] S. o. II. 1.

[204] Ebda.

[205] Vgl. *Walter Hallstein*, Angleichung des Privat- und Prozeßrechts in der Europäischen Wirtschaftsgemeinschaft, RabelsZ 28 (1964), 213.

[206] *Hein Kötz*, Europäisches Vertragsrecht, 1996, S. V ff.

[207] *Ole Lando/Hugh Beale*, The Principles of European Contract Law, Part I, 1995; zur Konzeption *Ole Lando*, Die Regeln des Europäischen Vertragsrechts, in: Peter-Christian Müller-Graff (Hrsg.), Gemeinsames Privatrecht in der Europäischen Gemeinschaft, 1993, S. 473 ff.

c) Das Gesamtkonzept

Sind daher auch jeweils überzeugende Lösungen für einen einzelnen Problemkreis zu entwickeln, so ist die einseitige Betonung eines einzelnen Schutzgedankens einer stimmigen Privatrechtsordnung doch nicht dienlich. So ist insbesondere das aus dem französischen Code de la consommation inspirierte starke Gewicht des etatistisch-fürsorglichen Verbraucherschutzes und dessen Prämisse des strukturellen Ungleichgewichts der Vertragspartner in der bisherigen privatrechtswirksamen Angleichungspolitik der EG[208] nicht unproblematisch und steht auch im Widerspruch zu der am mündigen und leseverpflichteten Verbraucher orientierten Leitlinie der Anerkennung gerechtfertigten nationalen Verbraucherschutzes durch den EuGH gegenüber den Anforderungen des freien Warenverkehrs[209]. In der wirtschaftsrelevanten Privatrechtsangleichung darf nicht zurücktreten, daß es bei der Herausbildung tragfähiger Normen im Interesse des Gemeinwesens und seiner kohärenten Ordnung um das richtige und stimmige Verhältnis der Gedanken von Selbstbestimmung, Selbstverantwortung, Fremdverantwortung und Schutzbedürftigkeit geht. Darum ist in grenzüberschreitender Diskussion rechtswissenschaftlich und rechtspolitisch zu ringen.

IV. Der Topos des Europäischen Zivilgesetzbuches

Diese Daueraufgabe der stimmigen privatrechtlichen Gesamtordnung ist auch die grundlegende Herausforderung für alle Überlegungen zu einem wirtschaftsrelevanten und zugleich identitätsstiftenden Europäischen Zivilgesetzbuch, wie es im Schrifttum für die wissenschaftliche Diskussion[210], aber auch

---

[208] Zu den Ergebnissen dieses Ansatzes s. o. insbesondere unter II. 1.

[209] Vgl. z.B. EuGH -Kommission/Deutschland- Slg. 1987, 1227; s. auch *Peter-Christian Müller-Graff*, a.a.O., Art. 36 Rdz. 136 ff.

[210] Vgl. namentlich *Winfried Tilman*, Zur Entwicklung eines europäischen Zivilrechts, in: Festschrift Walter Oppenhoff, 1985, 495 ff.; *ders.*, Wirtschaftsrecht, 1986, S. 302 ff.; *ders.*, Eine Privatrechtskodifikation für die Europäische Gemeinschaft?, in: Peter-Christian Müller-Graff (Hrsg.), Gemeinsames Privatrecht in der Europäischen Gemeinschaft, 1993, S. 485 ff.; zur kontroversen Diskussion: *Peter-Christian Müller-Graff*, a.a.O., NJW 1993, 23; *Oliver Remien*, a.a.O., JZ 1992, 280 f.; *ders.*, a.a.O., ZfRV 1995, 119 ff.; *Fritz Rittner*, Ein Gesetzbuch für Europa?, in: Festschrift für Ernst-Joachim Mestmäcker, 1996, S. 449 ff.; als erster Rahmen vgl. A. S. Hartkamp u.a. (Hrsg.), Towards a European Civil Code, 1994 (2. Aufl. vorgesehen für 1998).

vom Europäischen Parlament für die rechtspolitische Arena[211] thematisiert wird, ohne daß dieser Topos hier vertieft werden kann. In ihm scheint auch die Frage nach der Zukunft des Kodifikationsgedankens für das Privatrecht in Europa auf. Sie wird von jedem neuen Angleichungsakt der EG aktualisiert und begleitet damit die Privatrechtsangleichung der EG in die Zukunft.

[211] Vgl. Entschließung des Europäischen Parlaments, ABlEG 1989 Nr. C 158/400; *Winfried Tilmann*, Zweiter Kodifikationsbeschluß des Europäischen Parlaments, ZEuP 1995, 534 ff.

EG-rechtlicher Verbraucherschutz im deutschen Privatrecht

NORBERT HORN

I. Verbraucherschutz als Gemeinschaftsaufgabe

Der Unionsvertrag von Maastricht von 1992 hat in Art. 129a EG-Vertrag den Schutz des Verbrauchers zum Gegenstand der Gemeinschaftspolitik erklärt. Als Mittel dazu bezeichnet er binnenmarktbezogene Rechtsangleichungsmaßnahmen nach Art. 100a EG-Vertrag, ferner "spezielle Aktionen" in Unterstützung der Politik der Mitgliedstaaten. Art. 129a konsolidiert eine langjährige Entwicklung des Verbraucherschutzes zu einem rechtspolitischen Anliegen der EG und hat insofern eher klarstellende Funktion.[1] Binnenmarktbezogene Rechtsangleichungsmaßnahmen zur Verwirklichung des Verbraucherschutzes haben sich in den letzten Jahren zum wichtigsten Ansatzpunkt einer punktuellen Harmonisierung der nationalen Privatrechte der Mitgliedstaaten entwickelt. Hier zeigen sich am deutlichsten die allgemeinen Probleme der Umsetzung von EG-Richtlinien in nationales Privatrecht.[2] Zugleich ergibt sich die Frage, ob die zahlreichen Initiativen auf dem Gebiet des Verbraucherschutzrechtes sich bereits zu Konturen eines gemeinsamen Privatrechts der Europäischen Gemeinschaft verdichten.[3] Beide generellen Aspekte der europäischen Privatrechtsangleichung möchte ich nicht in allgemeiner Form behandeln, weil dies bereits durch das vorhergehende Referat von Herrn Müller-Graff geschehen ist. Vielmehr sei die Umsetzungsproblematik auf diesem Gebiet anhand eines konkreten Beispiels beleuchtet: der Umsetzung der Richtlinie über mißbräuchliche Vertragsklauseln in Verbraucherverträgen

---

1 *Reich*, Privatrecht und Verbraucherschutz in der Europäischen Union, 1995 (Vorträge und Berichte des Zentrums für europäisches Wirtschaftsrecht Nr. 45), S. 5. Zur Entwicklung des Verbraucherschutzes in der Gemeinschaft siehe dort und *ders.*, Europäisches Verbraucherschutzrecht - Binnenmarkt und Verbraucherinteresse, 1993, No. 275.

2 Vgl. dazu auch *Grundmann*, EG-Richtlinie und nationales Privatrecht, JZ 1996, 274 ff.

3 Vgl. dazu auch die Beiträge in: Müller-Graff (Hrsg.), Gemeinsames Privat recht in der Europäischen Gemeinschaft, 1993; *Hommelhoff*, Zivilrecht unter dem Einfluß europäischer Rechtsangleichung, AcP 192 (1992), 71 ff; *Müller-Graff*, Europäisches Gemeinschaftsrecht und Privatrecht, NJW 1993, 13; *Blaurock*, Europäisches Privatrecht, JZ 1994, 270.

durch die Novellierung des AGB-Gesetzes. Nach dieser exemplarischen Detailbetrachtung soll zum Abschluß allerdings die generellere Frage berührt werden, wieweit der Gedanke des Verbraucherschutzes sich inzwischen als eine Leitidee des Gemeinschaftsrechts herausgebildet hat und das deutsche Privatrecht ebenso wie die anderen nationalen Privatrechte der Mitgliedstaaten umgestaltet.

II. Die deutsche Umsetzung der EG-Richtlinie über mißbräuchliche Klauseln in Verbraucherverträgen

1. Umsetzung durch Änderung des AGB-Gesetzes

a) § 12 und § 24a AGB-Gesetz

Die Verpflichtung, die EG-Richtlinie über mißbräuchliche Klauseln in Verbraucherverträgen vom 5. 4. 1993[4] in das deutsche Recht umzusetzen, führte den deutschen Bundesgesetzgeber keineswegs in juristisches Neuland. Vielmehr besteht seit 1977 ein Schutz bei allgemeinen Geschäftsbedingungen durch das AGB-Gesetz. Eine zeitlich noch weiter zurückliegende Rechtsprechung hatte dieses Gesetz vorbereitet; inzwischen hat die Rechtsprechung die Anwendung des AGB-Gesetzes in einem bei seiner Schaffung nicht vorhergesehenen Umfang verwirklicht und ausdifferenziert. Der Bundesgesetzgeber entschloß sich daher in Übereinstimmung mit der überwiegenden Meinung in der Literatur, kein neues Gesetz zu schaffen, sondern die Umsetzung der Richtlinie durch eine moderate Änderung des AGB-Gesetzes vorzunehmen.[5] Diese Änderung beschränkt sich auf zwei Normen. § 12 AGBG, der schon bisher die Anwendung des AGBG bei bestimmten Verträgen mit sachlichem Bezug zur Bundesrepublik auch dann sicherte, wenn der Vertrag im übrigen einem ausländischen Recht unterstellt war, wurde neugefaßt und dabei verallgemeinert. Der Schwerpunkt der Umsetzung der EG-Richtlinie liegt in der Einführung des § 24a. Dieser beschränkt sich auf eine relativ knappe Regelung, die in zwei Punkten zur Ausdehnung der Anwendung des AGB-

[4] ABl. EG Nr. L 95 v. 21.5.1993, S. 29 ff; Text und Kommentierung bei Wolf/Horn/Lindacher, AGB-Gesetz. Kommentar, 3. Aufl. 1995, nach § 30 AGBG.

[5] *Heinrichs*, NJW 1993, 1817; *ders.*, NJW 1996, 2190 ff; *Ulmer*, EuZW 1993, 337; *Eckert*, WM 1993, 1070; *Damm*, JZ 1994, 161; für ein eigenes Gesetz *Hommelhoff/Wiedenmann*, ZIP 1993, 562, 565.

Gesetzes führt (§ 24a Nr. 1 und Nr. 2) und bei der Inhaltskontrolle die Berücksichtigung der Umstände des Vertragsschlusses vorschreibt (§ 24a Nr. 3.

b) Verbraucherschutz und Kundenschutz

Das bisherige AGB-Gesetz und die EG-Richtlinie verwirklichen unterschiedliche Schutzkonzepte. Das bisherige AGB-Gesetz sah ein Schutzproblem nur bei AGB. Hier soll jedermann gegen Gefahren der Vorformulierung der Vertragsbedingungen und der damit vom Verwender einseitig in Anspruch genommenen Vertragsgestaltungsfreiheit geschützt werden.[6] Den Schutz vor einem Mißbrauch dieser einseitigen Gestaltungsmöglichkeit des Verwenders will das AGB-Gesetz im Grundsatz für alle Kunden durchsetzen, in abgeschwächter Form also auch für Kaufleute. § 24a beschränkt sich dagegen auf einen Schutz des Verbrauchers und folgt damit Art. 1 Abs. 1 der Richtlinie. Der Schutz bezieht sich demnach nur auf einen bestimmten, allerdings sehr großen Personenkreis. Andererseits wird der Schutz auf alle vorformulierten Klauseln ausgedehnt und greift daher auch dann ein, wenn diese Klauseln nur zur einmaligen Verwendung bestimmt sind (§ 24a Nr. 2 entsprechend Art. 3 Richtlinie). Durch die Einführung des § 24a treffen also zwei unterschiedliche Schutzkonzepte aufeinander: einerseits das neue Konzept des § 24a und der EG-Richtlinie, das besagt: "Schutz nur der Verbraucher gegen alle gestellten mißbräuchlichen Bedingungen" und andererseits das bisherige Konzept des AGB-Gesetzes, das man auf die Formel bringen kann: "Schutz aller Kunden nur gegen gestellte mißbräuchliche Allgemeine Geschäftsbedingungen".

Diese Veränderung im Grundsätzlichen führt freilich nur zu begrenzten praktischen Unterschieden. Denn die unterschiedlichen Schutzkonzepte überdecken sich größtenteils. Insbesondere war Verbraucherschutz schon zuvor im Schutzzweck des AGB-Gesetzes mit enthalten.[7] Diese beiden Schutzzwecke sind trotz der unterschiedlichen Akzente und Begrenzungen kompatibel, so daß keine grundsätzlichen Bedenken dagegen bestanden, die Umsetzung der Richtlinie durch die Einfügung der genannten Normen in das AGB-Gesetz vorzunehmen.

---

[6] BGHZ 126, 326, 332 = NJW 1994, 2825; *Horn*, in: Wolf/Horn/Lindacher, AGB-Gesetz, 3. Aufl. § 24 Rz. 2.

[7] *Horn*, in: Wolf/Horn/Lindacher, § 24 Rz. 2 m. Nachw.; *Damm*, JZ 1978, 178; *Reich/Micklitz*, Verbraucherschutz, 1980, Rz. 264; *Heinrichs*, NJW 1993, 1817, 1818.

c) Richtlinienkonforme Auslegung des AGB-Gesetzes

§ 24a AGBG ist richtlinienkonform auszulegen, d. h. seine Auslegung muß sich nach dem Wortlaut und Schutzzweck der Richtlinie ausrichten. Dies folgt aus der verpflichtenden Wirkung der EG-Richtlinie gem. Art. 189 Abs. 1 EGV und dem Grundsatz der Gemeinschaftstreue gem. Art. 5 EGV. Dazu gehört die Verpflichtung der Gerichte, bei der Auslegung nationalen Rechts die Auslegung am Wortlaut und Ziel der Richtlinie auszurichten, soweit der Wortlaut des nationalen Rechts dies erlaubt.[8] Im Rahmen des § 24a gilt das Gebot richtlinienkonformer Auslegung für alle Vorschriften des AGB-Gesetzes, d. h. soweit es um deren Anwendung auf Verbraucherverträge und damit um den von § 24a umschriebenen Anwendungsbereich der Richtlinie geht. Die richtlinienkonforme Auslegung ist ein wichtiges Instrument zur Umsetzung von Gemeinschaftsrecht in nationales Recht, indem sie sowohl die Anwendung des nationalen Umsetzungsrechts steuert, hier also des § 24a, als auch des übrigen nationalen Rechts auf dem Gebiet der Richtlinie.[9]

2. Der Umfang des Schutzes der Verbraucherverträge

a) Begriff des Verbrauchervertrags

Verbraucher sind nach der Legaldefinition des § 24a ausschließlich natürliche Personen, die bei dem betreffenden Vertrag zu einem Zweck handeln, der nicht ihrer gewerblichen oder selbständigen beruflichen Tätigkeit zugerechnet werden kann. Diese Legaldefinition entspricht Art 2 lit. b RiLi. § 24a erfaßt demnach nicht juristische Personen, so daß auch Idealvereine und gemeinnützige Stiftungen vom Anwendungsbereich ausgeschlossen sind.[10] Das Merkmal der Selbständigkeit schließt bei der gewerblichen oder beruflichen Tätigkeit die Verbrauchereigenschaft aus. Wer aber nicht selbständig berufstätig ist und zu Berufszwecken einen Vertrag schließt, ist nach § 24a geschützt.[11] Beispiele sind der Kauf von Berufskleidung oder der Kauf eines

---

[8] EuGH v. 13. 11. 1990, Slg. I 1990, 4135 Tz. 8 - Marleasing; EuGH v. 14.7.1994, NJW 1994, 2473, 2474 - Dori; *Oppermann*, Europarecht 1991, Rz. 585; *Ulmer*, EuZW 1993, 337, 339 f.; *Heinrichs*, NJW 1995, 153, 154 f; *Wolf*, in: Wolf/Horn/Lindacher, Art. 1 RiLi Rz. 8 ff., 13.

[9] *Heinrichs*, NJW 1995, 153, 154.

[10] *Heinrichs*, NJW 1996, 2191.

[11] *Heinrichs*, NJW 1996, 2191.

Pkws zur abhängigen beruflichen Nutzung oder die Bestellung eines Fernkurses zur beruflichen Fortbildung.

Der in § 24a AGBG verwendete Verbraucherbegriff stimmt mit dem Verbraucherbegriff überein, den das Gemeinschaftsrecht in verschiedenen Richtlinien entwickelt hat. Danach ist Verbraucher eine natürliche Person, die zu nichtgeschäftlichen und nichtselbständigen beruflichen Zwecken im Rechtsverkehr handelt.[12] Der Kaufmann als Kunde fällt nicht unter diesen Begriff, falls er nicht selbst als privater Verbraucher handelt. Der bisherige Schutz des kaufmännischen Kunden durch § 24 AGBG wird dadurch freilich nicht berührt.

§ 24a spricht von Verträgen und erwähnt nicht einseitige Erklärungen. Auch nach bisherigem AGB-Recht war umstritten, ob der Schutz des AGB-Gesetzes sich auf einseitige Erklärungen des Verwenders bezieht, z. B. auf die Bestimmung des Umfangs der Vollmacht des Versicherungsvertreters durch die Versicherung. Man hat hier die Anwendbarkeit des AGBG teilweise mit der Begründung abgelehnt, daß der Verwender insoweit nicht in die Gestaltungsfreiheit des Kunden eingreife, sondern nur seine eigene Gestaltungsfreiheit in Anspruch nehme.[13] Dagegen bestehen bereits nach bisherigem AGB-Recht praktische Bedenken, wie das genannte Beispiel der Einschränkung der Vollmacht des Versicherungsvertreters zeigt.[14] Ferner wirkt sich die Einschränkung der Vollmacht des Verwenders (Unternehmers) für seinen Vertreter nicht nur auf die eigene Gestaltungsmacht aus, sondern zugleich auf die rechtliche Tragweite der Erklärungen des Kunden (Verbrauchers).

Für den Bereich der Verbraucherverträge ist diese Kontroverse i. S. einer umfassenden Inhaltskontrolle auch der Vorformulierung aller einseitigen rechtsgeschäftlichen Erklärungen zu lösen. Denn § 24a will bei Verbraucherverträgen die Inhaltskontrolle auf alle rechtsgeschäftlichen Regelungen erstrecken, die auf das Vertragsverhältnis einwirken.[15] Damit stimmt es überein, daß im Klauselanhang zur Richtlinie unter Nr. 1 lit. n als mißbräuchlich auch Klauseln bezeichnet werden, die darauf abzielen oder zur Folge haben, daß die Verpflichtung des Gewerbetreibenden zur Einhaltung der von seinem

---

[12] *Reich*, Privatrecht und Verbraucherschutz aaO (Fn. 1), S. 11 f.

[13] Ulmer/Brandner/Hensen, AGB-Gesetz, 7. Aufl. 1993, § 1 Rz. 18; *Heinrichs*, NJW 1996, 2190, 2194; *ders.* NJW 1997, 1407, 1408.

[14] Für Inhaltskontrolle in diesem Fall *Beckmann*, NJW 1996, 1378.

[15] *Heinrichs*, NJW 1996, 2190, 2194.

Vertreter eingegangenen Verpflichtungen eingeschränkt wird, oder die diese Verpflichtung von der Einhaltung besonderer Formvorschriften abhängig machen.

b) Gestellte Bedingungen (§ 24a Nr. 1)

§ 24a Nr. 1 dehnt den Verbraucherschutz auf alle vorformulierten Vertragsbedingungen aus, die nicht vom Verbraucher in den Vertrag eingeführt wurden. Schon nach der bisherigen Rechtslage erstreckte sich der Schutz des AGB-Gesetzes auch auf AGB, die von einem Dritten formuliert wurden, z. B. einem Wirtschaftsverband, wenn sie dann von der einen Partei, dem Verwender, in den Vertrag eingeführt werden. Nicht erfaßt war aber der Fall, daß die Vertragsbedingungen von einer anderen Person in den Vertrag eingeführt wurden. Dies ändert sich nun durch Nr. 1: Auch die von einem Dritten vorformulierten und von ihm oder einem Vierten in den Vertrag eingeführten Vertragsbedingungen unterliegen dem Verbraucherschutz. Rechtstechnisch wird dies dadurch angeordnet, daß solche Bedingungen dann als vom Unternehmer gestellt gelten. Es handelt sich um eine unwiderlegliche gesetzliche Fiktion. Sie wurde gewählt, um die Neuerung an die Regelungstechnik des AGB-Gesetzes anzupassen, das in § 1 und an anderen Stellen mit dem Merkmal des Stellens von AGB arbeitet, während die Richtlinie dieses Kriterium nicht kennt.[16]

Dies entspricht dem Schutzkonzept der Richtlinie, die eine Inhaltskontrolle auch auf solche Vertragsklauseln ausdehnen will, die nicht vom Unternehmer gestellt sind, sondern auf Vorschlag eines Dritten in den Vertrag eingeführt wurden.[17] Denn die Richtlinie will den Verbraucher in allen Fällen schützen, in denen ihm wegen der Vorformulierung der eingeführten Bedingungen die Möglichkeit des Aushandelns abgeschnitten wurde, auch wenn die Einführung von dritter Seite geschah. Dieser Konzeption ist § 24a Nr. 1 im Ergebnis gefolgt.[18]

§ 24a Nr. 1 AGBG bewirkt eine bedeutsame Ausdehnung des AGB-Gesetzes und insbesondere der Inhaltskontrolle auf notariell entworfene Verbrau-

---

[16] Regierungsentwurf, BT-Dr. 13/2713, S. 7.

[17] *Heinrichs*, NJW 1993, 1819; *ders.*, NJW 1995, 157; *Damm*, JZ 1994, 161, 166; *Niebling*, WiB 1994, 863; *Reich*, EuZW 1994, 381, 382; *Wolf*, in: Wolf/Horn/Lindacher, Art. 3 RiLi Rz. 23; a. A. *Ulmer*, EuZW 1993, 337, 342; Frey, ZIP 1993, 572, 573; *Eckert*, WM 1993, 1070, 1073; *Klaas*, FS Brandner, 1996, S. 247, 258.

[18] *Heinrichs*, NJW 1996, 2190, 2192.

cherverträge, es sei denn, die Vorformulierung sei einseitig auf Veranlassung des Verbrauchers geschehen.[19] Die Unterwerfung unter das AGB-Gesetz gilt gem. § 24a Nr. 2 AGBG auch dann, wenn die vorformulierten Bedingungen nur für den konkreten Fall entworfen wurden[20]. Die größte praktische Bedeutung wird freilich bei Klauselwerken liegen, die für viele Verbraucher bestimmt sind, z. B. für Kapitalanleger in notariell gestalteten Kapitalanlagemodellen.[21]

Bisher unterlagen Klauseln, die von einem Notar als unparteiischem Dritten ohne einseitige Veranlassung durch eine Partei in den Vertrag eingeführt wurden, im Grundsatz keiner Kontrolle nach dem AGB-Gesetz.[22] Der Notar wurde bisher vom Gesetzgeber auch, vor allem wegen seiner Prüfungs- und Belehrungspflichten gem. § 17 BeurkG, als Garant für den ausreichenden Schutz der Vertragsparteien vor unangemessenen Klauseln angesehen. Diese Pflichten bestehen unvermindert fort. Der Notar bleibt aufgrund § 17 BeurkG verpflichtet, in eigener Verantwortung zu prüfen, ob die Klauseln des notariellen Vertrags gegen §§ 3, 9-11 AGBG verstoßen, und er hat bei eindeutiger Unwirksamkeit einzelner Klauseln deren Beurkundung oder die Beurkundung des ganzen Vertrags gem. § 4 BeurkG, § 14 Abs. 2 BNotO abzulehnen. Nunmehr tritt die nachträgliche gerichtliche Kontrolle nach dem AGB-Gesetz hinzu. Diese Ausdehnung der gerichtlichen Inhaltskontrolle auf notarielle Verbraucherverträge entspricht den Absichten der Richtlinie.[23] Sie bringt eine nicht unwesentliche Veränderung der Stellung des Notars mit sich, auch wenn dessen Pflichten unverändert bleiben.

c) Einmalbedingungen (§ 24a Nr. 2)

§ 24a Nr. 2 AGBG dehnt den Schutz durch wichtige Bestimmungen des AGB-Gesetzes auch auf solche vorformulierten Vertragsbedingungen aus, die nur zur einmaligen Verwendung bestimmt sind. Darin liegt eine bedeutende grundsätzliche Erweiterung des bisherigen Anwendungsbereichs des AGB-

---

[19] *Heinrichs*, NJW 1995, 153, 158; *Brambring*, DeNotI-Report 1996, 147; *Graf v. Westphalen*, BB 1996, 2101; *Wagner*, WM 1997, 849, 856 f.

[20] A. A. *Ulmer*, EuZW 1993, 337, 342; vgl. aber ders. in: Ulmer/Brandner/Hensen, AGB-Gesetz, 8. Aufl. 1997, § 24a Rz. 41.

[21] *Wagner*, WM 1997, 849, 857.

[22] BGH NJW 1991, 843; *Wolf*, in: Wolf/Horn/Lindacher, AGB-Gesetz, § 1 Rz. 28.

[23] *Wolf*, in: Wolf/Horn/Lindacher, AGB-Gesetz, Art. 3 RiLi Rz. 23; *Heinrichs*, NJW 1995, 153, 158.

Gesetzes, das gem. § 1 AGBG bisher auf "allgemeine" Vertragsbedingungen beschränkt war und diese als "für eine Vielzahl von Verträgen vorformulierte Vertragsbedingungen" definiert. Diese Ausdehnung des Anwendungsbereichs wurde durch Art. 3 Abs. 1 Richtlinie notwendig, die einen Schutz des Verbrauchers gegen jede mißbräuchliche Vertragsklausel bezweckt, "die nicht im einzelnen ausgehandelt wurde". Damit sind sowohl für die mehrfache Verwendung als auch für die einmalige Verwendung bestimmte Vertragsklauseln umfaßt.[24]

Auch für die Richtlinie sind freilich die für eine mehrfache Verwendung bestimmten AGB der Hauptanwendungsfall des Verbraucherschutzes. Dies folgt schon aus der besonderen Erwähnung der Formularverträge ("Standardverträge") als Regelbeispiel in Art. 3 Abs. 2 RiLi. Einer besonderen Regelung zur Umsetzung des Regelbeispiels bedurfte es aber nicht, weil dieser Hauptfall bereits durch die Definition der AGB in § 1 AGBG erfaßt ist. Die Bedeutung von § 24a Nr. 2 erschöpft sich also in der Einbeziehung der Einmalklauseln in den Schutz des AGB-Gesetzes.

§ 24a AGBG präzisiert diesen Schutzgedanken näher durch das negative Erfordernis, daß der Verbraucher aufgrund der Vorformulierung auf den Inhalt der Vertragsbedingungen keinen Einfluß nehmen konnte. Dies stimmt mit dem Schutzgedanken der Richtlinie überein, die im Fehlen des Aushandelns den ausschlaggebenden Gesichtspunkt eines Schutzes auch gegen Einmalklauseln sieht.[25] Das Merkmal der fehlenden Einflußnahme des Verbrauchers auf den Inhalt der Klausel stimmt der Sache nach weitgehend mit dem Fehlen einer ausgehandelten Abrede i. S. § 1 Abs. 2 BG ("Individualabrede") überein.[26] Die Gegenmeinung nimmt an, daß für das Vorliegen einer Einflußnahme weniger strenge Anforderungen bestehen als für das Aushandeln (Individualabrede) i. S. § 1 Abs. 2.[27] Nach dem Wortlaut des § 24a Nr. 2 AGBG kann in der Tat der Schutz nach AGB-Gesetz auch bei einer solchen Einmalklausel entfallen, die nicht ausgehandelt wurde, wo aber die

---

[24] *Frey*, ZIP 1993, 572, 576; *Heinrichs*, NJW 1993, 1817, 1818; *Hommelhoff/Wiedenmann*, ZIP 1993, 562, 566; *Graf v. Westphalen*, EWS 1993, 161, 162; *Wolf*, in: Wolf/Horn/Lindacher, Art. 3 RiLi Rz. 18; a. A. *Brandner*, ZIP 1992, 1590; *Eckert*, WM 1993, 1070, 1072.

[25] Vgl. auch *Hommelhoff/Wiedenmann*, ZIP 1993, 562, 566; *Wolf*, in: Wolf/Horn/Lindacher, Art. 3 RiLi Rz. 1.

[26] *Heinrichs*, NJW 1997, 1409.

[27] *Klaas*, FS Brandner, 1996, S. 254, 257; *Graf v. Westphalen*, BB 1996, 2101, 2102.

Möglichkeit der Einflußnahme bestand. Formal läßt sich diese Auffassung dadurch unterstützen, daß § 24a Nr. 2 (anders als Nr. 1) nicht auf § 1 Abs. 2 AGBG Bezug nimmt. Es dürfte aber gerade bei Einmalklauseln kein relevanter Unterschied im Schutzniveau zwischen beiden Kriterien ("ausgehandelt" und "Möglichkeit einer Einflußnahme") bestehen. Im übrigen ist kein sachlicher Grund ersichtlich, den Verbraucherschutz im Fall der Einmalbedingungen nach Nr. 2 einzuschränken.

Falls der Verbraucher also die Möglichkeit einer Einflußnahme auf den Inhalt der betreffenden Vertragsklauseln hatte, ist die Anwendung des AGB-Gesetzes ausgeschlossen. Es kommt nicht darauf an, ob er tatsächlich Einfluß genommen hat, wohl aber darauf, ob er eine hinreichende Überlegungsfrist mit der Möglichkeit der Kenntnisnahme und des Verständnisses hatte, ggf. nach Erläuterung, und sich dann freiwillig für das Klauselwerk entschieden hat, nachdem ihm dessen Bedeutung klar geworden ist. Freiwillig in diesem Sinne ist die Entscheidung dann, wenn der Unternehmer erkennbar zur Abänderung bereit war. Die Maßstäbe, die zur Individualabrede i. S. § 1 Abs. 2 AGBG entwickelt worden sind, können insofern auch bei der Auslegung von § 24a Nr. 2 AGBG herangezogen werden.[28] Nach dem Wortlaut der Norm muß der Verbraucher beweisen, daß er keine Möglichkeit der Einflußnahme hatte.[29] Diese geringfügige Einschränkung des Verbraucherschutzes ist für den Fall der Einmalklausel nicht zu beanstanden. Dabei hilft dem Verbraucher bei der Führung des Beweises der Beweis des ersten Anscheins.[30] Denn Nr. 2 unterstellt als typischen Kausalverlauf, daß die Vorformulierung dem Verbraucher die Einflußnahme abschneidet.

Rechtsfolge ist, daß auch bei Einmalklauseln ein selektiver Schutz nach den §§ 5, 6 und 8-12 AGBG eingreift. Demnach gehen Zweifel bei der Auslegung der Vertragsbedingungen zu Lasten des Unternehmers, d. h. von mehreren möglichen Auslegungsalternativen ist die dem Verbraucher günstigste zu wählen.[31] Anders, wenn die dem Verbraucher ungünstige Auslegung zur Unwirksamkeit der Klausel führt. Ist die betreffende Klausel unwirksam, so bleibt der Vertrag gem. § 6 AGBG im übrigen wirksam. Die Vertragsklausel unterliegt einer Inhaltskontrolle gem. §§ 9-11. Weitere Einzelheiten sind hier

---

[28] *Graf v. Westphalen*, EWS 1993, 162 f; *Heinrichs*, NJW 1996, 2193.

[29] Palandt/*Heinrichs*, BGB, 56. Aufl., § 24a Rz. 13; *Wolf*, in: Wolf/Horn/Lindacher, AGB-Gesetz, Art. 3 RiLi Rz. 30.

[30] Palandt/*Heinrichs*, BGB, 56. Aufl., § 24a Rz. 13.

[31] Vgl. auch Art. 5 S. 2 Richtlinie.

nicht zu erörtern. Hervorzuheben ist, daß § 3 AGBG, wonach überraschende Klauseln nicht Vertragsinhalt werden, in der Norm nicht erwähnt und damit nicht für anwendbar erklärt ist. Dies geht auf eine Streichung durch den Rechtsausschuß des Bundestags zurück[32] und ist zu bedauern.[33] Die Lücke ist durch richtlinienkonforme Auslegung des § 24a Nr. 2 AGBG zu schließen, so daß auch überraschende Einmalklauseln nicht Vertragsinhalt werden.

3. *Die Inhaltskontrolle der Verbraucherverträge*

Die mit der Richtlinie bezweckte richterliche Inhaltskontrolle von Klauseln in Verbraucherverträgen ist durch die materiellen Bestimmungen des AGB-Gesetzes bereits weitgehend verwirklicht, so daß sich auch hier die Umsetzung der Richtlinie auf punktuelle Änderungen beschränken konnte.

a) Berücksichtigung der Umstände des Vertragsschlusses (§ 24a Nr. 3)

§ 24a Nr. 3 ordnet bei der Inhaltskontrolle von Verbraucherverträgen auch die Berücksichtigung der Umstände des Vertragsschlusses an. Die Vorschrift dient der Umsetzung von Art. 4 Abs. 1 Richtlinie, der die Einbeziehung u. a. aller den Vertragsschluß begleitenden Umstände in die Mißbrauchskontrolle vorschreibt.[34] Dieser gesetzliche Maßstab für die Inhaltskontrolle von Vertragsklauseln ist neu und fand sich zuvor im Gesetzestext des AGB-Gesetzes nicht. Es ist daher zu fragen, ob die Einführung von § 24a Nr. 3 zu einer grundlegenden Veränderung der Konzeption der Inhaltskontrolle nach diesem Gesetz führt.

In der Literatur wird verbreitet der Richtlinie ein individuell-konkretes Kontrollkonzept zugeschrieben, und dies wird insbesondere aus dem in § 24a Nr. 3 AGBG umgesetzten Gebot des Art. 4 Abs. 1 Richtlinie entnommen, die Umstände des Vertragsschlusses zu berücksichtigen.[35] Das AGB-Gesetz folgt dagegen nach h. M. bisher bei der Inhaltskontrolle einer generalisierenden, überindividuellen Betrachtung.[36] Daraus müßte man folgern, daß im AGB-

---

[32] BT-Dr. 13/4699, S. 6.

[33] Zutr. *Heinrichs*, NJW 1996, 2193.

[34] Vgl. auch BT-Dr. 13/2713, S. 7 f.

[35] *Hommelhoff/Wiedenmann*, ZIP 1993, 562, 568; *Schmidt-Salzer*, JZ 1995, 223; einschränkend *Heinrichs*, NJW 1996, 2190, 2193.

[36] BGHZ 98, 303 = NJW 1987, 487; BGHZ 110, 241 = NJW 1990, 1601; Ulmer/Brandner/Hensen, § 9 Rz. 78.

Gesetz nach der Einführung des § 24a Nr. 3 nunmehr ganz unterschiedliche Kontrollkonzepte aufeinanderprallen. Dies ist aus mehreren Gründen nicht der Fall. Erstens folgt auch die Richtlinie neben der individuell-konkreten Betrachtung einer generell-abstrakten Sichtweise, wie sich schon aus Art. 7 Abs. 2 und dem Klauselanhang zu Art. 3 Abs. 3 Richtlinie ergibt.[37] Zweitens ist nach bisherigem AGB-Gesetz im Zusammenhang mit dem Transparenzgebot von der Rechtsprechung auch eine individualisierende Berücksichtigung der Umstände des Vertragsschlusses angewendet worden. Der bisweilen zitierte Satz des BGH, die Umstände des Vertragsschlusses seien bei der Inhaltskontrolle von Klauseln nicht zu berücksichtigen,[38] ist nur für das Verbandsklageverfahren gebraucht und betrifft auch dort nur die Ablehnung der Berücksichtigung individueller Umstände des Vertragsschlusses. Der BGH hält es für zulässig, eine im Verbandsverfahren für unwirksam erklärte Klausel im Individualverfahren wegen Berücksichtigung entsprechender positiver Umstände des Vertragsschlusses für wirksam zu erklären.[39] Der Unterschied der beiden Kontrollkonzepte darf daher nicht überschätzt werden.

Ein dritter und bislang weitgehend übersehener Grund dafür liegt darin, daß die Berücksichtigung der Umstände des Vertragsschlusses selbst auch einer generalisierenden Betrachtungsweise zugänglich ist. Das in § 24a Nr. 3 AGBG umgesetzte Gebot, die Umstände des Vertragsschlusses zu berücksichtigen, betrifft nach dem Wortlaut und Sinn der Norm alle Umstände, also keineswegs nur die individuellen Umstände. Vielmehr sind auch die generellen Umstände erfaßt, die bei vielen oder allen Verträgen vorliegen. Sie stehen in der Praxis im Vordergrund. Die Umstände des Vertragsschlusses können nämlich vom Anbieter einer Ware oder Dienstleistung oder durch Einflüsse von dritter Seite generell (zu Ungunsten oder auch zu Gunsten des Verbrauchers) gestaltet sein, z. B. in Verbindung mit einer bestimmten (ggf. irreführenden oder aufklärenden) Werbung, mit der Art des Angebots nach Ort und Angebotsmedium, oder im Hinblick darauf, daß dem Verbraucher nach den angewandten Vertriebsmethoden generell wenig Zeit und Gelegenheit zur Erfassung des Inhalts und der Tragweite der Vertragsklauseln bleibt. Beispiele bieten der Automatenvertrieb von Fahrkarten, Flugscheinen, Versicherungspolicen, der Schaltervertrieb im Massenverkehr mit unvollständigen oder irreführenden Hinweisschildern. Individuelle und generell gegebene

---

[37] *Heinrichs*, NJW 1996, 2193 f; generell *Wolf*, in: Wolf/Horn/Lindacher, Art. 4 RiLi Rz. 3.

[38] BGHZ 112, 204, 212 = NJW 1991, 36; BGHZ 116, 1, 5 = NJW 1992, 179.

[39] BGHZ 116,1, 5.

Umstände können dabei zusammentreffen. Soweit es sich um generell gegebene Umstände handelt, bestehen entgegen der h. M. auch keine Bedenken, diese auch in einem Verbandsklageverfahren zu berücksichtigen.[40]

b) Konkretisierung der Bewertungskriterien nach deutschem Recht

Als Kriterien, nach denen die Umstände des Vertragsschlusses bei der Inhaltskontrolle von Vertragsklauseln zu beurteilen sind, nennt die Richtlinie im 16. Erwägungsgrund, Satz 3, einige Gesichtspunkte. Danach ist "bei der Beurteilung von Treu und Glauben ... besonders zu berücksichtigen, welches Kräfteverhältnis zwischen den Verhandlungspositionen der Parteien bestand, ob auf den Verbraucher in irgend einer Weise eingewirkt wurde, seine Zustimmung zu der Klausel zu geben, und ob die Güter und Dienstleistungen auf eine Sonderbestellung des Verbrauchers hin verkauft bzw. erbracht wurden". Bei der weiteren Konkretisierung der hier genannten Kriterien muß auf das deutsche Zivilrecht zurückgegriffen werden, wobei die bisherige Rechtsprechung zum AGB-Gesetz nur sehr begrenzt hilfreich ist.

Im deutschen Zivilrecht wird die Verhandlungssituation hauptsächlich im Rahmen der Haftung wegen culpa in contrahendo berücksichtigt.[41] Danach muß derjenige, der fahrlässig unter Verletzung von vorvertraglichen Aufklärungs- und Informationspflichten einen Irrtum beim Vertragspartner erregt oder aufrechterhalten hat, für den Schaden aufkommen, der gerade in der Vertragsbindung besteht.[42] Von dieser - freilich nicht unumstrittenen und eher als Ausnahme zu verstehenden - Rechtsprechung ist es kein weiter Schritt zu der weniger weitreichenden und mit dem System des deutschen Zivilrechts eher verträglichen Lösung, nur die Bindung an bestimmte Klauseln, über deren Bedeutung ein Irrtum erzeugt oder aufrechterhalten wurde, nach § 24a Nr. 3 iVm § 9 AGBG zu verneinen. Damit soll nicht der Tatbestand der c.i.c.-Haftung vollinhaltlich in den Tatbestand des § 24a Nr. 3 AGBG hineininterpretiert werden. Denn die Haftung aus c.i.c. folgt eigenen Gesetzen; sie geht über die Sanktionen des AGB-Gesetzes hinaus und ergänzt sie. So kann jemand auch dafür auf Schadensersatz haften, daß er fahrlässig unwirksame

---

[40] A. A. *Damm*, JZ 1994, 161, 174; *Heinrichs*, NJW 1993, 1817, 1820; *ders.*, NJW 1996, 2190, 2194; im Ergebnis auch BGHZ 116, 1, 4f..(betr. Transparenzgebot), wo aber wohl hauptsächlich Beweisprobleme den Ausschlag gaben.

[41] Überblick bei *Horn*, JuS 1995, 377-387.

[42] BGH NJW 1962, 1196, 1198.

AGB-Klauseln verwendet.[43] Aber aus dem reichen Erfahrungsschatz der Rechtsprechung zur culpa in contrahendo lassen sich Konkretisierungen hinsichtlich allgemeiner oder geschäftsspezifischer Informations-, Aufklärungs- und Beratungspflichten gewinnen, deren Verletzung dann ein i. S. § 24a Nr. 3 AGBG relevanter Umstand des Vertragsschlusses sein kann.[44]

Die im 16. Erwägungsgrund der Richtlinie genannten Kriterien des ungleichen Kräfteverhältnisses und der Einwirkung auf den Verbraucher finden eine Parallele in der neuen Rechtsprechung zur Sittenwidrigkeit von Angehörigenbürgschaften wegen ungewöhnlicher Belastung des Bürgen und wegen Vertragsschlusses aufgrund "strukturell ungleicher Verhandlungsstärke".[45] Von den Kriterien, die nach dieser Rechtsprechung zu einem strukturellen Ungleichgewicht i. S. einer starken Einschränkung der Entscheidungsfreiheit bei Vertragsschluß führen, sind für die Kontrolle von Vertragsklauseln nach AGB-Gesetz die folgenden beachtenswert: geschäftliche Unerfahrenheit, seelischer Druck, verharmlosende Äußerungen ("nur für die Akten") oder sonstiges irreführendes Verhalten des anderen Teils, aber auch Umstände, die zu einer Überrumpelung führen.[46]

Bei der Frage des Kräfteverhältnisses i. S. der Richtlinie geht es wohl aber nicht nur um die genannten psychologischen Umstände, sondern auch um wirtschaftliche Gegebenheiten. Allerdings kann es nicht auf die absolute wirtschaftliche Größe des Unternehmers nach Umsatz oder Gewinn ankommen, schon weil eine daraus möglicherweise folgende Überlegenheit durch Wettbewerb wieder ausgeglichen werden kann. Möglicherweise relevant i. S. der Richtlinie könnte die Abhängigkeit des Verbrauchers vom Angebot des Unternehmers sein, die umso mehr gegeben ist, je mehr es an Wettbewerb fehlt und zugleich der Verbraucher auf das betreffende Leistungsangebot angewiesen ist, z. B. bei Angeboten öffentlicher Verkehrsbetriebe oder Energieversorger. Ein solcher neuer Kontrollmaßstab der "Abhängigkeit" ist freilich nicht unbedenklich, wenn man dadurch die seit jeher gegebenen Grenzen des sittenwidrigen Monopolmißbrauchs in Richtung auf eine ausgedehnte Ab-

---

[43] BGH ZIP 1984, 1198, 1200; *Horn*, JuS 1995, 382.

[44] Allg. zu diesen Pflichten im Bankgeschäft und bei Finanzdienstleistungen *Horn*, ZBB 1997, 139, 144 f; *Balzer*, ZBB 1997, 260 ff.

[45] BVerfGE 89, 214 = WM 1993, 2199 = NJW 1994, 36 = ZIP 1993, 1775; BVerfG ZIP 1994, 1516; BGH ZIP 1994, 614 = WM 1994, 680; BGHZ 125, 206 = ZIP 1994, 520 = WM 1994, 676; zum Ganzen *Horn*, WM 1997, 1081 ff.m. w. Nachw.

[46] *Horn*, WM 1997, 1081 ff.

schlußkontrolle bei weniger deutlichen Abhängigkeiten verschieben will. Soweit der 16. Erwägungsgrund der Richtlinie die Einwirkung auf den Verbraucher für relevant erklärt, ist zwischen einer zulässigen und einer Treu und Glauben widersprechenden Einwirkung zu unterscheiden. Die normalen Bemühungen, um Kunden durch Werbung, Verkaufsgespräche u. ä. zu gewinnen, sind nicht zu beanstanden. Ein Verstoß gegen Treu und Glauben liegt dagegen z. B. vor, wenn dabei unvollständige oder irreführende Informationen gegeben werden. Im übrigen spielen die erwähnten Kriterien des strukturellen Ungleichgewichts eine Rolle, also die Ausnutzung geschäftlicher Unerfahrenheit, verharmlosende Erklärungen oder Hinweise, irreführende Angebote oder Überrumpelung.

Die Berücksichtigung der Umstände des Vertragsschlusses kann dazu führen, daß Vertragsklauseln deshalb unwirksam sind, weil die Entscheidungsfreiheit des Verbrauchers beim Vertragsschluß im Hinblick auf eine bedenkliche Klausel eingeschränkt war. Eine inhaltlich angemessene Klausel, in der die Interessen des Verbrauchers ausreichend berücksichtigt sind, wird nicht dadurch unwirksam, daß eine solche Einschränkung der Entscheidungsfreiheit des Verbrauchers vorlag. Das in § 24a Nr. 1 normierte Kriterium kann also nur im Zusammenhang mit inhaltlichen Kriterien die Unwirksamkeit der Klausel i. S. § 9 AGBG begründen. Diese Frage der inhaltlichen Kriterien, an denen eine Klausel stets zugleich zu messen ist, ist im deutschen AGB-Recht nicht unumstritten und vor allem im Hinblick auf das Transparenzgebot erörtert worden. Aber auch hier gilt, daß eine intransparente Klausel nur dann der Unwirksamkeit verfällt, wenn sie in irgend einer Weise dem Verbraucher oder Kunden nachteilig ist.

c) Richtlinienkonforme Inhaltskontrolle und nationale Privatrechte

Die vorliegenden Überlegungen zeigen, wie sehr es bei der Konkretisierung der gemeinschaftsrechtlichen Vorgaben darauf ankommt, auf die im nationalen Privatrecht entwickelten Einzelkriterien zurückzugreifen. Es handelt sich dabei nicht um eine Verdrängung des Gemeinschaftsrechts durch nationales Recht, sondern um seine sinnvolle Ergänzung und Ausfüllung, um das Gemeinschaftsrecht bzw. das gemeinschaftsrechtlich harmonisierte nationale Privatrecht anwendbar zu machen.

Dies kann natürlich nur in dem Maß geschehen, als das Gemeinschaftsrecht nicht selbst inhaltliche Vorgaben macht. Diese sind dann im Rahmen einer richtlinienkonformen Auslegung vorrangig zu berücksichtigen. Dabei kann festgestellt werden, daß Kernbegriffe des Gemeinschaftsrechts und des deutschen Privatrechts übereinstimmen. Dies gilt vor allem für den Begriff von Treu und Glauben als grundlegenden Maßstab der Inhaltskontrolle sowohl nach § 9 AGBG als auch nach Art. 3 Abs. 1 der Richtlinie. Bei der Formulierung von § 24a Nr. 3 AGBG ging der deutsche Gesetzgeber ersichtlich davon aus, daß die in der Norm genannte "unangemessene Benachteiligung nach § 9" mit dem "erheblichen und ungerechtfertigten Mißverhältnis der vertraglichen Rechte und Pflichten der Vertragspartner" i. S. Art. 3 Abs. 1 der Richtlinie im Grundsatz übereinstimmt.[47] Die in Art. 4 Abs. 1 RiLi gebotene Berücksichtigung der Art der Güter oder Dienstleistungen, die Gegenstand des Vertrags sind, bedeutet keine Einschränkung des Verbraucherschutzes auf bestimmte Vertragsinhalte. Sie stimmt im übrigen mit den Grundsätzen des bisherigen AGB-Rechts überein, wonach die Interessen des Verwenders gegenüber denen des Kunden abzuwägen und Gegenstand, Inhalt, Zweck und Eigenart des Vertrags zu berücksichtigen sind.[48] Im übrigen sind die Maßstäbe von Treu und Glauben anhand der überreichen Rechtsprechung zum deutschen AGB-Gesetz auszufüllen. Soweit dabei der im deutschen AGB-Recht bezweckte weitergehende Schutz des Kunden (anstelle des Schutzes nur des Verbrauchers) zum Zuge kommt, ist dies unschädlich, weil ein weitergehender Schutz durch das nationale Recht gem. Art. 8 der Richtlinie zulässig ist.

Die Konkretisierung von Treu und Glauben erfolgt demnach weitgehend anhand der von der deutschen Rechtsprechung und Literatur herausgearbeiteten Grundsätze. Dies führt zu der Frage, ob es stattdessen andersartige gemeineuropäische rechtsethische Grundsätze von Treu und Glauben gibt, die dann gegenüber den deutschen Grundsätzen gemäß der richtlinienkonformen Auslegung den Vorrang hätten. Im allgemeinen ist ein Konflikt zwischen Grundsätzen des deutschen Rechts und des gemeineuropäischen Rechts auf diesem Gebiet zu verneinen. Die nationalen Rechtsordnungen des mittleren, südlichen und westlichen Teils des europäischen Kontinents und damit der Mehrzahl der Mitgliedstaaten der EU sind vom römischen Recht geprägt und von seinem Grundbegriff von Treu und Glauben als Grundprinzip der Vertragsbindung und der Vertragsgerechtigkeit.[49] Über die equity-Rechtsprechung ist auch im englischen Recht ein entsprechender, wenngleich schwä-

---

[47] Vgl. auch BT-Dr. 13/2713, S. 5.

[48] BGH NJW 1986, 2102; NJW 1987, 2576.

[49] Zur bona fides im römischen Recht *Pringsheim*, Ius aequum und ius strictum, SZRom 42 (1921), 643-668 (650f.); *Horn*, Aequitas in den Lehren des Baldus, 1968, S. 103 f., 162 f.

cherer Einfluß zu verzeichnen. Dementsprechend ist der Begriff in allen europäischen Privatrechten der genannten Länder anzutreffen (bonne foi, buena fé, buona fede, good faith).[50]

Andererseits ist nicht zu verkennen, daß die aus diesem Begriff fließenden Grundsätze in den einzelnen nationalen Privatrechten eine durchaus unterschiedliche Ausprägung gefunden haben und finden. Diesen Umstand kann und muß aber der deutsche Richter nur dann berücksichtigen, wenn sich über die einzelnen nationalen Rechtsordnungen hinausgreifende gemeineuropäischen Grundsätze von Treu und Glauben abzeichnen, die vom deutschen Recht abweichen. Dies kann vor allem durch eine Fortentwicklung der Interpretation der Richtlinie über mißbräuchliche Klauseln durch die Rechtsprechung des EuGH geschehen, ggf. auch durch andere Richtlinien. Einen Ansatzpunkt dazu können vor allem gemeineuropäische Vorstellungen über Zweck, Umfang und Art und Weise des Verbraucherschutzes haben, die der Richtlinie und anderen Richtlinien zugrunde liegen. In diesen Fällen muß die richtlinienkonforme Auslegung die Umsetzung dieser gemeineuropäischen Grundsätze in das deutsche Recht fördern.

d) Insbesondere: das Transparenzgebot

Die in § 24a AGBG angesprochene Inhaltskontrolle i. S. der Richtlinie muß auch die Prüfung umfassen, ob die in Frage stehenden Vertragsklauseln dem Gebot der Transparenz entsprechen. Das Transparenzgebot ist in Art. 4 Abs. 2 letzter Halbsatz und in Art. 5 Richtlinie normiert. So müssen alle schriftlich niedergelegten Vertragsklauseln klar und verständlich abgefaßt sein. Das Gebot der Transparenz in diesem Sinne hatte aber bereits zuvor im AGB-Gesetz an verschiedenen Stellen seinen Ausdruck gefunden, nämlich in den §§ 2, 3 und 5 AGBG. Die neuere Rechtsprechung hat das Transparenzgebot bereits vor Umsetzung der Richtlinie als wichtigen Bestandteil einer Inhaltskontrolle nach § 9 AGBG angesehen.[51]

Das Transparenzgebot gebietet, daß die Klausel für den Durchschnittskunden, der durch die betreffende Art von Geschäft angesprochen werden soll, durchschaubar und verständlich ist.[52] Tatbestand und Rechtsfolgen der Klau-

---

[50] Vgl. auch *Coing*, Europäisches Privatrecht, Bd. I 1985, S. 404; Bd. II 1989, S. 444.

[51] BGHZ 106, 42, 49 = WM 1988, 1780 = NJW 1989, 222 = WuB I E 4-2.89 *Canaris*; BGHZ 112, 115, 118 f.= NJW 1990, 2383; BGH NJW 1992, 3158, 3161.

[52] BGHZ 106, 42, 46; 112, 115, 118 f.; BGH NJW 1993, 2052, 2054; *Wolf/Ungeheuer*, JZ 1995, 176, 180.

sel müssen bestimmt und für den Kunden verständlich sein und dürfen ihn nicht irreführen.[53] Die Klausel muß Rechtsklarheit schaffen und darf den Kunden nicht durch Verschleierung der Rechtslage oder deren unzutreffende Darstellung davon abhalten, seine Rechte wahrzunehmen[54] oder in ihm die irrige Vorstellung weitergehender Pflichten hervorrufen.[55] Auch die unzutreffende Einordnung eines Vertrags unter einen nicht passenden Vertragstyp darf keine solche Irreführung bewirken.[56] Soweit in den Transparenzkriterien eine generalisierende Betrachtungsweise wirksam wird, die auf den Durchschnittskunden und seine Erwartung abstellt, widerspricht dies nicht einer richtlinienkonformen Auslegung des § 24a, da auch die Richtlinie, wie bereits dargelegt, eine generalisierende mit einer individualisierenden Betrachtung kombiniert.

Von der Inhaltskontrolle sind nach Art. 4 Abs. 2 Richtlinie die Bestimmungen des Hauptgegenstandes des Vertrags (Leistungsbestimmung) und die Angemessenheit des Preises für die Dienstleistungen und Gütern (Preiskontrolle) ausgenommen. Diese Ausnahmen von der Inhaltskontrolle stimmen mit einem elementaren Erfordernis einer freien Marktwirtschaft überein. Anders geartete Bestrebungen, durch die Verbraucherschutzrichtlinie zugleich mit der Inhaltskontrolle von Vertragsklauseln eine Preiskontrolle rechtlich zu etablieren, wurden zurückgewiesen. Der Ausschluß einer AGB-rechtlichen Inhaltskontrolle von Preisen und Leistungsbestimmungen stimmt mit der von der deutschen Rechtsprechung und Lehre entwickelten Dogmatik zu § 8 AGBG überein.

Art. 4 Abs. 2 Richtlinie macht allerdings die Kontrollfreiheit der Leistungsbestimmungen und Preise (Preisangemessenheit) davon abhängig, daß die entsprechenden Klauseln klar und verständlich abgefaßt sind, also mit dem Transparenzgebot übereinstimmen. Auch dies stimmt mit einer Tendenz der neueren deutschen Rechtsprechung überein.[57]

---

[53] BGH NJW 1991, 2559, 2560.

[54] BGHZ 108, 52, 57.

[55] BGH NJW 1992, 3158, 3161; BGH NJW-RR 1990, 1141.

[56] BGH NJW 1992, 3158, 3161 betr. Vermittlungsvertrag statt Reisevertrag.

[57] BGHZ 106, 42, 49 = WM 1988, 1780 = NJW 1989, 222; BGHZ 112, 115 = WM 1990, 1367 = NJW 1990, 2383.

4. *Fazit: lückenlose Umsetzung*

Bei der Beurteilung der Frage, ob die Umsetzung der Richtlinie durch das Umsetzungsgesetz von 1996, insbesondere durch § 24a AGBG sowie § 12 AGBG lückenlos erfolgt ist, ist zunächst zu beachten, daß dem deutschen Gesetzgeber bei der Umsetzung der Richtlinie ein weiter Gestaltungsspielraum zustand, wie er sich allgemein aus Art. 189 Abs. 3 EGV und aus dem Wortlaut der Richtlinie insofern ergibt, als diese selbst bestimmte Spielräume hinsichtlich der Schutzziele freigibt, z. B. in Art. 8.[58] Ferner ist zu berücksichtigen, daß der deutsche Gesetzgeber schon durch das bisherige AGB-Gesetz die meisten Schutzziele der Richtlinie erreicht oder übertroffen hat, und es insofern keine ausdrückliche Übernahme in das AGB-Gesetz bedurfte. Soweit sich aus verbleibenden Unterschiedlichkeiten der Schutzziele Umsetzungsdefizite ergeben sollten, können diese durch eine richtlinienkonforme Auslegung des AGB-Gesetzes ausgeschlossen werden. Insgesamt ist daher eine lückenlose Umsetzung der Richtlinie in das deutsche Recht festzustellen.

III. Verbraucherschutz als Leitidee gemeinschaftsrechtlichen Privatrechts

1. *Verbraucherschutz und Privatrechtsharmonisierung*

a) Bedeutung des Verbraucherschutzes für das Privatrecht

Norbert Reich hat das europäische Verbraucherschutzrecht der Europäischen Union als das "Wirtschaftsrecht des europäischen Bürgers schlechthin" bezeichnet.[59] In dieser etwas großzügigen Formulierung steckt die zutreffende Beobachtung, daß sich Verbraucherschutz als Leitidee der Privatrechtsharmonisierung in der EU darstellt. Die Idee des Verbraucherschutzes hat in der Gemeinschaft eine beachtliche Karriere durchlaufen. Im Jahr 1975 verabschiedete der Rat das "Erste Programm für eine Politik zum Schutz und zur Unterrichtung der Verbraucher".[60] Nach einem zweiten Programm von 1981

---

[58] *Wolf*, in: Wolf/Horn/Lindacher, Art. 1 RiLi Rz. 16.

[59] *Reich*, Privatrecht und Verbraucherschutz aaO. (Fn. 1), S. 2; *ders.*, Europäisches Verbraucherschutzrecht - Binnenmarkt und Verbraucherinteresse, 1993, No. 275.

[60] ABl. 1975, Nr. C 92, S. 1. Zum folgenden auch *Reich*, Privatrecht und Verbraucherschutz aaO (Fn. 1), S. 2; *Matusche*, EU-Verbraucherschutz und deutsches Bankvertragsrecht, Diss. Köln 1998, § 2.

beschloß die Kommission 1990 einen dreijährigen verbraucherpolitischen "Aktionsplan",[61] dem sich ein weiterer Aktionsplan 1993 anschloß.[62] Der Unionsvertrag hat in Art. 3 lit. s "einen Beitrag zur Verbesserung des Verbraucherschutzes" zur Aufgabe der Europäischen Gemeinschaft erklärt und in Art. 129a eine ausdrückliche Rechtsgrundlage dafür geschaffen. Art. 129a EGV erweitert die verbraucherpolitischen Kompetenzen der Gemeinschaft, die aber nicht überschätzt werden dürfen; denn als Hauptinstrument nennt die Norm Maßnahmen zur Verwirklichung des Binnenmarktes nach Art. 100a EGV. Ferner ergibt sich aus Art 129a, daß auch künftig in erster Linie die Mitgliedstaaten für den Verbraucherschutz verantwortlich sind und die Gemeinschaft subsidiär i. S. Art. 3b EGV tätig wird. Immerhin zeigt die große Fülle der Richtlinien und Richtlinienentwürfe, die dem Verbraucherschutz dienen, und ihre z. T. erfolgreiche Umsetzung, daß von dieser Möglichkeit ausgiebig Gebrauch gemacht wird.

Diese Richtlinien zielen überwiegend auf das Privatrecht und hier wiederum mit Schwerpunkt auf das Vertragsrecht. Der Verbraucher i.w.S., d. h. der Bürger, soweit er außerhalb einer gewerblichen oder selbständigen beruflichen Tätigkeit am Rechtsverkehr als Konsument, privater Kreditnehmer oder Anleger auftritt, soll geschützt werden. Dies betrifft weite Bereiche des Zivilrechts. Dabei zeigen sich sowohl auf der Ebene der EG-Richtlinienentwürfe und EG-Richtlinien als auch auf der Ebene der Umsetzung häufig Tendenzen einer Verallgemeinerung der angestrebten Regelung. Die hier näher betrachtete EG-Richtlinie über mißbräuchliche Klauseln von 1993 z. B. hatte im Entwurfstadium eine Reihe sehr viel weiterreichender Regelungen: sie sollte alle Individualvereinbarungen erfassen, die Inhaltskontrolle auch auf das Preis-Leistungs-Verhältnis erstrecken, und auch solche Klauseln einer Kontrolle unterwerfen, in denen lediglich geltende Rechtsnormen widergegeben wurden.[63] Diese Vorstellungen trafen auf verständliche und deutliche Kritik in Deutschland sowohl der Gesetzgebungsorgane[64] als auch der Literatur[65] und konnten von der EG-Kommission nicht durchgesetzt werden. Eine

---

61 Mit den Schwerpunkten: Verbrauchervertretung, Verbraucherunterrichtung und -erziehung, Verbrauchersicherheit und -gesundheit sowie verbraucherrelevante Transaktionen. KOM (90) 98 endg.

62 KOM (93) 398 endg.

63 Überblick bei *Eckert*, WM 1993, 1070, 1072.

64 Kritik an der Mißbrauchskontrolle auch für Individualvereinbarungen durch den Beschluß des Bundesrates, BR-Dr. 611/90 (Beschluß), S. 1 ff.

65 *Brandner/Ulmer*, BB 1991, 701, 703 ff.

Tendenz zur Verallgemeinerung von Regelungsansätzen läßt sich aber auch auf der Ebene der Umsetzung in nationales Recht beobachten. Dies gilt etwa für die Umsetzung der EG-Verbraucherkreditrichtlinie[66] durch das Verbraucherkreditgesetz.[67] Das Gesetz erfaßt tendenziell alle Privatkredite ohne die nach Art. 2 Abs. 1 lit f der Verbraucherkreditrichtlinie vorgesehene Möglichkeit einer betragsmäßigen Begrenzung (20.000 Ecu), also z. B. auch den Millionenkredit einer Privatperson zu Spekulationszwecken.[68] Ferner erstreckt sie sich mit kleineren Einschränkungen auch auf grundpfandrechtlich gesicherte Kredite (§ 3 Abs. 2 Nr. 2 VKG).

Ein abschreckendes Beispiel für überzogene Regelungen bietet außer dem bereits erwähnten ursprünglichen Vorschlag zur Richtlinie über mißbräuchliche Klauseln auch der Vorschlag der Kommission für eine "Richtlinie über den Verbrauchsgüterkauf und Verbrauchsgütergarantien".[69] Die rechtstechnischen und regelungspolitischen Mängel dieses Entwurfes haben bereits eine heftige Kritik hervorgerufen.[70]

b) Die Einfügung von Richtlinienrecht in die nationalen Privatrechte

Unsere Fallstudie der Richtlinie über mißbräuchliche Klauseln in Verbraucherverträgen hat gezeigt, daß die Umsetzung einer Richtlinie dort mit relativ geringem Aufwand vollzogen werden kann, wo der nationale Gesetzgeber bereits die Regelungsmaterie in ähnlicher Weise gesetzlich normiert hat, wie dies durch das AGB-Gesetz geschehen ist. Gleichwohl bleiben auch hier Verkomplizierungen nicht aus, um die verschiedenen Schutzbereiche und Anwendungsebenen voneinander abzugrenzen und zu harmonisieren. So gilt die Berücksichtigung der Vertragsumstände und der Schutz auch für Einmalklauseln nur bei Verbraucherverträgen, während der übrige Schutz des AGB-Gesetzes auch dem kaufmännischen Kunden zugute kommt. Sehr viel größere Umsetzungsprobleme hätten sich ergeben, wenn die erwähnten ursprünglichen Regelungsvorschläge auch nur teilweise in die Richtlinie aufgenommen worden wären. Zugleich hat die Fallstudie gezeigt, daß für die Konkretisie-

---

[66] V. 22. 12. 1986, ABl. 1987 Nr. l 42/48, idF der Änderungsrichtlinie v. 22. 2. 1990, ABl. 1990, Nr. l 61/14.

[67] V. 17. 12. 1990, BGBl. I S. 2840, idF der Novelle v. 27. 4. 1993, BGBl. I.509.

[68] *Ulmer/Habersack*, Verbraucherkreditgesetz. Kommentar, 2. Aufl. 1995, § 1 Rz. 23.

[69] KOM (95) 520 endg., ABl. EG 1996, Nr. c 307, S. 8-11, mit Begründung abgedruckt in ZIP 1996, 1845 ff.

[70] *Junker*, DZWir 1997, 271 ff.

rung der Norm und ihre leichtere Anwendbarkeit in großem Umfang auf Kriterien des bereits bestehenden nationalen deutschen Privatrechts zurückgegriffen werden muß. Dies führt zu der Frage, ob die Einfügung in die jeweiligen nationalen Privatrechte nicht dazu führen muß, daß im Detail es zu sehr unterschiedlichen Anwendungspraktiken in den einzelnen nationalen Privatrechten kommt, die auch durch eine richtlinienkonforme Auslegung nicht voll kompensiert werden kann.

Auf der anderen Seite sind auch einheitsstiftende Faktoren zu berücksichtigen. Zu ihnen gehört einmal die gemeinsame historische Tradition und geistige Struktur der europäischen Privatrechtsordnungen auf der Grundlage des gemeinen römischen Rechts und gemeineuropäischer neuzeitlicher Rechtsentwicklungen.[71] Allerdings darf diese heute häufig beschworene gemeinsame historische Grundlage der nationalen europäischen Privatrechtsordnungen nicht in dem Sinne überschätzt werden, daß sie bereits eine Privatrechtsharmonisierung sozusagen garantiert.

Hinzu treten aber weitere in der Gegenwart wirksame Faktoren, insbesondere auf der Ebene der rechtspolitischen Vorstellungen. Die Idee des Verbraucherschutzes, die sich in den letzten Jahrzehnten allgemein in der westlichen Welt und insbesondere in den Mitgliedstaaten der Europäischen Union ausgebreitet hat, ist dafür ein besonders wichtiges Beispiel. Gleiche oder ähnliche Vorstellungen über den Verbraucherschutz tragen mit dazu bei, daß die Umsetzung der genannten und ggf. auch anderer Richtlinien ungefähr in die gleiche rechtspolitische Richtung läuft und zu ähnlichen Ergebnissen führt.

c) Grenzen der Privatrechtsharmonisierung

Es bleibt aber das grundsätzliche Problem, daß die zunehmende Zahl der EG-Richtlinien, die der Privatrechtsharmonisierung im Sinne des Verbraucherschutzes dienen, allein nur in höchst begrenztem Umfang in der Lage sind, eine Harmonisierung der europäischen Privatrechtssysteme im Sinne eines allmählich sich herausbildenden europäischen Privatrechts zu leisten. Zwar werden hier in Einzelpunkten gewisse Fortschritte erreicht. Die Einfügung in die nationalen Privatrechte führt aber trotz der Fülle der Regelungsvorschläge nur zu fragmentarischen Ergebnissen. Jedes dieser Fragmente wirft seinerseits komplizierte Abgrenzungsprobleme auf "mit der Folge, daß die Rechts-

---

[71] Vgl. dazu allg. *Coing*, Europäisches Privatrecht, aaO (Fn. 49); ders. (Hrsg.), Handbuch der Quellen und Literatur der neueren europäischen Privatrechtsgeschichte, 1973 ff.

anwendung nicht vereinfacht, sondern durch fruchtlose und unnütze Abgrenzungsprobleme rein technischer Natur erschwert wird".[72]

2. Verbraucherschutz und Privatautonomie

Zu den grundlegenden Gemeinsamkeiten der europäischen Privatrechte gehören die Vorstellungen über Aufgaben und Funktion des Privatrechts. Zentralbegriff ist hier das Modell der Privatautonomie, d. h. daß freie und gleiche Bürger selbst bestimmen, mit wem und mit welchem Inhalt sie Verträge abschließen und daß in dieser Freiheit zugleich eine Richtigkeitsgewähr liegt[73] und eine Grundlage der Marktwirtschaft als der Wirtschaftsform mit den höchsten Wohlfahrtsgewinnen. Zugleich ist dieser einfache Grundgedanke eine Garant für die Einheitlichkeit des Privatrechts. Es fragt sich, wie weit damit der Gedanke des Verbraucherschutzes verträglich ist und wieweit durch den Verbraucherschutzgedanken die klassische Konzeption verändert oder verdrängt wird.

Nun ist der Verbraucherschutz im Privatrecht gerade damit legitimiert worden, daß erst dieser Schutz die Privatautonomie des Verbrauchers herstelle. Diese sei nämlich dadurch gestört, daß dem Verbraucher Informationen fehlen, die der gewerbliche Anbieter hat, und daß ihm Einflußmöglichkeiten auf die Vertragsgestaltung fehlen, wenn ihm vorformulierte Verträge vorgesetzt werden. In der Tat ist diese Rechtfertigung mit dem Gedanken der Privatautonomie im klassischen Sinne durchaus verträglich. Bereits das BGB hat in Übereinstimmung mit anderen nationalen Privatrechtskodifikationen die rechtliche Bindung an die eigene Erklärung, z. B. durch das Sittenwidrigkeitsverbot des § 138 und die Anfechtungsrechte der §§ 119 ff BGB, dann nicht anerkannt, wenn die Privatautonomie gerade durch Einschränkung der freien Willensbestimmung eines Vertragspartners beeinträchtigt ist. In eben diesem Sinn hat das Bundesverfassungsgericht in seinem Bürgschaftsurteil von 1993 die Zivilgerichte dazu aufgerufen, die Privatautonomie im Rahmen der Anwendung der Generalklauseln des § 138 und § 242 BGB dadurch zu schützen, daß sie Verträgen die Wirksamkeit versagen, die unter Einschrän-

---

[72] *Kötz*, Rechtsvergleichung und gemeineuropäisches Privatrecht, in: Müller-Graff, aaO (Fn. 3), S. 95, 97, 99; ihm folgend *Junker*, DZWir 1997, 278.

[73] *Schmidt-Rimpler*, AcP 147 (1941), 130 ff., 149 ff.; *ders.*, FS Raiser 1974, S. 3 ff; *Horn*, AcP 176 (1976), 307 ff., 321 f.

kung der freien Willensbestimmung eines unterlegenen Partners zustande gekommen sind.[74]

Damit ist das Problem aber nicht erledigt. Formal sind verbraucherschützende Eingriffe in die Vertragsfreiheit immer zunächst eine Einschränkung der Vertragsfreiheit. Sie sind insoweit legitimierbar, als sie im beschriebenen Sinn erst dazu helfen, die Entscheidungsfreiheit des Verbrauchers herzustellen. Zahlreiche in der Vergangenheit oder derzeit geplante Regelungen gehen aber darüber hinaus. Dazu gehören die erwähnten, ursprünglich im Vorschlag der Richtlinie über mißbräuchliche Klauseln enthaltene Regelungen, daß alle Individualverträge erfaßt sein sollen, daß die Inhaltskontrolle auch das Preis-Leistungs-Verhältnis betreffen solle und daß auch solche Klauseln einer Kontrolle zu unterwerfen seien, die mit dem betreffenden nationalen Recht inhaltlich übereinstimmen. Eine allgemeine richterliche Vertragskontrolle und Preiskontrolle hätte in der Tat das Konzept der Privatautonomie nicht sinnvoll ergänzt und geschützt, sondern auf den Kopf gestellt. Eine zentrale Grundlage für freie Marktwirtschaften wäre entfallen. Der bevormundete Bürger kann nicht das Regelungsziel der Verbraucherschutznormen sein.

Man hat auch nicht ohne Grund im Hinblick auf die Fülle und Unübersichtlichkeit vieler Regelungsvorstöße im Bereich des Verbraucherschutzes auf die zunehmende Unübersichtlichkeit und Anwendungsschwierigkeit des umgesetzten EG-Rechts hingewiesen und zugleich Zweifel geäußert, wie weit der grenzüberschreitende Verbrauchervertrag eigentlich zu fördern oder überhaupt eine besonders regelungsbedürftige Materie sei.[75] Nimmt man das Beispiel der erwogenen Preiskontrolle hinzu, so muß man fragen, daß hier ein marktwidriges rechtliches Konzept gedroht hatte und künftig wieder drohen kann. Damit wäre die ohnehin umstrittene Legitimationsgrundlage für solche Privatrechtsharmonisierungen endgültig verlassen, nämlich die Förderung des Binnenmarktes. Grundsätzlich kann Privatrechtsharmonisierung in der EU nur soweit durch Verbraucherschutz legitimiert werden, als dieser das Konzept der Privatautonomie nicht im Kern antastet.

---

[74] BVerfGE 89, 214 = WM 1993, 2199 = NJW 1994, 36 = ZIP 1993, 1775; dazu auch *Horn*, WM 1997, 1081 ff.; krit. *Zöllner*, AcP 196 (1996), 1 ff.

[75] *Junker*, DZWir 1997, 278.

Diskussionsbericht

Die Diskussion berührte im wesentlichen zwei Themenkomplexe. Einerseits stand der Schutzzweck der Richtlinie über mißbräuchliche Vertragsklauseln in Verbraucherverträgen im Mittelpunkt, zum anderen die allgemeine Frage nach der Umsetzung von Richtlinien im Privatrecht und dem Erfordernis richtlinienkonformer Auslegung des umgesetzten Rechts.

Baur eröffnete die Diskussion mit der These, daß der EG-Gesetzgeber im Bereich der Inhaltskontrolle mißbräuchlicher Klauseln nach Art. 3 der dies betreffenden Richtlinie eine "andere Republik" gewollt habe, d.h. eine Vertragskontrolle, die über die bloße Abschlußkontrolle hinaus eine Wertung des Verhältnisses der vertraglichen Rechte und Pflichten vorsieht. Da dies bisher nur in den sehr engen Grenzen des § 138 BGB möglich gewesen sei, bestehe die Gefahr, daß die Rechtsprechung von den ihr eröffneten Möglichkeiten der Kontrolle extensiv Gebrauch mache. Zu diesem Themenbereich bemerkte später *Schwark*, aus Art. 4 Abs. 1 der Richtline folge, daß bei der Inhaltskontrolle nunmehr auch die konkreten Umstände und vor allem die intellektuellen Fähigkeiten der Vertragspartner in die Beurteilung miteinzubeziehen seien. Das sei bisher aus Gründen der Vertragsfreiheit nicht gewollt gewesen, aber trotz der insoweit minimalen Umsetzung der Richtlinie ins deutsche Recht eindeutig Ziel des Gemeinschaftsrechts. Dieses stelle den Verbraucherschutz vor das Funktionieren der Privatautonomie. In seiner Antwort gab *Horn* zu bedenken, man könne über die These, daß der Schutzimpetus der Richtlinie über mißbräuchliche Klauseln eben doch viel weiter reiche als das, was man im deutschen Recht verwirklicht habe, sehr lange diskutieren; es habe sich in Deutschland eine gewisse Minimalisierungspolitik durchgesetzt. Diese minimierende Lösung sei aber schon deshalb tragfähig und vor dem Gemeinschaftsrecht verantwortbar, weil das Schutzniveau des AGBG bereits bisher recht hoch gewesen und der Gedanke des Verbraucherschutzes im Kundenschutz mitenthalten sei.

Stöver gab den Anstoß zum zweiten Themenbereich mit der Frage, ob es Richtlinien gebe, deren Anforderungen an die Umsetzung so verdichtet sind, daß sie ihre Qualität als Richtlinie einbüßen. In diesem Zusammenhang erörterte er die Möglichkeit, daß bei einer sehr genauen Formulierung der Richtlinie auf eine Umsetzungs- und Auslegungskontrolle durch die Europäische Jurisdiktion verzichtet werden könne, was z.B. bei den einzelnen in der Richtlinie genannten mißbräuchlichen Klauseln in Betracht kommen könne. *Müller-Graff* erwiderte, bei besonders engen Richtlinien könne sich in der

Tat die Frage stellen, ob in Wirklichkeit eine Verordnung vorliege. Im Rahmen einer Gesamtbetrachtung sei ein derartiger Verdichtungsgrad wohl bei den einzelnen Richtlinien nicht gegeben. Im übrigen dürften, ja müßten Richtlinien an bestimmten Stellen auch präzise Vorgaben machen, weil ansonsten keine ausreichende Ermächtigungsgrundlage für die Angleichung des nationalen Rechts gegeben sei.

Borges stellte die Frage, ob wegen des neuen § 24 a AGBG die Korrespondenznorm § 9 AGBG selbst umfassend richtlinienkonform ausgelegt werden müsse. *Borges* bemerkte dazu, daß dies nach seiner Ansicht nicht erforderlich sei. Der Gesetzgeber habe in § 24 a AGBG den Bereich, innerhalb dessen § 9 AGBG modifiziert sei, abschließend bestimmt und er habe das wegen des beschränkten Zwecks einer Richtlinie, die Privatrechtsangleichung nicht bis ins Detail vorschreibe, auch so regeln dürfen. Auch andere Länder hätten von den Freiheiten, die die Richtlinie lasse, Gebrauch gemacht. *Müller-Graff* bemerkte dazu, man werde in Zukunft sehen, ob sich durch § 24 a AGBG auch an der Auslegung des § 9 AGBG etwas ändern werde. Allerdings werde sich in jedem Fall verfahrensmäßig etwas ändern. Daß eine Vorlagepflicht des BGH durch die Formulierung des § 24 a AGBG ausgeschlossen sei, sei eine These, die bereits jetzt durch die Diskussion in der Literatur, in der diese Vorlagepflicht und ihre Grenzen diskutiert werden, widerlegt sei. *Horn* stellte daran anschließend fest, daß die richtlinienkonforme Auslegung an sich Sache der nationalen Gerichte sei. Bei Kontroversen ergebe sich dann eben auch eine Vorlagepflicht; das sei aber ein ganz normaler Vorgang bei der Anwendung des gemeinschaftskonformen Rechts. Im übrigen sei damit zu rechnen, daß auch § 9 AGBG in dieser Weise ausgelegt werden müsse.

Weyer sprach das Problem unzureichender Umsetzung von Richtlinien an. Wenn der nationale Gesetzgeber Richtlinienrecht so umsetze, daß Lücken in bezug auf die Durchsetzung der gemeinschaftsrechtlich begründeten Rechtsposition verbleiben, so stelle sich die Frage, inwieweit hier das Gemeinschaftsrecht selbst helfen könne, etwa durch unmittelbar aus dem Gemeinschaftsrecht folgende Unterlassungs- bzw. Schadensersatzansprüche oder nur subsidiär durch Staatshaftung? Einen zweiten Aspekt sprach er mit der Frage an, ob der Europäische Gerichtshof bei der Inanspruchnahme gewisser Rechtsfortbildungsspielräume an das Subsidiaritätsprinzip gebunden sei. In seiner Antwort entgegnete *Müller-Graff*, Art. 3 b Abs. 2 EG-Vertrag (Subsidiaritätsprinzip) sei zuallererst eine Kompetenzausübungsregel für die politischen Organe der Gemeinschaft, nicht aber für den EuGH. Das Subsidiaritätsprinzip gehe von einem feststehenden Ziel aus und regele lediglich, ob dieses Ziel auf der nationalen oder aber der Gemeinschaftsebene erreicht werden solle. Demgegenüber müsse die Rechtsprechung zwischen sich gegenüberstehenden Zielen entscheiden, wobei sich die Frage, wer diese Ziele regeln dürfe, nicht stelle. Bezüglich der zweiten Frage betreffend die ungenügende Umsetzung von Richtlinien, blieben in der Tat nur zwei Möglichkeiten. Entweder die richtlinienkonforme Auslegung nationalen Rechts oder eben die Staatshaftung.

Schwark fügte als "ceterum censeo" an, daß seiner Ansicht nach keine inhaltliche Vereinheitlichung des Privatrechts der Mitgliedstaaten, sondern lediglich eine größere Anerkennung der unterschiedlichen nationalen Rechtsinstitute erforderlich sei. Darauf erwiderte *Müller-Graff*, daß man sowohl seinen wie auch den Gegenstandpunkt einnehmen könne. Etwa im Gesellschaftsrecht - bei der Gründung von Tochtergesellschaften in einem anderen EU-Land - sei es schon sehr sinnvoll, genau zu wissen, welchen Gläubiger- und Gesellschafterschutz im einzelnen das jeweilige nationale Recht kenne oder vorsehe. Unterschiedliches Recht könne dazu führen, daß die Gründung von Zweigniederlassungen oder Tochtergesellschaften EU-weit erschwert werde. Daher könne die Privatrechtsvereinheitlichung nicht insgesamt als ungeeignet abgetan werden. Im übrigen sei das auch ein Problem der Abstraktionsebene: Die Frage - Privatrechtsvereinheitlichung oder nicht - sei zu allgemein gestellt, eine gewisse Vereinheitlichung sei in einem Binnenmarkt eben doch geboten. Das zeige auch das Beispiel Amerikas, in dem es über 50 verschiedene Privatrechte gebe. Dennoch sei durch das amerikanische Institut AIA in den 50er Jahren damit begonnen worden, alles, was für den grenzüberschreitenden Wirtschaftsverkehr von Bedeutung sei, in Fom eines "uniform codes" zu fassen. Dieses Angebot an die Legislative hätten 49 Länder angenommen. Einen gewissen Druck zur Sachrechtsvereinheitlichung könne man nicht leugnen.

(*Dr. Ulrich Wackerbarth*, R.I.Z.)

Kapitel III

Unternehmensrecht und Unternehmenspublizität im Europäischen Markt

Einführung in den Themenkreis

NORBERT HORN

I.

Der einheitliche europäische Binnenmarkt erfordert rechtliche Rahmenbedingungen, die es allen in den Mitgliedsländern ansässigen Unternehmen ermöglichen, ohne rechtliche Hemmnisse in diesem Markt grenzüberschreitend und multinational tätig zu werden.[1] Wichtige Rechtsgrundlagen des EG-Primärrechts dafür sind die vier Grundfreiheiten, insbesondere die Niederlassungsfreiheit (Art. 52 bis 58 EGV) und das Diskriminierungsverbot des Art. 6 EGV, wonach EU-Unternehmen aus anderen Mitgliedsländern ebenso wie Inländer behandelt werden müssen. Im übrigen ist das Unternehmensrecht, das im Kern noch immer Gesellschaftsrecht ist, bekanntlich nationales Recht. Dieses nationale Gesellschaftsrecht ist aber seit langem dem Einfluß europäischen Rechts ausgesetzt.

Originär europäisches Unternehmensrecht aufgrund entsprechender EG-Verordnungen, die gemäß Art. 189 Abs. 2 EGV unmittelbar geltendes europäisches Gemeinschaftsrecht schaffen, besteht kaum. Vor allem zu nennen ist hier die EG-Verordnung über die Europäische Wirtschaftliche Interessenvereinigung (EWIV)[2]. Entwürfe zur Schaffung einer originär europäischen Aktiengesellschaft, der Societas Europaea (S. E.), im Wege einer EG-Verordnung existieren seit langem und sind Gegenstand einer umfangreichen Literatur[3]. Ferner bestehen Vorschläge der Kommission zur Europäischen Genossenschaft (EUGEN), zur Europäischen Gesellschaft auf Gegenseitigkeit (EUGGES) und zum Europäischen Verein (EUV) als originär europäischen Unternehmensorganisationsformen[4].

---

[1] Ähnlich *Behrens*, GmbHR 1993, 129 ff.

[2] VO über die Schaffung einer EWIV vom 25. 7. 1985, ABl EG Nr. L 199 vom 31. 7. 1985, S. 1 ff.

[3] *Jaeger*, Die Europäische Aktiengesellschaft - europäischen oder nationalen Rechts, 1994; Göke, Die Europäische Aktiengesellschaft, 1995; *Gutsche*, Die Eignung der Europäischen Aktiengesellschaft für kleine und mittlere Unternehmen in Deutschland, 1994; Lutter (Hrsg.), Die Europäische Aktiengesellschaft, 2. Aufl. 1978; *Rasner*, ZGR 1992, 314.

[4] *Behrens*, GmbHR 1993, 129, 135 f.; *U.H. Schneider*, EuZW, 1992, 193.

In weitaus größerem Umfang ist der Prozeß der Europäisierung des Unternehmensrechts im Wege harmonisierten nationalen Rechts aufgrund von EG-Richtlinien vorangeschritten. Auf dem Gebiet des Gesellschaftsrechts und des Unternehmensrechts ist daher die nationale Rechtsanwendung in weiten Bereichen nur noch unter Berücksichtigung des EG-Rechts möglich, das der Gestaltung dieses nationalen Rechts zugrundeliegt.[5] Es gibt 14 Richtlinien bzw. Richtlinienvorschläge und weitere Entwürfe im Bereich des Gesellschaftsrechts.[6] Rechtsgrundlage für die Rechtsangleichungsmaßnahmen der Gemeinschaft im Bereich des Unternehmensrechts ist Art. 54 Abs. 3 lit. g EGV über die Koordinierung der nationalen Bestimmungen zum Schutz der Gesellschafter und Dritter mit dem Ziel, diese Bestimmungen gleichwertig zu gestalten.

Im folgenden werden aus dem riesigen Gebiet des Gesellschafts- und Unternehmensrechts zwei Schwerpunkte herausgehoben, zum einen das Unternehmensorganisationsrecht und zum anderen Rechnungslegung und Publizität. Beide Bereiche hängen der Sache nach eng zusammen. Während das Unternehmensorganisationsrecht - nach neuer Sprachmode gern mit dem etwas weiteren Begriff der "corporate governance" umschrieben - vor allem die Entscheidungszuständigkeit und Haftungsverantwortung der Leitungsorgane der Gesellschaften meint, z. B. die Frage betrifft, ob ein einheitlicher Board oder Vorstand und Aufsichtsrat gemeinsam die Führungsverantwortlichkeit für die gesellschaftsrechtlich organisierten Unternehmen tragen, betrifft das Rechnungslegungs- und Publizitätsrecht die Kontrolle eben dieser Führung und, soweit es um die Unternehmenspublizität geht, die Außensteuerung der Unternehmen durch den Kapitalmarkt.

II.

Im Bereich des gesellschaftsrechtlichen Organisationsrechts greift das europäische Harmonisierungsrecht in vielem auf deutsche Vorbilder zurück, weil insbesondere im Aktiengesetz von 1965 hier ein ausdifferenziertes Re-

---

[5] Überblick bei *Deckert*, Europäisches Unternehmensrecht, EWS 1996, 265-272.

[6] Zusammenstellung und Erläuterung bei *Lutter*, Europäisches Unternehmensrecht, 4. Aufl. 1996, S. 101-307. Zum Stand der Entwicklung vgl. auch *Wiesner*, EuZW 1992, 270; 1993, 500; 1994, 588; 1995, 821; *Hopt/ Wymeersch*, European Company and Financial Law, 1991; Buxbaum/ Hertig/ Hirsch/ Hopt (Hrsg.), European Business Law. Legal and Economic Analysis on Integration and Harmonization, 1991; *Hopt*, ZIP 1998, 96-106.

gelungswerk zur Verfügung steht. Dagegen sind die Rechnungslegungs- und Publizitätsvorschriften eher auf Anregungen aus Westeuropa oder dem angelsächsischen Bereich zurückzuführen.

Im Bereich des Unternehmensorganisationsrechts ist die 2. Richtlinie (Kapitalrichtlinie) hervorzuheben als Kern der bisherigen Harmonisierung des Aktienrechts. Sie regelt schwerpunktmäßig die Aufbringung und Erhaltung des Gesellschaftskapitals und folgt dabei dem kontinentalen System des festen Kapitals. Geändert wurden im deutschen Recht vor allen Dingen die Normen über den Erwerb eigener Aktien durch die Gesellschaft und die Pflichtprüfung bei einer Kapitalerhöhung gegen Sacheinlagen.[7] Die Umsetzung der 3. gesellschaftsrechtlichen Richtlinie (Verschmelzungs - bzw. Fusionsrichtlinie) führte neue Normen über den Verschmelzungsbericht (§ 340a AktG) und die Verschmelzungsprüfung (§ 340 b AktG) in das deutsche AktG ein.[8] Die 6. gesellschaftsrechtliche Richtlinie (Spaltungsrichtlinie) ermöglichte die Einführung des Rechtsinstituts der Spaltung in das nationale Recht, ohne dazu zu verpflichten. Inzwischen wurde dieses Rechtsinstitut in das deutsche Umwandlungsrecht aufgenommen.[9]

Andere Bereiche des Organisationsrechts der Aktiengesellschaft konnten bisher noch nicht vereinheitlicht werden, so weder die Einführung des dualistischen Systems von Vorstand und Aufsichtsrat noch eine Regelung der Mitbestimmung auf der Ebene der Unternehmensleitung. Entsprechende Vorschläge für eine 5. gesellschaftsrechtliche Richtlinie (Strukturrichtlinie)[10] haben bisher nicht zum Erfolg geführt. Auch eine Harmonisierung des Konzenrechts und des Rechts der Verschmelzung von Aktiengesellschaften konnte nicht erreicht werden.[11]

Der Vorschlag einer 13. gesellschaftsrechtlichen Richtlinie (Übernahmerichtlinie) regelt Form und Verfahren bei öffentlichen Übernahmeangeboten.[12] Die hier vorgeschlagene Regelung zeigt das Zusammenwirken gesell-

---

[7] Gesetz zur Durchführung der zweiten Richtlinie vom 13.12.1978, BGBl. I 1978, 1959; *Deckert*, EWS 1996, 270.

[8] Gesetz zur Durchführung der dritten Richtlinie des Rates vom 25.10.1982, BGBl. I 1982, 1425.

[9] UmwandlungsG 1994, BGBl. I 1994, 3210.

[10] Zuletzt dritter geänderter Vorschlag einer 5. Richtlinie des Rates, ABl. EG Nr. C 321 vom 12.12.1991, S. 9.

[11] Überblick bei *Deckert*, EWS 1996, 271.

[12] Vorschlag einer 13. Richtlinie, ABl. EG Nr. C 64 vom 14.3.1989, S. 8; geänderter Vorschlag der Kommission vom 10.9.1990, ABl. EG Nr. C 240 vom 26. 9. 1990, S. 7.

schaftsrechtlicher und kapitalmarktrechtlicher Gesichtspunkte. Die Richtlinie, für die unser Referent Herr Wymeersch bestens ausgewiesener Sachkenner ist,[13] bleibt weiterhin umstritten.

Die GmbH nimmt an den Harmonisierungsbestrebungen nur begrenzt Anteil. Zentralbereiche wie die Regeln der Gründung, des Kapitals der GmbH und der Mitgliedschaft blieben bisher von den Harmonisierungsbestrebungen unberührt. Die 2. gesellschaftsrechtliche Richtlinie (Kapitalrichtlinie) gilt bisher nicht für die GmbH. Gleiches gilt für die 3. Richtlinie (Fusionsrichtlinie) und die 6. Richtlinie (Spaltungsrichtlinie). Es wird jedoch erwogen, die Regelungen der 2. und 3. Richtlinie auf die GmbH zu erstrecken.[14] Erfaßt wurde die GmbH von der 1. gesellschaftsrechtlichen Richtlinie (Publizitätsrichtlinie über handelsrechtliche Publizität, Beschränkung der Nichtigkeitsgründe und die Vertretungsmacht der Organe) und von der 11. Richtlinie (Zweigniederlassungsrichtlinie), ferner von der (7.) Konzernrechnungslegungsrichtlinie und der (8.) Abschlußprüferrichtlinie. Die 12. Richtlinie bezieht sich speziell auf die Einmann-GmbH[15].

III.

Von größtem Einfluß auf das deutsche Gesellschafts- und Unternehmensrecht sind die Harmonisierungsbestrebungen der EG auf dem Gebiet der kaufmännischen Rechnungslegung und Publizität. Das Bilanzrichtliniengesetz vom 19.12.1985[16] hat die 4., 7. und 8. gesellschaftsrechtliche Richtlinie in das deutsche Recht umgesetzt, indem im neuen 3. Buch des HGB eine umfassende Kodifizierung des Rechts der kaufmännischen Rechnungslegung und Bilanzierung einschließlich der Vorschriften für Kapitalgesellschaften und Konzerne geschaffen wurde. Diese Kodifizierung hat zugleich die große und eigenständige Bedeutung dieses Rechtsgebiets im Bewußtsein der deutschen Juristen gestärkt.

---

[13] Vgl. Hopt/ Wymeersch (Hrsg.), European Takeovers - Law and Practice, London 1992.

[14] EG-Kommission, Weißbuch zur Vollendung des Binnenmarktes, 1985, Rn. 140; *Deckert*, EWS 1996, 265, 271.

[15] Im Ergebnis sind für die GmbH die handelsrechtliche Publizität und die Vertretungsmacht der Organe innerhalb der EG harmonisiert. Ferner hat sich im Zuge dieser Harmonisierungsbestrebungen die Zweiteilung des Kapitalgesellschaftsrechts in AG und GmbH allmählich europaweit durchgesetzt.

[16] BGBl. I 2355.

Trotz seiner europäischen Harmonisierung ist das deutsche Rechnungslegungs- und Bilanzrecht zunehmender Kritik ausgesetzt. Sie kommt einmal von der deutschen Fachöffentlichkeit, die vor allem die Mißbrauchsmöglichkeiten der Wahlrechte zur Verschönerung der Bilanz einerseits und andererseits zum Verstecken von Gewinnen beklagt.[17] Die US-amerikanische Kapitalmarktbehörde SEC akzeptiert die Jahresabschlüsse nicht als ausreichende Grundlage für eine Börseneinführung an amerikanischen Börsen.[18] Deutsche Gesellschaften sind dazu übergegangen, unter hohem Kostenaufwand auch eine Rechnungslegung, die amerikanischen Vorstellungen der GAAP (Generally Accepted Accounting Principles) entspricht, zu erstellen. Gleichzeitig betreibt Deutschland zusammen mit anderen EG-Ländern eine internationale Vereinheitlichung in "International Accounting Standards" (IAS). Über beides wird Herr Biener referieren.

Hinter diesem Wettstreit stehen nicht nur unterschiedliche Auffassungen über die Funktion der Unternehmenspublizität und Rechnungslegung. Im deutschen Recht herrscht traditionell der Gedanke des Gläubigerschutzes vor, und die Gefahr einer Bildung stiller Reserven, einer Unterbewertung von Aktiva und eines Versteckens von Gewinnen wird zwar gesehen und bekämpft, letztlich aber für weitaus geringer gehalten als die Gefahr übermäßiger Ausschüttungen an Aktionäre. Im amerikanischen Recht herrscht seit jeher die Betonung des Rechts der Aktionäre auf Zugriff auf die Gewinne und ihre Ausschüttung vor. Man kann nicht sagen, daß die eine rechtspolitische Idee der anderen unterlegen sei. Tatsache aber ist, daß bei diesem Wettstreit auch berufspolitische Argumente mitspielen, insbesondere der großen, weitgehend vom angelsächsischen Bereich her geprägten Wirtschaftsprüfungsgesellschaften, die mit der Durchsetzung der GAAP oder jedenfalls angelsächsisch geprägter Grundsätze nicht nur den Aktionär schützen wollen, sondern auch ihre eigene Fachkompetenz im internationalen Wettbewerb auf den Märkten für externe Unternehmensprüfung zu stärken suchen.

---

[17] Vgl. Capital 1997, Heft 10. S. 84 ff.

[18] *Claussen*, Rezension Vogel, Die Rechnungslegungsvorschriften des HGB für Kapitalgesellschaften und die 4. EG-Richtlinie, 1993, ZHR 158 (1994), 336; ders. AG 1993, 278.

Unternehmensrecht in Europa - Perspektiven einer Harmonisierung

EDDY WYMEERSCH

I.

Zweck dieser Darstellung ist es, einen Beitrag zu leisten zur Diskussion über die Richtung und künftige Entwicklung des Gesellschaftsrechts und der Harmonisierungsbemühungen, die in diesem Bereich durch die EU-Kommission unternommen werden. Dabei kann auf einige ausgezeichnete und interessante Beiträge hingewiesen werden, u.a. von *Lutter*[1] und *Hommelhoff*[2].

II.

Zunächst möchte ich die Sachlage skizzieren. Man kann sich diesbezüglich kurz fassen. Auf dem Gebiet des Gesellschaftsrechts hat Europa in der Tat bemerkenswerte Ergebnisse erreicht.

Eine ganze Reihe von Richtlinien wurden verabschiedet und in die nationalen Rechtsordnungen umgesetzt. Die Harmonisierung des Gesellschaftsrechts hat in den ersten Jahrzehnten der europäischen Konstruktion eine richtige Blüte erlebt. Die Grundlagen wurden in den sechziger Jahren gelegt und in den siebziger und achtziger Jahren weiterentwickelt. Wichtige Instrumente, wie die zweite, vierte und siebte Richtlinie wurden verabschiedet. Sie beherrschen einen wichtigen Teil des Denkens über Gesellschaftsrecht und sogar der Gesellschaftsstrukturen innerhalb der Europäischen Union. Jetzt, wo die Fundamente des europäischen Gesellschaftsrechts gelegt sind, haben einige Juristen sogar schon handbuchmäßige Überblicke gegeben über das heutige und zukünftige "European Company Law"[3].

---

[1] *Lutter, M.*, Europäisches Unternehmensrecht, ZGR Sonderheft 1, 4. Aufl. 1996.

[2] *Hommelhoff, P.*, Konzernrecht für den europäischen Binnenmarkt, ZGR Sonderheft 11, "Konzernrecht im Ausland", 1993, S. 55.

[3] Siehe *Werlauff, E.*, EC Company Law, the common denominator for business undertakings in 12 states, 1993; *Dorresteijn, Kuiper und Morse*, European Corporate Law, Kluwer, 1994. Eine analoge Herangehensweise findet man bei *Lutter, M.* (Fn. 1).

Die Entwicklungen innerhalb der nationalen Rechtsordnungen sind eindrucksvoll gewesen. In mehreren Mitgliedstaaten ist eine deutliche "spill over"-Wirkung wahrnehmbar. So wurden z. B. die Nichtigkeitsgründe beschränkt, nicht nur für AG oder GmbH, sondern auch für andere Gesellschaftstypen, oder es wurden die Regeln über den Kauf eigener Aktien auf die GmbH ausgedehnt[4]. In mehreren Mitgliedstaaten war die Umsetzung der Richtlinien Anlaß für die Umbildung anderer Teile des Gesellschaftsrechts. Im Vereinigten Königreich ergab sich anläßlich der ersten Umsetzungen, daß der festgestellte Text um 50% länger war als der ursprüngliche Entwurf[5].

Die "spill over"-Wirkung zeigt sich auch im Hinblick auf Nichtmitgliedstaaten: Das schweizerische Gesellschaftsrecht ist in den Bann des europäischen geraten, und wenn ich mich nicht irre, ist auch Norwegen nicht unempfindlich für den südlichen Wind, auch wenn damit der Wind aus Brüssel gemeint ist.

Auch die Rechtsprechung hat an Bedeutung gewonnen. Wesentliche Probleme des Gesellschaftsrechts werden heute nicht nur vor den nationalen Gerichten, sondern auch in Luxemburg behandelt. Neuere Entscheidungen wie das Siemens Urteil[6], aber auch die Daily-Mail Entscheidung[7], die Karella Urteile[8] oder das Tomberger Urteil[9] machen deutlich, daß auch im Bereich des Gesellschaftsrechts niemand mehr arbeiten kann, ohne hierbei die Richtlinien zu berücksichtigen.

Auch in der Literatur ist das Interesse nach wie vor beträchtlich, wenngleich es nicht weiter zunimmt. Neue Themen haben die Aufmerksamkeit verlagert, z.B. auf die kleine AG, das Verhältnis zwischen Kapitalmarktrecht und Gesellschaftsrecht oder auf Fragen im Bereich der "corporate governance"[10]. Das Konzernrecht aber bleibt ein "evergreen", nicht nur in Deutschland, sondern auch in anderen Mitgliedstaaten.

---

[4] Siehe z.B. in Belgien bezüglich des Verbots des Erwerbs eigener Aktien Art. 142 § 2, oder der Finanzierung des Aktienerwerbs durch einen Dritten Art. 158, 1° GesG.

[5] *Gower-Davies*, Principles of Modern Company Law, 6th Ed., 1997, S. 50.

[6] EuGH, 19.11.1995, C 42/95, AG 1997, 36 (Siemens).

[7] EuGH, 27.9.1988, C 81/87, Slg., 1988, 5483 (Daily-Mail).

[8] EuGH, C19 en C 29/ 1990, Slg., 1991, 2691 (*Karella*); EuGH, C 134 en 135/91, Slg. 1992, 5699 über die richtlinienkonforme Auslegung.

[9] EuGH, 27. Juni 1996, DB 1996, 1400.

[10] Siehe *Picot*, Corporate governance - Unternehmensüberwachung auf dem Prüfstand, Stuttgart, 1995; *Feddersen, Hommelhoff, Schneider*, Corporate Governance, Köln, 1996;

III.

Ein Siegesruf wäre dennoch verfehlt. Seit einiger Zeit haben die Harmonisierungsbemühungen aufgehört. Die letzte große Entwicklung bezog sich auf die Europäische Aktiengesellschaft und verwandte Formen, wie die Europäische Genossenschaft, den Verein und Versicherungsgesellschaften auf Gegenseitigkeit. Einige Einzelheiten, wie eine Verfeinerung der Regelung zum Kauf eigener Aktien, sind zu erwähnen. Das allgemeine Harmonisierungsprojekt entwickelt aber anscheinend keine innere Dynamik mehr. Die Erklärung dafür liegt sicher nicht in einem Mangel an gutem Willen der Personen, die mit dieser Aufgabe betraut sind. Sie haben mehrere mühsame Versuche unternommen, um die Debatte wieder in Gang zu bringen. Es ist vielmehr das Ergebnis einiger fundamentaler Entwicklungen, von denen einige nachfolgend skizziert werden.

IV.

Die Erweiterung der Union von sechs auf neun Staaten war ein entscheidendes Moment. Der Grund ist nicht, daß die Briten ihre gemeinschaftsrechtlichen Verpflichtungen nicht getreu erfüllt hätten; im Gegenteil, sie waren regelmäßig die ersten und präzisesten bei der Umsetzung der Richtlinien.

Die Wasserscheide geht zurück auf die fundamentalen Unterschiede zwischen den beiden wirtschaftlichen und folglich auch rechtlichen Systemen. Neben technischen Unterschieden bilden tiefere Faktoren die Grundlage für die Schwierigkeiten. So ist das britische Recht herkömmlicherweise mehr auf den Aktionärsschutz ausgerichtet und zeigt weniger Interesse für die Gläubiger[11]. Der bei uns so wichtige Kapitalschutz ist im Vereinigten Königreich eine eher nebensächliche Regelung. Dieser Ansatz ist überzeugend für die großen Gesellschaften, für die die Börsennotierung eine wichtige Rolle spielt. Die Struktur des Bestands an Aktiengesellschaften in einem Land ist

---

Wymeersch, The Corporate Governance Debate in some European States, in Prentice, D.D. / Holland, P.R.J. (Hrsg.), Contemporary Issues in Corporate Governance, Oxford, 1993, S. 3 ff.; *Charkham*, Keeping good company, an overview of corporate governance in five countries, Oxford, 1994.

[11] Vgl. *La Porta, R., Lopez-De Silanes, F., Shleifer, A. & Vishny, R.W., Law* and finance, Juni 1996.

demnach ein wichtiger Faktor bei der Erklärung der Regulierungsmuster des Gesellschaftswesens[12].

Es wäre aber falsch, diesen historischen Unterschieden mehr Gewicht beizumessen als sie in Wirklichkeit haben. Das europäische Gesellschaftsleben hat sich während der letzten dreißig Jahre im angelsächsischen Sinne verändert. Die europäischen Gesellschaften am Anfang des neuen Milleniums sind kaum mit denen aus den sechziger Jahren vergleichbar: sie operieren in einer vom Wettbewerb bestimmten Weltwirtschaft, sind weltweit verzweigt, zumindest weltweit tätig, haben meist einen deutlichen Kernbereich, sind auf vielen Börsenmärkten notiert, zunehmend sogar in den Vereinigten Staaten, verfügen über einen internationalen, stark professionalisierten Aktionärskreis, der Druck auf die Geschäftsführung ausübt, wenn die erhofften Ergebnisse nicht erreicht werden, und ein internationales Management, das, um erfolgreich am Wettbewerb teilnehmen zu können, einen zunehmenden Bedarf an billigem langfristigen Kapital hat.

Unter Einfluß dieser Faktoren hat sich die Gesellschaftspraxis angepaßt; Spannungen mit dem kontinental-europäischen Gesellschaftsmuster treten zu Tage. Sie führen zu Änderungen in der Reglementierung des öffentlichen Wertpapierhandels und im Kapitalmarktrecht, eher noch als im eigentlichen Gesellschaftsrecht. Zu denken ist an die Vorschriften über die Offenlegung wichtiger Beteiligungen[13] oder an die Regulierung von Übernahmeangeboten und anderen Transaktionen mit dem Ziel der Erlangung der Kontrolle über die Gesellschaft[14].

V.

Von dieser Entwicklung ausgehend kann man einige Auffassungen skizzieren, die die Evolution im Gesellschaftsrecht in den vergangenen Jahren zu erklären helfen. Sie erklären, warum es heute weniger Interesse gibt für Harmonisierung, als vielmehr für den Wettbewerb zwischen den Rechtsordnungen.

Zunächst wird von vielen Autoren eine Verschiebung festgestellt vom klassischen, spröden Gesellschaftsrecht zu dem eher marktgerichteten, locke-

---

[12] *Wymeersch*, in SKOG (Hrsg.), Aspects of corporate governance, Stockholm, 1994, S. 83 ff.

[13] Siehe Richtlinie 88/627/EEC vom 12.12.1988, ABlEG, 17.12.1988, S. 62 ff.

[14] Siehe Entwurf einer 13. Richtlinie vom 7.02.1996, COM (95), S. 655.

reren Kapitalmarktrecht und Rechnungslegungsrecht. Ersteres sollte deswegen aber nicht vernachlässigt werden. Ich beziehe mich hier auf die Funktion finanzieller Informationen als Alternative zu einer gesellschaftsrechtlichen Regulierung[15]. Im allgemeinen kann festgestellt werden, daß mit Bezug auf delikate Probleme, wie die internen Machtverhältnisse, oder mit Bezug auf neue Bereiche, wie den Verhaltenscodex über Corporate Governance (die Verwaltung von Gesellschaften) immer häufiger "soft law" oder Selbstregulierung in Anspruch genommen wird. Verhaltenscodici, rules of best practice, oder andere soft law-Instrumente sind zur Regelung dieser Bereiche besser geeignet als unflexible Gesetzgebung[16].

Man sollte den zwingenden Gehalt dieser Regeln nicht unterschätzen. Es werden in der Regel keine klassischen juristischen Sanktionen auferlegt, wie z.B. Haftung, Nichtigkeit oder gleichartige Sanktionen, obwohl manche Rechtsordnungen diesen Weg gegangen sind, und den Verhaltensregeln die Sanktionen allgemeiner Normen zuerkannt haben, etwa die Nichtbefolgung der Regeln mit einer entsprechenden Haftung verbunden haben[17].

Die eigentliche Sanktion für das Unternehmen ist der Verlust seines guten Rufes bei den übrigen Marktteilnehmern. Das Unternehmen ist interessiert an der Verbesserung oder dem Erhalt seines "ratings", welches es ihm ermöglichen soll, seine Kapitalkosten zu senken. Eine solche Senkung führt zu einem Wertzuwachs der Aktien des Unternehmens. Im Falle eines ungünstigen Ratings gerät das Management unter den Druck der Aktionäre bzw. des Marktes. Dies kann zu einer erzwungenen Änderung des Managements oder sogar zu einer - verhandelten oder aggressiven - Übernahme des gesamten Unternehmens führen.

---

[15] Siehe dazu *Wymeersch*, L'entreprise et son devoir d'information en matière économique et sociale, Bruylant, Brussel, 1979, S. 124-183; grundlegend auch Easterbrook & Fischel, Mandatory disclosure and the protection of investors, Virginia Law Review, 1984, S. 669 ff.; *Kripke*, H., The SEC and Corporate Disclosure, 1979, S. 368.

[16] Siehe *Sheikh & Chatterjee*, "Codes of conduct and their impact on corporate governance" in Corporate Governance and Corporate Control, Sheikh und Rees (Hrsg.), London, 1995, S. 241 ff.

[17] Zur Verbindlichkeit von soft law siehe auch L'autorégulation, Brussels, 1995. Comm. Brussel, 26 Oktober 1988, TRV, 1989, S. 59; zu den CCI -Vorschriften über Dokumentenkredite: Kh. Brussel, 16 Nov. 1978, erwähnt bei *Simont* und *Bruyneel*, Bank Fin., 1980, nr. 45, S. 106 "... ces règles ont valeur de véritable usage commercial..." Bank Fin. 1960, 249; *Vasseur*, in ann. Cass. fr. 14 okt. 1981, D., 1982, 301 en *C. Martin*, Les problèmes actuels du crédit documentaire, Bank Fin., 1983, S. 626.

Diese disziplinierende Wirkung des Marktes für corporate control funktioniert teilweise mittels klassischer gesellschaftsrechtlicher Regeln - Abberufung der Vorstandsmitglieder, in vielen Ländern ad nutum - doch genauso durch Verhaltensnormen, die Gegenstand der Kapitalmarktgesetzgebung oder eines Verhaltenscodexes sind - z. B. bezüglich Übernahmeangeboten oder ordentlicher Gesellschaftsverwaltung (Cadbury, Hampel, Peters, Viénot, Cardon und andere Verhaltenscodici).

Im Rahmen der europäischen Harmonisierung wurde auf die Liberalisierung der Märkte beachtliche Aufmerksamkeit verwendet. Die Investment Service Directive (ISD) stellt einen Meilenstein in der europäischen Entwicklung dar. In Bezug auf die abgeleiteten Effekte für das Gesellschaftswesen ist die Entwicklung demgegenüber zurückgeblieben[18].

VI.

Die Harmonisierung wurde auf ein Einheitskonzept der Kapitalgesellschaft gestützt. Dazu wurde die große Kapitalgesellschaft als Gegenstand der Harmonisierung gewählt. Nichtsdestoweniger gibt es bedeutsame Unterschiede zwischen den Mitgliedstaaten bezüglich der Feststellung der Zielgruppe der Harmonisierung.

Ich verweise auf die Zahlen über die Verbreitung der Gesellschaften in einigen wichtigen europäischen Ländern, die veröffentlicht wurden[19]. Nach diesen Zahlen kann man zwei Muster unterscheiden. In einigen Staaten (Deutschland, die Niederlande, Großbritannien) trifft die große Gesellschaft mit dem AG-Typ zusammen. Ein Teil dieser Gesellschaften ist börsennotiert. Die kleinere Gesellschaft wird in die GmbH-Form gedrängt oder in andere Gesellschaftstypen (z.B. GmbH & Co. KG). In den lateineuropäischen Staaten dagegen wird die AG auch hochgradig für Kleinunternehmen verwendet. In diesen Staaten stellt man einen gleichberechtigten Wettbewerb zwischen der AG und der GmbH fest. Die Harmonisierungsanstrengungen haben diesem Unterschied zum Teil Rechnung getragen: Die erste, vierte, siebte und elfte Richtlinie beziehen sich gleichermaßen auf die AG wie auf die GmbH. Die harten Richtlinien, in denen inhaltliche, sachliche Bedingungen festgeschrieben wurden, beziehen sich dagegen nur auf die AG. Es han-

---

[18] Vgl. *Wymeersch*, Corporate governance after the Investment Service Directive, European Financial Services Law, 1996, S. 98 und 130.

[19] *Wymeersch*, E., Unternehmensführung in Westeuropa, AG 1995, 300.

delt sich dabei um die zweite, dritte und sechste Richtlinie. Trotz dieser Aufspaltung haben viele Mitgliedstaaten auch die GmbH diesen Regeln unterworfen.

VII.

Eigentlich entwickelt sich das Gesellschaftsrecht in vielen europäischen Staaten mit zwei oder sogar drei Geschwindigkeiten. Die Rechtsordnung trägt dem nur teilweise Rechnung: Regeln, die für große Gesellschaften gelten, werden auch den kleineren auferlegt. Umgekehrt behindern Beschränkungen, die sich vor allem an die kleineren Gesellschaften richten, die Entwicklung der größeren Publikumsgesellschaften.

Einerseits gibt es die überschaubare Gruppe der großen, börsennotierten Gesellschaften, die den Regeln der öffentlichen Verantwortung gegenüber dem Markt unterliegen. Hier gelten die Regeln des Gesellschaftsrechts und, kumulativ, des Kapitalmarktrechts. Eckstein ist hier die Informationsverschaffung. Soft law ist wichtig, weil die Sanktion auf dem Markt erfolgt und nicht im Recht gefunden werden muß. Viele Staaten haben eine ex ante Überwachung durch ein Wertpapieramt organisiert.

Andererseits gibt es viele geschlossene Gesellschaften. Ungeachtet ihrer Rechtsform unterliegen sie an erster Stelle dem Gesellschaftsrecht. Ihre Kontrolle erfolgt anhand der klassischen juristischen Sanktionen.

In vielen Rechtsordnungen kennt man eine niedrigere Regelungsstufe für kleinere Gesellschaften, für die manche Vorschriften zwar gelockert werden, die grundsätzlich aber derselben Ordnung unterliegen.

Je nachdem, in welche der Gattungen eine Gesellschaft fällt, treten andere Interessen in den Vordergrund. Bei größeren Gesellschaften ist der Schutz der Aktionäre vorrangig. Die Gläubiger - meistens große Finanziers oder sogar die Märkte - sind imstande sich selbst zu schützen, durch Vertragsklauseln in Darlehens- oder anderen Verträgen. Bei den kleinen Gesellschaften ist Gläubigerschutz ein wichtigeres Ziel als Aktionärsschutz. Die Aktionäre haben eine persönliche Beziehung zu der Gesellschaft und sind im Regelfall imstande, ihren Schutz vertraglich zu gestalten. Dazu ist aber Flexibilität der gesellschaftsrechtlichen Regeln erforderlich.

VIII.

Eine der Schwächen des europäischen Harmonisierungsgeschehens - oder war es eine politische Wahl? - ist, daß man diese unterschiedlichen Gesellschaftsarten nur in beschränktem Maße unterschieden hat. Dies hatte zur Folge, daß Regeln, die sinnvoll waren für kleine Gesellschaften, auch für große Gesellschaften erlassen wurden, und umgekehrt. Daraus ergaben sich dann Verzerrungen in beide Richtungen.

Einige Beispiele: Die Regeln zum Kapitalschutz, die in der zweiten Richtlinie festgeschrieben wurden, sind ein bleierner Apparat geworden, der bei vielen Transaktionen die Parteien dazu zwingt, sich komplizierte Konstruktionen auszudenken[20].

Dies gilt z.B. für die strengen Vorschriften über den Erwerb eigener Aktien. Es ist nicht erkennbar, wieso bei einer börsennotierten Gesellschaft der Ankauf am Markt, gegen Börsenkurs und von ausreichender Information begleitet, nicht von den Erwerbsbeschränkungen befreit werden kann. Es handelt sich hier nicht um eine Frage der Kapitalerhaltung, sondern um "shareholder value"[21]. Diese Art von Ankauf ermöglicht es dem Management, Cash-Überschüsse den Aktionären zurückzuerstatten. Es ist ein typisches Beispiel für einen Weg für das Management, den "shareholder value" zu verteidigen. Manche Mitgliedstaaten haben die Nachricht verstanden und lassen diese Form des Erwerbs zu, wenn auch unter Einhaltung strenger Formalitäten.

Auf der anderen Seite des Spektrums hört man wiederholt Klagen über die übermäßige Regulierungslast für kleinere Gesellschaften. Die Lockerungen der Buchführungsvorschriften, die 1989 eingeführt wurden, sind ein Schritt in die richtige Richtung, aber noch vieles müßte verwirklicht werden, um ein ausreichend flexibles Instrument für kleine und mittelgroße Unternehmen zu schaffen. Man kann hier aber den Fortschritt in Frankreich und Deutschland mit der "société anonyme simplifiée" und der kleinen AG begrüßen. Auch die Tätigkeiten, die in Paris unternommen werden, um eine europäische GmbH ins Leben zu rufen, sind zu erwähnen.

---

[20] *Kübler, F.*, Aktie, Unternehmensfinanzierung und Kapitalmarkt, Köln, 1989, S. 49, 64; vertieft in *Kübler, F.*, Aktienrechtsreform und Unternehmensverfassung, AG 1994, 141; *Kübler, F., Mendelson, M., Mundheim, R.H.*, Die Kosten des Bezugsrechts. Eine rechtsökonomische Analyse des amerikanischen Erfahrungsmaterials, AG 1990, 461.

[21] Siehe zur rechtlichen Bedeutung dieses Begriffes *Mülbert*, Shareholder value aus rechtlicher Sicht, ZGR 1997, 129 ff.

IX.

Bei aller Kritik am Harmonisierungsgeschehen ist aber oft auch Vorsicht angebracht. Oft wurde die Schwerfälligkeit vom nationalen Gesetzgeber eingebaut und ist es der Richtlinie nicht übel zu nehmen, daß sie die Angelegenheit geregelt hat. Dies gilt z.B. für die Kritik am Bezugsrecht der alten Aktionäre, wo die Richtlinie eine sehr lockere Regelung vorschlägt, bestimmte Gesetzgeber oder Gerichte aber gemeint haben, den Schutz verstärken zu müssen bis zu einem Punkt, an dem die Gesellschaft in ihrer Bewegungsfreiheit fast völlig gefesselt wird. Auch hier sollte man eine strengere Anwendung auf kleinere Gesellschaften als auf börsennotierten Gesellschaften befürworten, jedenfalls soweit gegen Börsenkurs emittiert wird[22].

X.

Das Fehlen einer Unterscheidung zwischen den verschiedenen Gattungen von Gesellschaften ist für Europa eine verpaßte Chance; es wird besonders schwer sein, die bereits erlassenen, schwerfälligen Regeln, deren Ursprung manchmal nicht ersichtlich ist, wieder rückgängig zu machen.

Ich kann der Versuchung nicht widerstehen, darauf hinzuweisen, daß in manchen Fällen ernsthafte Zweifel bestehen können angesichts der Begründung bestimmter harmonisierter Vorschriften. Als Beispiel sei die Regel aus der zweiten Richtlinie erwähnt, aus dem Bereich der Kapitalerhaltung, nach der es einer Gesellschaft untersagt ist, Kredite zu gewähren oder Sicherheiten zu leisten zur Finanzierung des Erwerbs ihrer eigenen Aktien (Art. 23 der zweiten Richtlinie). Man fragt sich, was das Problem mit einer solchen Transaktion ist, vorausgesetzt der Schuldner ist ausreichend solvent. Das Kapital ist nicht mehr gefährdet als bei jeder anderen Transaktion. Die Gesellschaft und die Gläubiger sind im Regelfall besser bedient, da sie einen stabilen Aktionär gewinnen. Ist der Aktionär nicht ausreichend zahlungsfähig, so ist dies ein Problem der Vorstandshaftung, der Berichterstattung im Jahresbericht oder, wenn anwendbar, der Interessenkonfliktregelung. Ein all-

---

22 Siehe *Wymeersch*, Das Bezugsrecht der alten Aktionäre in der Europäischen Gemeinschaft, eine rechtsvergleichende Untersuchung (noch unveröffentlicht).

gemeines Verbot zu erlassen, nur weil Mißbräuche möglich sind, ist ein typischer Fall von "overshooting"[23].

Diese Regel ist ein wesentliches Hemmnis bei MBO's und anderen Umstrukturierungsvorgängen, vor allem bei kleineren Unternehmen. Beruhend auf der Richtlinie, ist diese Vorschrift aber unverwischbar in den nationalen Gesetzgebungen eingeprägt. Ein typisches Beispiel der befürchteten Petrifikation.

XI.

Im Lichte dieser Entwicklungen hat die Kommission 1996 eine Studie veröffentlicht zum Thema "la simplification de la réglementation sur le fonctionnement des sociétés anonymes dans l'Union européenne". Aufgrund dieser Studie werden weitere Untersuchungen organisiert. Die Studie läßt aber bereits jetzt einige interessante neue Orientierungen in der Harmonisierungsdebatte erkennen.

So wurde der Vorschlag unterbreitet, die Gesellschaftsregulierung danach aufzuteilen, ob die Gesellschaften börsennotiert sind oder nicht, bzw. ob sie sich an den Kapitalmarkt gewandt haben oder nicht.

Die nationalen Gesetzgebungen in mehreren Mitgliedstaaten verwenden dieses Kriterium bereits jetzt. Es liegt faktisch dem Unterschied zwischen private companies limited und public companies limited zugrunde. Doch auch das französische, das belgische und das italienische Gesellschaftsrecht verwenden ein ähnliches Unterscheidungsmerkmal.

Das deutsche Aktiengesetz ist in wichtigem Maße eingestellt auf die großen Gesellschaften und ihre Tochtergesellschaften, da sie die wichtigsten Nutzer der AG-Form sind[24]. In den Niederlanden sind die Verhältnisse ähnlich: auch dort ist Börsennotierung kein gesellschaftsrechtliches Kriterium.

---

[23] Siehe *Ebke, W.*, Management Buy-Outs, ZHR 155 (1991), 132, 138; im Bereich der GmbH Koppensteiner, GmbH-rechtliche Probleme des Management Buy-Outs ZHR 155 (1991), 104, 112; *Weber*, GmbH-rechtliche Probleme des Management Buy-Outs, ZHR 155 (1991), 120; *Kerber, M.* Die Übernahme von Gesellschaften mit beschränkter Haftung im Buy-Out Verfahren, WM 1989, 473. Allgemein *Wymeersch*, Article 23 of the second company law directive: the prohibition on financial assistance to acquire shares of the company (noch unveröffentlicht).

[24] Siehe für einen rechtsvergleichenden Überblick Lutter, M. und Wiedemann, H. (Hrsg.), Gestaltungsfreiheit im Gesellschaftsrecht, ZGR Sonderheft 13, 1997.

XII.

Das geringere Interesse für - bzw. der zunehmende Widerstand gegen - die Harmonisierung kann durch die tatsächliche Verschiedenheit des europäischen Gesellschaftswesens und die mangelnde Sensibilität des europäischen Gesetzgebers, den divergierenden Bedürfnissen der unterschiedlichen Gesellschaftsstrukturen Rechnung zu tragen, nur teilweise erklärt werden. Abhängig davon, wie das europäische Integrationsverfahren weitergeht, könnte sich das Bedürfnis nach formeller Harmonisierung als weniger nachdrücklich erweisen. Letztendlich erhebt sich die Frage nach dem Nutzen der Harmonisierung, so wie sie in der Vergangenheit verstanden wurde. Mehrere Faktoren tragen zu dieser Entwicklung bei. Die Harmonisierung ist weniger dringend und weniger überzeugend.

Zunächst verfügen die Unternehmen mit internationalen Niederlassungen über mehr Erfahrung. Die Unternehmen, die sich in einem anderen Mitgliedstaat niedergelassen haben, haben sich mit den lokalen Vorschriften vertraut gemacht und schätzen die Notwendigkeit einer weitgehenden Harmonisierung nicht mehr so hoch ein. Die Ausgangslage würde sich erst ändern, wenn die Unternehmen sich auf völlig einheitliche Regelungen beziehen könnten. Deswegen ist das Mißlingen der Projekte zur Schaffung europäischer - vollwertiger - Gesellschaftsformen (vor allem der SE) so bedauernswert.

Für Geschäftsleute ist es immer wieder eine enttäuschende Feststellung, daß die Regeln trotz der Harmonisierung immer noch grundsätzlich unterschiedlich sind. Harmonisierung wird häufig nicht als eine Technik der übereinstimmenden Gesetzgebung, sondern als eine Aufhebung von Beschränkungen im Falle grenzüberschreitender Niederlassungen verstanden. Die Richtigkeit dieser Auffassung - jedenfalls ihre praktische Bedeutung - könnte bezweifelt werden. Die Harmonisierung, die in bestimmten Bereichen des Gesellschaftsrechts herbeigeführt wurde, ist übrigens beschränkt. Im Falle einer grenzüberschreitenden Niederlassung braucht man immer noch den Beistand lokaler Berater, da es zwischen den Gesetzgebungen trotz aller Harmonisierung bedeutsame Unterschiede gibt[25]. Diesbezüglich werden vor allem die steuerlichen und sozialen Regeln als "Bremsen" angesehen - mehr noch als die gesellschaftsrechtlichen Unterschiede. Folglich sollte der Harmonisierung in diesen Bereichen der Vorrang eingeräumt werden. Wenn die Mitgliedstaaten insoweit Abkommen über ausreichende, minimale Regelun-

---

[25] Siehe z. B. Wouters and Schneider (Ed.), Current Issues of Cross-Border Establishment of Companies, Maastricht, 1995.

gen erreichen könnten, würde die Anwendung der "Home State Rule" zu effizienteren Lösungen führen. Der Wettbewerb zwischen den Gesetzgebungen könnte dann die Gesetzgeber dazu antreiben, den Gesetzgebungen anderer Staaten Rechnung zu tragen. Harmonisierung infolge der Marktumstände ist in den Produkt- und Dienstleistungsmärkten ausreichend bekannt. Warum sollte das Prinzip nicht auch im Bereich der juristischen Dienste angewandt werden? Sollte man, mit anderen Worten, den "ordre public"-Vorbehalt nicht beschränken auf die grundlegenden Verhaltensregeln eines Mitgliedstaates, anstatt eine Zuflucht zu bieten für eine ganze Fülle lokaler, aber zugleich protektionistischer Eigenheiten?[26]

XIII.

Es stellt sich die Frage, ob die Harmonisierungsdebatte, wie sie in der Vergangenheit geführt wurde, nicht überholt ist und ob sie nicht anders orientiert werden sollte.

Je nachdem, wie der Binnenmarkt sich weiter entwickelt, wird sich erweisen, inwieweit bestimmte Gesellschaften auf Zweigniederlassungen umsteigen. Im Bankenbereich hängt dies mit den Anforderungen hinsichtlich des Eigenkapitals zusammen. Trotzdem bleibt das Bedürfnis nach der Gründung von Tochtergesellschaften bestehen, z.B. um sich einen lokalen Anstrich zu geben, etwa um sich bei lokalen öffentlichen Aufträgen mitzubewerben oder um lokale Partner anziehen zu können. Manchmal könnte es nämlich Argwohn erregen, wenn mittels einer Zweigniederlassung vorgegangen wird, z.B. wegen Problemen bei der Vollstreckbarkeit.

Eine Überstürzung des Integrationsverfahrens kann nach Einführung der einheitlichen Währung erwartet werden. Einerseits werden die Handelsbeziehungen einem strengeren Wettbewerb unterzogen werden. Andererseits werden dadurch bestehende Reibungspunkte deutlicher zu Tage treten, etwa im steuerlichen oder sozialen Bereich, oder im Bereich der öffentlichen Kontrolle. Die Integration der Produktmärkte wird beträchtlich wachsen. Da

---

[26] Ein Beispiel: Die Integration der Märkte für Hypothekarkredite wird stark gehemmt durch die Unterschiede, die die nationalen Gesetzgeber auferlegen unter dem Vorwand, die eigenen Bürger zu schützen. So die belgische Vorschrift, die die freiwillige Rückzahlung zu jedem Zeitpunkt gestattet. Ist dies eine Vorschrift fundamentaler Natur? Der Kunde hat ja das Recht, ein Darlehen zu wählen, das kündbar ist gemäß den Modalitäten, die er bevorzugt. Es wäre wünschenswert, Transparenz zu schaffen anstatt marktverzerrende Vorschriften aufzuerlegen, die letztendlich den Preis der Leistung erhöhen.

Aktien ebenso wie Produkte betrachtet werden können, wird der Wettbewerbsdruck auch in diesem Bereich erheblich steigen. Die Bewertung der Aktien, und im allgemeinen der Unternehmen, wird künftig auf einer europaweiten Grundlage erfolgen. Zum einen werden dazu harmonisierte discount ratios angewandt werden. Wegen des einheitlichen Zinssatzes werden künftig Kassenzuflüsse gegen den gleichen Zinssatz diskontiert werden, wodurch die Vergleichbarkeit der verschiedenen Aktien beträchtlich zunehmen wird. Zum anderen werden die Bewertungsnormen sich immer mehr annähern[27]. Der Kampf ums Kapital wird sich dadurch verstärken. Die Aufspaltung der Börsenmärkte, die bis jetzt noch hinter den Mauern der nationalen Währungen einigermaßen geschützt waren, wird mehr noch als in der Vergangenheit starkem Druck unterliegen. Die Börsen werden wie Dienstleistungsunternehmen in Wettbewerb treten, um den Gesellschaften und den Anlegern die besten Dienste zu den günstigsten Bedingungen anzubieten[28]. Auch in diesen Fällen wird die Marktintegration die Harmonisierung antreiben. Die Gesellschaften werden eine gleiche interne Organisation anstreben, um die Vergleichbarkeit zu fördern und genauso gute Bedingungen zu bekommen wie die Konkurrenz. Ein Delaware-Effekt, aber europäisch geprägt, der nicht unbedingt ein "race to the bottom" zur Folge hat.

XIV.

Gibt es dann überhaupt noch Bereiche, in denen Harmonisierung eine ernsthafte Chance auf Erfolg hat? Ist es nicht vorrangig, die seit langem ins Haus stehenden Entwürfe zu vollenden, bevor man mit neuen Projekten anfängt?

Vier Richtlinien sind nach besonders großem Widerstand festgefahren: die fünfte Richtlinie, die neunte Richtlinie über das Konzernrecht, die zehnte bezüglich der grenzüberschreitenden Sitzverlegung und die dreizehnte über Übernahmeangebote. Jeweils geht es um Entwürfe, die die Macht- und Gewaltstrukturen der Gesellschaften sehr stark berühren, entweder weil sie die Mitbestimmung auferlegen oder aber zulassen, sie zu ändern, oder weil sie

---

[27] Siehe Van Hecke, L., Eenheidsmunt zorgt voor revolutie in Europese financiële analyse, FET, 4. Oktober 1997.

[28] Frappant ist, daß eine ständig wachsende Zahl von Börsen sich umstellt von einer Rolle als Marktautorität auf eine Rolle als Marktorganisator, d. h. eines Unternehmens, das seine Dienste bezüglich der Bearbeitung von Wertpapiergeschäften allen Parteien anbietet, die die Zulassungsvoraussetzungen erfüllen.

unmittelbar in diese Strukturen eingreifen (z.B. die "one share-one vote"-Regel oder das Pflichtübernahmeangebot). Jeweils müssen bestehende Machthaber Macht herausgeben, an die Arbeitnehmer, an die Minderheitsaktionäre oder an den Markt. Gerade weil man hier den Kern des Gesellschaftslebens berührt und die tatsächlichen Verhältnisse so unterschiedlich sind, wird auf jede Änderung äußerst empfindlich reagiert.

Deshalb ist Realismus angebracht. Einerseits kann man nicht Harmonisierungsversuche, die nichts bringen, weiterführen, wie jetzt schon so viele Jahre mit der fünften Richtlinie versucht wird. Andererseits sollte man den raschen Entwicklungen auf den Märkten Rechnung tragen, infolge derer die früheren Machtstrukturen abbröckeln. Diese werden sich im zunehmenden weltweiten Wettbewerb um das Kapital teilweise von selbst vollziehen. Wenn nicht, so können sie nicht auf Staatsbefehl vollzogen werden.

XV.

Das Konzernrecht bildet ein gutes Beispiel für diese spontanen Entwicklungen. Zwar ist das deutsche Konzernrecht nicht gut zum Vergleich heranziehbar, da es in unzähligen Punkten als zu streng und erstickend betrachtet wird. Andererseits ist unverkennbar, daß sich in den meisten europäischen Staaten ein Konzernrecht entwickelt hat, vor allem in der Rechtsprechung, und zunehmend auch in der Gesetzgebung. Das Ergebnis ist ein Muster, das einen Bezugspunkt bilden kann für eine harmonisierte Mindestregelung, die innerhalb von Europa festgestellt werden könnte. Hier haben die Rechtsregeln sich bereits ausreichend entwickelt, damit von einer europaweiten Harmonisierung die Rede sein kann. Auch von der Unternehmensseite ist Zustimmung zu erwarten für besser vorhersehbare, beherrschbare und folglich organisierbare Verhaltensregeln für Konzerne[29].

Die Materie der Übernahmeangebote bietet auch einen guten Vergleichspunkt. Der Richtlinien-Entwurf läßt keine wesentlichen Fragen aufkommen, was das Verfahren betrifft. Er enthält zwei Problembereiche: die standstill-Regel, die zusammenhängt mit der Rolle der Verwaltung, und das Pflichtangebot. Vor allem das Letztere greift tief in die Eigentumsverhältnisse ein, auch weil es die Verkäuflichkeit eines Kontrollpakets und demnach dessen

---

[29] Eine breit angelegte rechtsvergleichende Untersuchung unter der wissenschaftlichen Leitung von *Hommelhoff, Lutter* und *Hopt* macht deutlich, daß im Konzernrecht der meisten europäischen Staaten bereits erhebliche Fortschritte gemacht wurden.

Preis erheblich senkt. Ist der Aktienbesitz breit gestreut, werden die Nachteile weniger deutlich. Hier empfiehlt es sich eher, der Subsidiaritätsvorschrift zu folgen, wie überzeugend dargelegt wurde vom britischen Take-over Panel[30].

XVI.

Schließlich bietet sich der schwierige Fall der Mitbestimmung an. Die fünfte Richtlinie ist an diesem Punkt schon seit 25 Jahren festgefahren. Es ist deutlich, daß auch mit den heutigen, flexibleren Vorschlägen Fortschritte unmöglich sind. Die kulturellen Unterschiede sind zu groß. Deswegen sollte man nachdenken über die fundamentalere Frage einer minimalen Definition der Funktion der Unternehmensverwaltung, vor allem inwieweit sie den Interessen der Arbeitnehmer Rechnung tragen soll. Es wäre dann Sache der Mitgliedstaaten, die Techniken auszuarbeiten, die eine ausreichende Mitbestimmung in bestimmten Angelegenheiten sicherstellen. Es fällt auf, daß in allen Rechtsordnungen der Auftrag der Verwaltung die Sorge für die Arbeitnehmer umfaßt. Das britische Recht ist eines der wenigen, in dem dies ausdrücklich bestimmt ist[31]. In den meisten anderen Rechtsordnungen wird aber dargelegt, sei es auch auf unterschiedliche Weise, daß die Verpflichtung der Gesellschaftsverwaltung für das Gesellschaftsinteresse auch die Verpflichtung enthält, zu den Arbeitnehmern vernünftige, gesellschaftlich akzeptable Beziehungen zu unterhalten, übrigens im Interesse der Gesellschaft selbst. Eine ausdrückliche Ausformulierung dieser Verpflichtung könnte die Grundlage bilden, um die Debatte zu deblockieren und nützliche andere Angelegenheiten auf die Tagesordnung zu setzen. Die Mitbestimmungsfrage könnte dann in gesonderten Instrumenten behandelt werden, wie es übrigens auch bei der Richtlinie über den europäischen Betriebsrat getan wurde[32].

---

[30] Siehe Panel of Take-overs and Mergers, The proposed European Directive - Failure to satisfy the principle of subsidiarity, *David Vaughan* and *David Lloyd-Jones*.

[31] S. 309, Companies Act 1985.

[32] Richtlinie 94/45/EEG vom 22. September 1994, ABlEG, 254/64-72, 30. September 1994.

XVII.

Ich kann es nicht lassen, Ihre Aufmerksamkeit auf ein Thema zu ziehen, das mir am Herzen liegt. Es geht um das Fehlen eines angemessenen juristischen Rahmens für transnationale, horizontale Gesellschaftsgruppen[33]. Damit meine ich Strukturen, bei denen eine Zusammenarbeit zwischen zwei Muttergesellschaften aus unterschiedlichen Rechtsordnungen organisiert wird auf der Grundlage der Gleichberechtigung, aber ohne Verschmelzung. Einige erfolgreiche Beispiele sind bekannt: Asea Brown Boveri, Unilever, Shell und Royal Dutch; aber auch Reed Elsevier, Dexia und Fortis ist es gelungen, diese Zusammenarbeit zustande zu bringen, oft in einem delikaten Gleichgewicht. In vielen anderen Fällen sind die Versuche aber gescheitert: Fokker, Renault-Volvo, Amro-Generale Bank, Hoogovens-Hoesch, Dunlop-Pirelli, Agfa-Gevaert gehören zu der Liste der Mißerfolge. Das Fehlen einer supra-nationalen, mindestens nicht nur nationalen Struktur ist in diesen Fällen ein nicht zu vernachlässigender Faktor des Mißerfolgs gewesen.

Es schiene mir sinnvoll, wenn die europäischen Behörden sich überlegen würden, ob es wünschenswert und möglich wäre, einen Rahmen zu entwikkeln für die Verwirklichung dieser Form grenzüberschreitender Konzernbildung. Diesen Gruppen könnte ein europäisches Statut gewährt werden, so daß die schwierige Diskussion über die "Nationalität" der Gruppe vermieden werden könnte. Abweichungen von einigen Richtlinien-Bestimmungen wären zu erwägen, unter anderem was wechselseitige Beteiligungen betrifft, Gleichberechtigungsklauseln auf dem Gebiet der Erträge und die Möglichkeit informeller Konzernverwaltungsorgane, zB in der Form einer Gesellschaft bürgerlichen Rechts. Es könnten Techniken eingebaut werden zur identischen Zusammensetzung der Verwaltungsorgane bei beiden Muttergesellschaften; dies unterstellt eine Abweichung von der "one share-one vote"-Regel. Die Stellung der europäischen AG als zwischengesellschaftliche Holding für die Tochtergesellschaften kann die Anknüpfung an eine einzige Rechtsordnung verhindern.

Andere Harmonisierungsvorschläge beziehen sich etwa auf die kleine AG, auf eine Auflockerung der Vorschriften über Tochtergesellschaften in Form der AG oder auf gemeinsame Tochtergesellschaften, bei denen die interne

---

[33] Weiterführend *Byttebier* und *Verroken*, Grensoverschrijdende ondernemingssamenwerking, Studiecentrum ondernemingsgroepen, Brussel, 1994. Für eine englische Kurzfassung: *Byttebier* und *Verroken*, Structuring international co-operation between enterprises, *Graham Trottman*, London, 1995.

Organisation flexibler gestaltet werden kann. Zum Schluß kann noch auf die Möglichkeiten zur Verbesserung der Verbreitung finanzieller Informationen hingeweisen werden[34].

XVIII.

Europa ist ein langfristiges Projekt: nach Perioden von Fortschritt, kommen Perioden von Stillstand. Die EMU wird der "große Sprung vorwärts" sein. Was das Gesellschaftsrecht betrifft, werden Marktkräfte und damit auch Wettbewerb zwischen den Gesetzgebern nachdrücklicher spürbar werden. Die Kommission sollte dies zur Kenntnis nehmen und im übrigen eine behutsame Haltung annehmen. Es erscheint angebrachter, die Debatte in den Bereichen wieder in Gang zu setzen, wo entweder bereits ein ausreichendes Maß an Integration erreicht ist, etwa im Konzerenrecht, oder die außerhalb der normativen Befugnisse der einzelnen Mitgliedstaaten liegen, bei den "horizontalen transnationalen Gruppen".

---

[34] Siehe den Vorschlag von *Noack, U,* Les méthodes modernes de communication et le droit des sociétés, Vortrag auf dem Symposium der europäischen Kommission, Marché intérieur et droit des sociétés, 15.-16. Dezember 1997.

Internationale Perspektiven der Unternehmenspublizität

HERBERT BIENER

Vorbemerkung

Der folgende Beitrag soll in knapper Form einen Überblick über die internationale Entwicklung der öffentlichen Rechnungslegung geben. Es handelt sich dabei um ein Thema, das inzwischen weltweit die beteiligten Kreise mit kontroversen Diskussionen beschäftigt. Dabei geht es nicht nur um das in Deutschland bevorzugte Thema der Aufgabe des Vorsichtsprinzips, sondern um auch für den anglo-amerikanischen Bereich grundlegend neue Rechnungslegungsmethoden, wie die kontroversen Diskussionen um die Darstellung der Finanzinstrumente, insbesondere der derivaten, zeigen[1]. Die Darstellung beschränkt sich dabei auf die wesentlichen Entwicklungen und Überlegungen. Nach einer Bestandsaufnahme (I) wird die internationale Entwicklung dargestellt (II) um dann auf die Konsequenzen für das deutsche Recht einzugehen (III) sowie einen kurzen Ausblick zu geben (IV).

I. Bestandsaufnahme

1. Zur Kritik an der deutschen Rechnungslegung

Die Börsen-Zeitung hat die Kritik, die Wissenschaftler und Praktiker auf dem 51. Deutschen Betriebswirtschafter-Tag im September dieses Jahres in Berlin geäußert haben, unter der Überschrift „Bilanzen aus der Provinz“ zusammengefaßt[2]. In diesem Sinne hat sich auch Krumnow geäußert, als er begründete, warum die Deutsche Bank im Jahre 1995 ihren Konzernabschluß auch nach

---

[1] Der Generalsekretär des IASC (vgl. Fn. 3) räumte in einer Presseerklärung vom 8. September 1997 ein, daß die Verabschiedung einer Rechnungslegungsempfehlung zu den Financial Instruments im Rahmen des Zeitplans bis März 1998 nicht möglich sein wird, obwohl hieran seit 10 Jahren gearbeitet wird. Er kündigte an, daß im Rahmen einer Zwischenlösung die US GAAP übernommen werden sollen (IASC, Press Release vom 8. September 1997, Bezugsadresse: 166 Fleet Street, London EC4A 2DY, England).

[2] Börsen-Zeitung vom 2. Oktober 1997, S. 7.

den IAS des IASC[3] aufgestellt hat[4]. Nach Beurteilung der FAZ waren sich die mehr als 700 Fachleute dieses Betriebswirtschafter-Tages darüber einig, daß die Unternehmen für ihre Rechnungslegung einen internationalen Standard brauchen und deshalb das deutsche Bilanzrecht reformiert werden muß[5]. Auch die Wirtschaftsprüfer sahen anläßlich der Fachtagung des Institut der Wirtschaftsprüfer in Hannover im Oktober dieses Jahres Reformbedarf. Den Presseberichten zufolge sind sie aber eher skeptisch. Insbesondere befürchten sie, daß das Vorsichtsprinzip und der Grundsatz der Maßgeblichkeit in der Handelsbilanz für die steuerliche Gewinnermittlung aufgegeben werden müssen[6].

Die deutsche Rechnungslegung ist tatsächlich provinziell, wenn man darunter versteht, daß sie von der mächtigsten Börsenaufsichtsbehörde der Welt, der SEC, für die Zwecke einer vollen Börsenzulassung nur mit der Einschränkung akzeptiert wird, daß die Konzernabschlüsse hinsichtlich ihres Ergebnisses und ihres Eigenkapitals auf die US GAAP[7] übergeleitet werden. Dieses Schicksal teilt die deutsche Rechnungslegung mit allen anderen dieser Welt. Auch die dynamische Rechnungslegung des Vereinigten Königreichs, die das andere Extrem zur deutschen Rechnungslegung darstellt, wird trotz breiter Anhängerschaft im früheren Commonwealth nicht weitergehend akzeptiert.

---

[3] International Accounting Standards Committee. Es handelt sich um den freiwilligen Zusammenschluß von Berufsorganisationen der Rechnungsleger aus etwa 80 Ländern mit dem Ziel, weltweit anwendbare Rechnungslegungsgrundsätze durch ein berufsständisches Gremium unabhängig von nationalen und zwischenstaatlichen Gesetzgebern zu entwickeln. Die IAS werden jährlich neu veröffentlicht. Dazu ausführlich *Küting, K./Hayn, S.*, in: Handbuch der Rechnungslegung (HdR), Kommentar, 4. Aufl., Bd. Ia, Stuttgart 1995, Internationale Rechnungslegung,Rn. 97-123 m. w. N.

[4] *Krumnow*, Auch in der Bilanzierung Globalität beweisen, Börsen-Zeitung vom 24.02.1996, S. 5, Handelsblatt vom 26.02.1996.

[5] Frankfurter Allgemeine Zeitung vom 30. September 1997, S. 20.

[6] Frankfurter Allgemeine Zeitung vom 2. Oktober 1997, S. 20 und vom 6. Oktober 1997, S. 24, sowie Börsen-Zeitung vom 2. Oktober 1997, S. 7.

[7] Securities and Exchange Commission, Börsenaufsichtsbehörde der USA mit Sitz in Washington. Es handelt sich um eine vom Parlament eingesetzte Aufsichtsbehörde, die nicht der Aufsicht der Regierung untersteht. Diese unterstützt die Generally Accepted Accounting Principles der USA (Allgemein anerkannte Rechnungslegungsgrundsätze = GoB), die heute vor allem vom FASB (vgl. Fn.19), einem unabhängigen Gremium aus Sachverständigen, entwickelt werden. Die SEC hat in ihrer Veröffentlichung „Survey of Financial Statement Reconcilations by Foreign Registrants" (May 1, 1993) die Abweichungen betragsmäßig dargestellt.

Die deutsche Provinzialität hat den Vorteil, daß sie die Interessen aller Beteiligten einschließlich der Unternehmen an ihrem Fortbestand berücksichtigt und den Interessen der Investoren keinen Vorrang einräumt. Dazu bestand bisher in Deutschland auch keine Veranlassung, weil die Finanzierung über das Universalbankensystem und steuerlich anerkannte bilanzpolitische Maßnahmen bevorzugt wurde. Unterstützend wirkte sich auch aus, daß deutsche Kapitalanleger überwiegend langfristige Anlagen bevorzugen und auch Größtunternehmen bis 1993 keine Notwendigkeit sahen, den von kurzfristig denkenden Anlegern dominierten amerikanischen Kapitalmarkt in Anspruch zu nehmen.

2. Dominanz der Gesetzgebung als Problem

Die deutsche Rechnungslegung ist Teil der kontinentaleuropäischen Entwicklung des Kaufmanns- und Gesellschaftsrechts. Da sie bereits im letzten Jahrhundert Bestandteil der kontinentaleuropäischen Handelsgesetzbücher wurde, sind in Kontinentaleuropa traditionell die Justizminister federführend zuständig. Betriebswirtschaftliche Verfahren werden seither in Rechtssätze gepreßt und im Streitfall von Gerichten entschieden, die mit Juristen besetzt sind. Allerdings war auch in Deutschland die Fortentwicklung der Grundsätze ordnungsmäßiger Buchführung (GoB) im Wege der Standardisierung vom Gesetzgeber als Möglichkeit angedacht[8]. Es handelt sich dabei um eine gleitende Verweisung auf eine Generalklausel besonderer Art, wie sie vor allem im technischen Bereich häufig vorkommen[9]. Die deutschen Rechnungsleger haben die Aufgabe, die Rechnungslegung zu standardisieren, bisher nicht angenommen. Anders als im Bereich der Industrienormen haben sie es unterlassen, ein Standardisierungsgremium zu bilden, das die Voraussetzungen für eine Anerkennung durch die Bundesregierung und die Gerichte erfüllt[10]. Nicht zuletzt aus diesem Grunde haben die Obersten Gerichte, insbesondere

---

[8] § 238 Abs. 1, § 243 Abs. 1, § 264 Abs. 2, § 297 Abs. 2 HGB; § 38 Abs. 1 HGB vom 10. März 1897 (RGBl. S. 219).

[9] Bundesministerium der Justiz, Handbuch der Rechtsförmlichkeit, Köln 1991,Teil B, § 3.5, Rn. 164.

[10] Solchen Generalklauseln ist gemeinsam, daß sie auf schriftlich fixierte oder mündlich überlieferte technische Festlegungen verweisen, die nach herrschender Auffassung der beteiligten Kreise (Fachleute, Anwender, Verbraucher und öffentliche Hand) zur Erreichung des gesetzlich vorgegebenen Ziels geeignet sind und sich in der Praxis allgemein bewährt haben oder deren Bewährung nach herrschender Auffassung in überschaubarer Zeit bevorsteht (vgl. Fn. 9 § 3.5, Rn. 164).

der Bundesfinanzhof, die GoB als Rechtssätze eingeordnet, weil sie sonst in der Revisionsinstanz hierüber nicht entscheiden dürften[11]. Die Fortentwicklung der GoB durch den Bundesfinanzhof war bisher hilfreich, weil sich seine Richter strikt an die Maßgeblichkeit des Handelsbilanzrechts hielten und auch das Vorsichtsprinzip seinem Sinn und Zweck entsprechend auslegten. Aber auch insoweit droht ein Bruch, weil aus dem Bundesfinanzhof Stimmen lauter werden, die die GoB nicht mehr am Handelsrecht, sondern am Grundgesetz messen wollen[12].

3. Die Harmonisierung in der Europäischen Union

Die Mitgliedstaaten der Europäischen Union haben sich bereits im Jahre 1957 im Vertrag vom Rom[13] verpflichtet, ihre Gesellschaftsrechte und damit auch deren Rechnungslegung zu koordinieren, um die in den Mitgliedstaaten vorgeschriebenen Schutzbestimmungen gleichwertig zu gestalten. Die Harmonisierung der Rechnungslegung wurde im Jahre 1967 aufgenommen und sollte, nachdem die für die wesentlichen Bereiche erforderlichen Richtlinien verabschiedet sind, im Grundsatz abgeschlossen sein. Es ist allerdings nicht zu übersehen, daß sich die Kommission mit ihren Vorschlägen am deutschen Aktiengesetz 1965 orientierte und damit der Gesetzgebung Vorrang einräumte. Als sich mit dem Beitritt anderer Mitgliedstaaten, insbesondere des Vereinigten Königreichs, die Frage stellte, ob dem kontinentaleuropäischen Vorsichtsprinzip oder dem anglo-amerikanischen Grundsatz der Periodenabgrenzung Vorrang eingeräumt werden sollte, wurde der später häufig kritisierte Kompromiß gefunden, die statische und die dynamische Bilanzierung als gleichwertig anzuerkennen und den Mitgliedstaaten über entsprechende Wahlrechte die Möglichkeit einzuräumen, ihre Systeme im Grundsatz fortzuführen. Die gegenseitige Anerkennung hat sich in der Folge bewährt. Sie ist auch an den Kapitalmärkten in Europa und weltweit außerhalb der USA durchgesetzt worden. Diese Form der Rechnungslegung entspricht auch den Anforderungen des EG-Vertrages, der die Entwicklung eines Einheitsrechtes oder den besonderen Schutz von Investoren nicht verlangt.

---

11 *Georg Döllerer*, Grundsätze ordnungsmäßiger Bilanzierung, deren Entstehung und Ermittlung, WPg 1959, S. 653.

12 *Weber-Grellet*, Maßgeblichkeitsgrundsatz in Gefahr?, DB 1997, S. 385.

13 Vertrag zur Gründung der Europäischen Gemeinschaft vom 25.03.1957, zuletzt geändert durch den Vertrag über die Europäische Union vom 07.02.1992, EU-/EG-Vertrag.

Die Kommission der EU befindet sich seit längerem in einer schwierigen Lage, weil es ihr nicht gelungen ist, die Anerkennung der europäischen Konzernabschlüsse bei der SEC durchzusetzen. Sie muß befürchten, daß die weitere Entwicklung an ihr vorbei-geht. Das Projekt IOSCO/IASC zur Schaffung eines einheitlichen Konzernabschlusses wird von acht Mitgliedstaaten der EU in der WP 1 von IOSCO betrieben[14]. Die Kommission kann dort nicht mitarbeiten, weil sie nicht Börsenaufsichtsbehörde ist. Da sie aber auch keinen Standard Setter als Partner in der EU hat und auch nicht befugt ist, berufsständische Interessen nach außen zu vertreten, sind ihre Einflußmöglichkeiten auf das IASC bescheiden, obwohl sie als Observer seit vielen Jahren in dessen Board tätig ist.

Die Kommission hat im Jahre 1995 beschlossen, bei der Harmonisierung der Rechnungslegungsvorschriften künftig eine andere Politik zu verfolgen. Sie will unter Beachtung der im Maastrichter Vertrag verankerten Grundsätze der Subsidiarität und der Verhältnismäßigkeit neue Rechtsvorschriften oder Änderung der bestehenden EU-Vorschriften künftig, soweit wie möglich, vermeiden. Zur Lösung der ihrer Auffassung nach dringenden Probleme europäischer Unternehmen, die eine Börsennotierung auf den internationalen Kapitalmärkten anstreben, will sie die Bemühungen des IASC, um einen weltweit verwendbaren Konzernabschluß unterstützen und die dortige Entwicklung beeinflussen[15]. Solange die Kommission jedoch an ihrem Grundsatz festhält, daß alle Kapitalgesellschaften zur Rechnungslegungspublizität verpflichtet werden müssen, dürften ihre Chancen gering einzuschätzen sein, einen wesentlichen Einfluß auf die weltweite Entwicklung ausüben zu können.

---

[14] International Organisation of Securities Commissions. Es handelt sich um den weltweiten Zusammenschluß der Börsenaufsichtsstellen mit dem Ziel, die grenzüberschreitende Zusammenarbeit bei der Börsenaufsicht zu fördern. Die Mitglieder der Working Party 1, die in Zusammenarbeit mit IASC einen einheitlichen Weltabschluß für Zwecke der Börsennotierung erarbeiten soll, sind: Australien, Belgien, Frankreich, Deutschland, Hong Kong, Italien, Japan, Kanada, Luxemburg, Mexiko, Niederlande, Spanien, Schweiz, USA und das Vereinigte Königreich.

[15] Mitteilung der Kommission der EU: Harmonisierung auf dem Gebiet der Rechnungslegung: Eine neue Strategie im Hinblick auf die internationale Harmonisierung vom 14. November 1995, KOM (95) 508 DE.

4. Weltweite Entwicklung

Die Harmonisierung in der Europäischen Union hat in den 70-iger Jahren weltweite Aktivitäten ausgelöst. Sowohl die OECD[16] als auch die Vereinten Nationen[17] haben Arbeitsgruppen mit der Aufgabe eingesetzt, die Rechnungslegungspublizität der transnationalen Unternehmen zu harmonisieren. Beide Gruppen waren insoweit erfolgreich, als sie die in den Marktwirtschaften bestehenden Systeme koordiniert. Dabei wurde nach dem Vorbild der EU die statische und die dynamische Bilanzierung nebeneinander gestellt und zur gegenseitigen Anerkennung empfohlen. Seither gibt es keine grundsätzlichen Probleme bei der allgemeinen Verwendung europäischer Konzernabschlüsse, wenn man von den Fällen der vollen Börsennotierung in den USA absieht. Viele Entwicklungsländer und frühere sozialistische Länder haben die Empfehlungen dieser Organisationen zum Maßstab beim Erlaß von Rechnungslegungsgesetzen genommen. Von diesen Organisationen sind allerdings derzeit weitere Impulse nicht zu erwarten. Die OECD führt ihre Arbeitsgruppe nicht fort. Die Vereinten Nationen haben ihre Arbeitsgruppe von ECOSOC auf UNCTAD übertragen. Dort besteht wenig Interesse an der Fortführung, obwohl es weltweit die einzige Organisation ist, in der sich Regierungsvertreter mit der weltweiten Entwicklung der Rechnungslegung befassen können. Insbesondere Entwicklungsländer, Schwellenländer und die früheren sozialistischen Länder wären dringend auf diese Unterstützung angewiesen.

---

[16] Organisation for Economic Co-Operation and Development mit Sitz in Paris. Dazu ausführlich *Küting, K./Hayn, S.*, in: Handbuch der Rechnungslegung (HdR), Kommentar, 4. Aufl., Bd. Ia, Stuttgart 1995, Internationale Rechnungslegung, Rn. 41-51.

[17] The Intergovernmental Working Group of Experts on international Standards of Accounting and Reporting ist eine aus Regierungsvertretern bestehende Arbeitsgruppe zur Entwicklung von Empfehlungen für die Rechnungslegung transnationaler Unternehmen und deren Offenlegung. Sie besteht seit 1979 als Untergruppe der von ECOSOC eingesetzten Commission on Transnational Corporations. Seit 1993 werden die Aufgaben der Kommission von UNCTAD, die ihren Sitz in Genf hat, wahrgenommen; diese betreut auch die Arbeitsgruppe. Dazu ausführlich *Küting, K./Hayn, S.*, in: Handbuch der Rechnungslegung (HdR), Kommentar, 4. Aufl., Bd. Ia, Stuttgart 1995, Internationale Rechnungslegung, Rn. 61-67.

II. Die kapitalmarktbestimmte Entwicklung

1. Die Rolle der SEC

Die Securities and Exchange Commission ist als amerikanische Börsenaufsichtsbehörde seit Jahrzehnten der Motor für die Entwicklung einer speziellen Rechnungslegung für Kapitalmarktzwecke, die sich ausschließlich an den Interessen der Investoren orientiert. Sie ist seit ihrer Gründung im Jahre 1934 beauftragt, die Anleger an Kapitalmärkten zu schützen. Das einzige ihr dazu zur Verfügung stehende Mittel sind die Rechnungslegung und die Unternehmenspublizität im allgemeinen, die sie auch durch Verordnungen und Erlasse festlegen darf. Da das Gesellschaftsrecht Staatensache ist, können die Aktionäre nicht über das Gesellschaftsrecht geschützt werden. Auch stehen der SEC keine Aufsichtsbefugnisse über die Geschäftsführung der Unternehmen zu und kann sie in diese nicht eingreifen. Inzwischen ist weltweit anerkannt, daß die unter dem Einfluß er SEC entwickelten US GAAP am besten geeignet sind, die Interessen der Investoren an Kapitalmärkten zu schützen[18]. Bemerkenswert ist, daß die SEC dieses nicht über die eigene Rechtssetzung, sondern ganz überwiegend im Wege der Standardisierung zunächst über berufsständische Einrichtungen und seit 1973 über das FASB[19] erreicht hat. Dieses Beispiel zeigt, daß die Standardisierung der Rechtssetzung im Wege der Gesetzgebung überlegen ist.

2. Die Problematik von Überleitungsrechnungen

Die SEC akzeptiert im Grundsatz entsprechend der Empfehlungen der OECD und der Vereinten Nationen alle Konzernabschlüsse, die deren Empfehlungen entsprechen; dazu gehören auch die Bilanzrichtlinien der EU. Im Falle einer vollen Börsenzulassung besteht sie allerdings im Interesse der amerikanischen Kapitalanleger darauf, daß die Ergebnisse und das Eigenkapital auf die US GAAP übergeleitet werden. Die SEC hat diesen Vorbehalt stets gemacht, weil sie meint, die Konzernabschlüsse im Interesse der amerikanischen Anleger zumindest hinsichtlich der Ergebnis- und Eigenkapitalbeträge vergleich-

---

[18] Fn. 15, § 1.2, S. 2.

[19] Financial Accounting Standard Board. Das FASB ist eine private Einrichtung, die seit 1973 besteht. Das entscheidende Board setzt sich aus sieben unabhängigen Personen zusammen, die auf fünf Jahre von einem Treuhändergremium gewählt werden. Die Zahl der veröffentlichten Statements of Financial Accounting Standards (SFAS) liegt inzwischen bei über 120 Empfehlungen.

bar machen zu müssen. Wie stark die Abweichungen sein können, wurde weltweit bewußt, als die Daimler Benz AG für das Geschäftsjahr 1993 im Rahmen ihrer Überleitungsrechnung einen Konzerngewinn von 615 Millionen DM nach deutschen Rechnungslegungsgrundsätzen und einen Verlust von 1.839 Millionen DM nach US GAAP veröffentlichte[20]. Wie sich aus einer Übersicht der SEC für das Jahr 1994 ergibt, bestehen bedeutsame Abweichungen auch gegenüber angelsächsischen Rechnungslegungssystemen. Inzwischen beginnt sich jedoch die Überzeugung durchzusetzen, daß das Problem der Vergleichbarkeit nicht auf diese Weise gelöst werden kann. Überleitungsrechnungen sind wenig hilfreich, weil unterschiedliche Jahresergebnisse und Eigenkapitalbeträge mehr verwirren als aufklären. Sie vergrößern die seit Jahren beklagte Erwartungslücke im Bereich der Rechnungslegung und zerstören das Vertrauen in Jahres- und Konzernabschlüsse. Da die Kapitalmärkte jedoch gerade darauf angewiesen sind, daß die Anleger auf die Richtigkeit und die Aussagekraft der ihnen vorgelegten Konzernabschlüsse vertrauen können, wird die Schaffung einheitlicher Konzernabschlüsse mit zwingenden Bilanzansatz- und Bewertungsvorschriften als unverzichtbar angesehen.

3. Die Zusammenarbeit von IOSCO und IASC

Auf Anregung der SEC haben die IOSCO und das IASC im Jahre 1987 ihre Zusammenarbeit mit dem Ziel aufgenommen, die Rechnungslegungsempfehlungen des IASC (IAS) so zu verändern, daß die auf dieser Grundlage aufgestellten Konzernabschlüsse in gleicher Weise wie die US GAAP geeignet sind, die Investoren an Kapitalmärkten in den Fällen einer grenzüberschreitenden Börsenzulassung zu schützen. Nachdem sich die IOSCO im Jahre 1994 in zwei Briefen an das IASC auf die erforderlichen Änderungen festgelegt hatte[21], haben sich IOSCO und IASC im Jahre 1995 auf ein Arbeitsprogramm und einen dazu gehörenden Zeitplan verständigt[22], der es nach seiner Verwirklichung im Jahre 1998 IOSCO ermöglichen soll, seinen Mitgliedern, den Börsenaufsichtsstellen, zu empfehlen, für Zwecke der Börsenzulassung Konzernabschlüsse aus anderen Staaten, die unter Beachtung der IAS auf-

---

[20] Vgl. Daimler Benz AG, Konzernabschlüsse nach der Form 20-F der SEC, 1993.

[21] Es handelt sich um die sog. Shiratori-Briefe, vgl. *Biener* in Festschrift für Wolfgang Dieter Budde, Rechenschaftslegung im Wandel, München 1995, S. 87, 99, 100.

[22] IASC, Press Release vom 11. Juli 1995, 166 Fleet Street, London EC4A 2DY, United Kingdom.

gestellt worden sind, uneingeschränkt, insbesondere ohne zusätzliche Überleitungsrechnung auf das jeweilige nationale Recht, anzuerkennen. IOSCO beabsichtigt jedoch nicht, die IAS als Mindeststandards zur weltweiten Anwendung zu empfehlen, um die Qualität der Rechnungslegungsinformation an den Kapitalmärkten generell zu erhöhen. Diese Entscheidung bleibt den nationalen Gesetzgebern oder ihren Börsen überlassen. Vermutlich wird der zunehmende Wettbewerb zwischen den Börsen diese veranlassen, ihre Publizitätsanforderungen dem internationalen Niveau anzupassen, um ihre Investoren zu halten und neue anzulocken. IOSCO beabsichtigt aber auch nicht, das IASC als Standard Setter generell anzuerkennen. Die Zusammenarbeit soll vielmehr in der bisherigen Form fortgesetzt werden, daß nämlich IOSCO die Arbeiten des IASC begleitet und jeweils über die Anerkennung neuer oder geänderter Standards entscheidet. Es gibt derzeit Befürchtungen, daß die SEC nächstes Jahre noch nicht bereit sein könnte, einem unterstützenden Beschluß von IOSCO zuzustimmen. Insbesondere für das FASB scheint es ein Problem zu sein, daß das IASC unter britischem Einfluß eine grundsätzliche Reform der Rechnungslegung anstrebt, die auch eine grundsätzliche Reform der US GAAP zur Folge hätte. Es wäre ein schlimmer Rückschlag für die internationale Harmonisierung, wenn es die SEC nicht ernst meinen sollte.

III. Konsequenzen für die deutsche Rechnungslegung

1. Internationale Entwicklung von Deutschland verpaßt

Deutschland hat in den letzten 20 Jahren den Anschluß an die internationale Entwicklung der kapitalmarktbezogenen Rechnungslegung ganz bewußt verloren. Insbesondere die deutsche Wirtschaft und ihre Organisationen lehnten diese Entwicklung ab, weil sie Nachteile, insbesondere die Beseitigung des Vorsichtsprinzips und anderer bilanzpolitischer Möglichkeiten, befürchteten. Der Grundsatz der Maßgeblichkeit wird indessen weltweit, so auch in den USA und im Vereinigten Königreich, praktiziert. Die Finanzverwaltungen gehen in allen Industrieländern von dem nach allgemeinen Rechnungslegungsgrundsätzen ermittelten Gewinn aus, den sie sodann an steuerliche Besonderheiten anpassen. Lediglich die umgekehrte Maßgeblichkeit wird im anglo-amerikanischen Bereich weniger praktiziert. Die große Masse der Unternehmen stellt auch in den USA den Jahresabschluß so auf, daß er für steuerliche Zwecke verwendet werden kann. Es gibt keine gesetzlichen Vorschriften, die wie in Europa Kapitalgesellschaften generell zur öffentlichen Rechnungslegung verpflichten.

2. Die Folgen der Globalisierung

Die Globalisierung der Märkte hat nunmehr auch die Kapitalmärkte erfaßt. Immer mehr deutsche Unternehmen sehen sich genötigt, den Kapitalmarkt der USA in Anspruch zu nehmen, da er unbestreitbar der größte und effektivste weltweit ist. Die dort geltenden Rechnungslegungsstandards werden nirgendwo in Frage gestellt. Amerikanische Unternehmen haben deshalb bei grenzüberschreitender Börsenzulassung nicht das Problem, zumindest eine Überleitungsrechnung vorlegen zu müssen. IOSCO hält es daher für ausreichend, daß die IAS zunächst auf das Niveau der US GAAP angehoben werden. Danach können weitere Standards und Änderungen bestehender gemeinsam erarbeitet werden.

Nachdem diese Entwicklung die Bedeutung der Rechnungslegung für die Kapitalmärkte deutlich gemacht hat, müssen deutsche Global Players zunehmend erkennen, daß ihre Wettbewerbsfähigkeit an den Kapitalmärkten beeinträchtigt wird, wenn sie ausschließlich nach deutschem Recht aufgestellte Konzernabschlüsse vorlegen. Immer mehr Unternehmen gehen daher auf US GAAP oder IAS über. Einige Unternehmen versuchen die festgestellten Nachteile im Wege der dualen Bilanzierung auszugleichen, d.h. sie wenden die IAS im Rahmen ihres deutschen Konzernabschlusses an. Ob dieser Weg aussichtsreich ist, wird zunehmend bezweifelt[23]. Dieser Entwicklung wird sich auch der deutsche Kapitalmarkt nicht entziehen können, wenn er seine Investoren halten und weitere gewinnen will. Die Deutsche Börse AG hat diese Entwicklung bereits aufgenommen, indem sie für die Zulassung zu ihrem neuen Marktsegment die Beachtung der IAS oder der US GAAP fordert[24].

---

[23] Vgl. Geschäftsbericht ab 1994 der Bayer AG, der Heidelberger Zement AG und der Schering AG. Kritisch hierzu *Niehus, R. J.*, Zur „Internationalisierung" der Konzernabschlüsse der Bayer AG und der Schering AG, in: DB 1995, S. 939 f. und *Niehus, R. J.*, Die neue „Internationalität" deutscher Konzernabschlüsse, in: DB 1995, S. 1341-1344.

[24] Deutsche Börse AG, Neuer Markt, Regelwerk, Frankfurt 1997.

3. Der Einfluß des Shareholder Value-Konzepts

Die Entwicklung des Shareholder Value-Konzepts in den 80-iger Jahren in den USA für Kapitalmarktzwecke hat die Entwicklung dynamischer Bilanzierungsgrundsätze in besonderem Maße begünstigt, weil es nur mit dieser Form der Rechnungslegung möglich ist, dieses Konzept optimal zu verwirklichen. Professionelle Anleger verlangen nicht nur optimale Gewinnausschüttungen, sondern auch die höchstmöglichen Börsenkurse, damit sich auch auf diese Weise ihre Investitionen realisieren können. Diese Ziele werden am besten verwirklicht, wenn man mit Zeitwerten arbeitet und Gewinne bereits mit Abschluß des Geschäfts und nicht erst nach dessen Abwicklung als realisiert betrachtet. Im angelsächsischen Bereich bemüht sich die Betriebswirtschaftslehre und der beratende Berufsstand daher, die Rechnungslegung so zu entwickeln, daß sie den Bedürfnissen bestimmter Anleger und ihrer Kapitalmärkte entspricht. Da sich die Vorstände der börsennotierten Unternehmen hierauf einstellen müssen, verwenden sie solche Konzernabschlüsse auch als Führungsinstrument.

4. Öffnung des deutschen Rechts

Deutschland muß sich dieser Entwicklung stellen, wenn Standortnachteile vermieden werden sollen. Dies gilt insbesondere für Global Players, die sich gezwungen sehen, US GAAP oder IAS längerfristig anzuwenden. Deutsche Unternehmen könnten bald die einzigen sein, die weltweit verpflichtet sind, neben diesen Grundsätzen auf ihre Konzernabschlüsse auch diejenigen des nationalen Rechts anzuwenden. Es ist indessen nicht notwendig, die deutsche Rechnungslegung hierwegen unbesehen aufzugeben. Es genügt vielmehr, die deutschen Rechnungslegungsvorschriften, wie von der Bundesregierung beschlossen, zu öffnen[25]. Danach soll Unternehmen, die aus Kapitalmarktgründen vom deutschen Recht abweichende Standards anwenden, von der Beachtung der deutschen Konzernrechnungslegungsvorschriften und den dazu entwickelten GoB befreit werden.

Unabhängig davon wird in den nächsten Jahren zu untersuchen sein, in welchem Umfange sich die Übernahme internationaler Grundsätze empfiehlt. Ein Bedürfnis könnte insbesondere im Bereich der Bilanzierung der derivativen Finanzinstrumente gesehen werden. Es ist allerdings zu bedenken, daß

---

[25] Vgl. Regierungsentwurf eines Kapitalaufnahmeerleichterungsgesetzes (Deutscher Bundestag, Drs. 13/7141 vom 06.03.1997), § 292a HGB-E.

die Rechnungslegung inzwischen ein so hohes technisches und wissenschaftliches Niveau erreicht hat, daß die Gesetzgebung diese Aufgabe nicht wird bewältigen können. Auch ist die Änderungsgeschwindigkeit international so groß geworden, daß die Gesetzgeber nicht mehr folgen können. Da diese Probleme nur im Wege der Standardisierung überwindbar sind, sollten die deutschen Rechnungsleger veranlaßt werden, die Weiterentwicklung der Rechnungslegung im Wege der Standardisierung voranzutreiben. Die angelsächsische Praxis und die weltweit funktionierende Normung industrieller Produkte beweisen, daß die Standardisierung der Gesetzgebung überlegen ist, insbesondere wenn, wie in den USA, Regierungsstellen oder Aufsichtsbehörden diesen Prozeß überwachend begleiten.

IV. Ausblick

Die Zukunft könnte so aussehen, daß das IASC im Zusammenarbeit mit zwischenstaatlichen und nationalen Standard Settern unter der Kontrolle von IOSCO und den nationalen Börsenaufsichtsbehörden die Rechnungslegung für Kapitalmarktzwecke vereinheitlicht und fortlaufend an die neuesten Erkenntnisse anpaßt. Die Lokomotivfunktion der Kapitalmarktunternehmen wird die Rechnungslegung auch anderer Unternehmen beeinflussen. Insbesondere werden die Finanzverwaltungen im Rahmen der weltweit bestehenden Maßgeblichkeit für die steuerliche Gewinnermittlung dynamischen Bilanzierungsgrundsätzen folgen. Diese Entwicklung führt zu keiner höheren Steuerlast, wenn der Übergang sachgerecht geregelt wird. Auch dafür dürfte der Sachverstand eines deutschen Standard Setters hilfreich sein. Für die Masse der Unternehmen wird es, wie das Beispiel USA zeigt, dabei bleiben, daß sie ihren Jahresabschluß so aufstellen werden, daß er auch für steuerliche Zwecke verwendet werden kann. Auf dieser Basis wäre es sodann möglich, die rechtsformbezogene Gesetzgebung im Bereich der Rechnungslegung auf der Ebene der EU und national zurückzunehmen. Den Interessen des Mittelstandes wäre damit am besten genügt.

Diskussionsbericht

In der Diskussion wurden die schon in den Vorträgen anklingenden Vorbehalte und Hindernisse einer weiteren Harmonisierung vertieft und mit weiteren Beispielen klarifiziert.

Hirte stimmte *Wymeersch* zu, daß nicht unbegrenzt weiter harmonisiert werden solle, sondern die Märkte eine viel größere Rolle spielen müßten. Allerdings bestünden gegen die dafür erforderliche Publizität insbesondere in Deutschland erhebliche Widerstände, wie die große Zahl gerade mittelständischer Unternehmen zeige, die ihren Publizitätsverpflichtungen nicht genügten. Dabei berufe man sich zum Teil auf den verfassungsrechtlich abgesicherten Datenschutz, der auch in der Entscheidung des BGH zur Handelsregistereinsicht (BGHZ 108, 32) eine Rolle spiele. Das könne zu einem weiteren Konflikt zwischen Europarecht und deutschem Verfassungsrecht führen.

Diese Gefahr sah auch *Biener*, der sich ebenfalls gegen eine weitere gesetzgeberische Harmonisierung des Gesellschaftsrechts aussprach. Gescheitert sei dessen Harmonisierung letztlich an dem deutschen Aktiengesetz von 1965, das anders als sein Vorgänger nicht mit dem der anderen Mitgliedstaaten übereinstimme. Das gelte insbesondere für die Aufsichtsratsform und die Mitbestimmung, die jeden weiteren Harmonisierungsfortschritt verhindere. Kritisch werde gerade auch von der amerikanischen SEC gesehen, daß das deutsche System Take-over-bids praktisch ausschließe, weil die für die Finanzierung wichtige sofortige Übernahme der Leitungsfunktionen durch den Übernehmer nicht möglich sei. Ohnehin sei das Aufsichtsratssystem kaum funktionsfähig, da die Aufsichtsräte de facto nichts zu sagen hätten.

In diesem Zusammenhang sprach sich *Biener* auch für eine Übernahme der Sitztheorie im internationalen Gesellschaftsrecht aus, um innereuropäische Sitzverlegungen ohne Liquidation zu ermöglichen. Als Vorbild für eine flexible Gesellschaftsform nannte er die englische Company. Die deutsche AG hingegen sei viel zu verrechtlicht, mit all den existierenden Anfechtungsrechten und werde deshalb von den Ausländern als Gesellschaftsform gemieden. Das sei durchaus auch ein Standortnachteil Deutschlands.

Horn gab zu bedenken, ob die Schwerfälligkeit des Aktienrechts nicht auch positive Seiten haben könne, da das mit einem Take-over häufig verbundene Ausschlachten von Gesellschaften keineswegs immer wünschenswert sei. *Biener* war jedoch der Ansicht, daß in Anbetracht der fortschreitenden Globalisierung und der starken Mobilität des Investitionskapitals ein erbarmungsloser Standortwettbewerb ausgebrochen sei, der gegen eine solche

Sicht spreche. So habe z.B. Gucci als italienisches Unternehmen aus steuerlichen Gesichtspunkten und um an der New Yorker Börse zugelassen zu werden eine Obergesellschaft in Form einer niederländischen Vennootschap gegründet. Man müsse erkennen, daß es aufgrund der geschilderten Entwicklung in ihrer Gesetzgebung tatsächlich souveräne Staaten kaum noch gebe, mit Ausnahme vielleicht der USA.

Noack wies zunächst darauf hin, daß inzwischen ein Richtlinienentwurf für die Möglichkeit einer identitätswahrenden Sitzverlegung vorliege. Er äußerte Bedenken an der von *Wymeersch* im Rahmen einer weiteren Harmonisierung geforderten Anknüpfung an die Unterscheidung zwischen Public und Private Company (offene Gesellschaft / geschlossene Gesellschaft). Zwar biete es sich an, bei der offenen Gesellschaft ein Anlegerschutzkonzept zu verfolgen und bei der geschlossenen Gesellschaft den Gläubiger- und Minderheitenschutz in den Vordergrund zu stellen. Er habe jedoch Zweifel, daß man das europäische Gesellschaftsrecht in diese rechtsstrukturellen Formen aufspalten könne oder solle. Zum einen gewähre das Festhalten an einer rechtsformorientierten Abgrenzung bei der Vielzahl der unterschiedlichen Rechtsformen und den Möglichkeiten einer Umwandlung von einem Typ in einen anderen deutlich mehr Flexibilität als die Unterscheidung von nur zwei Typen. Zum anderen sei der Übergang von „offen" zu „geschlossen" nicht genau festlegbar, da nicht die Börsennotierung das ausschlaggebende Kriterium sein solle. Die Anknüpfung an Rechtstatsachen oder Rechtsstrukturen könne zwar in Einzelgebieten durchaus Sinn machen. Für die Anknüpfung des gesamten Gesellschaftsstatuts sei jedoch Rechtssicherheit erforderlich, die am besten durch die bisherige Anknüpfung an die Rechtsform erreicht werde.

Wymeersch erwiderte, daß er eigentlich für die Entwicklung eines zwei- oder dreistufigen Systems plädiere, auf dessen oberster Stufe die Gesellschaften mit Aktien am Kapitalmarkt stünden. Für solche Gesellschaften sei ein Aktionärsschutz erforderlich. Bei den anderen Gesellschaften, insbesondere den kleineren bedürfe es vergleichbarer Regelungen nicht, da sich die Aktionäre durch eine entsprechende Vertragsgestaltung selber schützen könnten. Vor diesem Hintergrund sei nur in Deutschland und Österreich das Aktienrecht so stark verrechtlich, während es in anderen Staaten deutlich flexibler sei. Dort sei zum Teil jeder Bäcker eine Aktiengesellschaft, was dazu führe, daß es teilweise über hunderttausend Aktiengesellschaften gebe, während in Deutschland nur etwa tausend Großunternehmen diese Rechtsform hätten. Aus diesem Grund könne man die Aktiengesellschaften in den verschiedenen Ländern nicht gleichbehandeln.

Für Gesellschaften auf der erste Stufe des Systems, seien kapitalmarktrechliche Regeln und eine weite Publizität z.B. in der Form GAAP erforderlich. Diese würde dann auch für GmbHs gelten, sofern sie sich über den Kapitalmarkt finanzieren könnten. Entsprechende Regeln enthielte z.B. die zweite Richtlinie, deren Schutzrichtung aber der Gläubigerschutz sei, der für solche großen Gesellschaften bei ausreichender Publizität jedoch eher im Hintergrund stehe. Das sei ein gutes Beispiel, wie Aktionärsschutz und Gläubigerschutz in der EG vermischt worden seien.

Schwark ging auf die von *Wymeersch* angeregte Harmonisierung des Konzernrechts ein. Gerade in Anbetracht der sonstigen Kritik des Referenten an den Harmonisierungsbemühungen und der Mitbestimmungsproblematik sei er skeptisch, ob es im Konzernrecht tatsächlich zu einer Harmonisierung kommen könne.

Wymeersch antwortete, daß er im Konzernrecht, das zum Teil auch dem Minderheitenschutz diene, eine Harmonisierung für notwendig halte, im Gegensatz zu der Situation in anderen Gebieten. Die unterschiedlichen Konzernrechte würden einzelne Gesellschaften in ihrer Konkurrenzfähigkeit benachteiligen. Dabei werde man sicherlich nicht das deutsche Konzernrecht in den anderen Staaten einführen können. Wahrscheinlicher könne man sich schon auf die im französischen Konzernrecht enthaltene Rozenblumdoktrin als gemeinsame Basis einigen.

Der Aspekt des Minderheitenschutzes wurde noch einmal von *Biener* aufgegriffen. Wie z.B. der Fall der Übernahme von NSU durch VW zeige, funktioniere Minderheitenschutz zumindest auf Basis der in Deutschland praktizierten Schutzform kaum. Da sei das amerikanische System besser, das ab einem gewissen Anteil einen Aktionär oder Gesellschafter zwinge, auch die restlichen Prozente zu kaufen und nicht die anderen Gesellschafter für seine Finanzierungszwecke zu gebrauchen. Dieses gelte umsomehr, als die vorgesehene Mindestdividende dadurch ausgehebelt werden könne, daß man ganz legal einen großen Teil des Gewinns in Rücklagen umwandeln könne. Auf der anderen Seite habe der Minderheitenschutz aber aufgrund der unzähligen Anfechtungsmöglichkeiten von Beschlüssen oder anderen Vorgängen auch immer wieder zu Erpressungen durch die Minderheit geführt. Die Verlagerung immer größerer Anteile der Produktion ins Ausland sei zum Teil auch auf den rechtlichen Standortnachteil Deutschlands zurückzuführen.

Den unternehmensorganisationsrechtlichen Teil zusammenfassend kam *Wymeersch* zu dem Ergebnis, daß bei einer weiteren Harmonisierung viel mehr die unterschiedlichen Bedürfnisse der einzelnen Gesellschaftstypen im Vordergrund stehen müßten. Harmonisierung dürfe nur dort stattfinden, wo sie für eine Chancengleichheit der Unternehmen notwendig sei, keineswegs aber ein Selbstzweck werden. Nützlich sei eine Harmonisierung primär in dem Bereich der Außenbeziehungen. Dabei werde bei den börsennotierten Unternehmen eine Harmonisierung über den Markt viel effektiver und schneller stattfinden als durch den Gesetzgeber. Das zeige auch das Beispiel der Rechnungslegung.

Im Zusammenhang mit dieser wollte *Lambers* noch wissen, ob nicht die Verweigerung der Börsenzulassung durch die SEC eine Verstoß gegen die WTO-Vorschriften im Bereich der Dienstleistungen sei. *Biener* hielt die Haltung der SEC ebenfalls für rechtlich angreifbar, da auch an anderen Börsenplätzen die Anleger ohne Rechnungslegung nach GAAP nicht mehr Geld verlören. Nachdem man sich aber auf Verhandlungen geeinigt habe, werde die Frage wohl erst dann virulent, wenn die Amerikaner auch die Verhandlungsergebnisse nicht anerkennen würden. Es sei Unternehmen nicht zumutbar, an jedem Börsenplatz anderen Rechnungslegungsprinzipien unterworfen zu sein. Allerdings sei es besser, die Prinzipien von den Kapitalmärkten erarbeiten zu lassen als von dem Gesetzgeber, dessen Aufgabe sich allein auf die Kontrolle der in der Praxis erarbeiteten Prinzipien beschränken sollte. Mit diesem von *Horn* aufgegriffenen Plädoyer für einer stärkere Harmonisierung über die Märkte endete die Diskussion.

(*Dr. Stefan Kröll,* LL.M., R.I.Z.)

Kapitel IV

Europäisches Kartellrecht

Einführung in den Themenkreis

JÜRGEN F. BAUR

Ich eröffne nunmehr die Vormittagssitzung des zweiten Tages unserer Tagung mit dem, was wir im Programm als Kartellrecht abgedruckt haben. Ich habe mir lange überlegt, ob Kartellrecht der richtige Zentralbegriff ist. Ich würde dies letztlich verneinen, denn dies ist eigentlich der des Wettbewerbs. In dem vor 40 Jahren geschlossenen Vertrag über die Europäische Gemeinschaft ist die Errichtung eines Systems, das den Wettbewerb im gemeinsamen Markt vor Verfälschungen schützt, als Gemeinschaftsaufgabe festgelegt worden. Die Dringlichkeit dieser Zielsetzung ist im Vertrag von Maastricht nochmals betont worden. Heutzutage gilt es, das System des Wettbewerbs innerhalb eines bestehenden Binnenmarktes zu schützen, in dem der freie Verkehr von Waren, Personen, Dienstleistungen und Kapital gewährleistet ist. Damit hat das Wettbewerbsprinzip neuen Schub bekommen. Der Bedeutung dieser Aufgabe entsprechend sind wichtige Vorschriften wie Art. 85 und 86 EG-Vertrag im Primärrecht verankert. Die Bedeutung der gemeinschaftlichen Fusionskontrolle ergibt sich hingegen schon daraus, daß sie in Form der Fusionskontrollverordnung auf der Ebene des Sekundärrechts überhaupt existiert. Von Beginn an ist die Durchführung des Wettbewerbsschutzes in erster Linie den europäischen Organen, der Kommission, dem Gerichtshof und jetzt auch dem Gericht 1. Instanz, überantwortet worden. Wie Sie wissen, obliegt der Vollzug des Gemeinschaftsrechts ansonsten den nationalen Instanzen, so daß das Wettbewerbsprinzip auch insoweit im Gemeinschaftsrecht eine hervorgehobene Stellung genießt. Es hat sich in den letzten Jahrzehnten ein immer dichteres Netz des gemeinschaftlichen Wettbewerbsrechts entwickelt, dessen Maschen von den Entscheidungen der Gerichte sowie der Kommission einschließlich der Gruppenfreistellungsverordnungen gebildet werden. Desungeachtet ist das Kartellrecht im Grunde eine Materie geblieben, die nur wenigen Spezialisten vertraut ist und von den Generalisten des Europarechts allenfalls am Rande behandelt wird. Wer Europarecht lehrt, der weiß, wie schwer es ist, das europäische Kartellrecht den Studenten zu vermitteln, weil es ein völlig eigenständiges Rechtsgebiet ist, das abweichende Strukturen aufweist. Ziemlich genau, so meine Einschätzung, mit der Vertragsrevision, die durch die Einheitliche Europäische Akte eingeleitet wurde, hat sich die europäische Wettbewerbspolitik deutlich verschärft. So hat die Fusionskontrollverordnung die nationalen Kartellbehörden in einem sehr wichtigen Punkt entmachtet, wie die Einschränkungen des Bundeskartellamtes erkennen lassen. Auch die vertikalen Bindungen geraten mehr und mehr in den Sog des europäischen Rechts. Dies gilt in letzter Zeit vor allem für die Energielieferverträge mit entsprechenden Demarkationsabreden, wobei hier noch vieles streitig ist. Aber auch in diesem Bereich spürt man zunehmend den Zugriff des europäischen Rechts; nationales Recht beginnt zu weichen. Ein Beispiel ist die Energierechtsreform, der Referenentwurf zur Neuordnung des GWB ist möglicherweise ein anderes. Europäisches Recht wird darüber hinaus nicht nur innerhalb des Binnenmarktes deutlich stärker, sondern es verschiebt auch die Grenzen seiner Anwendung mehr und mehr. Es wird auf immer entferntere Sachverhalte angewandt, mögen sie sich auch in Südafrika abgespielt haben. Außerdem hat man jedenfalls versucht, es auf Vorgänge, die in den Vereinigten Staaten gestaltet worden sind, anzuwenden. Damit sind Konflikte vorprogrammiert, die dringend der Entwicklung rechtlicher Maßstäbe bedürfen. Herr *Habermeier*, der erste Referent, befaßt sich deshalb mit den Grenzen des europäischen Wirtschaftsrechts im Hinblick auf Sachverhalte, die außerhalb der Europäischen Union liegen. Er ist hervorgetreten mit seiner Habilitationsschrift „*Neue Wege im Wirtschaftskollisionsrecht*", und ich freue mich sehr, daß er sich bereit erklärt hat, uns an seinem Fachwissen teilhaben zu lassen. Wir haben im Grunde seit den ersten Untersuchungen in den frühen siebziger Jahren keine Darstellung der Außengrenzen des gemeinschaftlichen Wettbewerbsrechts mehr. Ich freue mich daher sehr auf seinen Vortrag.

Daran anschließend befaßt sich Herr *Stöver* mit vertikalen Bindungen im Spannungsfeld von Recht und Politik. Er ist, mit Verlaub gesagt, ein Spezialist in diesem Bereich. Denn er hat sich im Rahmen seiner Tätigkeit bei der Kommission - zuletzt als deren Berater - viele Jahre mit dieser Problematik beschäftigt und sie auch mitgestaltet. Herr *Stöver* ist nunmehr Rechtsanwalt in Brüssel.

Das Programm dieser Abteilung endet mit dem Vortrag von Herrn *Seidel*. Er wird sich mit dem Begriffspaar „*Europäische Union und Wettbewerb*" befassen. Mich würde insofern interessieren, ob es noch andere Prinzipien gibt, die in der Europäischen Union wirksam werden, eben gegenläufige Prinzipien staatlicher Lenkung. So gibt es Entscheidungen des Gerichtshofes aus allerjüngster Zeit, die die Strommonopole in Frankreich, Belgien und Spanien aus europäischer Sicht für gerechtfertigt erachten. Das von der Kommission angestrengte Vertragsverletzungsverfahren ist in vollem Umfang zurückgewiesen worden. Das ist ein Fanal, wenn Sie so wollen, gegen den Wettbewerb als Ordnungsprinzip in der Europäischen Union, und man sieht daran, wie gegenläufig diese Dinge sich entwickeln. Ich denke, Herr *Seidel* wird uns auf diese und andere Fragen eine Antwort geben können, und freue mich deshalb auf seinen Vortrag.

Ich darf jetzt Herrn *Habermeier* bitten, mit seinem Vortrag zu beginnen.

Grenzen des Wirtschaftsrechts der Europäischen Union

STEFAN HABERMEIER

Die Europäische Union wurde gegründet, um Freiheit und Prosperität in den Mitgliedstaaten zu fördern. Sie verfügt über gewaltige ökonomische Ressourcen und trotz ihrer zahllosen strukturellen Probleme über eine beachtliche wirtschaftliche Macht. Diese Konstellation läßt die Frage entstehen, ob sich die Union ihren Nachbarn gegenüber in einer Weise verhält, die anderen politischen Gebilden als Vorbild dienen kann. Die Europäische Union besitzt ein eigenes Kartellrecht, über dessen Grenzen ihre Behörden in eigener Regie zu bestimmen haben, gebremst allenfalls durch völkerrechtliche Grundsätze und bisweilen zur Vorsicht mahnende Beiträge der wissenschaftlichen Diskussion. Die wachsende Bedeutung dieser Kartellrechtsregeln vor den einzelstaatlichen Wettbewerbsvorschriften ist heute kaum mehr zu bestreiten. Sie resultiert aus einer fortschreitenden Verlagerung der Regelungszuständigkeit für kartellrechtliche Sachverhalte in die europäische Regelungssphäre als Ergebnis eines weithin unbestrittenen Vorrangkonzepts sowie einer ausgesprochen flexiblen und großzügigen Auslegung der Zwischenstaatlichkeitsklauseln, die die Anwendung der europäischen Kartellrechtsregeln in Bezug auf die einzelstaatliche Regulierung vorbestimmen. Das europäische Kartellrecht wird spätestens seit der *FRUBO*-Entscheidung des EuGH nationale Regeln zumindest in solchen Fällen verdrängen, in denen Beziehungen zu außereuropäischen Staaten bestehen. Im kommenden werden Fälle dieser Art unter dem Gesichtspunkt ihrer kollisionsrechtlichen Behandlung zu erörtern sein.

I. Einleitung

1. Anknüpfungsprinzipien im internationalen Wirtschafts- und Kartellrecht

Ein Staat oder ein übergeordnetes staatliches Gebilde mit eigener Rechtsordnung kann die Anwendung seines Rechts von unterschiedlichen Berührungspunkten zu seinem Einflußbereich abhängig machen. So kann ein rechtlich verfaßtes politisches Gemeinwesen seine Rechtsregeln gegenüber einem wirtschaftlichen Unternehmen oder einem anderem Rechtsunterworfenen dann zur Anwendung bringen, wenn der Rechtsunterworfene auf seinem Territorium gehandelt hat. Für die Anwendung seines Rechts kann es aber auch auf die Existenz eines inländischen Unternehmenssitzes abstellen. Ein Staatsgefüge kann die Anwendung seines Rechts ferner davon abhängig machen, ob Wirkungen im Inland eintreten. Damit sind bereits die drei Prinzipien formuliert, die im internationalen Wirtschaftsrecht die wichtigste Bedeutung haben: das Territorialitätsprinzip, das Personalitätsprinzip und das Auswirkungsprinzip.

Nun sind freilich diese Begriffe nicht eindeutig definiert - und zwar gleich in doppelter Hinsicht. So wird zum einen das "Territorialitätsprinzip" in der kollisionsrechtlichen Debatte immer wieder in wechselnder Bedeutung verwandt und nicht deutlich genug zum Ausdruck gebracht, ob es bei dem inländischen Territorialbezug auf inländische Handlungen, einen inländischen Unternehmenssitz oder auf inländische Auswirkungen ankommt. Zumindest findet der Ausdruck "Territorialitätsprinzip" in der Diskussion immer wieder Anwendung zur Umschreibung der Anknüpfung der Rechtsanwendung an einen inländischen *Unternehmenssitz*[1], obwohl der sitzbezogenen Anknüpfung zweifellos ein anderes Prinzip zugrundeliegt als die Bezugnahme auf eine inländische *Handlung*. Hinzu kommt, daß selbst eine strenge begriffliche Unterteilung nach den drei oben genannten Anknüpfungskriterien noch keine umfassende Kollisionsrechtsdogmatik liefert: Abgesehen davon, daß auch noch andere Anknüpfungspunkte denkbar wären, können alle oben erwähnten Prinzipien bereits für sich weiter unterteilt werden: Im Falle der Anknüpfung an die Territorialität einer Handlung wird man gerade auch bei kartellrechtlich relevanten Tatbeständen legitimerweise unterscheiden können zwischen der Territorialität von Vorbereitungshandlungen und der Territorialität von Durchführungshandlungen. Beim Personalitätsprinzip (Anknüpfung an inländischen Unternehmenssitz) lassen sich mindestens drei verschiedene Anknüpfungsgrundsätze eines kumulativen, alternativen und eines konzernrechtlich erweiterten Personalitätsgrundsatzes herausdifferen-

[1] Vgl. zur Mehrdeutigkeit des Begriffs nur *Kropholler*, Internationales Privatrecht, § 22 (S. 131 ff.); ferner *Kegel*, Internationales Privatrecht, 7. Aufl. 1995, § 23 I 2 (S. 489 f.), wo das Prinzip von den Zugriffsmöglichkeiten staatlicher Gewalt aus verstanden wird; ferner *ders.*, § 23 II 4 (S. 860 f.) für gesellschaftsrechtliche Enteignungen: Gesellschaftssitz und Lage des Gesellschaftsvermögens; im internationalen Immaterialgüterrecht hat das Territorialitätsprinzip wieder eine andere Bedeutung erfahren, weil dort die Vorstellung herrscht, diese Rechte bestimmten sich nach dem Recht des Staates, in dem Schutz in Anspruch genommen wird; vgl. nur *Kropholler*, aaO, § 53 VII 2 (S. 446).

zieren. Und selbst innerhalb des Auswirkungsprinzips lassen sich jedenfalls zwei grundverschiedene Anknüpfungsprinzipien unterscheiden, das in einem weiten Sinne verstandene Auswirkungsprinzip und ein Anknüpfungsgrundsatz, der auf unmittelbar absatzbezogene Marktauswirkung bezogen ist und den man als den Grundsatz der Produktabsatzregulierung bezeichnen könnte. Dieses Anknüpfungskonzept wird in den kommenden Ausführungen eine besondere Rolle spielen.

2. Typologie internationalkartellrechtlicher Fragestellungen

Ebenso wie sich mehrere Anknüpfungsgrundsätze ausdifferenzieren lassen, lassen sich auch unterschiedliche Regelungsgegenstände hervorheben, auf die die einzelnen Anknüpfungsprinzipien im internationalen Wirtschaftsrecht Bezug nehmen können. Nimmt man eine Grobgliederung vor, so treten - klassischer wettbewerbsrechtlicher Unterteilung entsprechend - insgesamt vier Bereiche des Kartellrechts hervor, für die - sollte sich das als notwendig oder sinnvoll erweisen - jeweils unterschiedliche internationalrechtliche Anknüpfungsgrundsätze zum Tragen gebracht werden können. Die dem materiellen Kartellrecht bekannte Unterscheidung zwischen horizontalen Wettbewerbsbeschränkungen, vertikalen Wettbewerbsbeschränkungen, dem Mißbrauch von Marktmacht sowie der Fusionskontrolle findet im Kollisionsrecht ihre Entsprechung in den Anknüpfungsregeln, die den internationalen Anwendungsbereich der diese vier Bereiche jeweils betreffenden Kartellrechtsnormen determinieren.

II. Kartellkollisionsrechtliche Grundsätze in Theorie und Praxis

1. Internationalwirtschaftsrechtliche Überlegungen am Beispiel horizontaler Absprachen

Vereinbaren mehrere an einer Kartellvereinbarung interessierten Unternehmen die künstliche Verknappung ihres Güterangebots, um die Preise des von ihnen belieferten Markts anzuheben und würde man die Anwendung des dieses Verhalten regelnden Kartellrechts davon abhängig machen, daß die Parteien den Kartellvertrag im Inland abgeschlossen haben, wie das Prinzip der *Territorialität der Vorbereitungshandlungen* es suggeriert, dann wäre die Anwendung des inländischen Kartellrechts auf diesen Sachverhalt bereits dann ausgeschlossen, wenn die Parteien sich zum Vertragsschluß ins Ausland begeben. Im älteren internationalen Privatrecht wurde lange der Grundsatz des *locus regit actum* hochgehalten[2], von dem im modernen Kollisionsrecht immerhin die für die *rechtsgeschäftliche Formfrage* bedeutsame Regel des *locus regit formam actus* übriggeblieben ist[3]. Es liegt freilich auf der Hand, daß Anknüpfungsgrundsätze dieser Art für die Anwendung des Kartellrechts eines Staates - oder eines mit eigenem Kartellrecht ausgestatteten hoheitlichen Gebildes - auf kartellkollisionsrechtlich bedeutsame Sachverhalte unbrauchbar sind. Das gilt auch für die Frage der Anwendung von Formvorschriften, die einige Kartellrechtsordnungen - so z.B. die deutsche[4] - zur Voraussetzung einer Freistellung von ihrem Kartellverbot vorsehen. Bei der Geltung entsprechender Anknüpfungsgrundsätze könnten die Parteien eines Kartellvertrags für den Vertragsschluß einfach ins Ausland reisen, um den Kartellrechtsregeln zu entgehen. Ähnlich wie auch für andere Materien des Wirtschaftsrechts ist die Anknüpfung an eine inländische Vorbereitungs- oder Abschlußhandlung auch für das Kartellrecht verfehlt und wird - soweit ersichtlich - auch nirgends ernsthaft vertreten[5].

Differenziert man innerhalb des Personalitätsprinzips (Anknüpfung an einen Unternehmenssitz) zwischen den drei Formen eines kumulativen, alternativen und eines konzernrechtlich erweiterten Personalitätsprinzips, so wäre im Falle der Verwendung eines kumulativen Personalitätsprinzips die Anwendung inländischen Kartellrechts davon abhängig, daß *alle beteiligten Unternehmen ihren Sitz in diesem Staat* haben, so daß es immerhin auf den Ort des Vertragsschlusses nicht ankommt. Grob gesprochen ist dies die Lösung, die heute noch in England gilt, dort freilich unter dem irreführenden Begriff des "Territorialitätsprinzips" vertreten wird und inzwischen *zahlreiche* Ausnahmen erleidet[6]. Ein wesentlicher Nachteil dieses Anknüpfungsgrundsatzes besteht nun freilich darin, daß ein Unternehmen seinen Sitz relativ problemlos in das Ausland verlagern kann, um dem inländischen

---

[2] Namentlich vom Statutentheoretiker *Bartolus* (1314-1357); vgl. näher *Chr. v. Bar*, Internationales Privatrecht, Allg. Lehren, 1987, § 6 II 1 (Rdnr. 431; S. 374)

[3] Jetzt gekoppelt mit der Form des Geschäftsstatuts durch Alternativanknüpfung; vgl. Art. 11 EGBGB.

[4] Vgl. § 34 GWB.

[5] Vgl. zu diesen Problemen sehr grundsätzlich bereits *Kronstein*, Das Recht der internationalen Kartelle, 1967, S. 239 ff., der vor allem auch die Unterwerfung des Kartellrechts an das gewählte Vertragsstatut ablehnt.

[6] Vgl. zu den komplizierten Anknüpfungsprinzipien des englischen Kartell- und Wirtschaftsrechts im einzelnen *Lowe*, Extraterritorial Jurisdiction - The British Practice, RabelsZ 52 (1988), S. 157 ff.

Kartellrecht zu entgehen[7]. Im übrigen können mit ihm auch sonstige Fälle nicht erfaßt werden, in denen ein ausländisches Unternehmen an der Kartellabsprache beteiligt ist. Erste Abhilfe wäre geschaffen und der teilweise geforderte inländische Unternehmensbezug gewahrt, legte man der Anwendung des Kartellrechts ein *alternatives* Personalitätsprinzip zugrunde, nach dem es für die Anwendung des Kartellrechts genügt, daß jedenfalls *eines der beteiligten Unternehmen* seinen Sitz im Inland hat. Fallkonstellationen dieser Art bildeten den Ausgangspunkt zahlreicher für die europäische Rechtsanwendung relevanter kartellkollisionsrechtlicher Sachverhalte, für die das EG-Kartellrecht im Ergebnis immer wieder zur Anwendung gebracht wurde.

Probleme entstehen freilich auch nach dieser Theorie, wenn *keines* der an der Kartellabsprache beteiligten Unternehmen über einen *eigenen Sitz* innerhalb des von der Absprache betroffenen Staates verfügt. Um auch diese Fälle zu erfassen, hat man jedenfalls in der Anfangszeit der europäischen Rechtsanwendung bei internationalen Konfliktfällen einem *konzernrechtlich erweiterten* Personalitätsprinzip maßgebliche Bedeutung zugemessen. Diese Regel erlaubt die Anwendung des Kartellrechts auf wettbewerbsbeschränkende Vereinbarungen zwischen Unternehmen auch dann, wenn alle Unternehmen ihren Sitz außerhalb der Gemeinschaft haben, sofern nur Töchter im Inland vorhanden sind. Entsprechend gelagert war beispielsweise der Sachverhalt, der der Kommissionsentscheidung *Aluminiumeinfuhren aus Osteuropa* zugrundelag[8]. Weil der Europäische Gerichtshof in der Vergangenheit für die Anwendung des europäischen Kartellrechts einen unternehmerischen Sitz oder einen ähnlichen "territorialen" Bezug in der Gemeinschaft verlangt hatte[9], stützte die Kommission ihre kartellbehördliche Verbotsentscheidung im erwähnten Fall hilfsweise auf den Umstand, daß die an der Kartellabsprache beteiligten Unternehmen über Tochtergesellschaften in der Gemeinschaft

---

[7] Das gilt erst recht, wenn man für das internationale Gesellschaftsrecht die Gründungstheorie vertritt, weil hierfür eine Änderung der Satzung ausreichen würde; zur Bedeutung einer Sitzverlegung für den Unternehmensbestand s. freilich *Großfeld*, in: Staudinger, BGB, Internationales Gesellschaftsrecht, Rdnr. 351 ff.; ferner für den europäischen Bereich *Roth*, Der Einfluß des europäischen Gemeinschaftsrechts auf das IPR, RabelsZ 55 (1991), 623 ff. (647).

[8] Komm. 19.12.1984, ABl. 1985, Nr. L 92/1 - *Aluminiumeinfuhren aus Osteuropa.*

[9] Vgl. nur EuGH, 25.11.1971, Slg. 1971, 949 ff. - *Béguelin*; ferner 14.07.1972, Slg. 1972, 619 ff. - *ICI*; sowie 14.07.1972, Slg. 1972, 845 ff. - *Sandoz.*

verfügten[10]. Da es nach Ansicht der Kommission auf einen solchen inländischen Bezug freilich nicht ankam, erfolgte der Rekurs auf ein entsprechend erweitertes Personalitätsprinzip eher widerwillig und mit Rücksicht auf die kollisionsrechtlichen Vorgaben des EuGH.

Die europäische Kommission fühlte sich im Gegensatz zur Judikatur schon früh berufen, für die Anwendung des europäischen Kartellrechts das *Marktauswirkungsprinzip* zum Tragen bringen[11]. Wegen der in allen zu entscheidenden Fällen durch einen Unternehmenssitz vermittelten Bezug zur Gemeinschaft war auch aus der Sicht des EuGH an den entsprechenden Kommissionsentscheidungen nichts zu beanstanden. Eine unternehmenssitzbezogene Anknüpfung versagt freilich, wenn keiner der den inländischen Markt beliefernden Kartellteilnehmer seinen Sitz in der Gemeinschaft hat und nicht einmal über Töchter in der Gemeinschaft verfügt. Entsprechend gelagert war der Mitte der achtziger Jahre von der Kommission aufgegriffene Fall eines den europäischen Binnenmarkt beliefernden Zellstoffkartells, an dessen horizontaler Absprache ausschließlich ausländische Unternehmen beteiligt waren, die keine Töchter in der Gemeinschaft besaßen[12]. Nachdem die Kommission die Anwendung des europäischen Kartellrechts auf diesen Fall mit Blick auf das Auswirkungsprinzip bejahte hatte, mußte der EuGH sich mit der Frage der Anwendung des europäischen Kartellrechts auf Sachverhalte dieser Art befassen. In seiner bahnbrechenden *Ahlström*-Entscheidung hat der EuGH die Kommissionspraxis abgesegnet[13]. In der Begründung hat sich der EuGH - möglicherweise mit Rücksicht auf die in England vorherrschende Rechtsauffassung - nicht vollständig von der Notwendigkeit eines "territorialen Bezugs" zur Gemeinschaft verabschiedet. Für ihn war entscheidend, daß das Kartell innerhalb der EG - durch Verkaufshandlungen - durch-

[10] Komm. 19.12.1984, ABl. 1985, Nr. L 92/1 *„Aluminiumeinfuhren aus Osteuropa"*, dort S. 48 (linke Spalte unten): "Die formelle Trennung zwischen Mutter- und Tochtergesellschaften in Fällen, in denen die in einem Nichtmitgliedsstaat der EWG ansässige Muttergesellschaft im gemeinsamen Markt durch eine Tochtergesellschaft handelt, darf nicht dazu benutzt werden, sich der Einheit des Marktverhaltens zu entziehen, um die Wettbewerbsregeln zu umgehen ..."

[11] Vgl. nur Komm. 24.07.1969, ABl. 1969, Nr. L 195/11 - *Teerfarben*; ferner 29.11.1974, ABl. 1974, Nr. L 343/19 - *Kugellager*; sowie 08.01.1975, ABl. 1975, Nr. L 29/26 - *Pilzkonserven*.

[12] Vgl. Komm. 19.12.1984, ABl. 1985, Nr. L 85/1 - *Zellstoff*.

[13] EuGH 27.9.1988, Slg. 1988, 5193 ff. - *Ahlström* (bzw. "*Zellstoff*").

geführt worden sei ("Territorialität der Durchführungshandlung")[14]. Wie man in der wissenschaftlichen Diskussion hervorhob, wurde damit für das europäische Kartellrecht der Sache nach das *Marktauswirkungsprinzip* zum Tragen gebracht[15]. Wichtig erscheint jedoch der Hinweis, daß hier ein Anknüpfungsgrundsatz entwickelt wurde, der den Absatzbezug betont und den man daher als den Grundsatz der Produktabsatzregulierung bezeichnen könnte. Wie noch darzulegen ist, wird das Marktauswirkungsprinzip ausschließlich in dieser Form Anerkennung finden dürfen.

2. Problemfälle und deren Bewältigung nach herrschender Doktrin

Es gibt zahlreiche Sachverhalte, in denen sich die kartellkollisionsrechtlichen Anknüpfungsregeln bewähren müssen. Einen Problemfall dieser Art bildet das *Weltkartell.* Dieser Fall ist dadurch gekennzeichnet, daß die am Kartellvertrag beteiligten Unternehmen nicht lediglich einen Staat, sondern gleich mehrere oder alle Staaten der Welt in ihre Kartellabsprache einbeziehen. Daneben können kritische Situationen entstehen, wenn in dem betroffenen Staat lediglich *indirekte Auswirkungen* auftreten. Hier wäre etwa an den Fall zu denken, daß ein Unternehmen dadurch Einbußen erleidet, daß es mit einem anderen Unternehmen in Geschäftsbeziehungen steht, das von der Kartellabsprache direkt betroffen ist. Unklar ist auch die Behandlung eines *Exportkartells*, bei dem im Inland ansässige Unternehmen eine Kartellvereinbarung für einen ausländischen Exportmarkt treffen. Problematisch ist auch die richtige internationalrechtliche Behandlung der zwischen Lieferanten und Absatzmittlern geschlossenen *vertikalen* Kartelle, ferner die Behandlung der Fälle des *Mißbrauchs von Marktmacht* sowie die internationalrechtliche Beurteilung *grenzüberschreitender Unternehmenszusammenschlüsse.*

In der wissenschaftlichen Debatte wird zur Bewältigung aller dieser Sachverhaltskonstellationen überwiegend das *Marktauswirkungsprinzip* herangezogen. Nachdem im internationalen Kartellrecht der Vereinigten Staaten mit der *Alcoa*-Entscheidung das *Marktauswirkungsprinzip* für die Anwendung des Wettbewerbsbeschränkungsrechts auf internationale Sachverhalte

[14] Vgl. aaO, S. 5243 (Rdnr. 17 f.): "Im vorliegenden Fall haben die Hersteller ihr Preiskartell innerhalb des gemeinsamen Marktes durchgeführt ... Unter diesen Umständen ist die Zuständigkeit der Gemeinschaft für die Anwendung ihrer Wettbewerbsvorschriften ... durch das Territorialitätsprinzip gedeckt ..."

[15] Vgl. beispielsweise *Martinek*, Das uneingestandene Auswirkungsprinzip des EuGH, IPRax 1989, S. 347 ff.; ferner *Schödermeier*, Die vermiedene Auswirkung, WuW 1989, S. 21 ff.

schon vor Jahren zum Durchbruch gelangte[16], fordern zahlreiche Autoren der europäischen wissenschaftlichen Diskussion die Übernahme dieses Prinzips nicht nur für die Kartellrechtsordnungen der einzelnen Mitgliedsstaaten[17], sondern auch für das Kartellrecht der Europäischen Union[18]. Da das Marktauswirkungsprinzip für sich genommen über keine festen Konturen verfügt, bei entsprechender Interpretation mit Blick auf die enge wechselseitige Abhängigkeit der nationalen Volkswirtschaften und der weltweiten Rückwirkungen fast aller unternehmerischen Verhaltensweisen auf die Märkte eines jeden Staates einer Allzuständigkeit der Kartellrechtsordnung für kartellrechtlich relevanten Sachverhalte sehr nahe kommt, war man darum bemüht, den Grundsatz vorsichtig einzuschränken. Verbreitet ist der Vorschlag, die nach dem Marktauswirkungsprinzip eröffnete Regelungskompetenz der Kartellrechtsordnungen einzugrenzen durch die Kriterien der *Unmittelbarkeit*, *Spürbarkeit* und *Vorhersehbarkeit* inländischer Auswirkungen[19]. Noch bedeutender dürfte der Versuch sein, durch eine noch im einzelnen zu skizzierende "Abwägung von Anwendungsinteressen" das Marktauswirkungsprinzip einzuschränken[20]. Einer der ersten Vorschläge dieser Art stammt vom amerikanischen Kollisionsrechtswissenschaftler *Atwood Brewster*, der mit Blick auf mögliche diplomatische Konflikte sowie auf eventuell zu befürchtende Retorsionsmaßnahmen gewisser Staaten, die sich vom Marktauswirkungsprinzip provoziert fühlen, eine Eingrenzung nach fallbezogenen Kriterien empfahl[21]. Nach seiner Ansicht sind vor einer An-

---

[16] Vgl. die aus dem Jahre 1945 datierende Entscheidung *United States v. Aluminum Co. of America*, 148 F. 2d 416 (2d Cir. 1945); zur historischen Entwicklung vgl. eingehend *Tepaß*, Extraterritoriale Anwendung nationalen Kartellrechts und Möglichkeiten zur Lösung zwischenstaatlicher Jurisdiktionskonflikte, 1992, S. 5 ff.

[17] Zur Staatenpraxis vgl. nur *Rehbinder*, in: *Immenga/Mestmäcker* (Hrsg.), Kommentar zum GWB, 1992, § 98 Abs. 2 Rdnr. 20.

[18] Vgl. aus der Kommentarliteratur beispielsweise *Groeben/Thiesing/Ehlermann/Meng*, Kommentar zum EG-Vertrag, 4. Aufl. 1991, Vorbem. Art. 85-89, Rdnr. 100; *Gleiss/Hirsch*, Kommentar zum EG-Kartellrecht, Band 1 (Art. 85 und Gruppenfreistellungsverordnungen), 4. Aufl. 1993; Einl. B, Rdnr. 27 - 30; *Langen/Bunte*, Kommentar zum deutschen und europäischen Kartellrecht, 7. Aufl. 1997, Einführung zum EG-Kartellrecht, Rdnr. 39.

[19] Vgl. nur *Rehbinder* (oben Fußn. 17) § 98 Abs. 2 Rdnr. 28 ff. - In den USA spricht man von "direct, substantial, forseeable effects". Ablehnend für das europäische Kartellrecht *Gleiss/Hirsch*, (oben Fußn. 18), Einl. B, Rdnr. 29.

[20] Vgl. dazu auch Hinweise bei *Rehbinder* (oben Fußn. 17) § 98 Abs. 2, Rdnr. 26.

[21] *Brewster*, Antitrust and American Business Abroad, 1958, S. 446 f.

wendung des Kartellrechts nach dem Auswirkungsprinzip die folgenden sechs Gesichtspunkte zu berücksichtigen:

1. the relative significance to the violations charged of conduct within the United States as compared with conduct abroad;
2. the extent to which there is explicit purpose to harm or affect American consumers or Americans' business opportunity;
3. the relative seriousness of effects on the United States as compared with those abroad;
4. the nationality or allegiance of the parties or in the case of business associations, their corporate location, and the fairness of applying our law to them;
5. the degree of conflict with foreign laws or policies;
6. the extent to which conflict can be avoided without serious impairment of the interests of the United States or the foreign country.

Nun ist dieses Modell trotz einiger systematischer Defizite noch einigermaßen überschaubar. Daß es aber nicht nur zu einigen Irritationen Anlaß gibt, sondern im Ansatz verfehlt ist, wird erkennbar, wenn man sich vor Augen hält, daß das Modell methodisch und inhaltlich erheblich variiert werden kann, ohne daß es dadurch aussagekräftiger wird oder sonst etwas damit gewonnen wäre.

Tatsächlich gibt es zahlreiche Modellvariationen, die von allen Seiten herrühren. Von besonderer Bedeutung ist der Vorschlag des vom einflußreichen American Law Institute herausgegebene Restatement (Third) of Foreign Relations Law 1986, das in internationalwirtschaftsrechtlichen Fällen der richterlichen Rechtsanwendung als Orientierungshilfe dienen soll[22]. Geht man der Frage nach, welche Kriterien nach der Vorstellung des Law Institute zu berücksichtigen sind, so sind es deren acht:

1. The link of the activity to the territory of the regulating state, i.e., the extent to which the activity takes place within the territory, or has substantial, direct, and foreseeable effect upon or in the territory;

[22] Vgl. Restatement (Third), Foreign Relations Law, § 403 Abs. 2.

2. The connections, such as nationality, residence, or economic activity to be regulated, or between that state and those whom the regulation is designed to protect;

3. The character of the activity to be regulated, the importance of regulation to the regulating state, the extent to which other states regulate such activities, and the degree to which the desirability of such regulation is generally accepted;

4. The existence of justified expectations that might be protected or hurt by the regulation;

5. The importance of the regulation to the international political, legal or economic system;

6. The extent to which the regulation is consistent with the traditions of the international system;

7. The extent to which another state may have an interest in regulating the activity;

8. The likelihood of conflict with regulation by another state.

Nun läßt sich aufgrund einfacher theoretischer Erwägungen mit einiger Plausibilität begründen, daß mit diesem Vorschlag die Variationsbreite des "interessenabwägenden" Ansatzes noch längst nicht ausgeschöpft ist. Aus ihnen ergibt sich die schwer von der Hand zu weisende Vermutung, daß sich Inhalt - und Länge - des Kriterienkatalogs in alle Richtungen beliebig ausdehnen und variieren läßt. Die gerichtliche Entscheidungspraxis bestätigt diese wissenschaftliche Hypothese. Man nehme zu Illustrationszwecken - als singuläres Beispiel - das Modell, das das entscheidungszuständige US-amerikanisches Gericht im *Mannington Mills*-Fall zur "Konkretisierung" des Marktauswirkungsprinzips erarbeitet hat. Hier findet man inzwischen schon zehn Gesichtspunkte, die für besonders entscheidungsrelevant angesehen werden[23]:

1. Degree of conflict with foreign law or policy;

2. Nationality of the parties;

---

[23] *Mannington Mills, Inc.* v. *Congoleum Corp.*, 595 F.2d 1287 (3d Cir. 1979).

3. Relative importance of the alleged violation of conduct here compared to that abroad;
4. Availability of a remedy abroad and the pendency of litigation there;
5. Existence of intent to harm or affect American commerce and its foreseeability;
6. Possible effect upon foreign relations if the court exercises jurisdiction and grants relief;
7. If relief is granted, whether a party will be placed in the position of being forced to perform an act illegal in either country or be under conflicting requirements by both countries;
8. Whether the court can make its order effective;
9. Whether an order for relief would be acceptable in this country if made by the foreign nation under similar circumstances;
10. Whether a treaty with the affected nations has addressed the issue.

Von der Präsentation weiterer "Modelle", die in kontinuierlich wechselnder Gestaltungsfreiheit und endloser Vielfalt vorgestellt werden[24], kann wohl abgesehen werden. Denn bereits jetzt dürfte eines klar geworden sein: Die in Theorie und Praxis des internationalen Wirtschaftsrechts fortwährend präsentierten "Abwägungsvorschläge" bieten alles andere als eine justiziable und überschaubare Entscheidungspraxis. Sie sind vielmehr geeignet, den Unternehmern unnötige Kosten für teure Rechtsberatung aufzunötigen.

---

[24] Vgl. aus der US-amerikanischen Gerichtspraxis beispielsweise *In Re Uranium Antitrust Litigation*, 617 F.2d 1248, 1255 (7th Cir. 1980); *Dominicus Americana Bohio* v. *Gulf & Western*, 473 F. Supp. 680, 687 (S.D.N.Y. 1979); *El Cid, Ltd.* v. *New Jersey Zinc. Co.*, 551 F. Supp. 626, 629 (S.D.N.Y. 1982); *Power East Ltd.* v. *Transamericana Delaval Inc.*, 558 F. Supp. 47, 49 (S.D.N.Y. 1983); *Zenith Radio Corp.* v. *Matsushita Elec. Indus. Co.*, 494 F. Supp. 1161, 1188 (E.D. Pa. 1980); *In Re Japanese Electronic Products*, 723 F.2d 238, 306 (3d Cir. 1983); *Industrial Inv. Development Corp.* v. *Mitsui & Co.*, 671 F.2d 876, 884 f. (5th Cir. 1982); *Sage Intern., Ltd.* v. *Cadillac Gage Co.*, 534 F.Supp. 896, 905 (E.D. Mich. 1981); *Wells Fargo & Co.* v. *Wells Fargo Exp. Co.*, 556 F.2d 406, 428 f. (9th Cir. 1977); *United States* v. *Vetco. Inc.*, 691 F.2d 1281 (9th Cir. 1981); *Star-Kist Foods, Inc.* v. *P.J. Rhodes & Co.*, 769 F.2d 1393 (9th Cir. 1985); *Montreal Trading Ltd* v. *Amax Inc.*, 661 F.2d 864, 869 (10th Cir. 1981).

III. Neue Wege: Ein Plädoyer für das Prinzip der Produktabsatzregulierung

Es ist zu hoffen, daß die verantwortlichen Entscheidungsträger der Europäischen Union andere Wege einschlagen und sich nicht von der gegenwärtig weithin herrschenden Doktrin beeinflussen lassen, die sich oft kritiklos an normativen Vorgaben US-amerikanischer Theorie und Judikatur orientiert hat. Die Europäischen Union würde gut daran tun, für das internationale Wirtschaftsrecht möglichst konsequent dem Prinzip der Produktabsatzregulierung zu folgen[25]. Es zeigt sich, daß gerade auch in den schwierigen Fallgestaltungen des internationalen Kartellrechts damit viel an Rechtssicherheit und Konfliktvermeidung gewonnen wäre. Aus darstellerischen Gründen sei das zunächst am Beispiel der Exportkartelle demonstriert.

1. Exportkartelle

Nach ganz herrschender Auffassung ist ein Staat nicht gehindert, exportorientierte Wettbewerbsbeschränkungen zu regulieren[26]. In den USA beispielsweise werden mit dem "Webb Pomerene"-Act Exportkartelle ausdrücklich vom amerikanischen Wettbewerbsbeschränkungsrecht erfaßt[27]; auch in Deutschland gibt es - privilegierende - Sonderregeln für Exportkartelle (vgl. § 6 GWB)[28]. So verbreitet diese Praxis auch sein mag, sie begründet für die internationale Praxis ausgesprochen fragwürdige Belastungen. Denn dadurch entsteht recht oft - wie man bislang noch nicht in vollem Umfang registriert hat - ein erhebliches Konfliktpotential. Dieses wird schon dann freigesetzt, wenn die geringfügigsten Regelungsdivergenzen in den einzelnen Kartellrechtsordnungen auftauchen - trotz der internationalen Rechtsvereinheitlichungsbestrebungen im Kartellrecht[29] kein seltenes Phänomen: Sehr oft beur-

---

[25] Also auch für die Problemfälle, dazu noch unten V, mit einer ausführlichen Würdigung der Kommissionspraxis.

[26] Vgl. allgemein hierzu *Rehbinder* (oben Fußn. 17), § 6 Rdnr. 3 ff., mit ausführlichen Hinweisen auch auf die historische Entwicklung dieser Auffassung; speziell für *vertikale Kartelle* ferner *Schnyder*, Wirtschaftskollisionsrecht, 1990, S. 340 f.

[27] Sprich: freigestellt; vgl. 15 U.S.C.A. §§ 61-66 (1976).

[28] Kritisch zu diesem und anderen Exportkartellprivilegierungen *Martinek*, Das internationale Kartellprivatrecht, 1987, S. 73 ff.

[29] Zu ihnen neuerdings *Fikentscher/Heinemann*, Initiative für ein Weltkartellrecht im Rahmen des GATT, WuW 1994, S. 97 ff.

teilt ein Staat identische kartellrechtlich relevante Sachverhalte anders als sein Nachbar. Während beispielsweise nach deutschem Recht Exportkartelle vom Kartellverbot freigestellt werden[30], wird der gleiche Vorgang aus der Sicht des Staates, in den die Kartellteilnehmer exportieren, als inlandsorientierter Sachverhalt angesehen, nach dem Auswirkungsprinzip dem Kartellrecht unterworfen und regelmäßig verboten - wie übrigens auch alle die Exportkartelle begünstigenden Länder auffälligerweise Importkartelle verbieten und damit ausländischen Staaten offenbar Verhalten zumuten, das sie selbst verabscheuen. Nicht nur werden hier grundlegende Regeln des Anstands und der völkerrechtlichen Rücksichtnahme mißachtet. Entsprechende Entscheidungen werden auch oft unerträgliche Pflichtenkonflikte für die Unternehmer zur Folge haben.

Nun wird man sicherlich speziell gegen das Pflichtenkonfliktsargument einwenden, daß Verbote mit Freistellungen nicht wirklich konfligieren, im Gegensatz etwa zu sich gegenüberstehenden Verboten und Geboten, weil im ersten Fall die Unternehmen sich direkt an das Verbot halten könnten, ohne mit der Freistellung in Konflikt zu geraten: eine Freistellung gebiete das Verhalten nicht, sondern erlaube es nur, so daß von einer Freistellung ein mit dem Verbot in Widerstreit geratender Pflichtenzwang nicht ausgehe[31]. Das ist auf den ersten Blick sicherlich richtig. In dieser Argumentation wird freilich übersehen, daß eine Freistellung rechtspolitisch eine mindestens genauso wichtige Aussage bildet wie ein Verbot und die vorgeschlagene verbotsorientierte Konfliktbewältigung die rechtliche, soziale und ökonomische Bedeutung von Handlungsgewährleistungen in rechtspolitisch fragwürdiger Weise mißachtet. Im übrigen erweisen sich die der Theorie zugrundeliegenden Prämissen teilweise als fehlerhaft. Die Diskussion übersieht, daß die staatliche Gewährleistung privatautonomer Verhaltensweise mit ausländischen Verboten diametral konfligierende staatliche *Gebote* unterschwellig in sich tragen, die in aktive Handlungsgebote umschlagen können, sobald Wirtschaftsteilnehmer sich zu entsprechendem Verhalten vertraglich verpflichten. Die Konfliktsituation wird augenfällig, wenn die Parteien ihre einmal privatautonom begründeten Handlungs- oder Unterlassungspflichten vor staatlichen Gerichten einklagen. Erheben beispielsweise - um den Ausgangsfall zu Illustrationszwecken nochmals aufzugreifen - in Deutschland ansässige Kartell-

---

[30] Vgl. § 6 Abs. 1 GWB: die Freistellung erfolgt bei reinen Exportkartellen hier *ipso iure*; daneben können exportorientierte Kartellvereinbarung mit zusätzlicher "Inlandsregelung" durch kartellbehördliche Entscheidung problemlos gestattet werden; vgl. § 6 Abs. 2 GWB.

[31] Über Argumentationen dieser Art berichtet etwa *Tepaß* (oben Fußn. 16), S. 63.

mitglieder gegenüber einem vertragsbrüchigen Kartellteilnehmer Klage auf Einhaltung der gesetzlich ausdrücklich freigestellten exportorientierten Kartellvereinbarung, so wird das beklagte Unternehmen - der inländische Richter gewährt der inländischen Regelung gegenüber der ausländischen Anordnung nach heute fast einhelliger Meinung den Vorrang[32] - von Staats wegen zu einem Verhalten verurteilt und aufgerufen, das auswärts - ebenfalls sanktionsbewehrt - geradewegs verboten ist. Schon weil Freistellungen in Gebote übergehen können, wäre es fatal, sie als unbedeutende Randerscheinungen des internationalen Wirtschaftsrechts zu betrachten oder aber ein Konfliktpotential gegenüber ausländischen Verhaltensverboten grundsätzlich in Abrede zu stellen.

Gesetzeskollisionen und resultierende Pflichtenkonflikte lassen sich nur vermeiden durch eine scharfe Grenzziehung für die wirtschaftskollisionsrechtliche Gesetzesextension. Theoretischer Ausgangspunkt für die Bewältigung dieser Aufgabe muß die Einsicht sein, daß ein Staat, der für sich beansprucht, von außen veranlaßte importorientierte Kartellpraktiken seinem Kartellrecht nach dem Marktauswirkungsprinzip zu unterwerfen, im Dienste der Konfliktvermeidung zugleich auch gehalten sein muß, auf die Beurteilung von Fragen, die seine Märkte *nicht* betreffen, im allgemeinen zu verzichten, die Regulierung der Auslandsmärkte den ausländischen Staaten zu überlassen. Eine solche rücksichtsvolle Grenzziehung[33] ermöglichte - ohne echte Einbuße an legitimer kartellrechtlicher Regulierungskompetenz - der kartellkollisionsrechtliche Grundsatz der Produktabsatzregulierung, der die Anwendung inländischen Kartellrechts von der Voraussetzung abhängig macht, daß die der Kartellvereinbarung unterliegenden Waren oder Dienstleistungen auf dem Markt des betroffenen Staates tatsächlich vertrieben werden. Die Beanspruchung *weitergehender* internationaler Regulierungskompetenz insbesondere also auch für Exportkartelle ist daher als rechtspolitische Fehlentwicklung einzustufen[34].

[32] Vgl. nur *Rehbinder* (oben Fußn. 17), § 98 Abs. 2, Rdnr. 249, mit zahlreichen Nachweisen für diese Ansicht; ferner ausdrücklich *Schnyder* (oben Fußn. 26), S. 320.

[33] Zur Dominanz "politischer", im Grunde machtorientierter, teils sogar rechtsvernichtender Rechtsauffassungen im den wirtschaftskollisionsrechtlichen Theorien der Gegenwart, vgl. das erste Kapitel meiner zum internationalen Wirtschaftsrecht unlängst erschienenen Arbeit: *Habermeier*, Neue Wege zum Wirtschaftskollisionsrecht, 1997 (vgl. dort insbes. S. 37 ff.).

[34] Daß der Gesetzgeber in § 98 II 2 GWB eine "Rechtsprechungskorrektur" vorgenommen hat, um die zurückhaltende BGH-Rechtsprechung legislatorisch zu konterkarrieren (vgl. BGH v. 12.7.1973, WuW/E BGH 1276, 1278 ff. - *Ölfeldrohre*), ist daher sehr zu bedauern.

2. Indirekte Auswirkungen

Nach verbreiteter Auffassung sind die Staaten - namentlich auch die Europäische Union - dazu aufgerufen, kartellrechtlich relevantes Verhalten auch dann zu regulieren, wenn die heimischen Märkte nur *indirekt* betroffen sind[35]. Indirekte Auswirkungen einer Kartellvereinbarungen werden sich freilich theoretisch überall beobachten lassen. Daher ist der Vorschlag der Einbeziehung indirekter Auswirkungen in die kartellkollisionsrechtliche Regelungskompetenz im Ergebnis nicht weit entfernt von dem Postulat einer kartellkollisionsrechtliche Allzuständigkeit: ein kartellrechtlich relevantes Verhalten im hintersten Winkel der Welt könnte damit im Prinzip jeder Rechtsordnung der Welt zur Regelung überantwortet werden. Das Konfliktpotential in diesen Fällen ist unermeßlich - wobei nochmals betont werden muß, daß auch Erlaubnisse mit Verboten in Konflikt geraten können[36]. Hilfreich wäre die Einsicht, daß es sinnvoll sein kann, auf die Beanspruchung von Regulierungskompetenz für Fälle indirekter Auswirkungen zu verzichten. Entsprechendes wäre durch die Beschränkung der Regulierungskompetenz nach dem Prinzip der Produktabsatzregulierung gewährleistet, das kartellrechtliche Vorstöße nur erlaubt, wenn im Staat ein tatsächlicher Produktabsatz erfolgt.

3. Weltkartelle

Die bisherigen Überlegungen waren vor allem von der Idee getragen, einen kartellkollisionsrechtlichen Anknüpfungsgrundsatz zu präsentieren, der die Zuordnung der Regulierungskompetenz für kartellrechtlich relevante Vorgänge an einen singulären Staat ermöglicht und dabei auch keine gravierenden Verluste an Regelungszuständigkeiten mit sich bringt. Das Prinzip der Produktabsatzregulierung wird diesem Postulat der Kompetenzabschichtung möglicherweise nicht gerecht, wenn die Kartellteilnehmer mehrere oder gar alle Staaten der Welt in ihr Kartellprogramm einbeziehen (Weltkartell). Auf den ersten Blick wird man meinen, wegen der kumulativen Auswirkungen in mehreren Staaten hätten die vom Produktabsatz betroffenen Länder notwendigerweise alle gleichzitig kartellrechtliche Regulierungskompetenz. Bei näherem Hinsehen vermag das Produktabsatzregulierungsprinzip sich aber auch

---

[35] Vgl. für die Europäische Union etwa *Basedow*, Entwicklungslinien des internationalen Kartellrechts, NJW 1989, S. 627 ff. (S. 634). Er will in der *Zellstoff*-Entscheidung des EuGH (vgl. oben Fußn. 13) nur eine einzige Etappe erkennen auf dem Weg Europas zum Auswirkungsprinzip.

[36] Vgl. im einzelnen oben zu 1.

für die Weltkartellfälle hervorragend zu bewähren. Dabei ist entscheidend, daß eine die Märkte mehrerer Staaten umfassende Kartellvereinbarung durch Sachverhaltsanalysen problemlos in mehrere Einzelabsprachen aufgespalten werden kann, die jeweils nur singuläre nationale Märkte betreffen. Davon ausgehend ist jeder Staat berufen, genau den Teil der Absprache oder des Verhaltens seinem Kartellrecht zu unterwerfen, der sich speziell auf seine Absatzmärkte bezieht[37]. Verbote oder Erlaubnisse dürfen also auch nach dem Produktabsatzprinzip nicht die in mehreren Staaten sich auswirkende Kartellabrede insgesamt erfassen, sondern eben nur den Teil der Absprache, der den jeweiligen Staat unmittelbar betrifft und daher nach dessen Recht abgetrennt zu beurteilen ist. Die Umsetzung dieser Konzeption gelingt hier problemlos, weil der wettbewerbsrechtliche Vorgang des Weltkartells - im Gegensatz zu Phänomenen kausal nachgelagerter indirekter Auswirkungen - tatbestandlich aufgespalten werden kann[38].

4. Vertikale Bindungen

Mit Hilfe des Produktabsatzregulierungsprinzips lassen sich auch *vertikale Wettbewerbsbeschränkungen* kollisionsrechtlich bewältigen. Verpflichtet sich beispielsweise ein Produkthersteller gegenüber einem seiner Absatzmittler, in einem bestimmten Absatzgebiet allein ihn zu beliefern (Alleinvertriebsbindung), so wäre nach dem Produktabsatzprinzip das Recht des Staates zur Beurteilung dieser Vereinbarung berufen, in dem das *Produkt vermarktet* wird. Uninteressant wäre daher beispielsweise die Frage, wo der Lieferant seinen Sitz hat oder in welchen Staaten ausgeschlossene Absatzmittler residieren oder geschäftlich tätig sind. Die Beschränkung der Regulierungskompetenz für die Kartellabsprache auf den von einer Produktvermarktung betroffenen Staat[39] rechtfertigt sich auch in diesen Fällen aus der

---

[37] Vergleichbare Vorstöße bereits bei *Bär*, Kartellrecht und Internationales Privatrecht, 1965, S. 231 ff.

[38] Vgl. dazu näher *Habermeier* (oben Fußn. 33), S. 274 ff. In der jüngeren Entscheidungspraxis hat die Kommission das hier begrüßte Prinzip für Weltkartellfälle tatsächlich honoriert; so heißt es in Komm. 21.12.1988, ABl. 1988 Nr. L 47/1 - *PVC* (dort S. 14, linke Spalte, Fußn. 1): "Die Aktivitäten des Kartells, die sich auf den Absatz von PVC in Nichtmitgliedsstaaten beziehen, werden von dieser Entscheidung nicht erfaßt"; ähnlich dann auch Komm. 21.12.1988, ABl. 1988, Nr. L 47/21 - *LDPE* (S. 34, rechte Spalte, Fußn. 1).

[39] Oft wird es sich um den Staat handeln, in dem der Absatzmittler seinen Sitz hat. Werden die gelieferten Produkte vom Absatzmittler in zahlreiche oder alle Staaten der Welt abgesetzt, so wird sich eine mehrere Staaten umfassende Alleinvertriebsbindung des Herstellers -

Überlegung, daß der Produktabsatzmarkt sich als derjenige Markt bezeichnen läßt, auf dem auch die vertikalen Abreden sich absprachegemäß und sogar vertragstypisch auswirken. Das gilt nicht nur für die zu Illustrationszwecken eingangs erwähnten Alleinvertriebsbindungen des Herstellers, die auf dem betroffenen Markt einen Gebietsschutz des Absatzmittlers mit entsprechenden Auswirkungen auf Preisbildung und Absatzleistungen bewirken. Es gilt in gleichem Maße auch für Preisbindungen zweiter Hand mit ihren charakteristischen absatzbezogenen Auswirkungen sowie natürlich auch für die den Absatzmittler treffenden Alleinbezugsbindungen, die im Absatzgebiet einen Einmarkenvertrieb hervorrufen. Ein Staatswesen wird solches Verhalten dann kartellrechtlich freistellen, wenn ihm die resultierende Absatzform gefällig ist (oder aber verbieten, wenn sie ihm unangenehm ist). Weitergehende kartellrechtliche Regelungskompetenz wird man einem Staat nicht zubilligen dürfen: Selbst wenn man im Falle von Ausschließlichkeitsbindungen die Position ausgeschlossener Dritter (Absatzmittler oder Lieferanten) im Auge hat, ließe sich die alleinige Zuständigkeit des Produktabsatzstaates problemlos begründen. Denn der Ort, an dem das Produkt abgesetzt wird, ist identisch mit dem Ort, an dem alle ausgeschlossenen Dritte ihre Tätigkeit ausgeübt hätten[40].

Abweichend hiervon beurteilt freilich die herrschende Meinung die kollisionsrechtlichen Regeln des die Vertikalvereinbarungen betreffenden Wettbe-

---

genau wie bei der Beurteilung *horizontaler Weltkartelle* (dazu oben 3) - in entsprechend viele Teilabsprachen aufspalten lassen, von denen jede für sich nach dem jeweils im Produktabsatzland geltenden Kartellrecht zu beurteilen ist. Liefert der Produkthersteller entgegen seiner vertraglichen Abmachung an einen anderen Abnehmer in einem eigentlich dem Absatzmittler vorbehaltenen und von ihm tatsächlich bedienten Staat und ist *die Kartellabsprache dort freigestellt*, so kann ihn sein Vertragspartner - kraft der dort wirksamen Abrede - auf Unterlassung in Anspruch nehmen. Anders wäre es für Lieferungen des Herstellers auch an einen anderen Abnehmer in einem Staat, der kraft Systemvertrags eigentlich für den Absatzmittler reserviert sein soll, wo aber die gleiche vertikale Absprache kartellrechtlich verboten ist.

[40] Die Vorteile dieser legislatorischen Bündelungskonzeption sind unübersehbar: Präzise Abschichtung der Regulierungskompetenzen unter den Staaten zur Vermeidung von Pflichtenkonflikten für die Unternehmen und von diplomatischen oder sonstigen Auseinandersetzungen zwischen den Staaten, die den Wirtschaftsablauf behindern; die Möglichkeit, einheitliche Verträge einer singulären Rechtsordnung - z.B. der europäischen - zuzuordnen unter Ausschluß der Gefahr, einzelne Klauseln nach abweichenden Kartellrechtsordnungen beurteilen zu müssen; schließlich auch die Möglichkeit einer internationalrechtlichen Gleichbehandlung mit anderen wirtschaftsrechtlichen Regulierungen der gleichen Vorgänge (durch Lauterkeitsrecht, Verbraucherschutzrecht usw.).

werbsbeschränkungsrechts. So will beispielsweise *Rehbinder* bei vertikalen Wettbewerbsbeschränkungen in umständlicher Weise zwischen einem "Primärmarkt" und einem "Sekundärmarkt" unterscheiden[41] und hält für Zwecke kartellkollisionsrechtlicher Anknüpfung ausdrücklich fest: "Beide Märkte sind relevant"[42]. Die Konsequenzen dieser Auffassung entziehen sich knapper Darstellung[43]. Wenn man bedenkt, daß *Rehbinder* Regulierungskompetenz im Grundsatz auch für den Staat behauptet, von dem aus ausgeschlossene Dritte hätten agieren können[44], resultiert aus dieser Rechtsauffassung auch bei bescheidender und restriktiver Handhabung des Konzepts zweifellos die Zuständigkeit *mehrerer Kartellrechtsordnungen* zur Beurteilung aller gängigen grenzüberschreitenden Absatzsysteme - mit zahlreichen Verwerfungen und Folgeproblemen, die im Falle divergierender Regelungsprogramme für die Praxis hieraus resultieren[45].

Noch deutlicher artikuliert *Schnyder* eine kollisionsrechtliche Theorie, die sowohl aus methodischen wie auch aus praktischen Erwägungen alles andere als unbedenklich erscheint, indem er ausführt:: "Aus kollisionsrechtlicher Sicht ist ... für die Formulierung eines grenzüberschreitenden Anwendungsinteresses entscheidend, wo die (aktuell oder potentiell) ausgeschlossenen Dritten ihren Sitz haben bzw. ihre zu schützende Tätigkeit ausüben"[46].Greift man das zu Illustrationszwecken anfangs erwähnte Beispiel der *Alleinvertriebsbindung* hier nochmals auf, kann dieses Konzept dahingehend interpre-

---

[41] Vgl. *Rehbinder* (oben Fußn. 17), § 98 Abs. 2, Rdnr. 108 (für Preis- und Konditionenbindungen); Rdnr. 119 (Ausschließlichkeitsverträge); Rdnr. 129 (Lizenzverträge).

[42] Vgl. aaO, Rdnr. 108.

[43] Vgl. *Rehbinders* ausführliche Darstellung der für die Vertikalverträge sich ergebenden Konsequenzen, aaO (oben Fußn. 17), Rdnr. 107 - 156.

[44] Vgl. speziell für Ausschließlichkeitsverträge *Rehbinder* (oben Fußn. 17), § 98 Abs. 2, Rdnr. 119: "Wegen der Selbständigkeit des Individualschutzes der Außenseiter liegt eine Inlandswirkung ferner vor, wenn ein von einem Inländer abgeschlossener Ausschließlichkeitsvertrag die Betätigungsfreiheit eines inländischen Außenseiters in Bezug auf Exportmärkte beeinträchtigt."

[45] Zu den zahlreichen praktischen Vorteilen der Zuordnung von Regulierungskompetenzen an einen singulären Staat im internationalen Geschehen vgl. nur oben Fußn. 40; auch übergeordnete rechtstheoretische und rechtspolitische Erwägungen lassen eine entsprechende Methodik ratsam erscheinen (z.B. der Gesichtspunkt der Zuweisung von Regulierungsverantwortung; vgl. dazu eingehend das 4. Kapitel meiner wirtschaftskollisionsrechtlichen Arbeit: Habermeier [oben Fußn. 33], S. 265 ff.).

[46] *Schnyder* (oben Fußn. 26), S. 338.

tiert werden, daß es für die Anwendung des staatlichen Kartellrechts darauf ankommt, in welchem Staat tatsächlich - oder möglicherweise - ausgeschlossene *Absatzmittler* ihren Sitz haben oder ihre Tätigkeit ausüben. Für *Alleinbezugsbindungen* käme es darauf an, in welchem Staat tatsächlich - oder möglicherweise - ausgeschlossene *Lieferanten* ihren Sitz haben oder ihre Tätigkeit ausüben. Wenn man berücksichtigt, daß an einer Absatzmittlung oder einer Lieferung theoretisch Interessierte in einer globalisierten Wirtschaft weltweit vorhanden sind und ihre Tätigkeiten auch weltweit ausüben, wird man diese Auffassung vom einem umfassenden Bekenntnis zu einer Zuständigkeit eines jeden Staates zur Regulierung aller Absatzmittlungsverträge weltweit kaum unterscheiden können. Es bleibt zu hoffen, daß die für die Rechtsentwicklung in Europa verantwortlichen Entscheidungsträger die entsprechenden Vorschläge nicht aufgreifen.

V. Eine Würdigung der Kommissionspraxis

Bemerkenswerterweise hat die Kommission die aus der Literatur stammenden Vorschläge für das europäische Kartellrecht jedenfalls bislang nicht zum Tragen gebracht[47]. Ungeachtet ihrer kontinuierlichen Bekenntnisse zum "Marktauswirkungsprinzip" und dem Verzicht auf irgendwelche nennenswerten theoretische Konkretisierungen im horizontalen Bereich hat sie dort - wie auch in den übrigen Rechtsgebieten - im Ergebnis kaum jemals Meinungen vertreten, die nicht genausogut mit dem hier entwickelten Grundsatz der Produktabsatzregulierung hätten begründet werden können. Entsprechend restriktive Auffassungen lassen sich für verschiedene Typen vertikaler Absatzbindungen sowie auch für Fälle des Mißbrauchs von Marktmacht bis in die Anfangszeit der Entscheidungspraxis zurückverfolgen.

1. Internationale Vertriebsbindungen

Im Jahre 1970 hatte die Kommission eine internationale Alleinvertriebsbindung zu beurteilen gehabt, bei der ein in der Schweiz ansässiges Uhren-Unternehmen (*Omega*) gegenüber seinen in Europa ansässigen und den europäischen Binnenmarkt beliefernden Absatzmittlern die Verpflichtung auf sich genommen hatte, in vertraglich bezeichneten Mitgliedsstaaten der Europäischen Gemeinschaft ausschließlich einen bestimmten Absatzmittler zu belie-

---

[47] Ob dies aus Unkenntnis dieser Auffassungen geschah oder aus innerer Überzeugung, mag hier dahingestellt bleiben.

fern. Das Bekenntnis zum Prinzip der Produktabsatzregulierung hätte in diesem Fall problemlos zur Anwendung des europäischen Kartellrechts geführt, denn der Produktabsatz erfolgte ausschließlich in die Staaten der Gemeinschaft. So ist im Ergebnis die Entscheidung der Kommission auch nicht zu beanstanden, die das europäische Kartellrecht in diesem Fall zum Tragen brachte und - aufgrund entsprechender Regeln - eine Freistellung vom europäischen Kartellverbot erteilte[48]. In der Begründung zur Anwendbarkeit des Art. 85 EG-V stellt die Kommission allerdings darauf ab, durch die Alleinvertriebsvereinbarung seien "...alle anderen Unternehmen innerhalb der EWG gehindert, unmittelbar von Omega zu beziehen"[49]. Mit dieser Begründung ließen sich - in Abhängigkeit von der Lesart - freilich auch ganz andere Fälle dem europäischen Kartellrecht unterwerfen. Es bleibt nämlich offen, ob es für die Anwendung des Art. 85 EG-V darauf ankam, daß Unternehmen innerhalb der Gemeinschaft von der Belieferung ausgeschlossen wurden oder aber - richtigerweise - darauf, daß die Absatz besorgenden Unternehmen den europäischen Markt versorgten. Im ersten Falle wäre die Rechtsmeinung der herrschenden Literaturansicht verwirklicht worden, die zu einer extrem ausufernden Anwendung des europäischen Kartellrechts führen muß, während im zweiten Fall der gemeinschaftsbezogene Produktabsatz den Ausschlag gibt.

Einer mehrdeutigen Formulierung dieser Art bediente sich die Kommission auch im vielbeachteten Fall *Duro-Dyne/Europair*, mit dem die Kommission sich im Jahre 1974 befassen mußte. Zu beurteilen war ein unter tatsächlichen Gesichtspunkten fast identischer - freilich diesmal amerikanisch-europäischer - Absatzmittlungsfall. Indem die Kommission eine Freistellungsentscheidung für eine Alleinvertriebsbindung des amerikanischen Herstellers nach europäischem Kartellrecht aussprach, bejahte sie erneut die Anwendung des Gemeinschaftsrechts in einem Fall, in dem aufgrund europäischen Warenabsatzes eine übereinstimmende Entscheidung nach dem Produktabsatzgrundsatz hätte ergehen können[50].

---

[48] Vgl. Komm. 28.10.1970, ABl. 1970, Nr. L 242/22 - *Omega*.

[49] AaO, S. 25 (linke Spalte, Mitte).

[50] Freilich mit einem kleinen Unterschied: Im zu beurteilenden Fall hatte das amerikanische Unternehmen *Duro-Dyne* dem in einem europäischen Mitgliedstaat ansässigen Absatzmittler *Europair* die Alleinvertriebsrechte für die gelieferten Klimageräte auch für die Märkte der Schweiz und Südafrika übertragen. Die Kommission hätte daher die Befugnis zur Beurteilung der Vertriebsbindung *insoweit* dem schweizerischen bzw. südafrikanischen Kartellrecht überlassen müssen (vgl. näher zu dieser tatbestandlichen Absprachenanalyse oben Fußn. 39).

Schon ein Jahrzehnt zuvor, nur wenige Jahre nach Gründung der Europäischen Wirtschaftsgemeinschaft, hatte die Kommission über einen Fall zu entscheiden gehabt, in dem es um die Erteilung eines Negativattests für eine Alleinvertriebsbindung eines Herstellers und ein entsprechendes Reimportverbot des Absatzmittlers ging[51]. Diese Entscheidung ist insoweit aufschlußreich, als es diesmal um den umgekehrten Fall ging, daß ein *in der EG ansässiger Lieferant* es auf sich genommen hatte, für den *schweizerischen Absatzmarkt* ausschließlich einen bestimmten Absatzmittler in der Schweiz zu beliefern. Im Ergebnis zu Recht hatte die Kommission hier ihre Zuständigkeit - und damit die Anwendbarkeit europäischen Kartellrechts - *verneint*, weil die Absprache nicht die Verhinderung des *Wettbewerbs innerhalb der Gemeinschaft* bezwecke. In der Begründung stellte sie nun freilich auch auf die Erwägung ab, daß die Zollgrenze zwischen der Schweiz und der Europäischen Gemeinschaft wesentliche Einwirkungen auf den europäischen Markt verhindere[52]. Kann man im Umkehrschluß daraus entnehmen, daß bei einer durchlässigeren Grenze das europäische Kartellrecht zur Regelung der Abrede berufen wäre, so stünde diese Auffassung in Widerspruch mit dem hier entwickelten Grundsatz der Produktabsatzregulierung, denn dann wären auch indirekte Auswirkungen - ein späterer Produktvertrieb im gemeinsamen Markt - von entscheidender Bedeutung. Auch hier liegt also eine Entscheidung der Kommission vor, die im konkreten Fall zwar ein vollständig akzeptables Ergebnis erreicht, aber in der Begründung durchaus fragwürdige Elemente enthält.

2. Internationale Patentlizenzen

Ein ähnliches Bild ergibt sich auch bei der Würdigung der Kommissionspraxis im Falle grenzüberschreitender Patentlizenzverträge. Die Entscheidungen *Burroughs/Geha-Werke* und *Burroughs-Delplanque* sind insoweit weniger bedeutsam, als die Anwendung europäischen Kartellrechts auf die zu beurteilenden Patentlizenzverträge zwischen außereuropäischen (schweizerischen und später amerikanischen) Lizenzgebern und entsprechenden Lizenznehmern in Deutschland bzw. in Frankreich an der Spürbarkeit scheiterte, was

[51] Komm. 11.03.1964, ABl. 1964, Nr. 915/64 - *Grosfillex/Fillistorff.*

[52] AaO, S. 916 (linke Spalte, Mitte).

auch bei rein innereuropäischen Sachverhalten hätte der Fall sein können[53]. Umso interessanter sind zwei weitere Entscheidungen aus dem Patentlizenzbereich. In Sachen *Davidson Rubber Co.*[54] hatte das entsprechende amerikanische Unternehmen, das über Patente zur Herstellung insbesondere von Armlehnen und Sitzkissen für Automobile und entsprechender Fertigungsvorrichtungen verfügte, ausschließliche Patent- (und Know-How-)lizenzen an jeweils ein in Deutschland und Italien ansässiges Unternehmen erteilt. Da die Unternehmen mit Produktion und anschließendem Vertrieb entsprechender Produkte in der Gemeinschaft betraut worden waren[55], wäre die Anwendung europäischen Kartellrechts nach dem oben näher skizzierten Prinzip der Produktabsatzregulierung unproblematisch zu bejahen gewesen. Die Kommission, die in ihrer Begründung in potentiell gefährlicher Weise auf die Rechtsposition ausgeschlossener Dritter abstellt, konkretisiert nun freilich die resultierende Anwendungsregel mit Blick auf die Tatsache, daß "die von Davidson jedem der vorstehend genannten Unternehmen gewährte Ausschließlichkeit ....zur Folge (hat), daß die Stellung Dritter, insbesondere der Hersteller von Wageninnenteilen, die das betreffende Verfahren anwenden möchten, spürbar verändert ist, *da sie gehindert werden, dieses Verfahren innerhalb der EWG zu verwenden*[56]. Zutreffend erkennt hier die Kommission, daß gerade nicht der *Sitz* oder die sonstige *geschäftliche Tätigkeit* der ausgeschlossenen Dritten über die Anwendung des Kartellrechts entscheidet, wie die h.M. es annimmt, sondern vielmehr der Ort, wo diese Dritten ihre Tätigkeit ausgeübt hätten, wären sie nicht ausgeschlossen worden. Dieser ist aber identisch mit dem Ort, wo das Produkt vermarktet wird.

Das Prinzip der Produktabsatzregulierung wird unterderhand und jedenfalls der Sache nach im wesentlichen auch in einem weiteren grenzüberschreitenden Patentlizenzfall von der Kommission zur Geltung gebracht, und zwar im Fall *Raymond-Nagoya*[57]. Daß der Sachverhalt hier genau umgekehrt lag wie im eben diskutierten Fall, läßt bereits die Namensbezeichnung erkennen: Ein *französischer* Lizenzgeber hatte sich mit einem *japanischen* Li-

---

[53] Vgl. Komm. 22.12.1971, ABl. 1972, Nr. L 13/53 - *Burroughs/Geha-Werke* (dort S. 54 unten) und Komm. 22.12.1971, ABl. 1972, Nr. L 13/50 - *Burroughs-Delplanque* (dort S. 51 unten).

[54] Komm. 09.06.1972, ABl. 1972, Nr. L 143/31 - *Davidson Rubber Co.*

[55] Vgl. aaO, S. 32 (linke Spalte oben).

[56] S. 35 (Hervorhebungen durch den Verfasser).

[57] Komm. 09.06.1972, ABl. 1977, Nr. L 143/39 - *Raymond-Nagoya.*

zenznehmer in einem Ausschließlichkeitsvertrag verbunden und ihm zum Zwecke der Herstellung und Vermarktung des lizenzierten Produkts im asiatischen Raum (Japan, China, Korea, Taiwan u.a.) eine ausschließliche Lizenz erteilt. Die Anwendung des Prinzips der Produktabsatzregulierung würde hier bewirken, daß nur die Rechtsordnungen der betroffenen asiatischen Staaten, keinesfalls aber die europäische Kartellrechtsordnung zur Regelung des Falles berufen wäre und es insbesondere weder darauf ankommt, daß der Lizenzgeber von Europa aus agiert noch maßgeblich ist, ob an der Produktvermarktung Interessierte in Europa sitzen oder nicht. Tatsächlich bewegt sich die Kommission in ihrer Begründung in unmittelbarer Nähe des Produktabsatzregulierungsprinzips: "Eine *Lieferung der* von Nagoya unter Lizenz von Raymond hergestellten *Befestigungselemente in den gemeinsamen Markt* ist ... wenig wahrscheinlich. Folglich kann sich das Nagoya auferlegte Verbot, diese Erzeugnisse in die Mitgliedsländer der EWG auszuführen, im vorliegenden Fall .... nicht spürbar auf die Wettbewerbsverhältnisse innerhalb des gemeinsamen Marktes auswirken"[58]. Produktabsatz und Kartellrechtsanwendung werden hier in vorbildlicher Weise miteinander verknüpft, freilich außer Acht gelassen, daß im Falle eines Produktabsatzes in Europa der Kartellvertrag durchaus nach europäischen Recht zu beurteilen gewesen wäre, daß es also bei der absatzbezogenen Zuständigkeitsbegründung nicht auf Hypothesen, sondern auf Tatsachen ankommt. Man wird davon ausgehen können, daß das Prinzip der Produktabsatzregulierung die Vermarktungshandlungen als solche im Auge hat und im Vorfeld der Vermarktung lediglich Aussagen über die grundsätzliche Anwendbarkeit des Kartellrechts für den Fall der Vermarktung gestattet[59].

3. Sonstige Fälle

Auch die von der Kommission für das Verhältnis zwischen europäischen und außereuropäischen Beteiligten entschiedenen Mißbrauchsfälle weisen in die richtige Richtung. Das gilt beispielsweise vom Fall *Hugin/Liptons*[60], wo es

---

[58] S. 41, rechte Spalte (Hervorhebungen durch den Verfasser).

[59] Anders wird man urteilen, wenn man Verstöße gegen Kartellrechtsnormen als abstrakte Gefährdungsdelikte begreift, was bisher herrschender Meinung entsprechen dürfte. Folgt man dagegen dem EuGH darin, daß für die Anwendbarkeit des europäischen Kartellrechts eine territoriale "Durchführungshandlung" erforderlich ist, ergibt sich das hier gezeichnete Bild.

[60] Komm. 27.01.1978, ABl. 1978, Nr. L 22/23.

um die kartellrechtliche Beurteilung einer Lieferungsverweigerung des den europäischen Markt für Registrierkassen damals beherrschenden schwedischen Unternehmens und eines englischen Absatzmittlers für Ersatzteile ging. Zwar spielte in der Begründung für die Verbotsentscheidung der Umstand eine Rolle, daß der Marktbeherrscher seine in der Gemeinschaft ansässigen Töchter auch zur Lieferungsverweigerung veranlaßt hatte, so daß insoweit der zwischenstaatliche Handel beeinträchtigt war[61]. Jedoch hätte die Kommission den Fall nicht anders beurteilen dürfen, wäre die Beeinträchtigung allein auf eine Lieferungsverweigerung seitens der schwedischen Mutter zurückzuführen gewesen. Die zeitlich vorausgegangenen Lieferungen der Muttergesellschaft hätten dann den Anknüpfungspunkt für die Anwendung des Art. 86 EG-V geschaffen[62]. Zu Recht hatte die Kommission auch die Weigerung der weiteren Belieferung des italienischen pharmazeutischen Unternehmens Giorgio Zoja fünf Jahre vorher durch die amerikanisch-europäische CSC-ICI-Gruppe der europäischen Mißbrauchsaufsicht unterworfen[63]. - Nur beiläufig sei hier bemerkt, daß in den letzten fünf bis sechs Jahren keine neuen Entscheidungen mit europaübergreifenden Bezügen ergangen sind. So betrafen namentlich die kürzlich veröffentlichten Kommissionsentscheidungen *BASF L+ F* sowie *Tretorn-Vertriebshändler* EG-interne Vorgänge[64] und sind somit *kollisionsrechtlich* uninteressant[65].

---

[61] Vgl. S. 32, rechte Spalte unten.

[62] Ob auch die gegenüber der *englischen Tochtergesellschaft* verhängte Verbots- und Bußgeldentscheidung (vgl. aaO, S. 34) rechtmäßig war, wird davon abhängen, ob die Gesellschaft auf Weisung der Mutter handelte (dann willenloses Werkzeug) oder aber in freier Entscheidung sich der Lieferungsverweigerung der Mutter anschloß (eigenes Verschulden). Freilich liegt *insoweit* ein EU-interner Sachverhalt vor, der möglicherweise sogar nach englischem Recht hätte beurteilt werden müssen.

[63] Vgl. Komm. 31.12.72, ABl. 1972, Nr. L 299/51 (zur Begründung s. freilich S. 54 ff.). Die ebenfalls auf Art. 86 EG-V gestützte EG-übergreifende Entscheidung Komm. 8.1.72, ABl. 1972, Nr. L 7/25 - *Continental Can* hat bekanntlich die Aufmerksamkeit der Wettbewerbsrechtler besonders beansprucht, weil sie eine auf Art. 86 EG-V gestützte *Fusionskontrolle* eröffnet hat lange noch bevor die Fusionskontroll-VO in Kraft getreten ist; die Internationalität des Falles mag ein übriges zu der kontroversen Diskussion dieser Entscheidung beigetragen haben.

[64] Vgl. zum Fall *BASF L+ F* die Presseinformation der EG-Kommission vom 12.07.1995, WuW 1995, 821 und zum Fall *Tretorn-Vertriebshändler* die Presseinformation der EG-Kommission vom 22.12.1994 in WuW 1995, 215 f.

[65] Das gleiche gilt übrigens zum *europäischen Kartellrecht* ergangenen Beschluß des KG Berlin v. 16.11.1995, WuW 1996, 650 ff. - "*Selektive Exklusivität* ".

VI. Das internationale Konfliktpotential europäischer Fusionskontrolle

1. Ursachen des Konfliktpotentials

Während die europäischen Gemeinschaftsbehörden bei der Anwendung des EG-Kartellrechts auf Fälle mit europaübergreifendem Bezug sowohl im Bereich horizontaler und vertikaler Kartelle wie auch in den Mißbrauchsfällen überwiegend vernünftige Lösungsansätze entwickelt haben, die im Ergebnis alle zu überzeugen vermögen[66], dürfte die Sache anders liegen im Bereich der internationalen Fusionskontrolle. Denn für den internationalen Anwendungsbereich der seit 1990 geltenden Fusionskontrollverordnung[67] bestimmt Art. 1:

"Diese Verordnung gilt für alle Zusammenschlüsse mit gemeinschaftsweiter Bedeutung...

Ein Zusammenschluß ... hat gemeinschaftsweite Bedeutung, wenn folgende Umsätze erzielt worden sind:

a) ein weltweiter Gesamtumsatz aller beteiligter Unternehmen zusammen von mehr als 5 Milliarden ECU und

b) ein gemeinschaftsweiter Gesamtumsatz von mindestens zwei beteiligten Unternehmen von jeweils mehr als 250 Millionen ECU ...".

Diese Regelung kann schwerlich befriedigen. Würde sie zum allgemeinen Prinzip erhoben und Nachahmer finden, dann wäre die Folge, daß alle größeren Fusionen in- oder auch ausländischer Unternehmen der Genehmigung aller Staaten der Welt bedürfen, sofern sie dort eine marktbeherrschende Stellung begründen würden. Welche internationalen Probleme solche staatlichen Blockierstellungen bewirken können, ist kaum auszudenken.

2. Konfliktfälle

Die Festlegung des Anwendungsbereichs fusionskontrollrechtlicher Bestimmungen in der dargelegten Art und Weise vermag natürlich nicht nur in der Sphäre theoretischer Spekulation, sondern auch in der tatsächlichen Praxis des internationalen Wirtschaftsgeschehens ein gewaltiges Konfliktpotential zu begründen. Der vor wenigen Monaten in das Rampenlicht der Öffentlich-

---

[66] Vgl. oben V 1 - 3.

[67] Verordnung über die Kontrolle von Unternehmenszusammenschlüssen; Nr. 4064/89 des Rates vom 21.12.1989, ABl. 1989, Nr. L 395/1.

keit geratene internationale Fusionskontrollfall *Boeing/McDonnell-Douglas* hat das eindrucksvoll demonstriert. Hätte nicht die an dem Zusammenschluß beteiligten Unternehmen gleichsam in letzter Minute Konzessionen gemacht, so wäre es möglicherweise zu einem politisch wie auch wirtschaftlich höchst problematischen Wirtschaftskrieg zwischen engst befreundeten Wirtschaftsinstitutionen gekommen. In diesem von der Europäischen Union aufgegriffenen fusionskontrollrechtlichen Fall hatten die an der Fusion beteiligten beiden amerikanischen Luftfahrzeughersteller *Boeing* und *McDonnell Douglas* von der zuständigen amerikanischen Behörde (FTC) die vorbehaltslose Erlaubnis zum Unternehmenszusammenschluß erhalten[68]. Desungeachtet meldete die EG-Kommission in Brüssel gegen den Zusammenschluß weitreichende Bedenken an und drohte, die Genehmigung der Fusion zu verweigern, wenn nicht unter anderem gewährleistet sei, daß die auf 20 Jahre ausgelegten Exklusivlieferverträge, die *Boeing* mit drei amerikanischen Luftlinien (*Delta*, *Continantal* und *American Airlines*) ausgehandelt hatte, möglichst umgehend annulliert würden[69]. Behördliche Auflagen dieser Art mögen einen Eindruck davon vermitteln, wie fragwürdig die Beanspruchung europäischer Regulierungskompetenz für solche Fälle im allgemeinen sowie das Vorgehen der Kommission im konkreten Fall sein kann. Mehrere Argumente lassen sich gegen die Rechtmäßigkeit der genannten behördlichen Auflage anführen. Zum einen ist problematisch, daß die im Vorfeld der Fusion abgeschlossenen Exklusivverträge mit dem Zusammenschluß überhaupt nicht zusammenhängen und die Fusion offenbar nur zum Anlaß genommen wurde, nachträgliche Revisionen dieser Verträge durchzusetzen[70]. Zum anderen dürfte das europäische Fusionskontrollrecht, das eine marktbeherrschende Stellung im *europäischen* Binnenmarkt verhindern oder abschwächen soll,

[68] Die Einzelheiten der Begründung sind sehr lesenswert; vgl. dazu "Statement of Chairman Robert Pitofsky ... in the Matter oder The Boeing Company/McDonnell Douglas Corporation", File No. 971-0051 (international abrufbar unter der Internet-Adresse http://www.ftc.gov/WWW/opa/9707/boeingsta.htm).

[69] Vgl. weitere Einzelheiten hierzu im Artikel "Europe Approves", in: The Economist, July 26, 1997, p. 5. - Daneben hatte die Kommission verlangt, daß *Boeing* die zivilen Luftfahrtanteile des erworbenen Unternehmens abstoße sowie durch Verteidigungsaufträge verursachte "spillover"-Effekte vermeide. Allen drei Anliegen kam Boeing nach heftigen Protesten im wesentlichen nach (auch die F.A.Z. berichtete Ende Juli über wichtige Ereignisse und Hintergründe).

[70] Ein Umstand, auf den *Boeing* in seinen Beschwerden aufmerksam machte. Diese Verträge waren teils sogar auf Wunsch der gebundenen amerikanischen Luftlinien zustandegekommen, die dadurch ihre Lieferungsprogramme auf Jahre hinaus sichern wollten.

schwerlich dazu berufen sein, europäischen Unternehmen (z.B. Airbus) den Zugang zu *amerikanischen* Märkten zu ermöglichen. Und drittens ist bis heute nicht klar, inwieweit hier nicht eine rein politische Entscheidung vorlag, veranlaßt aus Sorge um Absatzchancen für die europäische Luftfahrtindustrie, die sonst nicht konkurrenzfähig wäre. Aus europäischer Sicht mag es für den Augenblick einigermaßen günstig erscheinen, mit dem Hebel europäischer Fusionskontrolle Konzessionen für die Verbesserung von Exportchancen der europäischen Luftfahrzeughersteller zu erzwingen. Spätestens dann aber wird es einigen Anlaß zum Nachdenken geben, wenn ausländische Exekutivorgane in Afrika, Amerika, Asien oder Australien für die im europäischen Binnenmarkt vollzogenen Fusionskontrollfälle die rechtlichen Rahmenbedingungen in ähnlicher Weise diktieren.

3. *Lösungsansätze*

Die im Fusionskontrollrecht auftauchenden Probleme lassen sich nur durch Lösungsansätze bewältigen, die von tradierten Vorstellungen abweichen. Eine Fusion läßt sich im allgemeinen überhaupt nur *im ganzen* genehmigen oder verbieten. Teilregelungen, wie sie bei regulären Kartellverträgen möglich sind, selbst wenn sie mehrere Märkte in ihr Programm einbeziehen, sind hier nicht immer realisierbar. Anders mag es aber insbesondere dann sein, wenn die beteiligten Unternehmen über Tochtergesellschaften verfügen, die den Absatz im Binnenmarkt im wesentlichen übernommen haben. In diesem Fall könnte sich die Fusionsregulierung auf Kontrolle der die Töchter betreffenden Fusion beschränken und insoweit eine Teiluntersagung angebracht sein[71]. In Fällen, in denen das mangels inländischer Töchter nicht möglich oder durchführbar ist, wird man gegebenenfalls daran denken müssen, mit Hilfe einer Schwerpunktbetrachtung die fusionskontrollrechtliche Regelungszuständigkeit in die Hand ausschließlich des Staates zu verlegen, dessen Markt vom Zusammenschluß am meisten betroffen ist. Wo dies nicht befriedigen kann - oder nicht erreichbar ist[72] - wird man die internationale

[71] Vorexerziert vom KG Berlin in einem deutschen internationalen Fusionskontrollfall; vgl. KG WuW/E OLG 3051 - *Philip Morris/Rothmans*. Mitunter wird in der Diskussion sogar die Existenz einer Tochtergesellschaft als Voraussetzung fusionskontrollrechtlicher Regelungskompetenzen bei ausländischen Unternehmenszusammenschlüssen angesehen; vgl. in diesem Sinne etwa *Hawk*, The EEC Merger Regulation, 59 Antitrust Law Journal 195, 209 f. (1990).

[72] Der Vorschlag wird möglicherweise internationale Abkommen erforderlich machen; die Abkommen im Bereich der internationalen Wettbewerbskontrolle beschränken sich derzeit

Fusionskontrolle im Wege teleologischer Reduktion möglicherweise zu einer Produktabsatzregulierung umfunktionieren und allein die *Folgen* im Ausland vollzogener Fusionen im Inland (überhöhte Preise, unangemessene Geschäftsbedingungen) regulieren. Inwieweit dies bereits *de lege lata* möglich ist, bedarf freilich noch näherer Untersuchung.

---

noch auf bloße Konsultationspflichten und Abstimmungsbemühungen; vgl. beispielsweise das Abkommen zwischen der EG-Kommission und der US-Regierung über die Anwendung ihrer Wettbewerbsgesetze (abgedruckt in WuW 1992, 36 ff.).

Harmonisierung und Synchronisierung der für Vertikalverträge maßgeblichen Kartellrechte innerhalb der Europäischen Union

Klaus H. Stöver

1.

Mit dem „Grünbuch zur EG-Wettbewerbspolitik gegenüber vertikalen Wettbewerbsbeschränkungen"[1] streckte die EG-Kommission in einer groß angelegten Aktion die Fühler aus, um zu ergründen, ob das auf Vertikalvereinbarungen sich beziehende Gemeinschaftsrecht der Reform bedarf. Das Papier erläutert den erreichten Bestand an Rechtsprechung und Verwaltungspraxis sowie vorgeblich nach rechtlicher Umsetzung drängende wirtschaftswissenschaftliche Erkenntnisse. Schließlich stellt es vier Optionen für die künftige Gestaltung dieses Rechtsbereichs vor, wie sie sich der Kommission aufdrängen.

Nach der ersten Option soll das gegenwärtige System beibehalten werden, d.h. Anmeldungen, *comfort letter*[2] und gelegentliche Entscheidungen würden die bestehenden Gruppenfreistellungs-Verordnungen (GVO) ergänzen; das sind die für Alleinvertrieb[3], für Alleinbezug mit den darin enthaltenen spe-

---

[1] [KOM(96) 721 endg.], künftig: Grünbuch. Vgl. dazu bereits *Rohardt*, Grünbuch über vertikale Beschränkungen des Wettbewerbs - Diskussion frei, WuW 1997, 473; *Ackermann*, Die Zukunft vertikaler Vertriebsvereinbarungen im EG-Kartellrecht, EuZW 1997, 271; *De la Cruz*, Vertical Restraints: U.S. and E.U.Policy toward Manufacturer-Retailer Relationships [1997] 5 E.C.L.R. 292 ff.; *Schroeder*, The Green Paper on Vertical Restraints: Beware of Market Share Thresholds [1997] 7 E.C.L.R. 430 ff.

[2] Zur Institution der *comfort letter* vgl. *Bellamy/Child*, Common Market Law of Competition, 4. Aufl., 1993, 11-064 ff.; 1. Supplement, 1996, 11-063 ff.; *Langen/Bunte*, KartR, 7. Aufl., 1994, Einf. z. EG-Kartellr.: Rdnr. 57; Art.85 gener. Prinz. Rdnrn. 152 f.; *Langen/Sauter*, ebenda, Art. 4 VO 17/62 Rdnr. 5; *Schröter/Jacob-Siebert* in: v.d.Groeben, Komm.z.EWG-Vertrag, 4. Aufl. 1991, Art. 87 - Zweiter Teil, Rdnrn. 46 u. 47.

[3] Verordnung (EWG) Nr. 1983/83 der Kommission [ABl. L 173 vom 30.6.1983, S. 1; gemäß geändertem Art. 10 gültig bis 31.12. 1999 (ABl. L 214 vom 6.8.1997, S. 27)].

ziellen Kapiteln für Bierlieferungs- und Tankstellenverträge[4], die Gruppenfreistellungs-Verordnungen für Vertriebs-Franchisen[5] und die für Kraftfahrzeug-Vertriebs- und Kundendienstverträge.[6] Die Gruppenfreistellungs-Verordnungen sollen nach dieser Option bestehen bleiben, aber nicht erweitert werden.

Nach der zweiten Option soll es aufgrund einer Ratsermächtigung zu einer Gruppenfreistellungs-Verordnung der Kommission kommen, deren Regelungen weniger ins Detail gehen und flexibler sind, zu einer Verordnung, die den Freistellungsrahmen weiter zieht.

Nach der dritten Option sollen die bisher bestehenden Gruppenfreistellungs-Verordnungen eingeschränkt werden, indem sie Unternehmen mit Marktanteilen z. B. von mehr als 40% vorenthaltenen werden.

Bei Verwirklichung der vierten Option will man dem Artikel 85 Abs. 1 EG-Vertrag, dem auch für Vertikalverträge geltenden grundsätzlichen Verbot von Wettbewerbsverfälschungen, eine Vermutung unterstellen, wonach bei Marktanteilen mit weniger als z. B. 20% relevante Wettbewerbsstörungen in aller Regel nicht zu erwarten sind (sogenannte „Negativattestannahme"). Dahinter steckt die Idee, Art. 85 Abs. 1 müsse als durch eine *rule of reason* eingeschränkte Norm interpretiert werden. Vertikalverträge mit wettbewerbsbeschränkenden Klauseln könnten nur in verengten Marktstrukturen negative Wirkungen zeitigen. Vertriebsverträgen seien grundsätzlich mehr Vor- als Nachteile zuzuschreiben. Marktzutrittsbehindernd seien sie nur selten und der Effizienzsteigerung dienten sie bereits nach ihrem von den Parteien angestrebten Zweck.

Nach Eingang der zahlreichen Stellungnahmen von Verbänden, Privaten, Institutionen der Gemeinschaft und der Mitgliedstaaten fand eine Anhörung

---

4 Verordnung (EWG) Nr. 1984/83 der Kommission [ABl. L 173 vom 30.6.1983, S. 5; gemäß geändertem Art. 19 gültig bis 31.12. 1999 (ABl. L 214 vom 6.8.1997, S. 27)].

5 Verordnung (EWG) Nr. 4087/88 der Kommission [ABl. L 359 vom 28.12.1988, S. 46; gemäß Art. 9 gültig bis 31.12.1999].

6 Verordnung (EWG) Nr. 1475/95 der Kommission [ABl. L 145 vom 29.6.1995, S. 25]; gemäß Art. 13 gültig bis 30.9.2002; die Kommission will aber, wie sie in Art. 11 Abs. 3 der Verordnung ankündigt, vor dem 31.12.2000 einen Bericht über die Funktionsweise der Verordnung erstellen und dabei, wie sie es sich entsprechend Art. 11 Abs. 1 selbst auferlegt hat, „regelmäßig die Anwendung der Verordnung überprüfen" und „insbesondere den Einfluß des freigestellten Vertriebssystems auf die Preisunterschiede zwischen Mitgliedstaaten bei den betreffenden Erzeugnissen sowie auf die Qualität der den Endverbrauchern erbrachten Dienstleistungen" würdigen.

statt. Dem Vernehmen nach schälte sich eine Tendenz für die zweite Variante, d.h. für eine breiter anzulegende gruppenweise Freistellung von Vertikalverträgen heraus. Die kasuistisch vorzunehmende einengende Interpretation des Art. 85 Abs. 1 EG-Vertrages sollte aber nach Meinung etlicher daneben beibehalten werden, wenn auch nicht im Sinne einer alle Fragen bereits lösenden *rule of reason.*

2.

In diesen Tagen bewegt uns auch die Diskussion über die neuerliche Änderung des deutschen Gesetzes gegen Wettbewerbsbeschränkungen (GWB), die man diesmal als ein Reformgesetz bezeichnet.[7] Der GWB-Referenten-Entwurf (Entw.) zielt darauf ab, das GWB dort, wo es sich bewährt hat, nicht zu verändern, wohl aber partiell an die Wettbewerbsregeln des EG-Vertrages und an das EU-Kontrollrecht für Unternehmenszusammenschlüsse anzupassen. Für den Vertikalbereich sieht der Entwurf keine substantiellen materiellen Änderungen vor. Es soll im wesentlichen der alte Rechtszustand erhalten und es soll der Interpretationsstand als neue Ausgangslage bestätigt werden, den man über Gerichts- und Verwaltungspraxis erreicht hat. Danach haben wir ein grundsätzliches Verbot der Preis- und Bedingungsbindung der zweiten Hand,[8] im übrigen aber weitgehende Vertragsfreiheit, die in gewissem, aber mehr marginalem Umfang durch mögliche und damit drohende behördliche Mißbrauchseingriffe beeinflußt sein mag.[9] Ferner soll es bei den Korrekturen über das Diskriminierungs- und Behinderungsverbot des § 26 GWB

---

[7] Referenten-Entwurf eines Gesetzes zur Reform des Gesetzes gegen Wettbewerbsbeschränkungen - GWB- Reformgesetz - (GWBRefG), Bundesministerium für Wirtschaft, I B 5 - 22 12 00 - (Stand: 29. Juli 1997). *Bechthold*, Zum Referenten-Entwurf der 6. GWB-Novelle, BB 1997, 1853; *Köhler*, Zur Reform des GWB, WRP 1996, 835; *Möschel*, Kartellrecht in der Reform, in: Festschrift für Mestmäcker (1996) 673 f.; *Möschel*, Anpassung des GWB an das europäische Wettbewerbsrecht, EuZW 1995, 817 ff.; *Dreher*, Das deutsche Kartellrecht vor der Europäisierung - Überlegungen zur 6. GWB-Novelle - WuW 1995, 881 ff.; *Bunte*, Ein Votum für eine 6. GWB-Novelle, WuW 1994, 5 ff.; *Lieberknecht*, GWB-Reform aus der Sicht des Mittelstandes, in: Schwerpunkte des Kartellrechts 1996, FIW-Schriftenreihe (1997) Heft 171, S. 11 ff.; *Parlasca/Sacksofsky*, Anmerkungen zur Reform des britischen und deutschen Kartellrechts, WuW 1996, 143 f.

[8] § 16 GWB; §§ 15, 29 bis 30 Entw.

[9] § 18 GWB und § 16 Entw.

bleiben, das nicht nur Marktbeherrscher, sondern auch marktstarke Unternehmen trifft, auf die Nachfrager bzw. Anbieter angewiesen sind.[10]

3.

Im folgenden soll angedeutet werden, wie eine Regelung des Gemeinschaftsrechts zu vertikalen Vereinbarungen über eine breitere gesetzliche Ausnahmeregelung in groben Zügen aussehen könnte, eine Regelung, wie sie die zweite Option des Grünbuches propagiert, die am meisten Anklang zu finden scheint. Es soll angesprochen werden, wie sich das Verhältnis zur deutschen Regelung des Vertikalbereichs gestalten könnte. Es fragt sich, inwieweit eine Harmonisierung der nationalen Rechte durch Anpassung an dieses neue Gemeinschaftsrecht geboten oder wünschenswert ist oder ob eine richtungsähnliche Synchronisierung[11] genügt.[12]

Honni soit qui mal y pense. Wer bereits Gelegenheit hatte, den Entwurf des Bundesministeriums für Wirtschaft zur Reform des deutschen Kartellrechts zu lesen, wird meinen, hier solle Partei für die deutsche Weise der vorsichtigen Annäherung des nationalen Rechts an das Gemeinschaftskartellrecht ergriffen werden, indem eine bloße Rechtssynchronisierung mit nur teilweiser Konvergenz der Normen auch nur für erwägenswert gehalten wird. Von dem Entwurf kann man nämlich nicht sagen, daß sein vorrangiges Ziel

---

[10] §§ 19 Abs. 1 und 20 Entw.

[11] Unter Synchronisierung soll hier in Abgrenzung zur Harmonisierung durch Übernahme inhaltsgleicher Normen die miteinander kompatible zeitgleiche Veränderung verschiedener Rechtsordnungen innerhalb eines größeren Rechtsbereichs gekennzeichnet werden. Mit anderen Worten, es wird ein richtungsgleicher oder ausrichtungsähnlicher Angleichungsprozeß apostrophiert.

[12] Zur Harmonisierung nationaler Kartellrechte in der Europäischen Gemeinschaft vgl.: *Dreher*, Kartellrechtsvielfalt oder Kartellrechtseinheit in Europa? - Harmonisierungsbedarf und Harmonisierungsgrenzen für nationale Kartellrechte, AG 1993, 437 ff. (grundlegend); *ders.*, Gemeinsamer Europäischer Markt - Einheitliche Wettbewerbsordnung?, in: FIW-Schriftenreihe (1995) Heft 5, Umbruch der Wettbewerbsordnung in Europa, 1 ff.; *ders.*, Das deutsche Kartellrecht vor der Europäisierung - Überlegungen zur 6. GWB-Novelle - WuW 1995, 881 ff.; *Baudenbacher/Beeser*, Gesamteuropäische Konvergenzentwicklungen im Kartellrecht, WuW 1997, 681 ff.; *Schlecht*, Europäische Wettbewerbspolitik im Widerstreit zwischen Harmonisierung und Subsidiarität, in: Festschr. f. Mestmäcker (1996), 747 ff.; *Ludewig*, Einheitliche Rechtsetzung und Anwendung der Wettbewerbsregeln in Europa, in: FIW-Schriftenreihe Heft 169 (1996) 9 ff.

die Harmonisierung des deutschen Kartellrechts mit dem Recht der Europäischen Union ist. Er markiert allenfalls eine Etappe auf dem Weg zur Angleichung des Rechts eines Mitgliedstaates an das materielle Gemeinschaftsrecht. In der Begründung zum Referenten-Entwurf heißt es wörtlich: „Harmonisierung mit dem EG-Recht bedeutet einerseits Schaffung weitgehend übereinstimmender Rechtsgrundlagen in einem einheitlichen europäischen Wirtschaftsraum, andererseits aber auch Beibehaltung des deutschen Wettbewerbsrechts, wo es konkretere Regelungen enthält, wo sich das europäische Recht noch in der Entwicklung befindet oder wo das nationale Recht dem europäischen deutlich überlegen ist (z.B. bei vertikalen Wettbewerbsbeschränkungen)".[13]

Das Gemeinschaftsrecht befindet sich in der Tat selbst noch in einem Prozeß der Fortentwicklung durch Rechtsetzung und Richterspruch. Das vorgelegte Grünbuch der Kommission zu Vertikalbeschränkungen, die Bekanntmachungen zu den *de minimis*-Sachen[14] und zum Verhältnis der Kartellinstanzen der Gemeinschaft zu denen der Mitgliedstaaten[15] beweisen es. Rechtsangleichung und Synchronisierung der Rechte finden daher in einem schwierigen Umfeld statt.

Dieser Beitrag spricht sich im Ergebnis für eine breit angelegte Gruppenfreistellungs-Verordnung für Vertikalverträge aus. Es wird ferner als wenig sinnvoll angesehen, das nationale Recht um jeden Preis, gleichsam vorrangig, an den Gesetzgebungs- und Rechtsmaximen der Gemeinschaft - wo sie denn schon deutlich geworden sind - auszurichten und jegliche föderalistische Beeinflussung von den Gliederungen her aufzugeben. Die primärrechtliche Norm des Art. 85 Abs. 1 EG-Vertrag sollte aber ins deutsche Recht inhaltsgleich übernommen werden.

---

[13] Begr. zum Entw. des GWBRefG I. Allgemeines, 2.

[14] ABl. C 372 vom 9.12.1997, S. 13 ff; vgl. auch die vorhergehende Bekanntmachung des Entwurfs mit ausführlicher Begründung des vorgestellten Entwurfs (ABl. C 29 vom 30.1.1997, S. 3).

[15] Bekanntmachungen der Kommission über die Zusammenarbeit zwischen der Kommission und den Gerichten (ABl. C 313 vom 15.10.1997, S. 3) und über die Zusammenarbeit zwischen der Kommission und den Wettbewerbsbehörden der Mitgliedstaaten (ABl. C 39 vom 13.2.1993, S. 6).

4.

Die Leitbilder für den Wettbewerbsschutz, die man den Rechten zum Wettbewerbsschutz zugrunde legte, haben während 40 Jahren Geltung des GWB und des EWG-Vertrages beträchtliche Veränderungen erfahren. Unterschiedliche Leitbilder prägten Rechtsetzung und Rechtsinterpretation auch und besonders auf dem Feld der Vertikalbeziehungen.[16]

Als das deutsche Gesetz gegen Wettbewerbsbeschränkungen[17] 1957 das Besatzungsrecht[18] ablöste, bescherte es uns in Deutschland zusammen mit dem ebenfalls zum 1. Januar 1958 in Kraft gesetzten Rom-Vertrag[19] zwei Kartellrechte. Man nahm das nationale Kartellrecht zunächst ernster als das der Europäischen Gemeinschaft.

4.1.

Es hatte schon an ein Wunder gegrenzt, daß es zur Geburtsstunde der Europäischen Wirtschaftsgemeinschaft im EWG-Vertrag zu den Wettbewerbsregeln der Artikel 85 und 86 sowie zum Artikel 3 Buchstabe f), dem Wegweiser für die europäische Gesetzgebung, Rechtsprechung und Verwaltung, gekommen war, nach dem ein System zu errichten war und ist, welches den Wettbewerb innerhalb des Gemeinsamen Marktes vor Verfälschungen schützt.[20] Da standen nun für den ins Auge gefaßten Gemeinsamen Markt

---

[16] *Martinek/Semler*, Handbuch des Vertriebsrechts, 1996; *Oechsler*, Handbuch des Vertriebsrecht, 1996; *Duijm*, Die Wettbewerbspolitik der EG gegenüber vertikalen Vertriebsvereinbarungen, 1996, mit weiteren Nachweisen S. 193 bis 211; *Charbonnier*, Vertikale Absprachen im europäischen und internationalen Kartellrecht in: FIW-Schriftenreihe Heft 169, EU-Regierungskonferenz '96, S. 81 f.

[17] BGBl. I 1957 S. 1081.

[18] Die Militärregierungs-Verordnung Nr. 78 für die britische Besatzungszone, das Militärregierungs-Gesetz Nr. 56 für die amerikanische Besatzungszone und die Militärregierungs-Verordnung Nr. 96 für die französische Besatzungszone; *Immenga/Mestmäcker*, Komm.z.GWB, 2. Aufl. 1992, § 109 Rdnr. 2, *Langen/Bunte*, KartR, 7. Aufl., 1994, Einf. z. GWB, Rdnrn. 5 u. 6; *Rittner*, Einf. in das Wettbewerbs- u. Kartellrecht, 2. Aufl., 1985, S. 120 f.

[19] BGBl. II 1958 S. 1.

[20] In der Fassung des Vertrages über die Europäische Union vom 7.2.1992 (Maastricht I) [BGBl. II S. 1253/1256) lautet die entsprechende Vorschrift des Artikels 3 g): „Die Tätigkeit der Gemeinschaft im Sinne des Artikels 2 umfaßt nach Maßgabe dieses Vertrages und der

Grundsätze auf dem Papier, die zu konkretisieren waren, um Respekt einzuflößen.

Man raufte sich im Kreise der Beamten aus den sechs Ur-Mitgliedstaaten zunächst nur mühselig zusammen und schleppte über Jahre viele Mißverständnisse mit sich herum. So nahm es nicht Wunder, daß sich der Antitrustkampf zu Anfang an dem Wort „Exportverbot" festmachte. Und die fand man zuhauf in Vertikalverträgen, in den Ein- und Ausfuhrverträgen zwischen Unternehmen aus verschiedenen Mitgliedstaaten und in den nationalen Vertriebssystemen. Da man den Gemeinsamen Markt wollte, mußten private Export- und Importschranken fallen. Das leuchtete jedem ein. „Grundig/Consten" hieß nach einer Kommissionsentscheidung zunächst der Schlachtruf.[21] Der Europäische Gerichtshof gab seinen Segen.[22] Exportverbote ? - nein, *per se* verboten und nichtig! Man machte selbst vor nationalen Markenzeichen nicht halt und schränkte ihre ein- und ausfuhrhemmenden Wirkungen ein.[23]

Den Wandel, den Rechtsprechung, Kommissionsadministration und Rechtsetzung zum Gemeinschaftsrecht durchmachten, markieren zu Vertikalvereinbarungen in besonderer Weise die Entscheidung Pronuptia[24] zur Franchise und die außerordentlich weitreichende Entscheidung Delimitis/Henninger Bräu[25] zu rein nationalen Bezugsbindungssystemen. Letzte

---

darin vorgesehenen Zeitfolge: ...g) ein System, das den Wettbewerb innerhalb des *Binnenmarktes* vor Verfälschungen schützt;" (Hervorhebung durch den Verf.).

[21] Entscheidung der Kommission (64/566/EWG - Grundig-Consten) ABl. vom 20.10.1964, 2545 ff.

[22] EuGH Rs. 56 u. 58/64 (Consten u. Grundig / Kommission) Slg. 1966, 321 ff.

[23] Grundig-Consten-Entscheidung der Kommission, a.a.O., S. 11 f. u. 17 sowie EuGH Rs. Consten u. Grundig / Kommission, a.a.O. S. 390 bis 394.

[24] EuGH Rs. C 161/84 (Pronuptia) Slg. 1986, 353 = WuW/EWG/MUV 693. Bestimmungen, die unerläßlich sind, damit das dem Franchisenehmer vom Franchisegeber vermittelte Know-How und die vom ihm gewährte Unterstützung des Nehmers nicht den Konkurrenten zugute kommt, werden nicht als Einschränkungen des Wettbewerbs im Sinne von Art. 85 Abs. 1 EG-Vertrag angesehen. Die Bestimmungen über die Kontrolle, die zur Wahrung der Identität und des Ansehens der durch die Geschäftsbezeichnung symbolisierten Vertriebsorganisation unerläßlich sind, stellen ebenfalls keine Einschränkungen des Wettbewerbs im Sinne des Art. 85 Abs. 1 dar.

[25] EuGH Rs. C-234/89 (Delimitis/Henninger Bräu) Slg. 1991/I-935 = WuW/EWG/MUV 911; Ein Bierlieferungsvertrag fällt auch dann, wenn er zu einem Bündel gleichartiger Verträge gehört und wenn es neben dem einen Vertriebssystem, zu dem der streitige Vertriebsvertrag gehört, auch noch weitere gleichartige Vertriebssysteme anderer Bierhersteller gibt,

sichtbare Zeichen für die veränderten Auffassungen setzte die Kommission durch ihre sogenannte *de minimis*-Bekanntmachung über Vereinbarungen von geringer Bedeutung, die nicht unter Artikel 85 Absatz 1 des EG-Vertrages fallen.[26] Darin geht die Kommission bereits den Weg der einschränkenden Interpretation des Grundtatbestandes des Art. 85 Abs. 1, soweit sie ihre Kriterien für oder gegen die Annahme eines öffentlichen Interesses an einer Verfolgung für Vertikalverträge festlegt und dabei hofft, daß ihr die anderen Rechtsanwender, die betroffenen Unternehmen, die Gerichte und nationalen Kartellbehörden, auf ihm folgen. Die Kommission legt sich in der Bekanntmachung bereits darauf fest, daß „vertikale" Vereinbarungen nicht unter das Verbot des Artikels 85 Absatz 1 fallen, wenn die von allen daran beteiligten Unternehmen insgesamt gehaltenen Marktanteile auf keinem der betroffenen Märkte eine Schwelle von 10% überschreiten. Sie bringt nur für die Festsetzung von Wiederverkaufspreisen und die Gewährung von Gebietsschutz einen inhaltlich beschriebenen Vorbehalt an.

4.2.

Der Wandel, den auch das nationale Kartellrecht im Bereich der Vertikalverträge[27] erfuhr, kann hier ebenfalls nur kurz charakterisiert werden. Es gab in der Bundesrepublik den nicht sehr erfolgreichen Versuch, die Waffe der Mißbrauchskontrolle nach § 18 Abs. 2 GWB zu verschärfen[28]. Großen Eifer entfaltete der deutsche Gesetzgeber bei der Schaffung einer Verhaltenskontrolle zu Lasten mächtiger Lieferanten und zu Gunsten der Abnehmer sowie zu Lasten mächtiger Nachfrager gegenüber schwächeren Nachfragern.[29] Das Verbot des § 26 Abs. 2 GWB erlangte gegenüber der kartellbehördlichen Eingriffsbefugnis nach § 18 GWB bei Mißbrauch hinsichtlich vertikaler Verträge und Beziehungen zwischen Unternehmen weit größere Bedeutung. Daneben erstreckte man in der Bundesrepublik die vertragliche Inhaltskontrolle

---

nur dann unter Art. 85 Abs. 1 EWG-Vertrag, wenn der nationale Markt für den Bierabsatz in Gaststätten für Mitbewerber schwer zugänglich ist und wenn der streitige Vertriebsvertrag in erheblichem Maße zur Marktabschottung beiträgt.

[26] ABl. C 372 vom 9.12.1997, S. 13 ff.

[27] §§ 22 Abs. 1 und ; 26 Abs. 2 bis 5; § 25 Abs. 1, § 38 Abs. 1 Ziff. 1 und 8 GWB; die entsprechenden Regelungen im Entw. finden sich in: §§ 19 Abs. 1, 20 Abs. 1 bis 4; § 21 Abs. 1 und 2; § 22 Abs. 1; § 23; §§ 81 ff. Entw.

[28] *Emmerich,* in: Immenga/Mestmäcker, Komm.z.GWB, 2. Aufl. 1992, Rdnrn. 16 bis 25b.

[29] *Markert,* in: Immenga/Mestmäcker, Komm.z.GWB, 2. Aufl. 1992, Rdnrn. 52 ff.

in Anwendung des AGB-Gesetzes auch auf Beziehungen zwischen Unternehmen, und zwar gerade auch auf Vertriebsverträge nach standardisiertem Vertragsmuster. Hervorzuheben ist als Beispiel etwa die Korrektur einer vertraglich vereinbarten Kündigungsfrist in einem Kraftfahrzeug-Händlervertrag, die der BGH unter Annahme sich überschneidender Gesetzesziele nach § 9 AGB-Gesetz und § 26 Abs. 2 Satz 2 GWB im Rahmen einer vorzunehmenden Interessenabwägung für möglich hält.[30]

Der Marktstärke des Lieferanten wurde in Deutschland der Positionsschutz des meist mittelständischen Abnehmers gegenübergestellt. Zwar ging man nicht soweit, allen Unternehmen ein Diskriminierungsverbot aufzuerlegen. In Deutschland knüpft das Diskriminierungs- und Behinderungsverbot aber derzeit wie gesagt an bloße Marktstärke an. Es wurde die Theorie des Angewiesenseins auf Belieferung aus der Sicht des Nachfragers entwickelt, die in § 26 Abs. 2 Satz 2 GWB ihren Niederschlag fand.[31] Die Norm erfordert keine Feststellung von Marktbeherrschung. Sie trifft einen weit größeren Kreis von Anbietern bzw. Nachfragern. Artikel 86 EG-Vertrag würde demgegenüber in gleichgelagerten Fällen noch nicht anwendbar sein. Wenn auch einige annehmen, „beherrschende Stellung" im Sinne des Art. 86 sei unterhalb der Marktbeherrschung anzusiedeln, die einem oder mehreren Unternehmen möglich ist,[32] so bleiben die unterschiedlichen Tragweiten und Orientierungen der Normen des § 26 Abs. 2 GWB und des Art. 86 EG-Vertrag doch bestehen. Mit Hilfe von § 26 Abs. 2 und insbesondere dessen Satz 2 und von § 20 Abs. 1 Satz 2 Entw. sollen die Positionen der Normbegünstigten im Wettbewerb verbessert und zugleich eine gesteigerte Vertragsgerechtigkeit herbeigeführt werden.[33] Die zuletzt genannte Zielvorgabe gibt es im Kartellrecht der Gemeinschaft nicht. Das materielle Recht ist insoweit unterschiedlich, oder besser ausgedrückt, das nationale

---

[30] BGH WuW/E 2983, 2987-2990 (Kfz.-Händler); Gesetz zur Regelung des Rechts der Allgemeinen Geschäftsbedingungen (AGB-Gesetz), insbes. § 9 und 24 Abs. 1 Ziff. 1; teilweise in Umsetzung der Richtlinie 93/13/EWG des Rates vom 5.4.1993 über mißbräuchliche Klauseln in Verbraucherverträgen (ABl. L 95 vom 21.4.1993, S. 29).

[31] *Markert,* in: Immenga/Mestmäcker, Komm.z.GWB, 2. Aufl. 1992, § 26 passim.

[32] *Schröter,* in: v.d.Groeben, Komm.z.EWG-Vertrag, 4. Aufl., 1991, Art. 86 Rdnrn. 53 bis 63; kritisch *Koch,* in: Grabitz/Hilf, Komm.z.Europäische Union, Art. 86, Rdnrn. 13 bis 16.

[33] *Markert,* in: Immenga/Mestmäcker, Komm.z.GWB, 2. Aufl. 1992, § 26 Rdnrn. 91 bis 97; 196 f., 203, 204, 212; *Schultz,* in: Langen/Bunte, Kartellrecht, 7. Aufl., § 26 Rdnrn. 85 f.; *Bechthold*, Komm.z.GWB, § 26 Rdnrn. 45 f.

Recht konnte ein Feld mit stark privatrechtsgestaltender Wirkung ohne Kollision mit dem Gemeinschaftsrecht besetzen.

4.3.

Weitere sichtbare Weggabelungen zwischen den beiden Rechtskreisen des Gemeinschaftsrechts und des nationalen Rechts sind das Verbot oder die gesetzliche Zulassung der Preisbindung der zweiten Hand im allgemeinen und für Bücher im besonderen[34] sowie das grundsätzliche Verbot der sogenannten quantitativen Händlerselektion in Vertriebssystemen, also von vertraglich auferlegten Verboten des Weiterverkaufs an nicht zugelassene Wiederverkäufer. Im Gemeinschaftsrecht werden im Gegensatz zur gesetzlichen Ausgangslage im deutschen Recht quantitativ selektierende Vertriebssysteme, also Vertriebssysteme, die mit einem Verbot des Weiterverkaufs an nicht zugelassene Händler bewehrt sind, grundsätzlich nicht geduldet.[35]

4.4.

Am augenfälligsten ist der Unterschied zwischen den beiden Rechtskreisen, was das mit dem EWG-Vertrag verfolgte Ziel der Integration der nationalen Märkte zu einem Gemeinsamen Markt anbelangt, und zwar auch mit den Mitteln, welche die Wettbewerbsregeln des EG-Vertrages bieten.[36] Kurz formuliert lautet die Gemeinschaftsparole: Solange der Gemeinsame Markt noch unvollkommen ist, können Unternehmen auch Wettbewerbsbeschränkungen verboten werden, die ihnen bei erreichter Integration möglicherweise zugestanden werden können. Als Umstände, die den Gemeinsamen Markt noch als unvollkommen erscheinen lassen, kommen in Betracht, daß die gesetzlichen Rahmenbedingungen für faires Wettbewerben noch nicht vollständig geschaffen sind, aber auch, daß Unternehmen nationale Märkte immer noch *de facto* unterschiedlich behandeln, obwohl aus ökonomischen Gründen dafür kein Anlaß mehr besteht. Um konkret zu sein: Bisher wurde die belieferten

---

[34] § 16 GWB einerseits und die Zerstörung der Bindung gem. Art. 85 Abs. 1 und 2 EG-Vertrag bei Vorliegen von spürbaren Handelsbeeinträchtigungen andererseits.

[35] § 18 GWB einerseits und Art. 85 Abs. 1 und 2 EG-Vertrag in anderen als durch die Gruppenfreistellungs-Verordnungen Nrn. 123/85 und 1475/85 (für Kraftfahrzeuge) sowie Nr. 4087/88 (für Franchisen) gedeckten Fällen andererseits.

[36] *Schröter*, in: v.d.Groeben, Komm.z.EWG-Vertrag, 4. Aufl. 1991, Vorbem. zu Art. 85-94, Rdnrn. 9 bis 12.

Händlern auferlegte Verpflichtung, vom und im Vertriebssystem nicht zugelassene, also außerhalb stehende dritte Wiederverkäufer nicht zu beliefern, nicht erlaubt. Es wurde also dem *free rider* die Suche nach Preisunterschieden im Gemeinsamen Markt ermöglicht. Er soll Billigangebote auch an Verbraucher in Hochpreisländern „herantragen" können, um gleichsam eine gesteigerte Mobilität des Angebots auf der Wiederverkaufsebene zu erzeugen, obwohl der Vertrieb an sich durch eine Limitierung der Zahl der Wiederverkäufer durchaus rationalisiert wird. In der Kfz.-Vertriebs-Verordnung der Kommission, einer sektoriellen Ausnahme, gibt es höchst verfeinerte Regelungen und Kommissionsempfehlungen, um den nicht autorisierten Einkaufsvermittlern trotz der ausnahmsweise gewährten Freistellung für ein quantitatives Selektionssystem Betätigungsmöglichkeiten zu erhalten.[37] Gleiche Strenge wie gegenüber quantitativer Selektion mit Außenseiterschutz hat das Gemeinschaftsrecht bei Marktabschottungen durch Gebietsbeschränkungen.[38]

4.5.

Weitgehende Einigkeit herrscht in Wirtschaftskreisen, der Politik, den nationalen und europäischen Verwaltungen und die Gesetzgebung vorbereitenden Institutionen darüber, daß sich die Vertikalverträge entsprechend den ökonomischen und technologischen Veränderungen zu einem Instrument vertikaler Kooperation gewandelt haben. Die Absatz- und Vermarktungskanäle müssen intensiver gepflegt werden. Absatzchancen müssen zusammen mit den Absatzmittlern ausgelotet werden. Das geht nur in auf (bestimmte oder unbestimmte) Dauer angelegten vertikalen Absatzförderungsverträgen. Die Ausweitung standardisierter Dienstleistungen und deren Systemangebot haben verstärkt Rahmenverträge über die Vermarktung von Dienstleistungen erforderlich gemacht. Dienstleister-Franchisen machen sich breit.

---

[37] Bekanntmachung der Kommission „Klarstellung der Tätigkeit von Kraftfahrzeugvermittlern" (ABl. C 329 vom 18.12.1991, S. 20; Leitfaden der Kommission, Generaldirektion IV - Wettbewerb „Vertrieb von Kraftfahrzeugen" [IV/9509/95DE], S. 25 bis 29; EuGH Rs. C-322/93 P (Peugeot/Kommission), Slg. 1994, I-2727; EuG Rs. T-9/92 (Peugeot/Kommission), Slg. 1993, II-493.

[38] Grünbuch, Ziff. 133 bis 137 und 117 m.w.Nachw. *Schroeter,* in: v.d.Groeben, Komm.z.EWG-Vertrag, 4. Aufl. 1991, Art. 85 Rdnrn. 131 bis 134; Art. 85 - Fallgruppen, Rdnrn. 9 bis 11; *Jakob-Siebert,* in: v.d.Groeben, Komm.z.EWG-Vertrag, Art. 85 - Fallgruppen, Rdnrn. 300 ff., 330 f.; *Bellamy/Child,* Common Market Law of Competition, 4. Aufl., 1993, 7-090.

Es wird daher wohl von keiner Seite bestritten, daß es dementsprechend notwendig ist, die Repression von Wettbewerbsbeschränkungen mit verfälschender Wirkung für das Wettbewerbsspiel in den durch Vertikalverträgen berührten Bereichen auf das notwendige Maß zu begrenzen und der Vertragsfreiheit einen breiten Raum zu gewähren, um die Suche nach optimalen, auf die konkrete Marktsituation zugeschnittenen Lösungen unter den Vertragspartnern nicht zu behindern. Auf der anderen Seite soll es keinen völligen Rückzug des Schutzrechts für Wettbewerb aus dem Vertikalbereich geben. In Europa bleiben die Themen der durch Wettbewerbsbeschränkungen in Vertikalverträgen veranlaßten Zementierungen von Preisunterschieden und Marktabschottungen ein Dauerbrenner. Auch die Hoffnung, daß eine einheitliche Währung die meisten dieser Probleme schon von sich aus lösen werde, läßt zunächst noch keine weiteren Lockerungen erwarten. Es kann auch bei noch so günstigen Rahmenbedingungen im gesamten Gemeinsamen Markt nicht ausgeräumt werden, daß der Wettbewerb zumindest bei einer Kumulation bestimmter vertikaler Vertriebssysteme latent zur Frustration neigt und daß sich verbraucherschädliche Wirkungen zeigen, wenn sich eine Systemdisziplin der Beteiligten zeigt, die *de facto* über das engere Ziel der Kooperation bei der Vermarktung hinausgeht. Mithin geht es bei der rechtspolitisch zu treffenden Entscheidung um das Ausmaß der in Vertikalverträgen möglichen beschränkenden Klauseln und die Summe der globalen Störeffekte solcher Verträge, die in aller Regel als gegenüber den positiven Effekten noch hingenommen werden können und zu vernachlässigen sind.

5.

Die Rechtsschutzverweigerung für bestimmte vertikale Verträge oder für bestimmte Klauseln derselben, die über deren Verbotensein von Gesetzes wegen herbeigeführt wird, kann sich im Ergebnis nur an den Bestimmungen eines individuellen Vertrages festmachen, die den Vertragsbeteiligten Rechte geben und Pflichten auferlegen. Wer Nichtigkeit will, muß also bestimmen oder bestimmbar beschreiben, welche Individualverträge oder Klauseln derselben denn nun nichtig und mithin vor Gerichten nicht durchsetzbar sein sollen. Daß es am Ende immer eine durch Vertrag herbeigeführte Handlungsbeschränkung ist, die sanktioniert wird, muß auch denjenigen klar sein, die die Konfliktzone zwischen dem Recht zum Wettbewerbsschutz stark verringern wollen. Die Nichtigkeitsfolge hat vordergründig nichts mit einem Gesetzeszweck des Schutzes der Entfaltung der Handlungsfreiheit zu tun, sondern ist immer nur eine Facette des weiter oder enger gezogenen Verbotes von Verfälschungen des Wettbewerbsspiels im institutionellen Sinne.[39] Wer die Preisbindung grundsätzlich verbietet, gewährt dem Absatzförderer im Interesse des Preiswettbewerbs auf der Händlerstufe partiell einen Freiraum auch dann, wenn er sich bereit findet, eine solche Bindung gegenüber seinem Vertragspartner einzugehen. Wie bereits das Beispiel der Preisbindung zeigt, wird der Schutz der Handlungsfreiheit aber nicht verabsolutiert, sondern erleidet wie z.B. für Verlagserzeugnisse eine Ausnahme (§ 16 GWB; §§ 15, 29 bis 30 Entw.). Andere Erwägungen, wie insbesondere die der Mischkalkulation für alle Printerzeugnisse, überlagern die des Schutzes des Preiswettbewerbs auf der Handelsstufe, um vorgeblich mittelbar auflagenschwache, aber kulturell förderungswürdige Bücher im Interesse ihrer Schreiber und ihrer Leser zu stützen.[40] Die allgemein gezogene Folgerung lautet: Der Freiheitsschutz der an der Absprache Beteiligten ist nur ein Reflex des Wettbewerbsschutzes, soweit dieser reicht. Die Gesetzgeber, der nationale wie der der Europäischen Union, haben also den Schutzrahmen für Wettbewerb zu bestimmen und wir haben ihn nach Sinn und Zweck interpretierend zu konkretisieren, um festzustellen, wo er sich überschneidet oder nicht. Aber es ist der Gesetzgeber, der ihn bestimmt.

5.1.

Die Neuorientierung des deutschen Rechts wird an erster Stelle an der Anpassung des § 1 GWB an Art. 85 Abs. 1 EG-Vertrag festgemacht. Der damit verbundene Wegfall des Tatbestandselementes der „Verträge, die Unternehmen oder Vereinigungen von Unternehmen zu einem gemeinsamen Zweck schließen", würde horizontale wie vertikale Vereinbarungen gleichermaßen dem Verbot des § 1 Entw. unterstellen. Die herkömmliche Unterscheidung zwischen Kartellen und sonstigen Verträgen wäre damit kein tragfähiger Anknüpfungspunkt mehr für unterschiedliche gesetzliche Rechtsfolgen. Um für das neue Recht die Unterscheidung zwischen Kartellen und Vertikalverträgen aufrechtzuerhalten, hat sich der vorerst letzte Entwurf dazu entschlossen, in Abweichung vom Art. 85 Abs. 1 EG-Vertrag den abgeschlossenen Vereinbarungen und den getroffenen Beschlüssen nach § 1 Entw. die Beteiligtenqua-

---

[39] *Rittner*, Über die privatrechtlichen Grundlagen des Kartellrechts, ZHR 160 (1996) 180 ff., 190 f. m.w.Nachweisen.

[40] *Emmerich,* in: Immenga/Mestmäcker, Komm.z.GWB, 2. Aufl. 1992, § 16 Rdnrn. 1 bis 17b.

lifikation der „zwischen miteinander im Wettbewerb stehenden Unternehmen“ beizugeben. Damit entfernt sich § 1 Entw. erheblich von Art. 85 Abs. 1 EG-Vertrag und beschränkt er sich nicht darauf, nur die Zwischenstaatlichkeitsklausel „...Vereinbarung, ... Beschlüsse..., welche den Handel zwischen Mitgliedstaaten zu beeinträchtigen geeignet sind, ...“ wegzulassen, was in weit größerem Maße einheitliche Interpretationen nach beiden Normen ermöglichte.

In § 18 GWB bzw. jetzt in § 16 Entw. sind ganz allgemein „Vereinbarungen zwischen Unternehmen über Waren oder gewerbliche Leistungen” apostrophiert. Allein die Überschrift zum zweiten Abschnitt lautet wie gesagt „Vertikalvereinbarungen”, und die Texte in § 14 Entw. (vormals § 15 GWB) und §16 Entw. (vormals § 18 GWB), aus denen man auf Vertikalvereinbarungen schließen kann, lauten sinngemäß: Vereinbarungen, die einen Beteiligten in der Freiheit.....beschränken, die er mit Dritten über die gelieferten Waren oder andere als die gelieferten Waren oder andere als die vertragsgegenständlichen gewerblichen Leistungen schließt. Das deutet zumindest darauf hin, daß es um Vereinbarungen geht, die Unternehmen miteinander schließen, die auf verschiedenen Wirtschaftstufen tätig werden sollen, also um Vertikalvereinbarungen.

Der Sache nach soll es im Recht der Bundesrepublik dabei bleiben, daß Verwendungs-, Absatz-, Bezugs- und Koppelungsbindungen, die die Vorschriften des § 18 GWB und § 16 Entw. wortgleich beschreiben, generell erlaubt bleiben sollen. Den Kartellbehörden soll insoweit nur eine Eingriffsbefugnis bei wesentlicher Wettbewerbsbeeinträchtigung eingeräumt werden (Mißbrauchsaufsicht). Der den Mißbrauch typisierende Text des § 16 Entw. (a.E.) wurde gegenüber dem alten nur vereinfacht. Allein die Preis- und Bedingungsbindungen der zweiten Hand bleiben grundsätzlich[41] verboten (§ 15 GWB, § 14 Entw.), mit der erwähnten Ausnahme zugunsten der Preisbindungen für Verlagserzeugnisse und in Bereichen der Landwirtschaft, Kredit- und Versicherungswirtschaft sowie von Urheberrechtsverwertungsgesellschaften (§§ 15, 29 bis 31 Entw.).

---

[41] Wegen der Ausnahmen vgl. *Bosch*, Zur Anwendbarkeit des § 15 GWB auf durchgereichte Vertriebs- und Verwendungsbeschränkungen in mehrstufigen Vertriebs- und Lizenzsystemen, BB 1996, 1513 ff.

5.2.

Im Gemeinschaftsrecht hat die EG-Kommission andere tatbestandliche Anknüpfungsmerkmale gefunden, um die Freistellungen auszulösen. Ausgehend von der ihr überantworteten Aufgabe, nicht nur Kartelle, sondern auch wettbewerbsbeschränkende und unter Art. 85 Abs. 1 EG-Vertrag fallende Vereinbarungen des Vertikalbereichs freizustellen, entdeckte sie anhand von Anmeldungen, Prüfungen von Einzelfällen und später aufgrund der Konsultationen vor Erlaß der Gruppenfreistellungs-Verordnungen eine Reihe von Verpflichtungen wettbewerbsbeschränkender und möglicherweise auch wettbewerbsverfälschender Art, die hier nur kurz resümiert werden sollen. Sie finden sich in den Gruppenfreistellungs-Verordnungen der Kommission:

Es wird unterschieden zwischen Verpflichtungen, die der Vertragsgeber - der Hersteller, Lieferant, der Franchise- oder Lizenzgeber - übernimmt und solchen, die dem Vertragsnehmer - dem Abnehmer, dem Absatzmittler, Franchise- oder Lizenznehmer - auferlegt werden.

Was den Bereich der Absatzförderungsverträge für Waren und akzessorische Dienstleistungen anbetrifft, sind folgende Sachverhalte in Bezug genommen worden:

wettbewerbsrelevante *Geber*beschränkungen:

gebietsbezogen:
- keine Vertragswaren im Vertragsgebiet anderen Absatzförderern zu verkaufen[42] (= Alleinvertrieb);
- keine Vertragswaren im Vertragsgebiet unter Überspringen des selektierten erststufigen Absatzförderers abzusetzen.[43]

wettbewerbsrelevante *Nehmer*beschränkungen:

absatzbezogen:
- Konkurrenzverbote[44] (im Verhältnis zu den Vertragswaren)
- sonstige Vertriebsverbote außerhalb des unmittelbaren Konkurrenzbereichs zu den

[42] Art. 1 Alleinvertriebs-GVO; Art. 1 Kfz.-Vertriebs-GVO; vgl. auch die analogen Situationen in Art. 2 Buchst. a) 1. Spiegelstrich Franchise-GVO und in Art. 1 Abs. 1 Ziff. 1 Technol.-Transfer-GVO.

[43] Art. 2 Abs. 1 Alleinvertriebs-GVO; Art. 2 Abs. 1 Alleinbezugs-GVO; Art. 2 Kfz.-Vertriebs-GVO; vgl. auch Art. 2 Buchst. a) 2. und 3. Spiegelstrich Franchise-GVO; Art. 1 Abs. 1 Ziff. 2 Technol.-Transfer-GVO.

[44] Art. 2 Abs. 2 Buchst. a) Alleinvertriebs-GVO; Art. 2 Abs. 2 Alleinbezugs-GVO; Art. 3 Abs. 1 Ziff. 3 bis 5 Kfz.-Vertriebs-GVO Nr. 123/85, geändert in Kfz.-GVO Nr. 1475/95; Art. 2 Buchst. e) Franchise-GVO.

Vertragswaren („erweiterte Konkurrenzverbote");[45]
- Herstellungs- und Produktänderungsverbote;[46]
- Absatzbeschränkungen beim Weiterverkauf, überwiegend, um eine auf die Vertragswaren und das Vertragsgebiet bezogene *primary responsibility* zu erzeugen;
- Werbebeschränkungen;[47]
- Qualitative Selektion (nach dem „Kaskadenprinzip")[48] oder quantitative Selektion mit oder ohne eigene Auswahlfreiheit des erststufigen Wiederverkäufers[49] (zwei- und mehrseitige Absatzförderungsverträge[50]);
- Verpflichtungen zur Weitergabe von übernommenen Verpflichtungen bei Weiterverkauf an Wiederverkäufer;[51]

[45] Art. 3 Ziff. 3 Kfz.-GVO 123/85 (von anderen Kraftfahrzeugherstellern angebotene Kraftfahrzeuge - auch wenn diese mit den Vertragswaren nicht im Wettbewerbs stehen - nicht bzw. nur unter bestimmten Voraussetzungen zu vertreiben), geändert in Art. 3 Ziff. 3 Kfz.-Vertriebs-GVO 1475/95; Art. 8 Abs. 2 Buchst. b) Alleinbezugs-GVO (Bierlieferungsverträge); Art. 11 Buchst. a) und b) Alleinbezugs-GVO (Tankstellenverträge).

[46] Art. 2 Abs. 2 Buchst. a) Alleinvertriebs-GVO; Art. 2 Abs. 2 Alleinbezugs-GVO; Art. 3 Abs. 1 Ziff. 1 und 2 Kfz.-Vertriebs-GVO; Art. 2 Buchst. e) Franchise-GVO.

[47] Art. 2 Abs. 2 Buchst. c) Alleinvertriebs-GVO; Art. 7 Abs. 1 Buchst. c) Alleinbezugs-GVO (Bierlieferungsverträge); Art. 11 Buchst. c) Alleinbezugs-GVO (Tankstellenverträge).

[48] Art. 2 Abs. 3 Buchst. c) Alleinvertriebs-GVO („vertriebsfördernde Maßnahmen zu ergreifen, insbesondere ein Verkaufsnetz zu unterhalten"); Art. 2 Abs. 3 Buchst. d) Alleinbezugs-GVO („vertriebsfördernde Maßnahmen zu ergreifen, insbesondere ein Verkaufsnetz zu unterhalten"); Art. 3 Ziff. 6 und 7 Kfz.-GVO; *Jakob-Siebert,* in: v.d.Groeben, a.a.o. Rdnrn. 308 bis 320 zu Art. 85 -Fallgruppen.

[49] *Jakob-Siebert,* in: v.d.Groeben, a.a.o. Rdnrn. 321 ff., 330 bis 339 zu Art. 85 -Fallgruppen.

[50] Alle auf vertikale Vereinbarungen sich beziehenden Gruppenfreistellungs-Verordnungen knüpfen, wie in der Ermächtigungs-Verordnung des Rates Nr. 19/65 vorgesehen, an Vereinbarung an, an denen zwei Unternehmen beteiligt sind.

[51] Am deutlichsten in Art. 3 Ziff. 6 und 7 Kfz.-GVO; vgl. aber auch Art. 1 Abs. 2 Franchise-GVO.

[52] Art. 2 Abs. 2 Buchst. b) Alleinvertriebs-GVO; Art. 1 Alleinbezugs-GVO; Art. 6 Abs. 1 Alleinbezugs-GVO (Bierlieferungsverträge); Art. 10 Alleinbezugs-GVO (Tankstellenverträge).

[53] Art. 3 Buchst. c) Alleinbezugs-GVO; Art. 8 Abs. 1 Buchst. a) Alleinbezugs-GVO (Bierlieferungsverträge); Art. 12 Abs. 1 Buchst. a) Alleinbezugs-GVO (Tankstellenverträge).

[54] Sie haben gleiche Wirkung wie die bereits oben erwähnten „erweiterten Konkurrenzverbote".

[55] Art. 11 Buchst. d) Alleinbezugs-GVO (Tankstellenverträge).

[56] Art. 4 Abs. 1 Kfz.-GVO; Art. 2 Abs. 3 Buchst. c) Alleinvertriebs-GVO.

bezugsbezogen:
- Bezugsbindung;
- Hauptanwendungsfall: Vertragswaren nur beim Vertragspartner zu beziehen[52]; hierzu gehören auch Sortiments- und Mindestabnahmeverpflichtungen und Sortimentsführungspflichten, Koppelungsbindungen;[53]
- Bezugsverbote oder -beschränkungen für Konkurrenzerzeugnisse zu den Vertragswaren oder gar für sonstige Waren (verwandter oder nicht verwandter Art);[54]
- Verwendungsbindungen im weitesten Sinne;[55]
- Mindestanforderungen an Vertrieb und Kundendienst, die Struktur des Vertriebs betreffend.[56]

6.

Festzuhalten bleibt: Der Klauselbezug in den Gruppenfreistellungs-Verordnungen des Gemeinschaftsrechts ist konkreter als der in § 18 GWB und § 16 Entw. Dies rührt daher, daß die Regelungen in den Gruppenfreistellungs-Verordnungen der Gemeinschaft im Anschluß an Musterentscheidungen in Einzelfällen entwickelt wurden. Dennoch dürfte es nach dem derzeitigen Kenntnis- und Entscheidungsstand möglich sein, in weiterreichender Abstraktion Regelungen von breiterer Allgemeingültigkeit zu finden, gleichsam wieder einen Rückzug anzutreten. Um dies zu erreichen, müßte zunächst die Ermächtigungs-Verordnung Nr. 19/65/EWG des Rates,[57] auf die sich die bisher von der Kommission erlassenen Gruppenfreistellungs-Verordnungen stützen, erweitert werden. Sie hat unglücklicherweise Wettbewerbsbeschränkungen zum Typisierungsmerkmal für die Absatzförderungsverträge gemacht, nämlich die Klauseln über den ausschließlichen Vertrieb und ausschließlichen Bezug.[58]

Es ist vorstellbar, die bisher in den verschiedenen Gruppenfreistellungs-Verordnungen getroffenen Regelungen in einer Verordnung zusammenzufassen.[59] Die Ermächtigung für die Freistellung von Vertikalverträgen in Form einer Gruppenfreistellungs-Verordnung der Kommission, also mit Gesetzeskraft, könnte anknüpfen an

---

[57] ABl. 36 vom 6.3.1965, 533/65.

[58] Art. 1 Abs. 1 Buchst. a) Verordnung Nr. 19/65 des Rates.

[59] Zu den höchst unterschiedlichen Rechtstechniken der Gruppenfreistellungs-Verordnungen des Rates und der Kommission bereits kritisch *Martinek/Habermeier*, Das Chaos der EU-Gruppenfreistellungsverordnungen - Analyse, Kritik und Verbesserungsvorschläge, ZHR 158 (1994) 107 ff.

auf bestimmte oder unbestimmte Zeit angelegte Rahmenvereinbarungen über die Vermarktung von Waren und akzessorischen Dienstleistungen oder von Dienstleistungen und akzessorischen Waren.

Vereinfachend könnte sodann einstufiger Alleinvertrieb in Kombination mit einstufigem Alleinbezug nahezu einschränkungslos freigestellt werden. Qualitative Händlerselektion nach dem „Kaskadenprinzip", also über mehrere Vertriebsstufen hinweg, könnte ebenfalls freigestellt werden. Quantitative mehrstufige Selektion, wie sie im Kraftfahrzeugsektor zugelassen ist, könnte auf alle langlebigen und servicebedürftigen Verbrauchsgüter ausgedehnt werden.

Ganz allgemein sind vielleicht, wie schon in den Verordnungen (EWG) Nrn. 1983/93 und 1984/83 geschehen[60], Vorbehalte für Vertriebsverträge zwischen Unternehmen angebracht, die auf der gleichen Wirtschaftsstufe stehen.[61]

7.

Eine neue Ermächtigungs-Verordnung des Rates sollte sich sowohl auf Absatzförderungsverträge als auch auf Rahmenverträge über langfristige Warenlieferungen ohne Absatzförderungspflicht für die bezogenen Waren, also ebenfalls auf die sogenannten Zulieferverträge, beziehen.[62]

Auch für diese Verträge gibt es ein Massenproblem. Bei näherem Hinsehen stellt man fest, daß in ihnen gleichfalls eine Reihe von Wettbewerbsbeschränkungen enthalten sind. Sie mögen zwar teilweise durch die Gruppenfreistellungs-Verordnung über Technologietranfer gedeckt sein. Sie alle mit Hilfe von Immanenzerwägungen oder mit Hilfe einer erweiterten, aber notwendig unbestimmt bleibenden *rule of reason* dem Verdikt des Art. 85 Abs. 1 zu entziehen, schafft keine ausreichende Rechtssicherheit und nötigt die Beteiligten in Zweifelsfällen doch zu vorsorglichen Anmeldungen.

---

[60] Art. 3 Buchst. a) und b) Alleinvertriebs-GVO; Art. 3 Buchst. a) und b) Alleinbezugs-GVO.

[61] Vgl. auch Art. 6 Abs. 1 Ziff. 1 Kfz.-GVO; Art. 5 Buchst. a) Franchise-GVO.

[62] Bekanntmachung der Kommission über die Beurteilung von Zulieferverträgen nach Artikel 85 Abs.1 EWG-Vertrag (ABl. C vom 3.1.1979, 2); Zulieferfragen werden auch durch Ziff. 7 und Art. 2 Abs. 1 Ziff. 13 Technol.-Transfer-GVO berührt.

Zulieferverträge mit Bedarfsdeckungs- und Quotenzusagen könnten mit Laufzeiten bis zu, vielleicht, 5 Jahren oder für die Zeit des Produktzyklus des Endproduktes freigestellt werden, in das das gelieferte Erzeugnis eingeht - wenn er denn länger ist. Zur Voraussetzung könnte gemacht werden, daß die Zuliefer-Rahmenvereinbarung nicht mit Wettbewerbsverboten verbunden wird, die durch keine Schutzrechte gedeckt sind, und daß die Partner sich Gleichbehandlung gewähren, falls sie als Wettbewerber auftreten könnten.

8.

Die Unterscheidung zwischen Wettbewerbsbeschränkungen, die freigestellt werden, und Verpflichtungen, die der Freistellung nicht entgegenstehen,[63] sollte aufgegeben werden. Die Kommission sollte den Mut haben, Verpflichtungen unabhängig davon freizustellen, ob sie für sich betrachtet oder im Kontext mit anderen Verpflichtungen im Einzelfall solche mit möglicher wettbewerbsverfälschender Wirkung sind.

9.

Die Partner eines bilateralen Vertrages mit Dauerwirkung, wie des Absatzförderungsvertrages, sehen auch die darin eingegangenen Verpflichtungen als im Austauschverhältnis zueinanderstehend an. Der Hersteller verspricht dem Händler Gebietsexklusivität, der Händler verspricht dem Hersteller dafür Markenexklusivität. Der Bundesgerichtshof hat neuerlich sehr deutlich gemacht,[64] daß wettbewerbsbeschränkende Verpflichtungen mit anderen Ver-

---

[63] Art. 2 Abs. 3 Alleinvertriebs-GVO; Art. 2 Abs. 3 Alleinbezugs-GVO; Art. 4 Abs. 1 Kfz.-GVO; Art. 3 Abs. 1 und 2 Franchise-GVO; Art. 2 Abs. 1 Technol.-Transfer-GVO.

[64] Wegweisend die neue vom BGH aufgestellte Doktrin zur statthaften Verknüpfung von wettbewerbschränkenden Verpflichtungen im *do ut des*-Verhältnis, die auch künftig bei einer Übernahme des Textes von Art. 85 Abs. 1 wie im § 1 des Entw. Bestand behalten dürfte (WuW/E 1997,617 - Bedside-Testkarten, WuW/E 3115, 3117-20 - Druckgußteile und WuW/E 3137 f. - Sole). *Bechthold*, Zum Referenten-Entwurf der 6. GWB-Novelle, BB 1997, 1853, 1854, wähnt allerdings zurecht, daß die alten Abgrenzungsprobleme fortbestehen werden. Welche Klauseln als dem vertikalen Austauschverhältnis nicht mehr immanent und nicht mehr als durch die vertragliche Dispositionsfreiheit der Parteien gedeckt anzusehen sind, kann im deutschen Recht nicht dem § 18 GWB bzw. § 16 Entwurf entnommen werden, der ja gerade keine Vertragstypisierungen nach zulässigen Klauselverknüpfungen

pflichtungen, aber auch mit anderen wettbewerbsbeschränkenden Verpflichtungen im *do ut des*-Verhältnis stehen können. Das Ausmaß der Verknüpfung von wettbewerbsbeschränkenden Verpflichtungen im *do ut des*-Verhältnis bestimmen die Parteien kraft ihrer grundsätzlichen Dispositionsfreiheit nach den Prinzip der Vertragsfreiheit. Darin liegt der Grund, bestimmte Klauseln nach dem Schutzrecht für Wettbewerb bis zu einer gewissen Kumulationsgrenze, wie schon in den bisherigen Gruppenfreistellungs-Verordnungen, freizustellen. Es bleibt den Betroffenen überlassen, ob sie bis an diese Grenze gehen oder nur einige der „Klauseln" aus einer Gruppenfreistellungs-Verordnung in ihren Rahmenvertrag übernehmen wollen.[65]

Wenn der Austauschvertrag gar kein auf Dauer angelegter Vermarktungsvertrag ist, bleibt nach Gemeinschaftsrecht allein Art. 85 Abs. 1 zu prüfen. Fälle der Handelsbeeinträchtigung, etwa durch einen Kaufvertrag, der mit einer einzelnen Wettbewerbsbeschränkung, wie etwa einem Gewerbeverbot auf einem Grundstück, verbunden ist, sind in gemeinschaftsweitem, also in handelsbeeinträchtigendem Kontext schwer vorstellbar.

Die Kommission hat sich in Einzelentscheidungen bisher nicht dazu durchringen können, Freistellungen auch vorsorglich, *à toutes fins utiles*, auszusprechen.[66] In den Gruppenfreistellungs-Verordnungen hat sie dies aber getan. Auf Art. 4 Abs. 2 der Kraftfahrzeugvertriebs-Verordnung Nr. 1475/95 und Art. 2 Abs. 2 der Technologietranfer-Verordnung Nr. 240/96 sei verwiesen.

Verpflichtungen mit einem weniger weitreichenden Umfang als dem, den die ausdrücklich freigestellten haben, sollten als durch die Freistellung gedeckt anzusehen sein (so bereits Art. 1 Abs. 5 und Art. 2 Abs. 3 der Techno-

---

kennt. Man ist daher nach wie vor auf die Bewertung der Vertragsbestimmungen danach angewiesen, ob sie mit dem Distributionsziel unerläßlich zusammengehören. Vgl. zu dieser Problematik inzwischen auch *Bunte*, Abschied vom „gemeinsamen Zweck" und den „gleichgerichteten Interessen"? WuW 1997, 857 ff., 862 f. mit einem neuen Gesetzgebungsvorschlag zu § 1 GWBRefG-Entw. (S. 863 f.), der aber hinter der völligen Übernahme des Art. 85 Abs. 1 EG-Vertrag ohne Zwischenstaatlichkeitsklausel zurückbleibt.

[65] Zum Verbot der Kombination von Klauseln nach verschiedenen Gruppenfreistellungs-Verordnungen vgl. Art. 6 Ziff. 3 Kfz.-Vertriebs-GVO 123/85 und Art. 6 Abs. 1 Ziff. 4 Kfz.-Vertriebs-GVO 1475/95; vgl. aber auch die bisher in Art. 2 Abs. 1 und 2 Alleinvertriebs-GVO und in Art. 2 Abs. 1 und 2 Alleinbezugs-GVO angewandte Rechtstechnik: „Dem ... (*Vertragspartner*) dürfen keine anderen Wettbewerbsbeschränkungen auferlegt werden als ...".

[66] Vgl. dazu die Entscheidung der Kommission (91/39/EWG - D'Ieteren Motorenöl) ABl. L 20 vom 26.1.1991, 42 (13. Erw.Grd. a.E.).

logietransfer-Verordnung Nr. Nr. 240/96). Das hätte weitreichende und höchst vereinfachende Wirkung. Die Möglichkeit so generell zu verfahren, hat die Kommission im übrigen bereits in ihrem Grünbuch angedeutet.[67]

11.

Einige Beispiele mögen die Tragweite einer solchen Regelungstechnik verdeutlichen:

Wenn die Gruppenfreistellungs-Verordnung eine ausschließliche Bezugsbindung für Vertragswaren deckt, deckt sie auch eine vertikale Rahmenvereinbarung, die diese Bindung nicht enthält, wohl aber dem Absatzmittler zusichert, daß er einen zusätzlichen Rabatt erhält, wenn er Vertragswaren nur bei ihm, dem Vertragspartner und Lieferanten bezieht.

Wenn die Gruppenfreistellungs-Verordnung zusätzlich auch noch das Konkurrenzverbot freistellt, mag der Lieferant zusichern, daß der Händler einen Treuerabatt erhalten wird, wenn er denn treu geblieben ist. Da meist Rabatte nach einer vorausgegangenen Referenzperiode gewährt werden, kommt einer solchen Rabattzusage fast schon Bindungswirkung zu.

Wenn die Gruppenfreistellungs-Verordnung für quantitative selektive Vertriebssysteme zwar das Konkurrenzverbot freistellt, nicht aber die Kombination mit einer Bezugsbindung für Vertragswaren (*shop around* innerhalb des Systems soll möglich sein[68]), mag der Lieferant einen Treuerabatt nur daran knüpfen, daß der Absatzmittler auch die bei anderen Absatzmittlern bezogenen Vertragswaren mitzählt.

Es mag sein, daß das Absatzförderungsverhältnis angesichts solcher Praktiken, die als individuelle Maßnahmen ohnehin zulässig sind, in den Hintergrund tritt.

---

[67] Grünbuch, Ziff. 283.

[68] So die Kfz.-Vertriebs-Verordnung: Bezugsbindungen für Vertragswaren sind nicht freigestellt; Art. 6 Ziff. 3 Kfz.-Vertriebs-GVO 123/85 und Art. 6 Abs. 1 Ziff. 4 Kfz.-Vertriebs-GVO 1475/95; ferner *argumentum* aus Art. 4 Abs. 1 Ziff. 2 und 3 Kfz.-Vertriebs-GVO 123/85 und Art. 4 Abs. 1 Ziff. 2 und 3 Kfz.-Vertriebs-GVO 1475/95.

12.

Eine völlig andere Frage ist, ob die angesprochenen Rabattpraktiken in der Hand von Marktbeherrschern zulässig sind. Aber diese Fragen sind unter dem Gesichtspunkt des Mißbrauchs von Marktbeherrschern oder Marktmächtigen nach anderen bereits angesprochenen Vorschriften zu lösen.

Wir kommen damit zur Problematik, ob die Gruppenfreistellungs-Verordnungen selbst, gleichsam zusätzlich, Vorsorge dafür treffen müssen, ob an sich freigestellte Wettbewerbsbeschränkungen in Vertikalverträgen in Fällen reduzierter Wettbewerbsintensität auf einem Markt von der Gruppenfreistellungswirkung ausgenommen werden sollen. Wir sind beim Thema der Einschränkung der Freistellung aufgrund einer Gruppenfreistellungs-Verordnung für Unternehmen, die allein oder zusammen mit dem Vertragspartner bestimmte Umsatzgrößen überschreiten oder bestimmte Marktanteile überschreiten. Die Kommission hat solche Vorbehalte bereits in der Vergangenheit verschiedenen Tatbeständen in Gruppenfreistellungs-Verordnungen hinzugefügt.[69] Beachtlich ist, daß die Kommission in der neuen *de minimis*-Bekanntmachung[70] die Umsatzgröße bereits nicht mehr als Einschränkungskriterium heranzog, und zwar sogar im Rahmen der Art. 85 Abs. 1 einschränkenden Interpretation. Da die Mißbrauchsgrenze, die Marktbeherrschern gezogen wird, ohnehin nicht durch eine Gruppenfreistellungs-Verordnung derogiert wird, sollte die Kommission mit Vorbehalten anhand von Marktanteilsquantifizierungen zurückhaltend sein.

13.

Vertikalverträge sollten als Handwerkszeug zum Wettbewerben in bestimmten Grundformen allen erlaubt sein. Bei der Suche nach diesen Formen stößt man sogleich wieder auf die Mechanismen der Verordnungen Nrn. 1983/83 und 1984/83 für einstufigen Alleinvertrieb und Alleinbezug.

---

[69] Z. B. Art. 3 Buchst. b) Alleinvertriebs-GVO; Art. 3 Buchst. b) Alleinbezugs-GVO; Art. 5 Abs. 2 Ziff. 1 Technol.-Transfer-GVO.

[70] Ziff. 9, 2. Spiegelstrich.

14.

Das Werk der EG-Reform des Vertikalrechts kann darüber hinaus nur gelingen, wenn die Kommission es aufgibt, ihre Auflagenpraxis, die in Einzelfallentscheidungen durchaus Berechtigung haben mag, in die Gruppenfreistellungs-Verordnungen hinüberretten zu wollen und sich die Arbeit der Mißbrauchsaufsicht vom Halse zu schaffen. Verhaltenssteuerungen über einen „Schwarze Liste"-Katalog und das „Alles-oder-nichts-Prinzip", die die Beteiligten zu bestimmten Handlungen nötigen, sind in Wahrheit nicht marktwirtschaftskonform. Die Waffen der Rechtsschutzverweigerung für vereinbarte und nicht freigestellte restriktive Klauseln nach Art. 85 Abs. 1 und § 1 Entw. (i.V.m. § 134 BGB) und der Bußgelddrohungen nach beiden Kartellrechten, sind als Sanktionsmittel ausreichend und adäquat.[71]

Bei massenhaft anzutreffenden Vertriebsverträgen ist es besser, zu einer Klausel nein zu sagen, als sie unter Bedingungen zu erlauben. Bei der Preisbindung ist man ja auch so verfahren. Die Welt ginge im übrigen nicht unter, wenn die für Wettbewerbsschutz verantwortlichen Institutionen sich rechtspolitisch entschließen würden, z.B. mehrstufige selektive Vertriebssysteme zwar zu erlauben, ihnen aber keinen Schutz vor Außenseiterwettbewerb durch free rider zu gewähren. Indessen muß man abwägen, ob dies bei komplexen und servicebedürftigen Produkten letztlich überhaupt zu verbrauchergünstigeren Ergebnissen führt. Bisher sieht es so aus, daß die Regelungen der Kraftfahrzeug-Vertriebs-Verordnung und der Franchise-Verordnung als Sonderregelungen für geschlossene Vertriebskreise erhalten bleiben sollen.[72]

---

[71] Grünbuch, Ziff. 283; Zurücknahme der Gruppenfreistellungs-Verordnungen auf das Prinzip, nach dem nur die den Freistellungs-Rahmen überschießenden Klauseln nichtig und verboten sind und auch keine weitergehenden Folgen nach dem „Alles-oder- nichts-Prinzip" oder der „schwarzen Liste" haben sollen. Vgl. auch EuGH Rs. 10/86 (VAG France/Magne) Slg. 1986, 4071: Die Auswirkungen der Nichtigkeit der mit Art. 85 Abs. 1 EWG-Vertrag unvereinbaren vertraglichen Bestimmungen eines Vertrages oder auf andere vertragliche Verpflichtungen sind nicht nach Gemeinschaftsrecht zu beurteilen. Es ist Sache des nationalen Gerichts, die Tragweite einer möglichen Nichtigkeit bestimmter Vertragsbestimmungen nach Art. 85 Abs. 2 EWG-Vertrag sowie deren Auswirkungen auf die gesamten vertraglichen Beziehungen nach dem einschlägigen nationalen Recht zu beurteilen.

[72] Grünbuch, Fußnote 2 in Ziff. 5.

15.

Es ist besser, die Kumulation wettbewerbsbeschränkender Klauseln einigen Unternehmen nicht schon nach der Gruppenfreistellungs-Verordnung vorzuenthalten, nur weil diese sich in der Nähe von oligopolistischen Unternehmen mit etwas robusterer Verhaltenspotenz am Markt befinden. Es sollte im Vertikalbereich einen Satz von kombinierbaren Wettbewerbsbeschränkungen geben, deren Anwendung nicht schon im Vorfeld der Marktbeherrschung nur wegen beachtlicher Marktanteile doch wieder verboten ist. Da Mißbrauchs- und Diskriminierungsverbote nach Gemeinschaftsrecht und nach dem deutschen Recht - dort im § 26 bzw. § 20 Entw. mit weiterreichender Wirkung - als Verbotsbestimmungen ausgestaltet sind, müssen die an Vertriebsverträgen Beteiligten ohnehin alle Anstrengungen unternehmen, darauf zu achten, ob sie sich im Marktbeherrschungsbereich bzw. im Bereich gesteigerter Marktstärke befinden. Diese Steuerungsmittel reichen in Verbindung mit der Mißbrauchsaufsicht nach beiden Rechtskreisen aus, um wirksamen Wettbewerb im Vertikalbereich zu erhalten. Mißbräuche bleiben, was klauselbedingte Verzerrungen durch Vertriebsverträge angeht, im übrigen nicht verborgen, wie die umfangreiche Judikatur zu dieser Frage nach den deutschen Vorschriften des § 26 und des AGB-Gesetzes beweisen.

16.

Die künftig anfallende Judikatur zu den in materieller Hinsicht synchronisierten Bestimmungen des § 1 Entw. und Art. 85 Abs.1 kann sich gegenseitig besser befruchten. Es wird Fälle der Auslegung des neuen § 1 geben, die dem EuGH nicht vorzulegen sind, weil keine Eignung zur Handelsbeeinträchtigung vorliegt. Der EuGH wird an den von nationalen Gerichten vorgenommenen Auslegungen nicht vorbeigehen können, wie es umgekehrt zu einer europaweiten Judikatur zu einem Kartellverbot kommen wird, wenn die nationalen Grundsatznormen in § 1 GWBRefG. und Art. 85 Abs. 1 einander angeglichen werden. Diese Wirkung wird § 1 GWBRefG. insbesondere dann haben, wenn er bis auf die Zwischenstaatlichkeitsklausel vollends an Art. 85 Abs. 1 EG-Vertrag angepaßt würde.

17.

Eine Tat wäre es auch, wenn die Kommission in der Gruppenfreistellungs-Verordnung den von ihr beständig reklamierten Vorranganspruch des Gemeinschaftsrechts etwas zurücknehmen würde. Sie könnte ohne Verletzung des Rom-Vertrages - so wie sie es in ihren Bekanntmachungen über ihre Zusammenarbeit mit den nationalen Behörden und Gerichten für wünschenswert hält[73] - diesen Instanzen die Korrektur von Diskriminierungen und Mißbräuchen überlassen, die nicht bereits vertragsbedingt sind, sondern sich aus der tatsächlichen Handhabung der freigestellten Verträge ergeben.[74]

18.

Es mag bereits an mehreren Stellen deutlich geworden sein, daß das Problem der Schaffung eines allgemeingültigen Rahmens für Vertikalverträge über die Einführung einer *rule of reason* nicht für lösbar gehalten wird. Das hat nichts damit zu tun, daß diese Figur nicht aus unseren kontinentalen Rechtskreisen stammt. Die Verknüpfung von ökonomischen und rechtlichen Tatbeständen und die Relativierung von Rechtsfolgen, hier der Nichtigkeit von unzähligen Verträgen oder Vertragsteilen nach einem Prinzip genauer Marktanalyse mit Bewertung von Vorgängen, die außerhalb der unmittelbaren Kenntnis der am Vertriebsvertrag Beteiligten liegen, wird dem Erfordernis rechtsicherer Entscheidungen im Wettbewerb nicht gerecht. Das Gebot, das dem Gesetzgeber zum Erreichen eines Gestaltungsziels bei mehreren gangbaren Lösungswegen den mit der größten Rechtssicherheit nahelegt, spricht für die hier skizzierte einfache Lösung einer breit angelegten Gruppenfreistellungs-Verordnung.

Einige bemühen zwecks Stützung einer *rule of reason* sogar die Methodenlehre[75] und meinen, im modernen Wirtschaftsleben müßten Wandel und

---

[73] Ziff. 6, 10 a.E., 15 a.E., 19, 27, 28.

[74] Vgl. dazu den 29. Erw.Grd. der Kfz.-GVO 123/85, der jedoch in der neuen Kfz.-Vertriebs-GVO nicht aufrechterhalten wurde. Er lautete: Die Kfz.-GVO „steht Gesetzen und Verwaltungsmaßnahmen der Mitgliedstaaten, mit denen diese im Hinblick auf besondere Verhältnisse einzelne wettbewerbsbeschränkende Verpflichtungen einer nach dieser Verordnung freigestellten Vereinbarung verbieten oder ihnen den Rechtsschutz versagen, nicht entgegen."

[75] *Ackerman,* Die Zukunft vertikaler Vertriebsvereinbarungen im EG-Kartellrecht - Anmerkungen zum Grünbuch der Kommission, EuZW 1997, 271 ff. (III. S. 274); zu den

Dynamik der wirtschaftlichen Prozesse ständig und unmittelbar auch die rechtlichen Ordnungsvorgaben durch Interpretation sowie Anpassung durch Richterrecht verändern. Das Gegenteil dürfte auf dem hier diskutierten Feld richtig sein. Es ist der Gesetzgeber, der reagieren muß, wenn er zuvor in Vertriebsverträgen zu weitgehende Wettbewerbsbeschränkungen geduldet haben sollte. Aber er muß auch tätig werden, wenn weitergehende Freistellungen von Vertikalverträgen in Wahrheit dem Wettbewerb mehr dienen als schaden.

19.

Es ist noch dem Einwand zu begegnen, dem Rat der Gemeinschaft fehle die Kompetenz, eine Gruppenfreistellungs-Verordnung mit dem Ziel der Ummünzung des Freistellungsprinzips in ein Mißbrauchsprinzip selbst zu erlassen oder in ihr die Kommission zu einer solchen in einem abzusteckenden Rahmen zu ermächtigen.[76] Schon die bisherigen Gruppenfreistellungs-Verordnungen kennen den Widerruf bei mißbräuchlicher Ausnutzung des Freistellungsrahmens.[77] Längst hat der EuGH anerkannt, daß es sich bei den Gruppenfreistellungs-Verordnungen um Legalausnahmen handelt, die wie Gesetze auszulegen sind.[78] Eine Gruppenfreistellungs-Verordnung für Vermarktungs- und langfristige Lieferverträge nimmt den Betroffenen übrigens nur das Rechtsschutzinteresse an Freistellungsentscheidungen von Verträgen, deren Klauseln sich mit denen der Verordnung decken, nicht aber an solchen, die darüber hinausgehen oder andere Klauselkombinationen vorsehen, als sie

---

Grenzen richterlicher Rechtsfortbildung vgl. *Grundmann*, Methodenpluralismus als Aufgabe - Zur Legalität von ökonomischen und rechtsethischen Argumenten in Auslegung und Rechtsanwendung, Rabels Zeitschr.f.ausl.u.intern. Privatrecht 61 (1997) 438 ff., 441 f., 452.

[76] So *Ackermann*, Die Zukunft vertikaler Vertriebsvereinbarungen im EG-Kartellrecht, EuZW, 271, 274 (II.4. a.E.) unter Berufung auf h.M. (Fn. 39 ebenda).

[77] Art. 7 Ermächtigungs-Verordnung Nr. 19/65/EWG des Rates für Gruppenfreistellungen; Art. 6 Alleinvertriebs-GVO; Art. 14 Alleinbezugs-GVO; Art. 8 Kfz.-Vertriebs-GVO; Art. 8 Franchise-GVO; Art. 7 Technol.-Transfer-GVO.

[78] St.Rspr., vgl. zuletzt EuGH Rs. C-41/96 (V.A.G. Händlerbeirat/Firma SYD-Consult) abgedr. in EuZW 1997, 475; EuGH Rs. C-128/95 (Fontaine u.a./Aqueducs Automobiles) abgedr. in EuZW 1997, 374; EuGH Rs. C-266/93 (VW-Herstellerleasing) WuW/EWG/MUV 1023; EuGH Rs. C-234/89 (Delimitis/Henninger Bräu) Slg. 1991/I-935 = WuW/EWG/MUV 911.

die Gruppenfreistellungs-Verordnung erlaubt. Auch dieser Umstand spricht dafür, daß eine Gruppenfreistellungs-Verordnung nicht mit dem in Art. 85 Abs. 1 und 3 EG-Vertrag angelegten Freistellungsprinzip bricht.

Der Erfahrungsschatz der Kommission, wie er sich in Entscheidungen und veröffentlichten *comfort letter* ausdrückt, und der anhand der Rechtsprechung zu gewinnende Auslegungsstand zu Artikel 85 erlauben es, eine neue konkrete Grenzziehung vorzunehmen. Es mag sein, daß es auf dem in Frage stehenden Gebiete angebracht ist, aufgrund eines Vorschlages der Kommission und unter Mitwirkung der anderen berufenen Europäischen Institutionen wie Parlament und Wirtschafts- und Sozialausschuß eine Rats-Verordnung zu erlassen, um ihre Grundlage zu stabilisieren.[79] Die Kommission wird aber sicher den Weg ihrer Ermächtigung bevorzugen.

Würde Art. 85 Abs. 1 über eine weit gefaßte *rule of reason* eingeschränkt, so wäre das ein Weg ohne Umkehr. Ausnahme-Verordnungen nach Art. 85 Abs. 3 können sich irren und können demgegenüber geändert werden. Wer aber hält die Primärnorm des Art. 85 Abs. 1 nach höchstrichterlich bestätigter Einschränkung dieser Grundsatznorm entsprechend einer *rule of reason* mit vielen unkodifizierten unbestimmten Begriffen sodann noch wieder für ausweitbar?

---

[79] Der Rat ist auch nicht gehindert, eine von der Kommission vorgeschlagene und vom Europäischen Parlament votierte generelle Freistellungsverordnung für Vertikalvereinbarungen zusätzlich auf Art. 235 EG-Vertrag zu stützen - wie bei der Verordnung (EWG) Nr. 4064/89 des Rates über die Kontrolle von Unternehmenszusammenschlüssen geschehen (ABl. L 395 vom 30.12.1989, S. 1, zuletzt geändert durch die Verordnung (EG) Nr. 1307/97 des Rates, ABl. L 180 vom 30.6.1997, S. 1).

Diskussionsbericht

Im Anschluß an die Vorträge von *Habermeier* und *Stöver* bestand Gelegenheit zur Diskussion unter der Leitung von *Baur*, wobei zunächst die Beiträge zum Vortrag von *Habermeier* dargestellt werden. Positiv wurde überwiegend der Ansatz *Habermeiers* beurteilt, Regelungsgedanken des internationalen Privatrechts auch für kartellrechtliche Kollisionsfälle fruchtbar zu machen. Teilweise wurden aber auch Zweifel an den vorgestellten Lösungsmöglichkeiten geäußert.

Kühne bat zunächst um eine Klarstellung des von *Habermeier* verwendeten Begriffes der Regulierungszuständigkeit bzw. des Regulierungsstaates. Nach der klassischen Systematik des Kollisionsrechtes gebe es etwa internatioale Zuständigkeiten für die Gerichte, internationale Verwaltungszuständigkeiten und die Frage nach dem anwendbaren Recht, die eng verknüpft sei mit der Fage nach der internationalen Gesetzgebungszuständigkeit. Die von *Habermeier* verwendeten Begriffe seien einem dieser Kriterien nicht eindeutig zuzuordnen. *Habermeier* erläuterte dazu, daß mit den von ihm verwendeten Begriffen die gesetzliche Regulierungszuständigkeit und nicht die Frage der Gewaltausübung gemeint sei, denn diese beschränke sich immer auf das Territorium des souveränen Staates.

Sack hob zunächst positiv hervor, daß die von *Habermeier* vorgeschlagene Lösung, den Ort der Absatzregulierung als den entscheidenden für die Anwendbarkeit des jeweiligen Kartellrechts anzusehen, den Vorteil der leichten Bestimmbarkeit habe. Zudem nähere man sich damit an das internationale Privatrecht des UWG an, mit dem es große Überschneidungen gebe. *Sack* bezweifelte jedoch, daß das Absatzregulierungsprinzip zu wesentlich anderen Ergebnissen als das durch das Erfordernis der Spürbarkeit eingeschränkte Auswirkungsprinzip habe.

Auch *Börner* unterstützte den Ansatz *Habermeiers,* für das internationale Kartellrecht an international-privatrechtliche Ansätze anzuknüpfen. Insbesondere eigne sich eine Parallele zum internationalen Privatrecht der unerlaubten Handlungen, in dem zwischen Handlungs- und Erfolgsort unterschieden werde. Entscheidend sei dabei der Erfolgsort, der dem von *Habermeier* vertretenen Prinzip des Ortes der Produktabsatzregulierung entspreche.

Kritisch führte *Sack* weiter aus, daß er die von *Habermeier* geäußerte Kritik an den amerikanischen Ansätzen nicht nachvollziehen könne. Der Vorwurf der fehlenden Rechtssicherheit bei der Verwendung gradueller Begriffe könne keinen Bestand haben, vielmehr seien deutsche Juristen den Umgang mit klassifikatorischen Begriffen gewohnt und das Unverständnis der amerikanischen Sichtweise beruhe auf diesem Umstand. Aber auch dem deutschen Recht seien graduelle oder komparative Begriffe nicht fremd. Etwa im UWG könne der Begriff der Verwechslungsgefahr nicht absolut bestimmt werden. Auch hier sei eine graduelle oder komparative Sichtweise erforderlich. Genau diese Sichtweise liege aber den amerikanischen Checklisten zugrunde. *Habermeier* entgegnete darauf, daß er kein Gegner komprativer Begriffe sei, daß er aber aus Gründen der Rechtssicherheit eine Beschränkung komparativer Begriffe auf die unbedingt notwendigen Fälle für erforderlich halte.

Hinsichtlich der von *Habermeier* angesprochenen Probleme bei Exportkartellen und bei der Fusionskontrolle vertrat *Sack* die Ansicht, daß auch nach der von *Habermeier* vertretenen Absatzregulierungstheorie die parallele Anwendung vieler Kartellrechtsordnungen denkbar sei, nämlich dann, wenn das Exportkartell oder der Unternehmenszusammenschluß auf viele verschiedene Absatzgebiete Auswirkungen habe. *Habermeier* betonte daraufhin, daß nach der von ihm vertretenen Ansicht diese parallele Anwendung nicht zu einer Untersagung der Vereinbarung führe, sondern daß lediglich die Auswirkungen für den jeweiligen Markt von der nationalen Rechtsordnung untersagt werden könnten, so daß folglich eine Aufspaltung der betroffenen Abrede nach den Auswirkungen erfolgen müsse.

Schröder kritisierte die Ausführungen *Habermeiers* zur europäischen Fusionskontrolle dahingehend, daß dieser die Unterscheidung zwischen Prüfungs- und Untersagungkompetenz nicht hinreichend beachtet habe. Die in der Fusionskontrollverordnung genannten Schwellenwerte bezögen sich allein auf die Prüfungskompetenz und deren Überschreiten hätte lediglich eine Anmeldepflicht zur Folge. Insoweit seien die festen Schwellenwerte auch sinnvoll, denn es bestehe eine klare Regelung bezüglich der Verpflichtung zur Anmeldung. Diese relativ weitgehende Pflicht führe zwar dazu, daß auch Fälle angemeldet würden, die keine wesentlichen Auswirkungen auf den Gemeinsamen Markt hätten und somit das Interesse der Kommission nicht wecken könnten. In diesen Fällen könne die Kommission das Verfahren jedoch sehr schnell durchführen, was auch geschehe, da eine marktbeherrschende Stellung weder entstehe noch verstärkt werde. Dieser Ansicht hielt *Habermeier* entgegen, daß zwar zwischen Prüfungs- und Untersagungskompetenz zu unterscheiden sei, daß aber bereits das Vorliegen der Umsatzschwellen, also der Prüfungskompetenz, einen Richtwert für die Möglichkeit einer Untersagung beinhalte.

Kernpunkte der Diskussion zum Beitrag *Stövers* waren vor allem die Erforderlichkeit und der Umfang gesetzgeberischer Maßnahmen zur Behandlung vertikaler Vertriebsvereinbarungen im europäischen Recht.

Deringer pflichtete der Ansicht von *Stöver* bei, daß der Grund für die bisher restriktive Haltung der Gemeinschaft gegenüber Vertriebs- und Absatzverträgen darin zu suchen sei, daß die Förderung der Integration ein vorrangiges Ziel der Gemeinschaft gewesen sei. In Deutschland würden vertikale Bindungen aufgrund von § 18 GWB hingegen deutlich großzügiger behandelt. Mit Blick auf die im Grünbuch vorgeschlagenen Optionen schlug Deringer eine großzügige Gruppenfreistellungsverordnung vor, die letztlich eine Angleichung an die deutschen Regelungen bedeuten würde.

Börner wies darauf hin, daß die grundsätzliche im Grünbuch vorgesehene Revidierung der Gruppenfreistellungsverordnungen auch der derzeit vom Europäischen Gerichtshof und dem Gericht Erster Instanz verfolgten Linie entspreche. So habe des Gericht Erster Instanz in seiner letzten Entscheidung zu selektiven Vertriebssystemen vom 12. Dezember 1996 in Sachen Leclerc gegen Kommission[1] vier Voraussetzungen zusammengefaßt, bei deren Vorliegen ein selektives Vertriebssystem auch außerhalb des Anwendungsbereiches einer Gruppenfreistellungsverordnung mit Artikel 85 Absatz 1 EGV vereinbar sei. Erstens müsse das System dazu dienen, das Produkt in seiner Qualität und in seiner Anwendungssicherheit nur von Fachpersonal verkaufen zu lassen. Zweitens müsse das System in seinem Zugang für die Vertriebsmittler diskriminierungsfrei nach objektiven Kriterien ausgestaltet sein. Die dritte Voraussetzung sei, daß durch die Einführung eines selektiven Vertriebssystems eine Verbesserung nicht nur der reinen Vertriebsorganisation, sondern der Marktverhältnisse insgesamt erreicht werde. Zuletzt dürfe die Ausgestaltung des selektiven Vertriebssystems nicht über das Erforderliche hinausgehen.[2] Diese Kriterien könnten für die Zulässigkeit selektiver Vertriebssysteme auch im deutschen Kartellrecht fruchtbar gemacht werden, da sich die Entscheidung gerade auf einen Fall beziehe, der sich außerhalb des Anwendungsbereiches der Gruppenfreistellungsverordnungen bewege.

Eine gesetzgeberische Lösung zur Behebung des derzeitigen Mißstandes im Rahmen der Gruppenfreistellungsverordnungen hielt *Ackermann* durchaus für möglich, obwohl er selbst eher zur Einführung einer „Rule-of-Reason" im Rahmen von Artikel 85 Absatz 1 EGV tendiere. Wenn der europäische Ver-

---

1 EuG Rs T-19/92 (Leclerc/Kommission) Slg. 1996/II-1851 ff.

2 Vgl. zum genauen Wortlaut EuG a.a.O., S. 1853 Leitsatz 3.

ordnungsgeber (spätestens) Ende 1999 mit dem Auslaufen einiger Gruppenfreistellungsverordnungen tätig werden müsse, dann stelle sich die Frage nach dem Umfang der Gesetzgebungsmaßnahmen. Es könne daher nur mit Erstaunen zur Kenntnis genommen werden, daß das Grünbuch wichtige Bereiche, wie etwa den Kfz.-Vertrieb, von der mit dem Grünbuch angeregten Diskussion ausnehme. Zudem sei es sinnvoll, andere Bereiche in die Überlegungen einzubeziehen, wie etwa Zulieferverträge und Handelsvertreterverträge, auch wenn dafür eine erweiterte Ermächtigungsverordnung erforderlich sei. Zu überlegen sei auch, ob für den Lizenzbereich gänzlich neue Regelungen geschaffen werden sollten.

Stöver verteidigte seine Ansicht, daß eine gesetzgeberische Lösung für die Beurteilung selektiver Vertriebssysteme durch die Neugestaltung der Gruppenfreistellungsverordnungen gefunden werden solle. Dies führe zu mehr Klarheit und Rechtssicherheit, auch wenn Gruppenfreistellungsverordnungen Regelungen enthielten, die nach der Rechtsprechung der europäischen Gerichte bereits nicht vom Anwendungsbereich des Art. 85 Absatz 1 EGV erfaßt würden. Eine sehr breite Gruppenfreistellungsverordnung ermögliche es zudem, Dienstleistungen und Zulieferverhältnisse vom Verbot des Art. 85 Absatz 1 EGV freizustellen, was grundsätzlich auch sinnvoll sei. Wünschenswert sei ein klarer Anwendungsbereich und eine Beschränkung auf das Wesentliche. Denn andernfalls erhielte man unbefriedigende Regelungen, wie etwa die Kfz.-Gruppenfreistellungsverordnung, die unter wesentlichem Einfluß der Lobbyisten entstanden sei, die jedoch vielfältige kartellrechtsfremde Regelungen zum Händlerschutz enthalte. Durch eine Beschränkung auf die Kernbereiche entfiele die Notwendigkeit zu häufigen Korrekturen an den Verordnungen, wie es derzeit noch der Fall sei. Bei Beachtung dieser Voraussetzungen sei auch für das deutsche Recht eine Anpassung an den Grundtatbestand des Art. 85 Absatz 1 EGV und klar definierte Gruppenfreistellungen zu erwägen.

Zum Referentenentwurf für eine GWB-Novelle merkte *Ackermann* an, daß nach der derzeitigen Fassung aufeinander abgestimmte Verhaltensweisen bei vertikalen Vereinbarungen nicht verboten seien. Die Verlagerung des Merkmals der aufeinander abgestimmten Verhaltensweisen von § 25 in § 1, der weiterhin nur für horizontale Tatbestände Anwendung finde und die Streichung von § 25, der auch für vertikale Vereinbarungen gelte, habe zu diesem bizarren Ergebnis geführt. Es bleibe zu hoffen, daß es sich dabei um ein Versehen handele, das im weiteren Gesetzgebungsverfahren behoben werde.

(*Thomas Schnabel,* R.I.Z.)

Die Europäische Union und Wettbewerb

MARTIN SEIDEL

I. Einleitende Betrachtungen

Der „Wettbewerb" ist einer der zentralen Rechtsbegriffe der Rechtsordnung der Europäischen Union. Genauer gesagt ist er ein Rechtsbegriff der Rechtsordnung der Europäischen Gemeinschaft; denn nur diese hat als einziger der drei Ordnungsbereiche der Europäischen Union (3 Säulen) eine den mitgliedstaatlichen Rechtssystemen vergleichbare eigene Rechtsordnung. In den beiden anderen Ordnungsbereichen, der Gemeinsamen Außen- und Sicherheitspolitik und der Zusammenarbeit der Mitgliedstaaten in der Innen- und Justizpolitik verfügt die Europäische Union über keine - ihrem ersten Pfeiler entsprechende - legislative Rechtsetzungshoheit, administrative Kompetenzen und eine übergeordnete eigene Gerichtsbarkeit. Ihre Gestaltungs- und Regelungsmacht beschränkt sich in diesen Bereichen auf politische Konsensbildung und gegebenenfalls den Abschluß ratifizierungsbedürftiger völkerrechtlicher bzw. gemeinschaftsrechtlicher Verträge. Wettbewerb unter den Mitgliedstaaten ist in diesen Bereichen politischer Wettbewerb. Die Bindungen der Mitgliedstaaten in ihrem Wettbewerbsverhalten auf das „Interesse der Union" haben keine rechtliche Verankerung. Vergleichbare Einschränkungen der „Wettbewerbsfreiheit" der Mitgliedstaaten, wie sie nachstehend für den wettbewerbsbezogenen Ordnungsrahmen der Wirtschaftsgemeinschaft als ersten Wettbewerbsbereich aufgezeigt werden, bestehen nicht. Die europäische Gerichtsbarkeit und damit jegliche Unionsbindung der nationalen Gerichtsbarkeit ist ausgeschaltet; in Durchführung ratifizierter Abkommen entsteht, wenn diese nicht zumindest einige Elemente der supranationalen Organisationsstruktur der Europäischen Gemeinschaft, beispielsweise die europäische Gerichtsbarkeit in Form des Vorabentscheidungsverfahrens übernehmen, einheitliches, wenn auch „abkommensgebundenes" Recht der Mitgliedstaaten.

Im Rahmen der Rechts- und Verfassungsordnung der Europäischen Gemeinschaft hat der Wettbewerb zwei Ordnungsbereiche. Er ist zunächst ein Rechtsbegriff bzw. ein Ordnungsprinzip des Gemeinschaftsrechts in dessen engerem Sinn, das heißt des *Wirtschaftsrechts* der Europäischen Gemein-

schaft. Angesprochen ist der Wettbewerb in diesem Funktionsbereich als Wettbewerb der Teilnehmer des Wirtschaftslebens, einschließlich der Mitgliedstaaten sowie der Europäischen Gemeinschaft als diesbezügliche Teilnehmer am Wirtschaftsleben. Im Rahmen dieses Bereichs der Wettbewerbsordnung fungiert die Europäische Gemeinschaft neben den Mitgliedstaaten als hoheitlicher Garant für die Sicherung des Wettbewerbs.
Über die Ausgestaltung der Privatwirtschaft als „wettbewerbsgesteuerte Marktwirtschaft" sowie über das öffentlich-rechtliche Ordnungssystem, mittels dessen die Europäische Gemeinschaft den Wettbewerb sichert, verhält sich der erste Teil der nachstehenden Ausführungen.

Im Rahmen der Rechts- und Verfassungsordnung der Europäischen Gemeinschaft hat der „Wettbewerb" einen zweiten Funktionsbereich. Das europäische Gemeinschaftsrecht kennt eine zweite - zwischenstaatliche - Wettbewerbsordnung, die sich aus ihrer Organisations- und Kompetenzstruktur ergibt. Der „Wettbewerb" ist insoweit ein Ordnungsprinzip, das die Mitgliedstaaten in ihrem Verhältnis zueinander als verantwortliche Träger der Aufgaben der Gemeinschaft betrifft. Die Verfassung der Europäischen Gemeinschaft garantiert keine eigene, einheitliche Rechtsordnung, sondern geht als Systemelement vom Wettbewerb der Rechtsordnungen der Mitgliedstaaten aus. Dieser ist aber nicht ungebunden, sondern unterliegt gemeinschaftsrechtlichen Auflagen und Beschränkungen. Erfaßt ist der Wettbewerb als Wettbewerb der mitgliedstaatlichen Hoheitsbereiche als Standorte für Investitionen und Beschäftigung. Die Mitgliedstaaten stehen mit ihren Rechtsordnungen, ihren öffentlichen Dienstleistungsangeboten und öffentlichen Gütern, namentlich den Dienstleistungen der wirtschaftlichen und gesellschaftlichen Infrastruktur, den öffentlichen Renten-Versicherungen, den Gesundheitsdiensten, der Arbeitslosenversicherung und der Sozialhilfesysteme in einem gemeinschaftsgebundenen Konkurrenzverhältnis. Darüber hinaus besteht ein - gemeinschaftsrechtlich gebundenes bzw. gemeinschaftsrechtlich einbindbares - Wettbewerbsverhältnis der Mitgliedstaaten im Rahmen der gesamten Politikgestaltung der Mitgliedstaaten, angefangen von der Wirtschaftspolitik bis zur Währungspolitik. Der Wettbewerb, in dem die Rechtsordnungen und die Politikgestaltung der Mitgliedstaaten stehen, ist der Verfassungsordnung der Europäischen Gemeinschaft systemimmanent. Er trägt zur Entwicklung des Integrationsprozesses in der Europäischen Gemeinschaft als ein Mechanismus der Umverteilung von Einkommen bei. Bedauerlicherweise bestehen über ihn und seine Wirkungsweise nicht annähernd gleich gesicherte wissenschaftliche und ordnungspolitische Erkenntnisse wie über den Wettbewerb auf der Ebene der Teilnehmer am Wirtschaftsleben. Soweit er Auflagen und

Beschränkungen durch das Gemeinschaftsrecht unterliegt, dienen diese der Sicherung seiner Funktion, nicht der Einschränkung der ihm zugewiesenen Funktion. Die Funktion des Wettbewerbs der Mitgliedstaaten im Rahmen einer Verfassungsstruktur, wie sie die Europäische Gemeinschaft kennzeichnet, gilt als daher primär zu ermitteln. Auch über sie gibt es bislang keine gesicherten konsensfähigen Erkenntnisse.

II. Wettbewerb als Begriff des Wirtschaftsrechts der Europäischen Gemeinschaft

Seit Gründung der Europäischen Gemeinschaft wird darüber reflektiert, ob das Gemeinschaftsrecht, wie es in den Verträgen von Paris und Rom konzipiert ist, als Wirtschaftsordnung der Europäischen Gemeinschaft und ihrer Mitgliedstaaten die „Privatwirtschaft“ bzw. als Ordnungssystem die „wettbewerbsgesteuerte Marktwirtschaft“ festlegt. Eine ausdrückliche Festlegung auf die wettbewerbsgetragene Marktwirtschaft als Wirtschaftsordnung findet sich in den Gründungsverträgen nicht. Der Europäische Gerichtshof, dessen Rechtsprechung die Struktur und Ausgestaltung der Rechtsordnung der Europäischen Gemeinschaft maßgeblich trägt, hat sich ebenfalls auf eine ordnungspolitische Entscheidung bislang nicht festgelegt. Seit dem Vertrag von Maastricht enthält das Verfassungsrecht der Europäischen Gemeinschaft eine an die Mitgliedstaaten gerichtete gemeinschaftsrechtliche Auflage. Diese geht dahin, daß die Mitgliedstaaten ihre Wirtschaftspolitik im Einklang mit dem Grundsatz einer „offenen Marktwirtschaft mit freiem Wettbewerb“ auszugestalten haben. Eine Systementscheidung mit normativer Wirkung, durch die Artikel 222 EG-Vertrag gänzlich in Frage gestellt würde, ist die Maastrichter Ergänzung des Vertragswerks indessen nicht. Nach Artikel 222 läßt der Vertrag von Rom die „Eigentumsordnung der Mitgliedstaaten“ unberührt; dieser Verstaatlichungs- und Sozialisierungsvorbehalt ist auch nach Maastricht in seinem Kern unangetastet, mögen ihn auch andere vertragsrechtliche Regelungen - so die wohl herrschende Auffassung - weitgehend einschränken.

Die Europarechtswissenschaft vertritt bekanntlich von Anbeginn an die Auffassung, daß der Verfassung der Europäischen Gemeinschaft, vornehmlich dem Regelungssystem des Gemeinsamen Marktes, die Markt- und Wettbewerbswirtschaft als Wirtschaftsordnung quasi als Regelungsgrundlage zugrunde liegt. Vom Wirtschaftsverfassungsrecht der Mitgliedstaaten, jedenfalls vom deutschen, gilt indes nach wie vor, daß es wirtschaftspolitisch neutral ist, insbesondere nicht die wettbewerbsgesteuerte Marktwirtschaft als Wirtschaftsordnung mit Verfassungsrang festschreibt. Die Frage stellt sich, ob nicht die Europäische Gemeinschaft, indem ihre Regelungen die marktwirtschaftliche Ordnung voraussetzen, über deren rechtsangleichende Wirkung hinaus dem Ordnungssystem der Wettbewerbs- und Marktwirtschaft im Wirtschaftsrecht der Mitgliedstaaten den Rang von Verfassungsrecht zuweist. Es wäre nicht der einzige stille Verfassungswandel, den das Europäische Gemeinschaftsrecht dem Verfassungsrecht der Mitgliedstaaten beschert. Diese sensitive Grundfrage wartet seit jeher auf eine Antwort; in der realen Verwirklichung des Gemeinsamen Marktes verfestigt sich die Markt- und Wettbewerbswirtschaft ungeachtet des Fehlens einer verfassungsrechtlichen Festlegung zunehmend.

Das Wirtschaftsverfassungsrecht der Europäischen Gemeinschaft ist, soweit es die Markt- und Wettbewerbswirtschaft als Wirtschaftsordnung abzusichern aufgerufen ist, auf das mitgliedstaatliche Recht angewiesen. Seine Regelungen, insbesondere die grundrechtlichen Freiheitsverbürgungen des Schutzes des Eigentums, der Berufsfreiheit und der wirtschaftlichen Handlungsfreiheit reichen ungeachtet des Vorranganspruchs des Gemeinschaftsrechts nicht aus, um die rechtlichen Rahmenbedingungen, die die Wettbewerbs- und Marktwirtschaft unerläßlicherweise erfordert, funktionsadäquat zu gewährleisten. Die vom Gerichtshof der Europäischen Gemeinschaft in ständiger Rechtsprechung anerkannten Grundrechte und grundrechtlichen Freiheitsverbürgungen entfalten ihre Wirkung als geschützte Freiheitssphären nur gegenüber Rechtsakten und Verwaltungshandeln der Europäischen Gemeinschaft als solcher, sei es, daß diese ihre Tätigkeit in gemeinschaftseigener Verwaltung, wie bei der Kartell-, Mißbrauchs- und Fusionsaufsicht entfaltet, sei es, daß das Recht der Europäischen Gemeinschaft in mittelbarer Verwaltung durch die Mitgliedstaaten - über deren Verwaltung und Gerichte - zur Anwendung gelangt. Gegenüber Rechtsakten und Verwaltungshandeln, die die Mitgliedstaaten im Rahmen des ihnen vorbehaltenen Hoheitsbereichs erlassen, können die Grundrechte der Rechtsordnung der Gemeinschaft nicht geltend gemacht werden. Die Wirtschaftsteilnehmer des Gemeinsamen Marktes sind gegenüber den Mitgliedstaaten auf den grundrechtlichen Rechtsschutz, beispielsweise den grundrechtlichen Schutz vor Enteignungen des jeweiligen Tätigkeitslandes angewiesen. Sie können im Streitfall aus dem „national case" keinen „community case" machen, d.h. die Organe der Europäischen Gemeinschaft mit ihrem Anliegen befassen. Die sog. Staatenbindung der Grundrechte und Grundfreiheiten des Gemeinschaftsrechts würde eine bundesstaatliche Verfestigung der Hoheitsbefugnisse der Europäischen

Gemeinschaft bedeuten, d.h. die Umwandlung der Europäischen Gemeinschaft in eine bundesstaatliche Struktur voraussetzen. Eine derartige Umstrukturierung der Europäischen Union wird allgemein als politisch nicht möglich eingeschätzt. Das Wirtschaftsverfassungsrecht der Europäischen Gemeinschaft ist daher zur Ergänzung der für die Absicherung der Markt- und Wettbewerbswirtschaft notwendigen grundrechtlichen Rahmenbedingungen auf grundrechtlichen Freiheitsverbürgungen der mitgliedstaatlichen Rechtsordnungen zwingend angewiesen. Der Grundrechtsschutz ist in den einzelnen Mitgliedstaaten dabei unterschiedlich ausgeprägt; das gilt insbesondere vom förmlichen Grundrechtsschutz, der in Deutschland mit der Verfassungsbeschwerde eine besondere Ausprägung erfahren hat. Die Straßburger Konvention zum Schutz der Menschenrechte und Grundrechte bewirkt in den Mitgliedstaaten nur in einem begrenzten Ausmaß einen einheitlichen nationalen Grundrechtsstandard. Die für das Wirtschaftsrecht relevanten Grundrechte sind nämlich in der Konvention nicht ausreichend funktionsadäquat ausgeprägt. Die Frage stellt sich, ob der Europäischen Gemeinschaft eine Angleichungskompetenz im Bereich des Grundrechtsschutzes zusteht, die Angleichung der Grundrechtsstandards nicht zumindest eine Aufgabe des Verfassungsgebers der Europäischen Gemeinschaft sein sollte. Voraussichtlich wird es indes vor einem Tätigwerden des Verfassungsgebers zu einer Ausweitung des Grundrechtsschutzes im Sinne einer Anerkennung der Staatenbindung der gemeinschaftsrechtlichen Grundrechte und Grundfreiheiten im Zuge der Rechtsprechung des Europäischen Gerichtshofs kommen.

Zu den rechtlichen Rahmenbedingungen der Markt- und Wettbewerbswirtschaft zählt die Zivilrechtsordnung, einschließlich des Handels- und Gesellschaftsrechts. Die Zivilrechtsordnung ist in der Europäischen Gemeinschaft durch die Zivilrechtsordnungen der Mitgliedstaaten infolge ihrer weitreichenden Einheitlichkeit als „gemeines" Wirtschaftsrecht gewährleistet. Soweit sich aus Unterschieden der nationalen Zivilrechtsordnungen Hindernisse für das Funktionieren der Markt- und Wettbewerbsordnung ergeben, hat die Europäische Gemeinschaft eine Angleichungs- und Rechtsetzungskompetenz. Ihr Ausmaß mag umstritten und wissenschaftlich ungeklärt sein, zahlreiche laufende Vorhaben der Europäischen Gemeinschaft in Bereichen der Angleichung laufen darauf hinaus, den zivilrechtlichen Rahmen für die Markt- und Wettbewerbswirtschaft als Wirtschaftsordnung zu vereinheitlichen. Darüber darf nicht hinwegtäuschen, daß es bei diesen Rechtsangleichungsbestrebungen mehr um die Verwirklichung der Niederlassungsfreiheit und des freien Dienstleistungsverkehrs über die innergemeinschaftlichen Grenzen geht. Genannt seien die Bestrebungen zur Harmonisierung des Gesellschaftsrechts und des Versicherungsvertragsrechts, die Bemühungen um die Verbesserung des Verbraucherschutzes, beispielsweise die Harmonisierung des Produkthaftungsrechts. Der Rechtsangleichungsgesetzgeber der Europäischen Gemeinschaft stützt sich auf die Verwirklichung der vier Grundfreiheiten als Grundlage für die Inanspruchnahme dieser Regelungsbefugnisse mangels einer ihm ausdrücklich zugestandenen Rechtsetzungsbefugnis im Bereich des Privatrechts. Die Prioritäten der Angleichung des Privatrechts wären indes andere, wenn die Sicherung gleicher Wettbewerbsbedingungen für die Produktion von Gütern und Dienstleistungen als Aufgabe der Europäischen Gemeinschaft anerkannt wäre. Dann stünde die Vereinheitlichung des Kaufrechts und der sachenrechtlichen Sicherungsrechte zweifellos an vorderer Stelle.

Das Wirtschaftsprivatrecht der Mitgliedstaaten hat eine dienende Funktion gegenüber dem Wirtschaftsrecht der Europäischen Gemeinschaft. Es steht mit diesem in einem wechselseitigen Ergängzungsverhältnis, das durch den Vorrang der Belange der Europäischen Gemeinschaft bestimmt ist.

Hauptsächlich erfolgt die Absicherung der Markt- und Wettbewerbswirtschaft als Ordnungssystem nicht durch die Einbindung der mitgliedstaatlichen Grundrechte und durch die Zivilrechtsordnungen der Mitgliedstaaten, sondern durch das öffentliche Wirtschaftsrecht der Europäischen Gemeinschaft. Angesprochen sind die Wettbewerbsaufsicht, die Aufsicht und Kontrolle der Europäischen Gemeinschaft über die Wirtschaftssubventionierung der Mitgliedstaaten, die vertragsrechtlich normierte Gleichstellung der öffentlichen Wirtschaft mit privaten Unternehmen und - last not least - die wettbewerbssichernde Entfaltung der vier Grundfreiheiten des Gemeinsamen Marktes. Die rechtsgestaltende Tätigkeit der Gemeinschaft zwecks Einbindung des mitgliedstaatlichen Wirtschaftsprivatrechts, einschließlich der Rechtsetzung zur Sicherung der Lauterkeit des Wettbewerbs und der Vereinheitlichung der gewerblichen Schutzrechte, tritt hinter der nachstehend näher dargestellten gemeinschaftsrechtlichen Säule der Absicherung des Wettbewerbs als Ordnungsrahmen für die privatwirtschaftliche Betätigung zurück.

1. Wettbewerbssicherung durch die Kartell- und Fusionsaufsicht des Gemeinschaftsrechts

Von prägender Auswirkung auf die Wirtschaftsverfassung der Europäischen Gemeinschaft ist die gemeinschaftsrechtliche Kartell- und Fusionsaufsicht (Artikel 85 ff. EG-Vertrag). Das Wettbewerbsaufsichtsrecht der Europäischen Gemeinschaft umfaßt ein Verbot wettbewerbsbeschränkender Absprachen jeglicher Art, das grundsätzlich sämtliche Wirtschaftsbereiche und außerdem auch alle sog. vertikalen Absprachen erfaßt. Seine zweite Komponente bildet zu Lasten marktbeherrschender Unternehmen ein Verbot der mißbräuchlichen Ausübung einer marktbeherrschenden Stellung. Das Wettbewerbsrecht wird abgerundet durch ein Verbot der Fusion von Großunternehmen, das ab bestimmter Schwellenwerte zum Tragen gelangt. Die Wettbewerbsaufsicht vollzieht sich nach Maßgabe eines öffentlich-rechtlich ausgebildeten Verfahrensrechts, die Entscheidungen der Kommission, insbesondere auch die sog. Freistellungsentscheidungen, sind dabei rechtlich überprüfbar. Ergänzt wird das Wettbewerbsrecht der Europäischen Gemeinschaft nach der Rechtsprechung des Europäischen Gerichtshofs durch eine aus ihm resultierende Beschränkung der Regelungshoheit der Mitgliedstaaten; die Mitgliedstaaten dürfen die den Unternehmen untersagten wettbewerbsbeschränkenden Absprachen nicht durch gesetzliche Regelungen ersetzen.

2. Die Subventionsaufsicht

Die im Gemeinschaftsrecht - aus Gründen der Sicherung des Gemeinsamen Marktes - verankerte Subventionsaufsicht der Artikel 92 ff. EG-Vertrag dient gleichermaßen der Absicherung der Markt- und Wettbewerbswirtschaft. Das Subventionsaufsichtsrecht der Europäischen Gemeinschaft ist zugleich eine Bereicherung des Wirtschaftsverfassungsrechts der Mitgliedstaaten, das eine entsprechende interne Subventionsaufsicht nicht kennt. Nach Artikel 92 ff. EG-Vertrag unterliegt die Subventionierung von Wirtschaftszweigen oder Wirtschaftsregionen über Finanzhilfen jeglicher Art (Subventionierung über die Ausgabenseite des Haushalts), über steuerliche und abgabenrechtliche Erleichterungen (Subventionierung über die Einnahmenseite des Haushalts), vor allem aber auch über indirekte und versteckte Formen einer ebenfalls öffentlich-rechtlich ausgestalteten Kontrolle durch die Gemeinschaft. Die Kontrolle besteht in einem grundsätzlichen Verbot der Wirtschaftssubventionierung, das unter einem Erlaubnisvorbehalt steht. Die Subventionsaufsicht dient der Sicherung der Unverfälschtheit der Wettbewerbsbedingungen im Gemeinsamen Markt und ist so ausgestaltet, daß das Subventionsverbot in begrenztem Ausmaß auch von den „Marktbürgern" gerichtlich geltend gemacht werden kann. Die Einschränkung des Subventionsverbots durch einen Erlaubnisvorbehalt erklärt sich daraus, daß die Wirtschaftspolitik ein Verantwortungsbereich der Mitgliedstaaten ist und die Mitgliedstaaten auf die Subventionierung der Wirtschaft als traditionelles und üblicherweise auch als marktwirtschaftskonform eingestuftes Instrument der Beeinflussung der wirtschaftlichen Verhältnisse nicht gänzlich verzichten können.

Die Subventionskontrolle der Europäischen Gemeinschaft wirkt sich dahin aus, daß die Auflegung von Subventionen durch die Mitgliedstaaten erschwerten Bedingungen unterworfen, insbesondere die konkurrierende Wirtschaft und die öffentliche Meinung in das Verfahren eingeschaltet ist. Damit entspricht die Subventionsaufsicht dem Grundanliegen der mitgliedstaatlichen Subventionspolitik, nämlich der Eindämmung der Subventionen. Obgleich die Subventionsaufsicht primär ein Element des Regelungssystems des Gemeinsamen Marktes ist, sichert sie vorrangig zugleich die Grundsätze der wettbewerbsgesteuerten Marktwirtschaft. Ohne daß es einer Rezeption durch das mitgliedstaatliche Wirtschaftsverfassungsrecht bedarf, bildet die Subventionsaufsicht einen Bestandteil des Wirtschaftsverfassungsrechts der Mitgliedstaaten. Das Wirtschaftsverfassungsrecht Deutschlands wird durch die Subventionsaufsicht - im Wege eines stillen Verfassungswandels - dahin ergänzt, daß die Wirtschaftssubventionierung durch die Länder, durch die Körperschaften des öffentlichen Rechts sowie durch die Gemeinden mittelbar einer Kontrolle durch die Organe des Bundes unterliegt.

Die Rezeption der Subventionsaufsicht in das Wirtschaftsverfassungsrecht der Mitgliedstaaten, die auch für die Rechtsprechung des Europäischen Gerichtshofs gilt, umfaßt die gemeinschaftsrechtliche Subventionsdoktrin, insbesondere die gesamte gemeinschaftsrechtliche Begriffsbildung. Im Sinne von Artikel 92 ff. EG-Vertrag vollzieht sich die relevante „Wirtschaftssubventionierung“ auf der Grundlage verschiedenster Gestaltungsformen; eine rechtlich relevante Subventionierung liegt auch vor, wenn der Staat einem ihm zugehörigen staatlichen Regiebetrieb - der rechtlich nicht selbständig ist, aber im Wettbewerb mit anderen Wirtschaftsunternehmen steht - intern eine Zuwendung zukommen läßt.

Die Subventionsaufsicht der Europäischen Gemeinschaft erleichtert auf längere Sicht die Herausbildung eines allgemeinen rechtlichen Ordnungsrahmens für die Wirtschaftssubventionierung. Das ordnungspolitische Anliegen eine solchen Subventionsgrundsätze-Gesetzes, das in der Eindämmung und besseren Beherrschung der Subventionen zu sehen ist, stößt bekanntlich in den Mitgliedstaaten traditionell nicht auf das ihm gebührende politische Engagement.

3. Gleichstellung der öffentlichen Wirtschaft

Den dritten Pfeiler der Absicherung der Wettbewerbswirtschaft bildet die vertragsrechtlich normierte Gleichstellung der öffentlichen Wirtschaft mit der privaten Wirtschaft. Das Gemeinschaftsrecht stellt die „öffentlichen Unternehmen" sowie private Unternehmen, denen „besondere oder ausschließliche Rechte eingeräumt" sind, grundsätzlich der privaten Wirtschaft gleich (Artikel 90 EG-Vertrag). Auf sie findet die Subventionsaufsicht sowie die Wettbewerbsaufsicht (Kartell- und Fusionsaufsicht) der Artikel 85 ff. EG-Vertrag gleichermaßen wie auf private Unternehmen Anwendung. Diese Regelung, die allerdings gemäß Artikel 90 Absatz 2 EG-Vertrag Ausnahmen zuläßt, hat ebenfalls im mitgliedstaatlichen, jedenfalls im deutschen Wirtschaftsverfassungsrecht keine Entsprechung. Staatliche Wirtschaftsmonopole und Sonderstellungen von öffentlichen Unternehmen unterliegen nach dem nationalen Wirtschaftsverfassungsrecht allenfalls aufgrund der grundrechtlichen Freiheitsverbürgungen Gleichstellungszwängen. Da ein allgemeines Grundrecht auf Gleichstellung im Wettbewerb nach deutschem Verfassungsrecht nicht besteht, bilden die Grundrechte nur eine begrenzte Kontrolle der Wirtschaftstätigkeit des Staates.

Die Gleichstellung der öffentlichen Unternehmen mit der privaten Wirtschaft im Gemeinschaftsrecht dient primär der Sicherung des Gemeinsamen Marktes. Sie verdankt ihre ausdrückliche Festschreibung dem Umstand, daß die öffentliche Wirtschaft innerhalb des Gemeinsamen Marktes nicht der Gemeinschaft, sondern den Mitgliedstaaten zugeordnet ist. Ohne die Gleichstellung der öffentlichen Wirtschaft mit der privaten Wirtschaft erscheint der Wettbewerb innerhalb des Gemeinsamen Marktes nicht gesichert.

Das Gemeinschaftsrecht entbindet die öffentlichen Unternehmen von einzelnen Regelungen, sofern öffentliche Unternehmen Dienstleistungen von allgemeinem wirtschaftlichem Interesse erbringen und die Erbringung einer solchen Dienstleistung durch die betreffenden Regelungen des Gemeinschaftsrechts rechtlich oder tatsächlich verhindert würde. Diese Regelung, die als Aufhebung der Gleichstellung vielfach kritisiert wird, begründet einen nicht zu unterschätzenden Rechtfertigungszwang zu Lasten der Mitgliedstaaten. Nicht die Mitgliedstaaten, sondern die Europäische Gemeinschaft, d.h. letztlich der Europäische Gerichtshof entscheidet darüber, ob ein öffentliches Unternehmen eine Dienstleistung von allgemeinem wirtschaftlichem Interesse erbringt und dabei durch das Gemeinschaftsrecht behindert wird. Öffentlichen Unternehmen, gleichgültig ob sie Finanzinstitute, Dienstleistungsmonopole, Rundfunkanstalten oder Versorgungsunternehmen sind, unterliegen einem Zwang zur Deregulierung für den Fall, daß sich die geltend gemachte „öffentliche Aufgabe“ nicht rechtfertigen läßt.

Auch im Bereich der öffentlichen Wirtschaft wird das Verfassungsrecht der Mitgliedstaaten um die Begriffsbildung, wie sie die Rechtsprechung des Europäischen Gerichtshofs und die Europarechtslehre entwickelt hat, angereichert. Beispielsweise stellt der Einsatz eines öffentlichen Unternehmens als Instrument der Wirtschaftsförderung nicht unter allen Umständen eine Rechtfertigung dafür dar, daß das betreffende Unternehmen einen nicht genehmigungsbedürftigen finanziellen Ausgleich erhält. Der Einsatz öffentlicher Finanzinstitute in einzelnen Mitgliedstaaten mag traditionell ein Instrument der Regionalförderung oder der Subventionierung von Wirtschaftsbranchen sein. Gemeinschaftsrechtlich stehen andere Formen der Wirtschaftssubventionierung, insbesondere Finanzhilfen oder auch steuerliche Erleichterungen, zur Verfügung, die ordnungspoltisch positiver bewertet werden. Unter Umständen erscheint es daher nicht gerechtfertigt, den Einsatz öffentlicher Unternehmen als Instrument der Wirtschaftsförderung gemeinschaftsrechtlich anzuerkennen. Der betroffene Mitgliedstaat ist gehalten, seine Regionalförderung oder branchenbezogene Wirtschaftssubventionierung auf Finanzhilfen oder steuerliche Erleichterungen umzustellen. Das öffentliche Unternehmen, dessen sich der Mitgliedstaaat bislang als Instrument der Wirtschaftsförderung bedient hat, kann von seiner „besonderen“ Aufgabe freigestellt und in den Wettbewerb „entlassen“ werden.

Die Gleichstellung der öffentlichen Wirtschaft prägt das Wirtschaftsverfassungsrecht außerdem auf eine andere Weise. Obgleich die Gleichstellung der öffentlichen Wirtschaft rechtlich lediglich Deregulierungszwänge begründet, bewirkt sie mittelbar, soweit für die öffentlichen Unternehmen keine Ausnahme gemäß Artikel 90 Abs. 2 EG-Vertrag in Anspruch genommen werden kann, daß zugleich Privatisierungszwänge entstehen. Die öffentlichen Unternehmen verlieren als Folge der Gleichstellung die Funktionen, die sie als Instrumente der Wirtschafts- und Gesellschaftspolitik bislang wahrgenommen haben; als reine Finanzbeteiligungen sind die öffentlichen Unternehmen zumindest längerfristig für die öffentliche Hand von abnehmendem Interesse.

4. Deregulierungszwänge der Grundfreiheiten des Gemeinsamen Marktes

Die Entfaltung der vier Grundfreiheiten, die das Gemeinschaftsrecht gewährleistet, verstärkt gleichermaßen wie die Wettbewerbsaufsicht, die Subventionsaufsicht und die Gleichstellung der öffentlichen Unternehmen den Wettbewerb innerhalb des Gemeinsamen Marktes.

Die Freiheit des Warenverkehrs, die Freiheit des Dienstleistungsverkehrs, die Freiheit des Personenverkehrs und die Freiheit des Kapitalverkehrs werden von der Rechtsprechung des Europäischen Gerichtshofs dahin verstanden, daß sie nicht nur den Abbau sog. „horizontaler Marktzugangsbeschränkungen", sondern in einem bestimmten Ausmaß auch den Abbau von „vertikalen Markteintrittsbeschränkungen" begründen. Es geht nicht nur darum, daß alle Beschränkungen, die ausländischen Waren und Dienstleistungen, ausländischem Kapital, ausländischen Arbeitnehmern und Niederlassungsberechtigten den diskriminierungsfreien Zugang zum inländischen Markt versagen, der bedingungslosen Aufhebung unterliegen. Der Gerichtshof überprüft darüber hinaus alle mitgliedstaatlichen Regelungen, die beispielsweise aus Gründen des Lebensmittelrechts, des Rechts der Produktsicherheit, des technischen Verbraucherschutzrechts oder des technischen Arbeitnehmerschutzrechts an die Vermarktung oder die Verwendung von Erzeugnissen in Form von Standards - ohne förmlich nach der Herkunft der Waren zu diskriminieren - Beschaffenheitsanforderungen festlegen und somit gleichermaßen für inländische wie für eingeführte Erzeugnisse „Markteintrittsbeschränkungen" begründen, daraufhin, ob das von ihnen verfolgte Schutzanliegen, beispielsweise der Schutz der Verbraucher vor Gefährdungen durch technische Erzeugnisse, nicht auch auf eine Weise verwirklicht werden kann, die die Freiheit des Warenverkehrs innerhalb der Gemeinschaft weniger beeinträchtigt. Gleichermaßen überprüft der Europäische Gerichtshof mitgliedstaatliche Regelungen, die sich in gleicher Weise für inländische wie für ausländische Dienstleistungen als „Markteintrittsbeschränkungen" erweisen, daraufhin, ob nicht das von ihnen verfolgte Schutzanliegen auch gewährleistet werden kann, wenn die Regelungen in einer Weise ausgestaltet werden, daß die grenzüberschreitende Erbringung von Dienstleistungen weniger erschwert wird.

Der Anspruch des Gemeinschaftsrechts, alle einschlägigen mitgliedstaatlichen Regelungen einem sog. „Erforderlichkeitstest" zu unterwerfen, hat zur Folge, daß das mitgliedstaatliche Recht im Sinne einer „optimalen Verwirklichung der allgemeinen Wirtschaftsfreiheit" dereguliert wird. Die gesamte Rechtsetzung der Mitgliedstaaten steht damit unter der Auflage, daß jegliches - nicht ökonomisches - Regelungsanliegen so zu implementieren ist, daß es der Markt- und Wettbewerbswirtschaft optimal Rechnung trägt. Die Kontroll- und Kassationsbefugnis der Gemeinschaft bewirkt mit der Vereinheitlichung der „überprüften“ nationalen Rechtsnormen eine Verbesserung der Rahmenbedingungen für den Wettbewerb.

Einen Deregulierungszwang besonderer Art übt die Freiheit des Waren- und des Dienstleistungsverkehrs auf die gewerblichen Schutzrechtsordnungen der Mitgliedstaaten aus. Die gewerblichen Schutzrechte und das Urheberrecht der mitgliedstaatlichen Rechtsordnungen führen als Folge einerseits ihres Monopolanspruchs, andererseits ihres auf das nationale Territorium begrenzten Geltungsanspruchs zu einer Segmentierung des Gemeinsamen Marktes. Die Träger und Inhaber paralleler oder verwechselbarer nationaler Schutzrechte, beispielsweise von nationalen Warenzeichenrechten oder geschützten nationalen geographischen Herkunftsangaben, können sich in Ausübung ihrer Rechte die Märkte wechselseitig streitig machen. Der Gemeinsame Markt kann daher in diesen Bereichen nicht über die Rechtsangleichung, sondern nur über die Herausbildung eines gemeinschaftseinheitlichen gewerblichen Schutzrechtssystems verwirklicht werden. Die Rechtsprechung des Europäischen Gerichtshofs führt indes dazu, daß - unabhängig von der aufgezeigten Voraussetzung - die Freiheit des Waren- und die Freiheit des Dienstleistungsverkehrs bis zu einem bestimmten Ausmaß zum Tragen gelangt. Die einschlägige Rechtsprechung besagt nämlich, daß nationale gewerbliche Schutzrechte aus Gründen der Freiheit des Warenverkehrs nur in ihrem Bestand gesichert, nicht dagegen jedwede Ausübung der aus ihnen resultierenden Befugnisse gemeinschaftsrechtlich legitimiert ist. Ungeachtet der Regelungsintention des nationalen Gesetzgebers unterliegen die Schutzrechtsordnungen der Mitgliedstaaten zwecks Verwirklichung der Freiheit des Waren- und Dienstleistungsverkehrs einem „Erforderlichkeitstest“. Ihre „Deregulierung“ durch die Rechtsprechung des EuGH dient dem freien Wettbewerb.

Ein Gestaltungszwang besonderer Art geht von der Freiheit des Kapitalverkehrs aus. Die Verwirklichung eines freien grenzüberschreitenden Kapitalverkehrs führt dazu, daß sich die mitgliedstaatlichen Kapitalmärkte den Grundsätzen der Wettbewerbs- und Marktwirtschaft zu unterwerfen haben. Regulierungen des Kapitalmarktes wie die Kreditlenkung über staatliche Anordnungen oder die Bindung der Haben- und Sollzinsen wären nur aufrecht zu erhalten, wenn an den innergemeinschaftlichen Grenzen Beschränkungen bestünden. Da deren Abbau gemeinschaftsrechtlich uneingeschränkt garantiert ist, sind Maßnahmen der Lenkung des Kapitalmarktes gemeinschaftsrechtlich ausgeschlossen.

Der Absicherung der Markt- und Wettbewerbswirtschaft als Ordnungssystem dient ferner eine auf globale Maßnahmen der Steuerung des Wirtschaftsablaufs beschränkte Wirtschaftspolitik der Mitgliedstaaten. Selbst die sektoralen wirtschaftspolitischen Gestaltungskompetenzen der Gemeinschaft wie die Kompetenz der Gemeinschaft im Bereich der Industriepolitik haben nach dem Wortlaut des Artikel 130 EG-Vertrag dem Prinzip der Unverfälschtheit der Wettbewerbsbedingungen Rechnung zu tragen.

Das von der Gemeinschaft im Zuge ihres Aufbaus geschaffene eigene Außenwirtschaftsrecht trägt den Grundsätzen offener Märkte bei freiem Wettbewerb über die Außengrenzen dagegen nur begrenzt Rechnung. Die Europäische Gemeinschaft verfügt aufgrund einschlägiger Regelungen über eine Kontrollhoheit im Falle sog. gedumpter Einfuhren (Antidumping-Kontrolle), eine Kontrollhoheit im Falle von subventionierten Drittlandseinfuhren (Antisubventions-Kontrolle) und eine Kontrollhoheit im Falle sog. unlauteter Handelspraktiken von Drittländern. Das Außenregime des Kapitalverkehrs sieht ungeachtet des Prinzips auch nach außenhin offener Grenzen die Möglichkeit der Aufrechterhaltung nationaler Kapitalverkehrsbeschränkungen gegenüber Drittländern vor. Die genannten Regelungen schränken die Markt- und Wettbewerbswirtschaft als Wirtschaftssystem unbestreitbar ein. Ein markt- und wettbewerbskonformes Außenwirtschaftsrecht erfordert offene Märkte bei freiem Wettbewerb auch über die Außengrenzen und eine Bindung aller Einschränkungen an engstmögliche Voraussetzungen. Die neue Einheitswährung der Europäischen Gemeinschaft kann nur auf der Grundlage von gegenüber Drittstaaten offenen Wirtschaftsgrenzen eine Handels- und Reservewährung werden.

III. „Wettbewerb“ als System der Wirtschaftsverfassung der Europäischen Gemeinschaft im weiteren Sinn (Wettbewerb der Rechtsordnungen der Mitgliedstaaten, ihrer Standorte, öffentlicher Dienstleistungsangebote und „öffentlicher Güter“ Wettbewerb der Politikgestaltung).

Die Europäische Gemeinschaft begründet mit ihrer Rechtsordnung einen rechtlichen Rahmen für die Verwirklichung der vier Grundfreiheiten des Gemeinsamen Marktes und die Sicherung des Wettbewerbs. Die Wirtschaftspolitik, die Sozialpolitik und die Gesellschaftspolitik ist auch nach Maastricht primär ein Zuständigkeits- und Verantwortungsbereich der Mitgliedstaaten. Die Kompetenzen der Gemeinschaft im Bereich der Wirtschaftspolitik beschränken sich auf sektorale Zuständigkeiten, insbesondere die Außenwirtschaftspolitik, die Agrarpolitik und - im Kompetenzbereich des wirtschaftlichen und sozialen Zusammenhalts - auf eine Politik der Mitfinanzierung der mitgliedstaatlichen Wirtschaftsförderung (Strukturpolitik).

Die Rechtsetzungshoheit der Europäischen Gemeinschaft ist durch die Erfordernisse der vier Grundfreiheiten und durch bestimmte spezielle Kompetenzen begrenzt. Im Prinzip sind die allgemeinen rechtlichen Rahmenbedingungen, die für die wirtschaftliche Betätigung maßgeblich sind, ein Zuständigkeitsbereich der Mitgliedstaaten. Die Gemeinschaft ersetzt nicht durch eine eigene, in sich geschlossene neue Rechtsordnung die mitgliedstaatlichen Rechtsordnungen.

Folglich stehen die Rechtsordnungen der Mitgliedstaaten als Bedingungen für die wirtschaftliche Betätigung, insbesondere für Investitionen als Standortbedingungen innerhalb des Gemeinsamen Marktes im Wettbewerb zueinander. Wettbewerb zwischen den Mitgliedstaaten besteht gleichermaßen bei allen Maßnahmen der Wirtschaftspolitik, insbesondere im Bereich der wirtschaftlichen Infrastrukturpolitik, der Berufsausbildungs- und der allgemeinen Bildungspolitik. Alle öffentlichen Dienstleistungsangebote und sog. öffentlichen Güter, insbesondere die öffentlichen Rentenversicherungen, die Arbeitslosenversicherung und die Sozialhilfesysteme sind national geordnet und werden von den Mitgliedstaaten, die auch insoweit in einem Konkurrenzverhältnis zeinander stehen, angeboten. Die Europäische Gemeinschaft selbst kann diese Güter weder einheitlich anbieten, noch ohne maßgebliche Beschränkung der Souveränität der Mitgliedstaaten und ohne Beeinträchtigung ihrer Funktionstüchtigkeit als Träger der Gemeinschaft harmonisieren. Gemeinschaftliche öffentliche Güter, die stets einen Ressourcentransfer und eine Einkommensübertragung implizieren, setzen eine bundesstaatliche Verfestigung der Europäischen Gemeinschaft und gesellschaftlich eine Solidargemeinschaft voraus.

Die Wirtschafts- und Gesellschaftsverfassung der Europäischen Gemeinschaft beruht folglich auf dem System des „Wettbewerbs“ der Rechtsordnungen der Mitgliedstaaten, ihrer Standorte für Investitionen und Beschäftigung, ihrer öffentlichen Dienstleistungsangebote (services publics), ihrer „öffentlichen Güter“ sowie ihrer Politikgestaltung, insbesondere auch ihrer Währungspolitik. Diese Bereiche der „staatenbezogenen öffentlichen Wettbewerbsverfassung“, die in den Mitgliedstaaten keine Entsprechung haben, sind wissenschaftlich weitgehend unerforscht. Gleichwohl lassen sich für einzelne Teilbereiche dieses Wettbewerbs bereits Aussagen treffen.

Der „Wettbewerb“ wird allgemein als ein System der Steigerung des wirtschaftlichen Wohlstands, einer möglichst optimalen Ausnutzung der wirtschaftlichen Ressourcen, als ein System gleicher und gesicherter Startchancen für alle Wirtschaftsteilnehmer und als ein gemeinwohlorientiertes Sozialprinzip, durch das Eigennutz in Gemeinnutz überführt wird, verstanden. Dieses Verständnis ist auf den Wettbewerb der Teilnehmer am Wirtschaftsleben zugeschnitten und gilt für die wirtschaftliche Wettbewerbsordnung. Der „staatenbezogene öffentliche Wettbewerb", der sich innerhalb der Gemeinschaft in den aufgezeigten, der Gemeinschaft eigentümlichen Bereichen entfaltet, unterliegt nicht notwendig diesen Prinzipien. Insbesondere können Begrenzungen der „Wettbewerbsfreiheit" der Mitgliedstaaten aus Gründen der Sicherung ihrer ureigenen Funktion angezeigt sein.

1. Wettbewerb der Rechtsordnungen der Mitgliedstaaten

Beim Wettbewerb der Rechtsordnungen der Mitgliedstaaten, dem ersten „Wettbewerbsfeld" des innergemeinschaftlichen Wettbewerbs der Staaten, muß eine grundlegende Unterscheidung getroffen werden. Die Rechtsordnungen der Mitgliedstaaten treten zunächst als Standards und Beschaffenheitsanforderungen für Waren und Dienstleistungen in den Hoheitsbereichen der einzelnen Mitgliedstaaten miteinander in Konkurrenz. Das ist der Fall, wenn Waren und Dienstleistungen gemeinschaftsrechtlich zulässig auf den Markt eines Mitgliedstaates gebracht werden, die nach den rechtlichen Standards oder zivilrechtlichen Beschaffenheitsanforderungen der Herkunftsstaaten hergestellt sind. Die wechselseitige Anerkennung *produktgebundener* Rechtsvorschriften, Normen und staatlicher Hoheitsakte gilt bekanntlich als ein wirksames Integrationsprinzip, insbesondere seit der Auflage des Weißbuches der Kommission von 1985 über die Verwirklichung des Binnenmarktes. Sie firmiert als sog. „Neue Strategie", die statt einer andernfalls aus Gründen der Verwirklichung der vier Grundfreiheiten notwendigen einheitlichen Gesetzgebung den Gemeinsamen Markt garantiert. Die wechselseitige Anerkennung führt jeweils zum exterritorialen Wettbewerb der mitgliedstaatlichen Rechtsnormen, nämlich zum Wettbewerb im Tätigkeits- und Verbraucherland bzw. auf Drittlandsmärkten. Diesem Wettbewerb bzw. dem Prinzip der wechselseitigen Anerkennung *produktgebundener* Normen und Staatshoheitsakte dürften indes relativ enge Grenzen gesetzt sein; das sog. Cassis de Dijon-Prinzip hat nicht annähernd die Bedeutung, die ihm in der öffentlichen Diskussion zugeschrieben wird.

Das Grundanliegen der miteinander konkurrierenden Normen, beispielsweise der technische Verbraucherschutz, der technische Arbeitnehmerschutz, der Schutz der menschlichen Gesundheit und der Schutz der Umwelt schließt - gemeinschaftsrechtlich durch Rechtsprechung des Europäischen Gerichtshofs anerkannt - in weiten Bereichen die wechselseitige Anerkennung produktgebundener Normen und damit den „Wettbewerb“ aus. Zur Verwirklichung der Grundfreiheiten bleibt insoweit als Lösung nur die „Fusion der Rechtsordnungen“ in Form einer einheitlichen Regelung des Gemeinschaftsrechts. Die wechselseitige Anerkennung von Staatshoheitsakten und gewerblichen Zulassungen ist durch das mangelnde Vertrauen in die Gleichwertigkeit des Verwaltungshandelns der anderen Mitgliedstaaten ebenfalls stark eingeschränkt. Bei jeder äußeren Erweiterung der Europäischen Gemeinschaft haben bislang entsprechende Vorbehalte der Mitgliedstaaten erkennbar zugenommen. Das verfassungspolitische Dilemma wird besonders bei der wechselseitigen Anerkennung der Personenkontrollen der Mitgliedstaaten an den Außengrenzen und der wechselseitigen Anerkennung der Ausfuhrkontrollen der Mitgliedstaaten bei den Mehrzweckgütern deutlich. Die Lösung liegt letztlich im Übergang zu dem System der Durchführung des Gemeinschaftsrechts durch eine gemeinschaftseigene Verwaltung. Dieser Übergang setzt indes eine bundesstaatliche Verfestigung der Europäischen Gemeinschaft und ihren Ausbau zu einem funktionstüchtigen Staatswesen - bundesstaatlicher Ausprägung - zwingend voraus. Wettbewerbsrechtlich stellt sich die Lösung als eine Substituierung des Wettbewerbs - der nicht zum Tragen gelangen kann bzw. nicht zum Tragen gelangen soll - durch Fusionierung dar; verfassungspolitische Gebote rechtfertigen indes die Begrenzung des „Wettbewerbsfeldes“.

Die zweite Fallgestaltung des Wettbewerbs der Rechtsordnungen besteht darin, daß sich diese lediglich als standortgebundene Produktionsfaktoren auswirken, d.h. nicht zugleich über Beschaffenheitsanforderungen und Standards auf den Waren- und Dienstsleistungen über die Grenzen hinaus Auswirkungen haben. Auf den Märkten anderer Mitgliedstaaten wirken sich standortbezogene Rechtsnormen nur als Produktionskosten aus; gleichermaßen ist die Situation auf Drittlandsmärkten, auf denen die Waren aus den verschiedenen Mitgliedstaaten miteinander konkurrieren.

In diesen Bereichen der Rechtsordnungen, beispielsweise bei einem unterschiedlichen Marktzugangs- und Marktaustrittsrecht für die Produktion von Gütern und Dienstleistungen (Gewerberecht, Konkursrecht) wirkt der Wettbewerb in vergleichbarer Weise wie der Wettbewerb der Mitgliedstaaten mit ihren natürlichen Standort- und Produktonsgegebenheiten. In einer Wirtschaftsunion, die auf der Grundlage einer Konföderation der übergeordneten Ebene die Sicherung des Gemeinsamen Marktes überantwortet, die Wirtschafts-, Sozial- und Gesellschaftspolitik dagegen weitgehend der dezentralen

Ebene beläßt, ist ein solcher Wettbewerb der Rechtsordnungen der Wirtschaftsverfassung systemimmanent.

Gemeinschafts- und verfassungsrechtlich stellt sich indes auch für diesen Wettbewerbsbereich die Frage seiner notwendigen Einschränkung aus Gründen vorrangiger Schutzanliegen der Gemeinschaft. Neben dem Gemeinsamen Markt darf vor allem das Grundanliegen der europäischen Integration, nämlich die Stärkung der Solidarität der Völker der Gemeinschaft durch den Wettbewerb der Rechtsordnungen nicht unterminiert werden. Einschränkungen des Wettbewerbs durch gemeinschaftseinheitliche standortbezogene Rechtsnormen, beispielsweise des Umweltschutzes oder eines einheitlichen Konkursrechts, sind daher denkbar. Sie bedürfen allerdings neben des Nachweises einer Rechtsgrundlage bzw. einer Handlungsermächtigung der Gemeinschaft einer konsensfähigen verfassungspolitischen Rechtfertigung. Eine allgemeine Theorie der Eingrenzung des staatenbezogenen Wettbewerbs der Mitgliedstaaten aus übergeordneten Gründen hat sich bislang für den Bereich der standortbezogenen Rechtsnormen nicht entwickelt. Mit dem Eintritt in die dritte Stufe der Wirtschafts- und Währungsunion wird sich die Frage einer Eingrenzung des - gemeinschaftswidrigen - Wettbewerbs nicht nur für das Steuerrecht, für das sie bereits diskutiert wird, stellen.

Das Konkurrenzverhältnis, in dem die Mitgliedstaaten mit ihrem Angebot an öffentlichen Dienstleistungen und öffentlichen Gütern zueinander stehen, resultiert daraus, daß die Europäische Gemeinschaft ihrerseits mangels bundesstaatlicher Verfestigung keine gemeinschaftseigenen öffentlichen Güter und Dienstleistungen zur Verfügung stellen kann. Die mitgliedstaatliche Zuständigkeit für alle Bereiche gemeinwohlsorientierter öffentlicher Dienstleistungen kann von der Gemeinschaft nicht grundsätzlich in Frage gestellt werden. Das Angebot öffentlicher Güter durch die Mitgliedstaaten ist territorial bezogen und stellt in der Regel einen Finanzausgleich dar, der lediglich die im Inland werktätigen EG-Ausländer mit einbezieht. Die öffentlichen Güter und gemeinwohlorientierten Dienstleistungen unterliegen, soweit sie im wirtschaftlichen Interesse erbracht werden, den Regelungen des Gemeinsamen Marktes. Die Mitgliedstaaten haben die Systeme der öffentlichen Güter und Dienstleistungen so auszugestalten, daß sie den Regelungen des Binnenmarktes, insbesondere den Wettbewerbsregelungen, wie sie für die private wirtschaftliche Betätigung gelten, entsprechen. Jedoch sind die gemeinschaftsrechtlichen Bindungen ausreichend flexibel, um die Funktion der mitgliedstaatlichen Systeme nicht zu gefährden. Probleme bereiten diejenigen öffentlichen Dienstleistungen, die wie die Ausstrahlung von Rundfunk und die Bereitstellung von Elektrizität als Dienstleistung auch exterritorial in Anspruch genommen werden können. Die Gemeinschaft hat ein Interesse daran, daß die Mitgliedstaaten adäquate gemeinwohlorientierte Dienstleistungen der Wirtschaft zur Verfügung stellen. Der „negative“ Wettbewerb mit öffentlichen Gütern unterliegt gleichermaßen wie ihr exzessiver Ausbau aus Gründen des Gemeinschaftsinteresses gegebenenfalls Begrenzungen. Konsensfähige Kriterien für die Gestaltung der öffentlichen Güter hält die Wissenschaft und die Aufsichtspraxis der Gemeinschaft bislang ebenfalls nicht vor.

Die verfassungsbedingte Wettbewerbsstruktur besteht letztlich in allen Bereichen der Wirtschafts-, Sozial- und Gesellschaftspolitik, einschließlich der Währungspolitik. Das Gemeinschaftsrecht verpflichtet die Mitgliedstaaten im Wege von rechtlichen Auflagen, ihre Politik als eine Angelegenheit von gemeinsamem Interesse zu gestalten. Die wettbewerbsrechtliche Autonomie der Mitgliedstaaten ist zugunsten des Gemeinwohls der Gemeinschaft außerdem dadurch eingeschränkt, daß das Wirken des Gemeinsamen Marktes, die gemeinsame Handelspolitik und die Sicherung des Wettbewerbs über die Kartell- und Subventionsaufsicht Vorgaben für die Gestaltung der mitgliedstaatlichen Politik setzen. Hinzu treten die Bindungen, die sich aus der Leitlinienkompetenz der Gemeinschaft im Rahmen der Koordinierung der Wirtschaftspolitik, insbesondere auch der Beschäftigungspolitik und der Überwachung der mitgliedstaatlichen Haushaltspolitik ergeben. Gleichermaßen lenkt die Mitverantwortung und Kompetenz der Gemeinschaft im Bereich der Strukturpolitik den Wettbewerb in gemeinschaftsorientierte Bahnen. Alles in allem dürfte der „Wettbewerb“ der Mitgliedstaaten in diesen Bereichen so geordnet sein, daß ihm eine an dem Anliegen der Integration orientierte Gemeinwohlfunktion beizumessen ist.

Im Rahmen der derzeit noch geltenden Währungsverfassung besteht zwischen den Mitgliedstaaten auch Wettbewerb im Bereich der Währungspolitik. Währungsstabilität ist eine wirtschaftspolitische, noch mehr jedoch eine sozialpolitische Zielsetzung. Mangelnde Preisstabilität bedeutet einen Vermögensverlust, der sich in Form einer unkontrollierten, zumeist sozial nicht gerechtfertigten Umverteilung von Einkommen vollzieht. Der Wettbewerb der Mitgliedstaaten bei der Währungsstabilisierung liegt im Gemeinschaftsinteresse und entspricht einer gemeinschaftsrechtlichen Auflage. Das gilt selbst dann, wenn sich der Wettbewerb - was nicht notwendig der Fall zu sein braucht - unter der „Leitliniengebung“ der Währungspolitik eines Mitgliedstaats vollzieht. Für den Mitgliedstaat mit einer Hegemonialstellung bedeutet ein solches „System des Wettbewerbs“ eine zusätzliche Verantwortung. Die Substituierung des Währungswettbewerbs durch ein System der einheitlichen Währungsgestaltung kann durchaus zu vergleichbaren Stabilisierungsergebnissen führen. Voraussetzung dafür ist allerdings, daß die einheitliche Währungsgestaltung durch eine funktionsadäquate Verfassungsstruktur auch in den dazu gehörigen Ordnungsbereichen abgesichert ist.

Diskussionbericht

Im Anschluß an das Referat von *Seidel* entspann sich eine rege Diskussion die sich vor allem auf fünf ineinandergreifende Teilbereiche bezog: Rechtfertigung von Tätigkeiten im Gemeininteresse nach Art. 90 Abs. 2 EGV, Bindung der EG an die Grundsätze des Wettbewerbs nach Maßgabe des EG-Vertrages, Konzepte der Harmonisierung im allgemeinen und Harmonisierung des Steuersystems im besonderen sowie Auswirkungen der Einführung der Währungsunion auf die volkswirtschaftliche Stabilität.

Auf einen entsprechenden Hinweis von *Eckert* hin teilte *Seidel* dessen Sorge über die neueste Rechtsprechung des Europäischen Gerichtshofes, der in mehreren Fällen Exportmonopole für Strom oder Gas nach Art. 90 Abs. 2 EGV als gerechtfertigt angesehen habe, da es sich um Tätigkeiten im Gemeininteresse handele. Der Gerichtshof sei zunehmend bereit, auf die strukturellen Gegebenheiten im Bereich der öffentlichen Dienstleistungen in den einzelnen Mitgliedstaaten Rücksicht zu nehmen. Vor allem Frankreich pflege diesen sogenannten „service public", der dort einen starken staatsrechtlichen und -philosophischen Unterbau besitze und das Gebot der Versorgung mit Energie zu einheitlichen und niedrigen Preisen beinhalte; dies verschaffe dem betreffenden Mitgliedstaat naturgemäß einen Standortvorteil. Daß dieses Konzept des „service public" mehr und mehr an Bedeutung gewinne, habe sich auch im Rahmen der Amsterdamer Konferenz gezeigt. Dort habe die deutsche Seite zunächst einen beträchtlichen Abwehrkampf gegenüber einer entsprechenden Initiative der Franzosen und Belgier entwickelt, der aber leider nicht von Erfolg gekrönt worden sei, weil dem auf deutscher Seite die öffentlichen Kreditinstitute und die öffentlich-rechtlichen Rundfunkanstalten entgegengewirkt hätten. Es sei zu fürchten, daß diese Entwicklung sich fortsetze. Demgegenüber gehe die deutsche Haltung im Bereich der Energieversorgung eher dahin, diese Funktion in den Wettbewerb zu entlassen, wobei die Aufhebung der Energiemonopole und die weitere Entwicklung sorgfältig zu beobachten sei. Dies ergebe ein Vergleich mit dem Schicksal des deutschen Branntweinmonopols, das an sich im Anschluß an die bahnbrechende Entscheidung im Fall „Cassis de Dijon" völlig dereguliert worden sei. Praktisch lebe es jedoch in Form einer deutschen Finanzhilfe fort, die in den Subventionsberichten der Europäischen Kommission nicht auftauche, obwohl sie den Wettbewerb ebenso verfälsche wie das ehemalige Monopol. Es sei demnach nicht damit getan, ein Monopol zu beseitigen.

Stöver wies auf die Notwendigkeit einer Bindung der Gemeinschaft an die Grundsätze des Wettbewerbs hin, vor allem im Bereich der Gemeinschaftssubventionen. Dem folgte *Seidel* uneingeschränkt, obwohl die Zurückhaltung der Europäischen Kommission und ihrer Juristen in gewissem Umfang nachvollziehbar sei, weil die Regelungen des EG-Vertrages vorrangig staatengerichtet seien. Auch insoweit zwinge die Einführung der Währungsunion und die damit verbundene Neutralisierung der einzelstaatlichen Kompetenzen aber dazu, auch die Gemeinschaft selbst stärker einzubeziehen. Insofern sei es zu beklagen, daß in Maastricht der alte Art. 104 EGV aufgehoben worden sei, den er von Beginn an als währungspolitische Auflage interpretiert habe, die auch für die Gemeinschaft selbst gelten müsse im Bereich der Verordnungsgebung nach Art. 235 EGV. Im übrigen stelle sich das Problem der Eigenbindung der Gemeinschaftsorgane an das Wettbewerbsprinzip auch bei der industriepolitischen Kompetenz nach Art. 130 EGV, die man in Maastricht habe hinnehmen müssen. Zwar habe man sie im letzten Durchgang noch entschärfen können, indem ein Passus aufgenommen worden sei, der die Verfälschung des Wettbewerbs ausschließe, was den Franzosen gar nicht gepaßt habe. Leider sei eine ähnliche Egänzung der beschäftigungspolitischen Kompetenz nicht gelungen. Die Einführung dieser Gemeinschaftskompetenzen sei insbesondere aufgrund der damit verbundenen Zielbündelungen gefahrträchtig, da infolgedessen das industriepolitische Anliegen von nun an im Rahmen aller anderen Kompetenzen zum Tragen komme. Dies sei auch nicht ohne weiteres mit dem Prinzip der begrenzten Einzelermächtigung zu vereinbaren, obwohl diese Frage durch die Rechtswissenschaft noch nicht hinreichend thematisisert worden sei. Während diese Zielbündelung bei der Querschnittskompetenz des Umweltschutzes nach Art. 130 lit. r EGV noch verträglich sei, könne sich dies bei den interventionistischen Kompetenzen im Rahmen der Subventionsaufsicht gefährlich auswirken.

Stern wies in bezug auf den von *Seidel* in seinem Referat angesprochenen Wettbewerb der Systeme auf die aktuelle Diskussion zur Vereinheitlichung der Steuersysteme hin, die durch eine entsprechende Initiative der Bundesregierung ausgelöst worden sei. *Seidel* betonte, es seien direkte und indirekte Besteuerung innerhalb Europas zu unterscheiden. Bei den indirekten Steuern verlange der Gemeinsame Markt keine umfassende Vereinheitlichung, wie das Beispiel der Vereinigten Staaten zeige. Es genüge vielmehr, die Steuerhoheit der Einzelstaaten auf Grundlage des Art. 99 EGV zu binden. Anders stelle sich die Frage bei den direkten Steuern, weil diese sich unmittelbar auf die Produktionskosten und den Wirtschaftsstandort auswirkten und insoweit Ausdruck des Wettbewerbs der Steuersysteme seien. Soweit steuerliche

Regelungen in irgendeiner Weise bestimmte Sektoren begünstigten, unterständen sie an sich dem Beihilferegime der Gemeinschaft; dies gelte auch und gerade für Steuerfreizonen. Entgegen der Auffassung des Ministerrats ginge es daher nicht darum, einen Verhaltenskodex neu zu schaffen, sondern den gegebenen von der Kommission durchsetzen zu lassen. Notfalls müsse daher vor dem Europäischen Gerichtshof gegen verfehlte Beihilfenaufsicht der Kommission geklagt werden, wie dies auch schon früher geschehen sei, wenn diese Vergünstigungen von der Kommission nicht als relevant angesehen worden seien. Soweit es die Angleichung der Steuersysteme betreffe, sei zu berücksichtigen, daß die südlichen Mitgliedstaaten der EG überwiegend indirekte Steuern einsetzten, während die Bundesrepublik Deutschland ein kombiniertes System pflege. Der aufgrund der ungleichen Wettbewerbsbedingungen erforderliche Ausgleich innerhalb des Verbundes der Volkswirtschaften werde zur Zeit über die Wechselkurse erreicht. Zu erwähnen sei insofern das stabilitätssichernde Element des Europäischen Wechselkurssystems; danach habe die Anpassungslasten aus etwaigen Wechselkursschwankungen zunächst und vorrangig der betroffene Mitgliedstaat zu tragen. Bis dato sei eine unterschiedliche Besteuerung daher ohne weiteres hinnehmbar, ohne daß es zu erheblichen Verzerrungen des Steuerwettbewerbs komme. Mit Einführung der Währungsunion falle dieses Korrektiv jedoch weg und ein neues Konzept sei weder im Bereich der Wirtschafts- noch der Rechtswissenschaft ersichtlich, es werde noch nicht einmal diskutiert. Bei der Besteuerung ebenso wie bei sonstigen stationär wirkenden einzelstaatlichen Regelungen dürfe man nicht, wie zum Beispiel im Bereich des Warenverkehrs, bei Erfassung der grenzüberschreitenden Sachverhalte stehenbleiben, vielmehr werde mit Einführung der gemeinsamen Währung die umfassende Überprüfung des Wettbewerbs dieser einzelstaatlichen Ordnungen erforderlich.

Horn sprach im weiteren das Problem dauerhafter Stabilität nach Einführung der Währungsunion an. Mit dem Wegfall des flexiblen Europäischen Wechselkurssystems bedürfe es zutreffenderweise anderer Gewährleistungen. Die mit dem Eintritt in die Währungsunion verbundene Erfüllung der Konvergenzkriterien wirke aber nur punktuell. Es sei zu fürchten, daß nach dem Eintritt der Anreiz für eine nachhaltige Stabilitätspolitik der Mitgliedstaaten entfalle, denn die Inflation werde nun gleichmäßig verteilt. *Seidel* gab an, Grundbedingung für eine staatenübergreifende Währungsunion, die keinen integrierten Wirtschaftskörper besitze, seien zwei Elemente. Zunächst müßte, wie das Beispiel der Vereinigten Staaten zeige, eine extrem hohe Mobilität der Arbeitskräfte gegeben sein. Außerdem bedürfe es eines entsprechenden

Finanzausgleichs, der nicht notwendig auf Budgetebene erfolgen müsse. In den Vereinigten Staaten erfolge dieser Ausgleich in Form von öffentlichen Gütern wie der Arbeitslosen- und Rentenversicherung. Eine solche Umverteilung scheide jedoch innerhalb der Europäischen Gemeinschaft mangels bundesstaatlicher Verfassung aus, so daß diese Bereiche notwendig national geordnet bleiben müßten. Mithin stelle sich die Währungsunion als völlig neues Experiment dar, das gewisse Risiken in sich berge. Zwar sei ihm erst kürzlich von italienischer Seite versichert worden, man werde an der Stabilitätspolitik auch nach Eintritt in die Währungsunion festhalten. Allerdings lasse sich eine Haushaltskonsolidierung nicht nach einem Referentenentwurf durch schlichten Regierungsbeschluß erreichen, vielmehr bedürfe es eines Ausgleichs unterschiedlichster Interessen. Der EG-Vertrag sehe zwar zur Sicherung der Stabilität einen Sanktionsmechanismus vor, der jedoch mehr oder weniger zahnlos sei. Soweit sich für den Fall des Scheiterns dieses Experiments die Frage nach einem Ausstieg stelle, so könne er diese Möglichkeit in rechtlicher Hinsicht nur bejahen, doch wäre ein solcher Schritt mit erheblichen Kosten und der Gefahr einer dauerhaften Schädigung des Integrationsprozesses verbunden.

Schwark betonte die Nachteile der Harmonisierung durch Rechtsvereinheitlichung gegenüber dem Prinzip der gegenseitigen Anerkennung. Dies zeige sich seiner Auffassung nach eindeutig im europäischen Gesellschafts- und Bilanzrecht, wo die Vereinheitlichung mittels Sekundärrechts zu einer Versteinerung geführt habe, weil einmal erlassene Richtlinien nur unter schwersten Mühen geändert werden könnten. Demgegenüber zeige sich im Bereich der Kreditinstitute, daß die gegenseitige Anerkennung zu einem echten Wettbewerb der Systeme führe, so daß zum Beispiel die bessere Einlagensicherung der deutschen im Wettbewerb mit den englischen Kreditinstituten voll zum Tragen komme. Außerdem stelle sich die Frage, inwieweit eine weitergehende Vereinheitlichung mit der Erweiterung der Gemeinschaft zu vereinbaren sei, denn es sei zweifelhaft, ob die neuen Mitgliedstaaten sich dies ohne weiteres vorschreiben ließen. Dem entgegnete *Seidel*, daß die gegenseitige Anerkennung einerseits die deutschen Unternehmen diskriminiere, soweit sie gezwungen seien, den höheren nationalen Standards zu genügen, ganz abgesehen davon, daß die Anerkennung das jeweilige Schutzanliegen der Regelungen beeinträchtige. Außerdem werde die mit der nationalen Schutzgesetzgebung zwangsläufig verbundene Verbrauchererwartung enttäuscht. Vor allem bedeute die gegenseitige Anerkennung einen Verlust der „economies of scale“; so hätten ihm neulich die Einkäufer einer großen deutschen Handelskette erklärt, daß sie beim Großeinkauf in Hongkong schon deshalb gegenüber dem amerikanischen Einkäufer benachteiligt seien, weil dieser nach Maßgabe von Standards ordern könne, die in einem gesamten Binnenmarkt einheitliche Geltung hätten, während sie für die einzelnen Teilmärkte unterschiedliche Order abgeben müßten. In bezug auf die Harmonisierung sei jedoch zwischen den verschiedenen Bereichen stationärer einzelstaatlicher Regelungen zu unterscheiden. So reiche im Gesellschaftsrecht die Vereinheitlichung allein nicht aus, wenn sie nicht zugleich mit entsprechender Freizügigkeit verknüpft werde. Außerdem sei eine einheitliche Gerichtsbarkeit bei der Harmonisierung von erheblicher Bedeutung, wie ein Blick auf das Wechsel- und Scheckrecht zeige, das auf einheitlicher Grundlage völlig unterschiedlich ausgelegt werde, weil es keine übergeordnete Gerichtsbarkeit gebe. Insgesamt stelle er auf Ebene der Gemeinschaft einen Trend zur stärkeren Vereinheitlichung der Rahmenbedingungen innerhalb des Gemeinsamen Marktes fest.

(*Michael Pfennigs,* R.I.Z.)

Kapitel V

Podiumsdiskussion:
Die Europäische Währungsunion und die Europäische Integration

JOHANN WILHELM GADDUM

A.

Als Interessenvertreter der Bundesbank möchte ich eine kurze Bemerkung voranstellen, die mir sehr wichtig erscheint:

Die Bundesbank ist zwar eine unabhängige Institution aber nichtsdestotrotz auch eine oberste Bundesbehörde. Der Maastrichter Vertrag ist ein gültiger Vertrag, der vom deutschen Parlament ratifiziert wurde und selbstverständlich arbeitet die Bundesbank an der Vorbereitung und Durchführung der vertragsrechtlichen Vorgaben mit. Art. 109 EGV formuliert eindeutig die Aufgabe der Europäischen Zentralbank, die Preisstabilität zu gewährleisten. Geleitet von dieser Zielvorgabe bereiten wir das Europäische Währungsinstitut vor und legen interpretationsbedürftige Teile des Vertrages aus.

Die Währungsunion ist Teil eines politischen Konzeptes: Nationale Vielfalt in Europa soll mit Souveränitätsverzicht zugunsten der Gemeinschaft verbunden werden.

Die Staaten Europas haben ihre Geschichte und Geschichten miteinander und es gibt hier sicherlich mehr schlechte als gute Erfahrungen. Unbestreitbar hat die Bedrohung durch den Kommunismus die Diskussion und Entscheidung in Richtung auf eine Europäische Union bis 1989 weitergetrieben.

Daß mit dem Ende dieser Gefährdung sich gerade die daraus folgende Wiedervereinigung Deutschland als wichtiges Motiv für eine Intensivierung der Europapolitik herausstellte, gab denjenigen Recht, die auch schon vorher die Europäisierung Deutschlands im Sinne von *Thomas Mann* als die Antwort auf die politischen Katastrophen der ersten Hälfte dieses Jahrhunderts gesehen haben.

Ob eine solche politische Diskussion zulässig ist, darf m.E. nur auf dem Hintergrund diskutiert werden, daß sowohl die europäische als auch die nationale währungspolitische Ordnung massive politische Implikationen hat. Die heutige Situation ist also nicht gleichsam politisch neutral, mit der Währungsunion kommt der große Einbruch in die Politik.

Das derzeitige Wechselkurssystem in Europa hat sich als bemerkenswert stabil erwiesen, insbesondere seitdem die Ausweitung des Wechselkursbandes auf 15% die Kosten und Risiken für einen spekulativen Angriff wesentlich erhöht hat. Zu dem in Europa praktizierten Wechselkurssystem gehört aber, und das wird häufig übersehen, auch eine Ankerwährung, an der sich die anderen Währungen orientieren; dies ist die D-Mark.

Der Einwand gegen den Euro, und den findet man insbesondere in den Vereinigten Staaten verhältnismäßig häufig, „Was wollt ihr mit der Währungsunion erreichen, ihr habt doch die DM und dies ist ja de facto schon aus unserer Sicht die Europäische Währung?" ist unter ökonomischen Gesichtspunkten nicht völlig unberechtigt. Jedoch sollte man auch die eingebauten Nachteile und Risiken dieses Systems, das wir derzeit haben, nicht übersehen.

Daß die D-Mark Leitwährung in Europa wurde, ist einerseits Konsequenz des Vertrauens in die zweitgrößte Reservewährung der Welt, Ergebnis einer klar auf Geldwertstabilität gerichteten Politik der Bundesbank und der Erwartung, daß hier wenige oder keine Fehlentscheidungen passieren. Andererseits aber reflektiert die Rolle der D-Mark auch das Gewicht Deutschlands als der mit Abstand dominierenden ökonomischen Potenz in Europa.

Die letzten zinspolitischen Maßnahmen, die wir in vermeintlicher, sicherlich gegebener nationaler Souveränität getroffen haben, haben praktisch europapolitische Bedeutung. Treffen wir heute eine Zinsentscheidung, folgen in Sekundenschnelle einige Länder hinterher, die letzten einen Tag später. Souveränität aufgeben, für wen ist das ein Problem? Die Frage stellt sich jedenfalls für die einzelnen Länder in sehr unterschiedlicher Weise, da einige schon bisher in diesem Punkt praktisch auf ihre Souveränität verzichtet haben, indem sie sich eng an die Bundesbank anschließen und von daher sich nur noch an diesem Wechselkurs orientieren.

Dennoch fällt es vor dem Hintergrund unserer Geschichte manchen Nachbarstaaten nicht sehr leicht, diese faktische deutsche Führungsrolle politisch zu akzeptieren. Wir dürfen unsere Augen nicht vor der Tatsache verschließen, daß sich hier in Europa auch Spannungspotentiale aufbauen, die alles andere als freundschaftsstiftend sind.

Daß sich mit dieser Führungsrolle der Bundesbank bei dem Zentralbankrat dieser Bank schon jetzt ein Entscheidungsgewicht für Europa konzentriert mit allen Risiken, die auch mit Fehlentscheidungen verbunden sein können, muß für diejenigen angemerkt werden, die eine solche Machtkonzentration bei der Europäischen Zentralbank befürchten.

Einige in Europa sahen in dem ökonomischen Übergewicht Deutschlands ein Motiv, diese Europäische Einigung voranzutreiben. Andere erwarteten sich von der Währungsunion ökonomische Vorteile. Dritte wiederum träumten von einem europäischen Machtzentrum, das dem Übergewicht der Vereinigten Staaten entgegengesetzt werden könnte. Letzlich erhoffte man sich im

Rahmen eines vereinigten Europas größere politische Handlungsspielräume in einer globalisierten Welt - ich mache mir diese Motive nicht zueigen.

Die Gründe der Europapolitik mögen in den Staaten unterschiedlich gewesen sein und sind es sicherlich auch heute noch. Dieses spricht jedoch nicht von vornherein gegen den Erfolg des Unternehmens, wenn und solange Klarheit über die Konsequenzen herrscht, nämlich den unvermeidbaren Souveränitätsverzicht, der sich besonders natürlich an denjenigen richtet, der noch Souveränität ausüben kann. Dieser Verzicht - und das ändert sich allerdings auch für die anderen - wird sich künftig nicht nur auf die Währungspolitik begrenzen lassen.

B.

Mit der geplanten Einführung der gemeinsamen Währung in Europa werden aber auch im Hinblick auf die ökonomischen Effekte hochgesteckte Erwartungen verbunden. Man erhofft sich von dem veränderten währungspolitischen Umfeld neue Wachstumsanstöße - nicht zuletzt mit Blick auf die drängenden Beschäftigungsprobleme in Europa.

Und hier bestehen in der Tat berechtigte Erwartungen. Niedrige Transaktionskosten erleichtern den grenzüberschreitenden Leistungs- und Kapitalverkehr der Euro-Teilnehmer untereinander. Die neue gemeinschaftliche Währung fördert die Transparenz der Märkte und ihre Integration zu einem einheitlichen europäischen Binnenmarkt.

Mit dem Übergang zur Währungsunion entfällt ein zentraler Unsicherheits- und Risikofaktor im Kalkül von Unternehmen und Investoren. Immerhin wickelt allein die deutsche Wirtschaft über die Hälfte ihres Außenhandels mit Partnern in den EU-Ländern ab; für andere Länder ist dieser Anteil noch wesentlich höher. Folglich ist es nicht verwunderlich, daß gerade aus dem Bereich der international orientierten Unternehmen die stärkste Unterstützung für das Unternehmen Euro kommt.

Andererseits ist zu bedenken, und das wird in der Diskussion häufig übersehen, daß in der Vergangenheit in hohem Maße die Wechselkursunsicherheit von Kursbewegungen gegenüber den großen außereuropäischen Währungen ausgegangen ist.

Es ist nicht zu erwarten, daß sich im Verhältnis zum US-Dollar schon mit der Entstehung des Euro Wesentliches verändert. Zur Zeit ist die D-Mark die sog. Benchmark-Währung, auch in ihrer Volatilität gegenüber Drittwährungen. Die übrigen europäischen Währungen folgen den DM/Dollar-Relationen.

Als praktisches Anschauungsbeispiel dieser parallelen Kursveschiebungen mögen die etwas stärkeren Ausschläge in Zusammenhang mit der jüngsten Südostasien-Krise dienen.

Meines Erachtens ist nicht zu erwarten, daß sich hier kurzfristig etwas ändert. Wenn sich der Euro einmal als eine Währung, in deren Stabilität weltweit Vertrauen besteht, etabliert hat, kann er die Rolle als Weltreservewährung übernehmen, die zur Zeit die D-Mark innehat und möglicherweise diese Rolle auch verstärkt spielen. Die D-Mark ist zur Zeit die zweitgrößte Reservewährung der Welt und bringt dies gleichsam in das Europäische Währungssystem ein. Es ist aber vor der Annahme zu warnen, daß sich diese Mitgift automatisch als gesicherter Bestand fortsetzt. Das Vertrauen, das in eine solche Währung gesetzt wird, muß immer wieder neu erarbeitet werden.

Es gibt auch die Erwartung - und auch das gehört zu dem ökonomischen Umfeld -, daß mit dem Wechselkurs des Euro gegenüber den großen Währungen der Welt ein neues handelspolitisches Instrument zu gewinnen sei, mit dem man sich Wettbewerbsvorteile auf den Weltmärkten verschaffen kann. Diese Argumentation ist vereinzelt in Frankreich deutlich zu vernehmen. Eine derart motivierte Weichwährungsstrategie stünde aber nicht nur im Widerspruch zu den in Maastricht vereinbarten Verträgen und dem darin niedergelegten Stabilitätsziel. Sie wäre auch unvereinbar mit den geltenden währungspolitischen Prinzipien, unter denen die weltwirtschaftliche Arbeitsteilung zum Wohl aller in den letzten Jahrzehnten beachtliche Fortschritte gemacht hat.

Eine dritte Bemerkung zum ökonomischen Umfeld: Mit der einheitlichen Währung verändert sich die Qualität des Kapitalmarktes in den Ländern der Währungsunion. Für die Emittenten entfallen Währungspräferenzen. Im Wettbewerb um die günstigsten Bedingungen werden die Einzelemissionen künftig größer sein; der Markt wird damit liquider und interessanter, auch für Investoren außerhalb der Eurozone; diese Entwicklung hat bereits begonnen.

Nach den Erfahrungen in großen Währungsräumen wird damit der Wertpapiermarkt gegenüber unverbrieften Kreditbeziehungen gewinnen. Die beweglichere Kapitalanlage verschärft den Wettbewerb und verstärkt den Druck auf Rationalisierung. Solange wir in Europa unterschiedliche Produktionsbedingungen haben im Hinblick auf Besteuerungsusancen, Umweltschutzregelungen, Arbeitsmarktorganisation und andere von der Politik zu entscheidenden Rahmenbedingungen verschärft sich damit der Standortwettbewerb.

Anders ausgedrückt: Die Währungsunion schränkt zumindest faktisch die nationale Autonomie des Rechts- und Verordnungsgebers weiter ein. Die Bemühungen um Harmonisierungen im Steuerrecht z. B. sind vor diesem Hintergrund nur zu verständlich.

C.

Die zweifellos gegebenen ökonomischen Chancen eines Wechselkursverbundes in Europa sind allerdings nicht zum Nulltarif zu haben.

Soweit sich in Wechselkursbewegungen fundamentale Divergenzen zwischen den betreffenden Volkswirtschaften widerspiegeln, lassen sich mit der Fixierung der Wechselkurse durch die Einführung der Währungsunion nicht die eigentlich dahinter stehenden realen Probleme lösen. Ohne die Wechselkurse als Anpassungsinstrument werden strukturelle Unterschiede und Fehlentwicklungen zwischen den verschiedenen europäischen Regionen offen zutage treten.

Ohne ausgleichende Flexibilität an anderer Stelle wären in den wettbewerbsschwächeren Regionen unter solchen Bedingungen alsbald weniger Beschäftigung und weniger Wachstum die Folge. Damit es nicht dazu kommt, muß die Ausgleichsfunktion der Wechselkurse in einer Währungsunion von anderen Bereichen der Volkswirtschaft übernommen werden - Stichwort Flexibilität. Es ist hoch interessant, daß für die Regierung des Vereinten Königreiches Großbritannien von den fünf Kriterien, von denen eine spätere positive Entscheiung für den Eintritt in die Währungsunion abhängt, der Gesichtspunkt der Flexibilität eine ganz hervorragende Rolle spielt.

Angesichts der vermutlich aus kulturellen und insbesondere sprachlichen Gründen geringen innereuropäischen Mobilität der Arbeitskräfte ist damit vor allem die Lohnpolitik gefordert, weil hier Flexibilität im Sinne von Wanderbewegungen nicht im vergleichbaren Maße wie in den Vereinigten Staaten zu erwarten sind. Die Lohnpolitik muß durch ein ausreichendes Maß an Differenzierung solche strukturellen Wettbewerbsnachteile ausgleichen. Andere Ausgleichsmechanismen, wie der weitere Ausbau der Transfersysteme, werden die strukturellen Anpassungen nicht ersetzen, höchstens abfedern können.

Ich will nicht ausschließen, daß einige Leute hier von einem stärkeren Transfersystem zumindest innerhalb Europas träumen. Ich kann aber nicht den nötigen politischen Konsens erkennen, der Spielräume für einen erweiterten Finanzausgleich eröffnet.

Das ist jedenfalls die Erfahrung der letzten Jahrzehnte: Wettbewerbsfähigkeit und Wachstum müssen durch Flexiblität und Innovationskraft real verdient werden; die zum Teil sicher schmerzhaften strukturellen Anpassungen und Veränderungen, die praktisch überall in Europa ganz oben in der wirtschaftspolitischen Prioritätenliste stehen, kann der Euro nicht auf wundersame Weise ersetzen - er ist aber auch nicht die Ursache der Probleme. Dieser Anpassungsbedarf stellt sich mit oder ohne Euro. Zuzugeben ist, daß der Euro aufgrund der Transparenz unserer Märkte diese Aufgabe drängender machen wird.

Mit den Konvergenzkriterien wird versucht, den Zustand zu umschreiben, der in den Mitgliedsländern erreicht werden soll, um Anpassungsschocks zu vermeiden oder gering zu halten. Deshalb wird von der Bundesbank der Dauerhaftigkeit des Konsolidierungsprozesses Priorität vor der Punktgenauigkeit eingeräumt.

Bei Preisen, den Kapitalmarktzinsen und Wechselkursen hat sich eine beachtliche Konvergenz zwischen den Beitrittskandidaten entwickelt. Allerdings ist schwer auszumachen, in welchem Maße diese Konvergenz Resultat der erwarteten Währungsunion oder inwieweit sie Spiegelbild der eigenen nationalen Anstrengung ist.

Auffallend jedenfalls ist, daß die nationalen Zentralbanken einiger dieser Länder es im Interesse der Stabilität im eigenen Lande offensichtlich für erforderlich halten, einen nicht unbeachtlichen Spread bei den Geldmarktzinsen aufrechtzuerhalten.

Die künftige einheitliche europäische Geldpolitik kann ein Klima des Stabilität schaffen, das für das gedeihlichem Wachstum förderlich ist und das Vertrauen der Anleger gewinnt. An den Kapitalmärkten der Euro-Länder würde dies dauerhaft niedrige Zinsen bedeuten.

Die Regelungen, die das Vertragswerk von Maastricht mit der Einrichtung einer unabhängigen europäischen Zentralbank und dem eindeutigen Ziel der Preisstabilität sowie den Konvergenzerfordernissen an die Teilnehmer dafür geschaffen hat, sind dafür günstig.

Die Vorschriften über die Unabhängigkeit müssen allerdings gelebt, in der Tagespolitik akzeptiert und - wie in Deutschland bisher - von der öffentlichen Meinung gestützt werden.

Die richtigen Antworten in der Steuerpolitik, in der Sozialpolitik, in der Arbeitsmarktpolitik, in der Umweltpolitik und vielen anderen Bereichen auf den verschärften Standortwettbewerb in Europa zu finden, ist Aufgabe der Politik in der Zukunft.

Die Währungsunion ist in diesem Sinne kein Ziel, sondern ein Beginn.

CHRISTIAN WATRIN

Vorbemerkung

Die ökonomische Analyse von Institutionen betrachtet alle Arten von institutionellen Arrangements unter dem Aspekt der Effizienz oder - allgemeiner ausgedrückt - der gesellschaftlichen Wohlfahrt. Im Gegensatz zu einer weitverbreiteten Meinung geht es dabei nicht um ökonomische Idealwelten oder um eine schlechthin "effiziente Wirtschaft" sondern darum, ob z.B. die geplante Währungsunion im Vergleich zu ihren Alternativen die bessere, d. h. effizientere Lösung darstellt oder ob dies zu verneinen ist.

In der öffentlichen Diskussion wird diese Fragestellung teils mit dem Argument an die Seite zu schieben versucht, daß übergeordneten Gesichtspunkten, und zwar politischen Erwägungen, der Vorrang zukomme. So gesehen wäre die europäische Einheitswährung selbst dann zu bevorzugen, wenn die Sicherung des "ewigen Friedens" zwischen den europäischen Staaten nur durch Abstriche bei der Geldwertstabilität zu erreichen wäre. Dieser Schluß wird jedoch in der öffentlichen Diskussion vorerst nicht gezogen. Die Währungsunion soll vielmehr beides bewirken: stabiles Geld und die politische Vertiefung der Gemeinschaft. Wenn dem so sein soll, dann kann jedoch nicht mit Argumenten der politischen Ratio für die Währungseinheit geworben werden. Die Währungsunion mußte beides leisten: die Schaffung wertstabilen Geldes und die politische Einigung. Passiert sie das erste Kriterium nicht, so wäre sie zur Gänze abzulehnen.

A.

In der öffentlichen Diskussion werden die Alternativen zur Währungsunion häufig nicht beachtet oder verzerrt dargestellt. Versucht man sie aufzuzählen, so ist an erster Stelle das Europäische Währungssystem (EWS) mit engen Bandbreiten (± 2,25%) zu nennen. Ferner ist auf das EWS der weiten Bandbreiten (± 15%) zu verweisen, das eher als ein System flexibler Wechselkurse zu bezeichnen ist. Schließlich ist auf den Währungswettbewerb zu verweisen. Unter letzterem kann man eine Währungsordnung verstehen, in der die Konkurrenz der Währungen zentraler und politisch gewollter Bestandteil der monetären Ordnung ist[1]. Kurz gesagt, es besteht institutioneller Wettbewerb zwischen den Produzenten von Geld, den Zentralnotenbanken.

B.

Betrachtet man die Geschichte des EWS seit seiner Gründung, so sind beachtliche Währungskrisen (1992 und 1993) zu nennen. Aber es kann nicht gesagt werden, daß diese verheerende Folgen für die europäische Integration oder die internationalen Wirtschaftsbeziehungen gehabt hätten. Der internationale Handel ist weiterhin schneller gewachsen als das Sozialprodukt der Haupthandelsnationen; die Verflechtung der Weltfinanzmärkte hat sich ungebrochen in atemberaubenden Tempo vollzogen; die Tagesumsätze haben astronomische Höhen erklommen, z. Zt. rund 1.400 Mrd. Dollar pro Tag; und allen Klagen zum Trotz sind die Exporte der deutschen Unternehmen immer noch so hoch, daß das Land im Weltvergleich auf Platz zwei rangiert. Schließlich läßt sich auch nicht erkennen, daß der Handel zwischen den westeuropäischen Staaten, trotz nachhaltiger Abwertungen wie im italienischen Fall, auf Dauer nennenswerte Einbußen erlitten hat.

Von hier aus gesehen empfiehlt sich ein Übergang zu einer europäischen Einheitswährung nur dann, wenn sie zumindest Vorteile gegenüber dem status quo aufweist und wenn ferner keine dritte Alternative vorhanden ist, die sich gegenüber den beiden anderen als überlegen erweist.

C.

Im Gegensatz zum Währungswettbewerb und seinen verschiedenen Varianten ist im Maastrichter Vertrag die Errichtung eines *straff zentralisierten Währungsmonopols* für - wie die Befürworter hoffen - am Ende fünfzehn Teilnehmerstaaten vorgesehen. Die Frage eines Beitritts ost- und mitteleuropäischer Länder zur Währungsgemeinschaft ist vorerst noch offen. Um das EWS II für nichtbeitretende EU-Länder ist es still geworden, nachdem davon auszugehen ist, daß für wahrscheinlich elf westeuropäische Staaten das Passieren der Konvergenzkriterien aus politischen Gründen bejaht wird.

Am hoch zentralistischen Charakter des Europäischen System der Zentralbanken (ESZB) ändert auch die Tatsache nichts, daß es auf zwei Einrichtun-

---

[1] Siehe *Franz-Ulrich Willeke*, Sind die Europäer angesichts der Währungsunion ohne Alternative? In: Franz-Ulrich Willeke Hrsg., Die Zukunft der D-Mark, München 1997, S. 15 ff.

gen beruht, der Europäischen Zentralbank (EZB) als zentralem Institut und den nationalen Notenbanken. Die hier reklamierte Konzession an das Subsidiaritätsprinzip ist eher rhetorischer Natur, denn für einen einheitlichen Währungsraum gilt, daß es in ihm nur eine einheitliche Geldpolitik geben kann. Regionale Wünsche und Anliegen, wie manche meinen, können nicht berücksichtigt werden. Aus der Sicht der deutschen Geldverfassung werden die bestehenden nationalen Notenbanken, auch wenn sie dem Namen nach weiter exitieren, zu nachgeordneten Behörden der EZB.

D.

Das zentrale Element des ESZB ist die Ausgliederung des geldpolitischen Teiles der Wirtschaftspolitik aus der nationalen Regierungsgewalt. Gerade dieses Element des Maastrichter Vertrages wird als großer Vorteil gepriesen, denn es soll die Unabhängigkeit der Zentralbankgouverneure stärken. Es läßt sich jedoch darüber streiten, ob dies wirklich ein Vorteil ist, denn der Preis einer solchen Konstruktion ist die gleichzeitig entstehende Schwerfälligkeit bei notwendigen institutionellen Änderungen. Sollten sie sich als notwendig erweisen, so ist ein langes und zeitraubendes Vertragsänderungsverfahren erforderlich.

In einer dynamischen Weltwirtschaft, so wie sie heute durch das Schlagwort "Globalisierung" umschrieben wird, wäre es jedoch leichtfertig, die gegenwärtigen Verfassungen der Notenbanken auf lange Sicht für nicht mehr reformbedürftig zu halten. Die staatlich-zentralistische Kontrolle des Geldwesens mit dem Ergebnis der staatlichen Bereitstellung von Geld war - historisch gesehen - durch politische und vor allem fiskalische, nicht aber volkswirtschaftliche Erwägungen bestimmt. Eine Folge der Verstaatlichung des Geldes war nicht zuletzt das Auftreten schleichender und oft genug auch galoppierender Inflationen. Selbst "unabhängige" Notenbanken sind keine sicheren Vorkehrungen gegen permanenten und volkswirtschaftlich schädlichen Geldwertverlust. Nicht unwahrscheinlich ist, daß künftig neue Finanzinstrumente und Zahlungstechniken die Bedeutung von Banknoten und Münzen und damit von Zentralbanken nachhaltig verringern[2] und grundlegende Reformen des Geldwesens erforderlich machen. Gerade eine viele Staaten

---

[2] So *Uwe Vollmer*, Entstehung und Wettbewerb von Notenbanken: Brauchen wir eine europäische Zentralnotenbank? In: D. Cassel, Entstehung und Wettbewerb von Systemen, Schriften des Vereins für Sozialpolitik Bd. 246, Berlin 1997 .

umfassende Zentralnotenbank könnte sich hier als äußerst hinderlich erweisen; denn sie unterbindet den institutionellen Wettbewerb und verhindert so das unverzichtbare Ausprobieren neuer Lösungen.

Auf das wettbewerbliche Verfahren von "trial and error" kann auch im Bereich der Geld- und Währungspolitik nicht verzichtet werden. Gerade für die Bewältigung komplexer Probleme ist es von Bedeutung. Die Anpassungsfähigkeit eines bestehenden institutionellen Arrangements ist jedoch bei kleineren dezentralen Organisationen größer als bei Einrichtungen, die einen Halbkontinent umfassen. Gleichzeitig können die Folgen von Fehlgriffen im Rahmen einer auf kleineren Einheiten beruhenden Struktur leichter begrenzt werden als in supranationalen Großorganisationen, die das ökonomische Schicksal von Hunderten von Millionen Menschen betreffen.

E.

Der wichtigste Unterschied der künftigen EZB zu dezentralen Systemen mit begrenzt oder voll flexiblen Wechselkursen besteht darin, daß die nominalen Wechselkurse unwiderruflich zwischen den Teilnehmerländern fixiert werden. Dadurch soll die europäische Integration im Sinne der Verschmelzungskonzeption der teilnehmenden Volkswirtschaften weitergetrieben werden. An die Stelle der französischen, italienischen, deutschen und der anderen Volkswirtschaften soll am Ende die gemeinsame und einheitliche europäische Wirtschaft treten. Die ehemals autonomen nationalen Wirtschaften sollen so stärker den Charakter von Regionen annehmen. Der Maastrichter und der Amsterdamer Vertrag bleiben jedoch hier auf halben Weg stecken. Denn in den übrigen wirtschaftspolitischen Bereichen, angefangen von der Finanzpolitik über die Lohn- und Standortpolitik bis hin zur Sozialpolitik, soll die nationale Autonomie weiterhin bestehen bleiben. Die Funktionsfähigkeit eines solchen Systems ist zweifelhaft.

F.

Fragt man nach einem historischen Vorbild für die in Maastricht gewählte Aufteilung zwischen zentralisierter Geldpolitik und in nationaler Zuständigkeit verbleibender Wirtschaftspolitik, so ist die Goldwährung des ausgehenden neunzehnten und frühen zwanzigsten Jahrhunderts zu nennen. Sie zeichnete sich dadurch aus, daß sie über das Mittel der Goldeinlösungspflicht indirekt alle Goldwährungen miteinander verband. Gleichzeitig waren im Club der Goldwährungsländer die Arbeitskräfte und das Kapital weitgehend mobil sowie die Preise und Löhne flexibel. Unter dem Zollschutzgedanken war jedoch der Außenhandel in einer Reihe von Ländern mit - vom heutigen Standpunkt aus gesehen - mäßigen Abgaben belastet.

Die ungeschriebenen und in keinem internationalen Vertrag paraphierten Regeln der Goldwährung verlangten von den Clubmitgliedern, daß ihre Währungs- und Wirtschaftspolitik sich am Wechselkurs ausrichtete. Die damalige Praxis zeigt, daß diese Bedingung von den einzelnen Goldwährungsländern nur so lange eingehalten wurde, wie es ihren nationalen politischen Absichten entsprach. Vor allem im Kriegsfall wurde die Goldeinlösungspflicht für die betroffenen Staatsbürger in der Regel suspendiert, was nicht ausschloß, daß zu einem späteren Zeitpunkt zur Goldwährung - und zwar allein durch nationalen Beschluß - wieder zurückgekehrt wurde[3].

Die in der Goldwährung verankerte Regel der Aufrechterhaltung der Wechselkursstabilität gilt spätestens seit der Weltwirtschaftskrise von 1929 bis in die Gegenwart hinein als zu streng, um trotz ihrer großen wirtschaftlichen Vorteile wieder eingeführt zu werden. Jetzt soll sie aus politischen Gründen in einer wesentlich strengeren Version Grundlage der europäischen Integration werden, nämlich in Form einer nicht mehr änderbaren Festlegung der Wechselkurse durch eine Einheitswährung. Die Austrittsoption, die die Goldwährung noch einräumte, entfällt somit. Ob ein solches Regelsystem funktionsfähig und auf Dauer stabil sein kann, hängt - wie mittlerweile auch von seinen Befürwortern eingeräumt wird - entscheidend davon ab, ob die Regeln einer nunmehr "goldlosen Papierwährung" von den Teilnehmerstaaten akzeptiert und eingehalten werden.

G.

Die Antwort auf diese Frage hängt davon ab, wie man die Machtstellung der künftigen EZB einschätzt. Die Befürworter der Währungsunion behaupten, daß die künftige Zentralbank erstens die ihr verfügbare Gestaltungsmacht allein im Dienste des Ziels der Geldwertstabilität nutzt und daß zweitens die nationalen wirtschaftspolitischen Instanzen - gewissermaßen aus Einsicht in die Notwendigkeit stabilen Geldes - ihre Politik dem von der Euro-Noten-

---

[3] *M. Panic*, European Monetary Union. Lessons from the Classical Gold Standard, St. Martins Press, New York, 1992, S. 119 ff.

bank vorgegebenen Takt anpassen. Die Finanz- und die Lohnpolitik (sofern letztere zentralisiert ist) sind hier besonders betroffen.

Die These, daß die EZB das wirtschaftspolitische Geschehen dominieren werde, beruht auf zwei impliziten Prämissen. Einmal muß gelten, daß eine kleine Gruppe von Menschen mit großer persönlicher Macht diese nur im Sinne des vorgegebenen Zieles der Geldwertstabilität verwendet, und zwar nicht nur in der politischen Rhetorik, sondern im täglichen Handeln. Dabei dürfen den Betreffenden gleichzeitig keine allzu schweren Fehler in dem Sinne unterlaufen, daß sie, wie die Federal Reserve Bank der zwanziger und dreißiger Jahre in den USA, große Krisen verschulden. Die sozialpsychologischen Prozesse, die sich in jeder Gruppe abspielen, sind im vorliegenden Fall jedoch kaum prognostizierbar. Die Behauptung aber, daß Macht stets auch ihren rechten Gebrauch impliziert, steht nach aller Erfahrung auf schwachen Füßen.

Die andere Annahme, die dem Dominanzmodell der europäischen Geldpolitik zugrundeliegt, betrifft den politischen Prozeß und besonders die Beschäftigungspolitik. Die keynesianische Sicht, daß mittels Nachfragesteuerung , also durch eine Politik "billigen" Geldes und niedriger Zinsen, jede Art von Arbeitslosigkeit bekämpft werden kann, ist eine viel zu verlockende Vision, um von Politikern außer Acht gelassen zu werden. Hier zeichnen sich die künftigen Konflikte einer Einheitswährung ab. Der Wille, politische Erfolge - gerade vor Wahlzeiten - mittels der Geldmaschine zu erzielen, ist zu groß, als daß hier stets der notwendige Verzicht geübt werden könnte. Ob die Gremien, in denen sich die politischen Kräfte organisieren, um die EZB unter Druck zu setzen, formeller oder bloß informeller Natur sind, spielt dabei keine Rolle.

H.

Wenn die europäische Gemeinschaft eine Inflationsgemeinschaft wird, dann stellt sich für die Bundesrepublik die Frage, ob eine Austrittsoption besteht. Die Deutsche Bundesbank verweist beständig darauf, daß der Schritt in die Einheitswährung irreversibel sei. Auch wer vermutet, daß wir - weltweit gesehen - uns in Richtung eines bargeldlosen Kredit- und Geldsystems bewegen, wie in den New Monetary Economics angenommen wird, muß einräumen, daß dies allenfalls eine lang- und nicht die mittelfristige Perspektive ist. Mittelfristig spricht daher vieles für die Auffassung der Bundesbank.

Was aber wäre zu tun, um sich wenigstens in Grenzen gegen den Fall zu wappnen, daß der Euro eine Weichwährung wird, die man nicht mehr verlassen kann? Wer in ihm ein Instrument zur politischen Einigung Europas sieht, wird möglicherweise auch höhere und hohe Inflationsraten als Preis für sein Ziel in Kauf nehmen und auf Vorkehrungen gegen ein Worst-Case-Szenario verzichten. Daß ein Europa mit schlechter Geldwertstabilität politisch und ökonomisch den europäischen Gedanken fördert, ist wenig wahrscheinlich.

I.

Aus ökonomischer Sicht ist nur wenig als Absicherung gegen eine inflationäre (Euro-) Geldpolitik anzubieten. Zu nennen ist einmal die Erlaubnis zur Indexierung von Kreditverträgen. Hier handelt es sich um ein Instrument, daß nicht die Inflation bekämpft, sondern lediglich einige ihrer höchst negativen Folgen für die Gläubiger mildert.

Nach der gegenwärtigen Gesetzeslage läßt der Maastrichter Vertrag die Indexierung von Kreditverträgen zu. Überraschenderweise gibt es jedoch Bemühungen im Bundeswirtschaftsministerium mit Unterstützung der Sparerschutzgemeinschaft, die auf eine Wiederbelebung des deutschen Indexierungsverbotes abzielen. Wären sie erfolgreich, so würde das problematische Mark-gleich-Mark-Prinzip auf europäischer Ebene verankert.

Eine andere Absicherung gegen eine inflationäre Politik der EZB wäre das unwiderrufbare Recht eines jeden europäischen Bürgers, bei allen von ihm getätigten Rechtsgeschäften (Geldkontoerrichtung, Vertragsschlüsse, Zahlungen, Buchführung) die jeweils ihm als geeignet erscheinende Währung wählen zu können. Technisch würde dies den Übergang vom Bestimmungslandprinzip zum Ursprungslandprinzip bedeuten. Einer ausländischen Geschäftsbank müßte es z. B. erlaubt sein, im europäischen Inland nach den Regeln ihres heimatlichen Geldwesens ihr Geschäft zu betreiben[4]. Dies würde den Währungswettbewerb intensivieren, aber natürlich das Wechselrisiko nicht beseitigen. Wenn die Kosten des Überwechselns in die ausländische Währung niedriger als die Nachteile des Verbleibens in der Euro-Währung sind, würde sich ein Umsteigen lohnen.

---

[4] *Uwe Vollmer*, Entstehung und Wettbewerb von Notenbanken: Brauchen wir eine europäische Zentralnotenbank? In: D. Cassel, Entstehung und Wettbewerb von Systemen, Schriften des Vereins für Sozialpolitik Bd. 246, Berlin 1997, S. 209.

Wie effizient ein solcher Substitutionsmechanismus operiert, hängt u. a. von den Umtauschkosten ab, auf deren Höhe nicht zuletzt die Politiker, aber auch die EZB Einfluß nehmen können. Ob beide Gruppierungen hier im Interesse der Geldwertstabilität auf eine Senkung der Transaktionskosten hinarbeiten werden, also ihr Eigeninteresse zurückstellen, ist eine Frage, die vom Standpunkt der politischen Ökonomie eher verneint werden muß.

NORBERT HORN

Derzeit sind Juristen und Betriebswirte stark damit beschäftigt, die betrieblichen und rechtstechnischen Fragen der Einführung des Euro zu lösen. Zu den interessantesten rechtstechnischen Fragen gehört die vertragsrechtliche Behandlung von bestehenden Forderungen, die in DM oder einer anderen der voraussichtlichen Teilnehmerwährungen denominiert sind. Stichwort ist hier die Vertragskontinuität und die daran anschließende Frage, ob man solche Verträge gleichwohl irgendwie anpassen muß und rechtlich anpassen kann. Z.B. kann ein Schuldner hohen Belastungen ausgesetzt sein, wenn er auf eine Lira-Schuld hohe Zinsen zahlen muß, die er im Lira-Finanzmarkt akzeptieren konnte, die er aber im künftigen System des Euro mit vergleichbar niedrigerem Zinsniveau nicht mehr tragen kann. Aber wir sollten uns hier nicht mit rechtlichen Detailfragen aufhalten. Zwei Fragenkomplexe von weitaus größerem Gewicht bedürfen unserer Aufmerksamkeit:

Erstens die Frage der Entscheidung über die Einführung des Euro, die im Mai 1998 ansteht, und ferner die Frage, wie es nach Einführung des Euro langfristig weitergeht.[1] Herr Gaddum, hat treffend gesagt, daß wir nach dem Eintritt in die dritte Phase der EWWU erst am Beginn eines schwierigen Prozesses stehen.

A.Einführung des Euro?

Zunächst haben sich Juristen und Volkswirte mit der schwierigen Frage der *Erfüllung der Konvergenzkriterien* nach Art. 109 j EG-Vertrag zu beschäftigen. Meine These geht dahin, daß das derzeitige Bild der Erfüllung der Konvergenzkriterien nicht überzeugt und keine Rechtfertigungen dafür abgibt, schon zum 1. 1. 1999 in die dritte Phase der EWWU einzutreten. Zwar ist es richtig, daß das Bild der Erfüllung der Konvergenzkriterien sich in der allerletzten Zeit etwas verbessert hat. Der Vertrag von Maastricht hat einen vielgepriesenen erzieherischen Effekt gehabt. Der verbreitete Wunsch, der EWWU beizutreten, hat dazu geführt, daß sich in Europa tatsächlich einige

---

[1] Sowohl zu den rechtlichen Detailfragen wie zu den Grundsatzfragen Überblick mit weiteren Nachweisen bei *Horn*, Rechtliche und Institutionelle Aspekte der Europäischen Währungsunion im politischen und wirtschaftlichen Kontext, ZBB 1997, 314-324.

der Wirtschaftsdaten angenähert haben. So ist die Inflationsrate stark zurückgegangen. Tatsache ist aber auch, daß alle Kriterien auch im Jahre 1996 noch von keinem Land außer Luxemburg erfüllt wurden.[2] Und Tatsache ist auch, daß bei einem wichtigen Kriterium, nämlich dem Stand der öffentlichen Verschuldung, gemessen am Bruttoinlandsprodukt, eine dramatische Verschlechterung eingetreten ist: Zwischen 1992 und 1996 ist die öffentliche Verschuldung im Durchschnitt aller 15 EG-Staaten von 55% auf 74% gestiegen[3].

Die EU-Kommission hat am 14. Oktober 1997 eine Vorausschätzung für 1997 veröffentlicht, derzufolge alle Staaten außer Frankreich und Griechenland jedenfalls das Defizit-Kriterium im Jahre 1997 erfüllen werden, selbst Italien jedenfalls dann, wenn es an seinem derzeitigen Sparhaushaltsentwurf festhält[4]. Diese Nachricht ist zwei Bedenken ausgesetzt.

Erstens bietet eine nur selektive und zeitlich punktuelle Erfüllung der Kriterien nicht die mindeste Gewähr dafür, daß die an der Währungsunion teilnehmenden Staaten zu einer dauerhaften Stabilitätspolitik bereit und in der Lage sind. Als Mindestvoraussetzung für den Beginn der Währungsunion wäre zu fordern, daß diese Kriterien bereits längere Zeit vor Beginn dauerhaft erfüllt worden wären. Dies ist jetzt schon nicht mehr ohne Verschiebung der Währungsunion möglich.[5]

Zweitens haben sich in der letzten Zeit Nachrichten gehäuft, daß die Erreichung der Konvergenzkriterien mit Haushaltsschönungen und statistischen Manipulationen angestrebt wird. So werden aus der öffentlichen Schuld bestimmte Positionen, wie die Verschuldung der öffentlichen Krankenkassen, herausgerechnet. Manches Budget wird durch punktuelle Privatisierungen entlastet oder durch rückzahlbare Sondersteuern verbessert. Auf diese Weise ist das Vertrauen in die Stabilität des Euro kaum zu gewinnen. Es scheint so, daß bestimmte Regierungen nur zu einer ganz kurzfristigen, punktuellen Anstrengung bereit sind, um in der EWWU dabei zu sein und sich hinterher sozusagen nach dieser Anstrengung erleichtert zurückzulehnen und zu sagen: „Jetzt sind wir drin, und jetzt kann uns nichts mehr passieren." Dahinter

---

[2] Vgl. Jahresbericht des Europäischen Währungsinstitutes 1996.

[3] EU Commission, Autem Economic Forecasts, IP 97/873; vgl. auch Handelsblatt v. 15.10.1997, S. 1.

[4] *Jochimsen*, Perspektiven der Europäischen Währungs- und Wirtschaftsunion, Rede in Grainau, am 17.10.1997, hrsg. LZB Nordrhein-Westfalen, 1997.

[5] Zutr. *Willeke*, in: Willeke (Hrsg.), Die Zukunft der D-Mark. Eine Streitschrift zur Europäischen Währungsunion, 1997, S. 195. *Jochimsen*, a.o.O.

steckt die Vorstellung, daß im System des Euro die eigenen währungspolitischen Sünden nicht mehr im Absinken der eigenen nationalen Währung sichtbar werden können. Eine verfehlte Haushaltspolitik oder Tarifpolitik verteilt sich als Inflationswirkung gleichmäßig über den Währungsraum des Euro, und keine Regierung und keine Tarifpartner, die wirtschaftspolitisch falsch handeln, stehen noch am Pranger. Bei dieser kurzfristigen Denkweise ist eine nachhaltige Erfüllung der Kriterien, die auch Herr *Gaddum*, grundsätzlich angemahnt hat, nicht mehr zu erreichen.

Die Frage der Erfüllung der Konvergenzkriterien steht in engem Zusammenhang mit der Frage, wie denn die Entscheidung über diese Erfüllung und damit über den Eintritt in die dritte Phase der EWWU getroffen wird. Der Vertrag legt dafür eine Prozedur fest. Die Staats- und Regierungschefs haben sich darauf geeinigt, eine Entscheidung im Frühjahr 1998 zu treffen. Zunächst prüft der Rat in der Zusammensetzung der Finanz- und Wirtschaftsminister für jedes Land, ob es die Konvergenzkriterien erfüllt (Art. 109 j Abs. 2 EG-Vertrag), mit qualifizierter Mehrheit (Art. 148 Abs. 2, S. 1), wobei eine Mehrheit von 62 aus 87 Stimmen erforderlich ist. Aufgrund dieser Empfehlung und nach Anhörung des europäischen Parlaments beschließt der Rat in der Zusammensetzung der Staats- und Regierungschefs mit der gleichen Mehrheit, wobei die Zustimmung von 10 Mitgliedstaaten erforderlich ist.

Daraus folgt, daß kein Mitgliedstaat ein Vetorecht hinsichtlich der Beteiligung eines anderen Staates hat, aber wohl auch nicht hinsichtlich seiner eigenen Beteiligung. Theoretisch könnte es dazu kommen, daß Deutschland durch Mehrheitsbeschluß zur Teilnahme bestimmt wird, obwohl es sich selbst für diese Teilnahme nicht entscheidet. Dies ist natürlich keine realistische Vorstellung, weil man bei der Entscheidung die positive Bewerbung eines Mitgliedslandes voraussetzt, und es wäre auch keine sinnvolle Auslegung des Vertrages.

Es ist in Deutschland oft gesagt worden, daß das Verfahren von Maastricht unabänderlich sei und wir daran gebunden seien. Dies ist falsch. Natürlich sind wir in den Vertrag eingebunden, wie dies auch Herr *Gaddum* mit Recht betont hat. Aber ich kann mir schon auf der Ebene des Gemeinschaftsrechts nicht vorstellen, daß wir sozusagen gegen unseren Willen in die dritte Phase katapultiert werden könnten. Und nach deutschem Verfassungsrecht ist die Bundesregierung berechtigt und sogar verpflichtet, selbst zu prüfen, ob Deutschland und die anderen Kandidaten die Konvergenzkriterien erfüllen und ob es im deutschen Interesse liegt, der dritten Phase der EWWU beizutreten. Der Deutsche Bundestag hat sich bei der Billigung des Vertrages von Maastricht am 7. Februar 1992 das Recht vorbehalten, aufgrund einer eigenen

Prüfung der Konvergenzkriterien noch einmal über den Eintritt zu entscheiden. Das Bundesverfassungsgericht hat am 12. Oktober 1993 entschieden, daß nach deutschem Verfassungsrecht der Beitritt weder automatisch noch unwiderruflich sei.[6] Streng genommen müßten der Bundestag und die Bundesregierung nach der derzeitigen Situation entscheiden, daß die Konvergenzkriterien entweder nicht oder nur in einer Weise erfüllt sind, der eine dauerhafte Stabilität des Euro nicht erwarten läßt, und sie müßten den Beitritt verschieben oder ablehnen.

Jedermann weiß, daß nach dem derzeitigen politischen Meinungsklima eine solche Haltung ganz unwahrscheinlich ist. Niemand zweifelt daran, daß wir 1998 in die EWWU hineinmarschieren. Bundeskanzler Kohl und die seine Regierung tragenden Parteien sind zum Beitritt entschlossen; eine politische Opposition zu diesem Punkt gibt es nicht. Ferner gibt es eine breite Zustimmung in der Industrie, die bisher unter manchen Verlusten zu leiden hatte, die durch das Absinken der nationalen Währung eines ihrer Importländer erzeugt wurden.

Wenn z. B. ein deutscher Automobilhersteller seine Erzeugnisse nach Italien verkaufte, so mußte er dort trotz Absinken des Außenwertes der Lira häufig die Preise in Italien halten, um den dortigen Markt nicht aufzugeben, obwohl ihm das zeitweilig hohe Verluste einbrachte.

Auch die Banken begeistern sich für die EWWU, wobei sie sich an der Idee des dann in der Tat einheitlicheren Kapitalmarktes orientieren. Dies ist oberflächlich gesehen auch sehr plausibel. Die Opfer dieser Neuerung werden wahrscheinlich von den Sparern gebracht, jedenfalls denen in Ländern mit bisher stabiler Währung, wie Deutschland, Österreich und die Niederlande, während z. B. die italienischen Sparer sich natürlich auf den Euro freuen.

Die Zahl der Arbeitslosen wird in Deutschland vermutlich nicht sinken, jedenfalls nicht aufgrund der Einführung des Euro, denn die damit verbundene Globalisierung wird gerade in einem Hochlohnland wie Deutschland enorme Anpassungszwänge auslösen. Die Tarifpartner sind aber überhaupt nicht bereit, sich im Moment auf diese Frage einzulassen.

Trotz dieser absehbaren Nachteile einer verfrühten EWWU ist die politische Situation derzeit ganz eindeutig in dem Sinne, daß wir uns auf die EWWU zubewegen. Ich habe bisher Bundeskanzler Kohl als hervorragenden Politiker eingeschätzt, z. B. in der Wiedervereinigungspolitik, aber ich muß

---

[6] BVerfGE 89, 155 ff.

ihn jetzt aus einem sehr speziellen Grund bewundern, nämlich weil er etwas durchsetzt, was eigentlich nicht gut begründbar ist.

Die von Bundeskanzler Kohl verfolgte Idee, daß wir mit der EWWU die politische Union Europas fördern, erinnert an die alte Geschichte von dem Schwanz, der mit dem Hund wedeln will. Man kann eine Währungsunion machen, wenn man eine politische Union hat, oder wenigstens eine Wirtschaftsunion. Dies steht zwar im Namen der EWWU, aber sie gibt es nicht. Das eine "W" ist falsch. Es gibt einen gemeinsamen Markt, aber keine Wirtschaftsunion, weil wir die Budgetpolitiken, die Tarifpolitiken, die Sozialpolitiken eben nicht vereinheitlicht haben. Trotz dieser bestehenden Uneinheitlichkeit werden wir künftig die Anpassungsparameter der flexiblen Wechselkurse wegschneiden, wie Herr *Gaddum* treffend gesagt hat. Wir werden also Starrheit statt Flexibilität in diesem Punkt haben. Aber die Probleme verschwinden ja nicht dadurch, daß wir diese Glocke der Einheitswährung darübersetzen, wie Herr *Gaddum* ebenfalls gesagt hat, und zwar mit jener Zurückhaltung, die nicht nur seinem Temperament entspricht, sondern auch seinem hohen Amt. Man muß voraussichtlich leider die Hoffnung aufgeben, daß man dem von Herr Willgerodt und vielen anderen gemachten Vorschlag folgt und den Eintritt in die dritte Phase der Währungsunion verschiebt.

B. Situation nach Eintritt in die Währungsunion

Der zweite Fragenkomplex betrifft die langfristigen Entwicklungen und Probleme nach Eintritt in die dritte Phase der Währungsunion. Es handelt sich dabei um den Beginn eines schwierigen Prozesses, wie Herr *Gaddum* bereits gesagt hat. Wie sieht es dann mit der Stabilität aus, und wie geht es mit der Wirtschaftspolitik?

Wir haben natürlich zur Stabilität im Vertrag klare Vorgaben: erstens die strikte Unabhängigkeit der Europäischen Zentralbank, und das Verbot einer Beeinflussung ihrer Entscheidungen (Art. 107 EG-Vertrag), zweitens die Verpflichtung der Mitgliedstaaten auf eine koordinierte Stabilitätspolitik (Art. 102a, 103 EG-Vertrag) und drittens die Nichthaftung der Gemeinschaft für öffentliche Schulden der Mitgliedstaaten (No-bailing-out; Art 104b EG-Vertrag). Man muß hier fragen und vielleicht bezweifeln, ob diese drei Instrumente verwirklicht werden können, und ob sie ausreichen, die Stabilität des Euro zu gewährleisten.

Am ehesten wird sich noch die Unabhängigkeit der künftigen Europäischen Zentralbank erreichen lassen. Ich kann mir vorstellen, daß die dort verantwortlichen Akteure den Lernprozeß einer strikten Stabilitätspolitik nach deutschem Muster zum großen Teil akzeptieren werden. Sie werden freilich häufig und immer wieder den politischen Druck der Finanzminister bestimmter oder vieler Mitgliedsländer der Währungsunion ausgesetzt sein, wie das Herr *Watrin* schon angedeutet hat. Aber immerhin kann man hoffen, daß die Europäische Zentralbank und das ESZB in den Spuren der Bundesbank wandeln will.

Nun zum zweiten Punkt, zur Einheitlichkeit der Wirtschaftspolitik. Im Vertrag finden wir dazu einen reinen Programmsatz. Es gibt für ihn keine Sanktionen. Die im Vertrag vorgesehenen Sanktionen sind eine Konsultation, eine Überwachung, ein Bericht und noch ein Bericht, und eine Androhung von Sanktionen. Der ganze Prozeß würde 2½ Jahre dauern, wie man ausgerechnet hat. Der Stabilitätspakt von Amsterdam hat hier angeblich einen Durchbruch gebracht, in dem dieser Prozeß auf etwa 6 - 8 Monate verkürzt werden soll. Aber kein Mensch glaubt doch im Ernst daran, daß diese Sanktionen wirklich durchsetzbar sind, und daß der vorgesehene schwierige Meinungsfindungs- und Entscheidungsprozeß effektiv sein wird.

Das gleiche gilt für das Prinzip des No-bailing-out. Wir werden es uns wahrscheinlich bei einem einheitlichen Währungsraum überhaupt nicht leisten können, ein Land hängen zu lassen und es zu bestrafen, also zu sagen: „Ihr habt eine schlechte Haushaltspolitik gemacht, Ihr habt eine verantwortungslose Lohn- und Sozialpolitik, Ihr gebt das Geld bedenkenlos aus, und jetzt lassen wir Euch mit Euren Schulden im Stich." Dies würde bald zu einer krisenhaften Entwicklung im betreffenden Land führen, die sich auf die ganze Währungsunion auswirken kann und begrenzt werden muß.

Die Finanzmärkte glauben heute schon nicht an das Prinzip des No-bailing-out. Daher bewerten sie inzwischen die italienischen, spanischen und portugiesischen Staatsanleihen, wie bereits erwähnt wurde, mit fast derselben Bonität wie deutschen Anleihen. Denn die Marktteilnehmer sagen: „Es kann doch nichts passieren, weil alle in die Währungsunion kommen und dann schon füreinander haften werden." Dies ist ja auch der nächstliegende Gedanke.

Im Augenblick besteht dort, wo die Konvergenzkriterien teilweise nicht, teilweise halbherzig und punktuell erfüllt worden sind, ohne daß aber ihre nachhaltige Erfüllung erreicht werden konnte, die große Gefahr, daß die Mitgliedstaaten der Währungsunion, die ja souveräne Staaten bleiben, bald wieder in ihre alte politische Kultur zurückfallen. Die Parlamente werden dann nicht nur an die Stabilitätspolitik der EZB denken, sondern an viele andere Dinge des politischen Lebens, auf die man Rücksicht nehmen wird.

Man kommt nicht an der Tatsache vorbei, daß die im Prinzip unabhängige Europäische Zentralbank in einem Währungsgebiet errichtet wird, das viele Nationalstaaten mit ganz unterschiedlicher politischer Kultur und Stabilitätsvorstellungen umfaßt. Alle diese Staaten treiben ihre eigene unabhängige Haushaltspolitik, wobei in vielen Ländern die Parlamente weder bereit noch in der Lage sind, ihre Politik nach den Stabilitätskriterien von Maastricht auszurichten. Und die Tarifparteien lassen auch nicht erkennen, daß sie ihre Lohnpolitik ändern wollen.

Daß wir eine Inflationsgemeinschaft bekommen werden, wird übrigens auch von den Finanzmärkten ein bißchen vorweggenommen, wenn man etwa die Entwicklung des Außenwerts der D-Mark gegenüber Pfund und Dollar 1997 richtig interpretiert. Man braucht dies nicht zu dramatisieren und eine Hochinflation zu befürchten, aber auch dann bleibt es immer noch bei einem Milliardentransfer von den Sparkonten der Sparer zu den Geldschuldnern, jedenfalls in bisherigen Stabilitätsländern.

Es bleibt auch kaum zu hoffen, daß wir mit der Währungsunion einen Beitrag zur politischen Integration Europas leisten, wie es sich die Bundesregierung und die sie tragenden Parteien und auch die politische Opposition erhoffen. Man erhofft in Deutschland einen Sog zur politischen Union. Eine solche wird aber in Europa im Grunde von niemanden außerhalb Deutschlands angestrebt, und auch in Deutschland strebt man nur halbherzig danach.

Als Ziel ist diese politische Union im übrigen relativ unklar definiert. Klarer ist das Ziel mancher Nachbarländer, die seit langem ein Interesse daran haben, das währungspolitische Diktat aus Frankfurt loszuwerden und durch eine gemeinsam betriebene Zentralbank zu ersetzen. Man kann also etwa drei Prognosen stellen:

Erstens werden wir mit der Zeit wahrscheinlich eine höhere Inflation haben als jetzt, wo sich alle punktuell um Stabilität bemühen.

Zweitens werden wir ferner auf der Ebene der Währungspolitik einen Dauerstreit der währungspolitischen Vorstellungen haben, der sich z. B. aus einem Vergleich der währungspolitischen Grundvorstellungen in Deutschland und in Frankreich, leicht absehen läßt.

Drittens werden wir mit einiger Wahrscheinlichkeit außerdem noch einen Umverteilungskampf haben, nämlich um Subventionen für die Regionen, die unter der einheitlichen Währung leiden, weil für sie auch ein Euro, der weicher ist als die bisherige D-Mark, immer noch eine zu harte Währung ist.

Dies ist meine etwas pessimistische Gesamteinschätzung, und ich bin mir bewußt, daß ich hier über die Kompetenz des reinen Juristen hinausgehe, weil ich die politischen Dimensionen der Fragen mitbedenken muß.

Diskussionsbericht

Im Anschluß an die Einführungsvorträge bestand Gelegenheit zur Diskussion zwischen den Podiumsteilnehmern als auch mit dem Auditorium.

Gaddum eröffnete die Diskussion mit einer erneuten Betonung der politischen Notwendigkeit der Europäischen Währungsunion. Er wies darauf hin, daß das derzeitige System zwar aus ökonomischer Sicht funktionieren würde, jedoch auf Dauer nicht als friedenssicherndes System angesehen werden könne. Innerhalb der Europäischen Gemeinschaft sei ein politisches Konfliktpotential entstanden, das zu der Frage führe, ob dieses System auf Dauer haltbar sein werde. Dies beruhe auf der Wirtschaftskraft Deutschlands und der daraus resultierenden vorherrschenden Stellung in bezug auf die Währungspolitik. Von einer Dezentralität der Währungspolitik könne schon seit Jahren nicht mehr gesprochen werden. Viele europäische Länder, z.B. die Niederlande oder Belgien, hätten de facto schon ihre währungspolitische Autonomie abgegeben, indem sie sich z.B. den jeweiligen Zinsanpassungen der Bundesbank unverzüglich anschließen würden. Daher wachse in diesen Ländern das Bedürfnis, durch die Währungsunion wenigstens ein Mitspracherecht in der Währungspolitik zu erlangen.

Einer daraus folgenden politischen Verpflichtung zur Europäischen Währungsunion widersprach *Watrin* mit dem Hinweis, daß die bisherige Leitungsfunktion der Deutschen Bundesbank in der Währungspolitik allein auf ihrer guten Leistung beruhe. Darüber hinaus erlaube das gegenwärtige System, daß die Leitwährung bei schlechter Leistung ausgetauscht werden könne. *Horn* führte hingegen die von *Gaddum* postulierte politische Verpflichtung zur Währungsunion auf ein historisch bedingtes sehr empfindliches politisches Selbstverständnis der Deutschen zurück, das ein solches Gefühl der Verpflichtung erzeuge. Ein Franzose würde dagegen niemals auf die Idee kommen, die Banque de France in ein europäisches System einzubringen, nur weil die Nachbarländer daran Anstoß nehmen würden, daß sie sich nach den Leitzinsentscheidungen der Banque de France richten müßten. Aus dem Auditorium wurde schließlich die Befürchtung geäußert, daß die anderen Mitgliedstaaten die Währungsunion möglicherweise zur Ausübung von politischem Druck auf Deutschland einsetzen könnten.

Ein weiterer Teil der Diskussion beschäftigte sich mit der Unabhängigkeit und personellen Ausgestaltung der Europäischen Zentralbank. Nach Auffassung von *Gaddum* werde die Zentralbank ihre Aufgabe in gleicher Weise wie die Deutsche Bundesbank ausführen, so daß kein Spielraum für regionale

Politiken bestehe. Vieles hänge dabei von der personellen Ausgestaltung des Zentralbankrates ab, jedoch sei auch das bisherige System vor einer ungünstigen personellen Besetzung nicht gefeit. Zudem sei der währungspolitische Spielraum der einzelnen Notenbanken nur noch gering. Der Wert der Dezentralität der Währungspolitik werde nicht nur durch die Leitwährungsfunktion der D-Mark, sondern auch durch die internationalen Finanzmärkte eingeschränkt. Sollten einzelne Notenbanken die Währung für eigene Versuche verwenden wollen, würden die internationalen Kapitalmärkte entsprechende mögliche Fehlentwicklungen bestrafen. Dies lasse sich schon an der wesentlich zurückgegangenen Inflationsgefahr in der Welt ablesen. Entgegen dieser optimistischen Einschätzung wies *Watrin* darauf hin, daß man eine Leitwährung jederzeit wechseln könne, sofern sie durch schlechtes Finanzmanagement Schwäche zeige. Diese Möglichkeit entfiele bei der Europäischen Zentralbank. In einer Stellungnahme aus dem Auditorium kritisierte *Willgerodt* die Besetzungsmodalitäten des künftigen Zentralbankrates der Europäischen Zentralbank, in dem nach einer 8 jährigen Amtszeit eine Wiederwahl nicht mehr möglich sei. Noch gravierender sei jedoch, daß die nationalen Zentralbankleiter die Mehrheit in diesem Gremium darstellen würden, bei denen keinesfalls sicher sei, daß die deutschen Kriterien für Stabilität immer angewendet würden. So bestände die Gefahr, daß der EURO als politisches Geld, z.B. für beschäftigungspolitische Zwecke, mißbraucht werden könne. Tendenzen dafür seien u.a. in Frankreich erkennbar, jedoch auch in Italien habe man Mühe, ein stabiles Geld zu schaffen. Er schloß mit der Feststellung, daß Geld kein Gegenstand des Wagemuts sei.

Einen Schwerpunkt der Diskussion bildete die Frage der nachhaltigen Erfüllung der Stabilitätskriterien. *Gaddum* erklärte dazu, daß es sich nach seinem Verständnis der Bedingungen bei der nachhaltigen Erfüllung der Kriterien um eine auf die Zukunft gerichtete Frage handele, deren Ergebnis jetzt noch nicht absehbar sei. Einen Nachweis zur jetzigen Zeit könne es nicht geben. Unter Hinweis auf den Wortlaut des Vertrags stellte *Horn* fest, daß es sich zwar um einen politischen Vertrag handele, dem jedoch klar zu entnehmen sei, daß bestimmte Leistungen erbracht werden müßten, die eine Nachhaltigkeit der Stabilitätsbemühungen für die Zukunft erwarten ließen. Diese Leistungen seien natürlich vor dem Zeitpunkt zu erbringen, zu dem die Erfüllung der Konvergenzkriterien festgestellt werden solle. Bisher habe es jedoch nur kurzfristige Anstrengungen der Mitgliedstaaten gegeben, so daß der Eindruck entstehe, daß viele Beitrittskandidaten zwar bemüht seien, auf den Zug aufzuspringen, sich aber sozusagen nach Abfahrt des Zuges ermattet zurücklehnen würden. Zweifel an der nachhaltigen Einhaltung der Stabilitätskriterien wurden auch von *Börner* und *Blanke* geäußert. Die Bedenken stützten sich teilweise auf die mangelnde Disziplin der Staaten im Hinblick auf ihre Haushaltspolitik. Es sei zu befürchten, daß den eigenen nationalen Interessen der Mitgliedstaaten oftmals Vorrang vor den Gemeinschaftsinteressen eingeräumt werde. Insbesondere könne die Finanzierung der nationalen Altersversorgungssystemen zu einem Wettbewerb der Zinssätze führen. Kritisch wies *Moersch* auch auf die fehlenden Standards der öffentlichen Rechnungslegung hin, die die Überwachung der Einhaltung der Stabilitätskriterien erschwere.

In bezug auf den Stabilitätspakt stellte *Gaddum* fest, daß seine hauptsächliche Bedeutung in der Diskussion darüber zu sehen sei. Die Staatsverschuldung in ganz Europa sei dadurch zu einem Thema geworden. Zwar bestünden Zweifel an der Schärfe der in den Stabilitätskriterien enthaltenen Instrumente, jedoch dürfe die psychologische Wirkung der Diskussion nicht unterschätzt werden. Dagegen machte *Watrin* geltend, daß diese Konvergenzkriterien im Jahr 1992 in der Weise berechnet worden seien, daß fast alle Mitgliedstaaten die Kriterien erfüllten. Es sei daher von den Ökonomen erwartet worden, daß sich die Mitgliedstaaten in den folgenden fünf Jahren an den Kriterien orientieren und sich in diese Richtung entwickeln würden. Statt dessen habe es eine Explosion der Staatsausgaben gegeben, wodurch sich das ganze System verschoben habe. An einer jetzigen Punktlandung der Mitgliedstaaten müßten daher Zweifel bestehen. *Horn* bestätigte auf Nachfrage von *Blanke* das pessimistische Bild durch die Information, daß in 1996 das Bündel der Stabilitätskriterien, also nicht nur das Defizitkriterium, von keinem Mitgliedstaat erreicht worden sei. Derzeit werde mit kurzfristigen Maßnahmen, wie z.B. durch die punktuelle Erhebung von Steuern oder die einmalige Aussetzung von Ausgaben versucht, die Einhaltung der Kriterien zu erreichen. Das sei alles mangels Nachhaltigkeit nicht glaubwürdig. *Horn* fügte hinzu, daß es sich bei dem Stabilitätspakt von Amsterdam um Absichtserklärungen handele und die Stabilitätskriterien nicht sehr präzise seien. Man stoße aber hier an die Grenze des rechtlich Machbaren. Insofern sei *Gaddum* beizupflichten, daß die politische Diskussion um die Stabilitätskriterien ihr wichtigstes Ergebnis gewesen sei. In bezug auf ihre Einhaltung dürfe die vertragsrechtliche Normierung der Kriterien nicht überschätzt werden. Zwischen der Schaffung solcher Normen und ihrer Befolgung bestehe ein wichtiger Unterschied, der in Deutschland oft verkannt werde, weil hier der Respekt vor Normen und die Bereitschaft ihrer Befolgung relativ groß sei. In anderen Mitgliedstaaten herrsche eine ganz andere Rechtsmentalität. Daher könne sich der Glaube an die Beachtung der Stabilitätskriterien als gefährliche politische Illusion erweisen.

In diesem Zusammenhang wurde von *Sautter* und *Willgerodt* die Frage nach einem entsprechenden Sanktionsmechanismus gestellt, mit dessen Hilfe Mitgliedstaaten mit mangelnder Disziplin sanktioniert werden könnten. Insbesondere äußerte *Willgerodt* Bedenken darüber, daß diejenigen, die die Vertragsverstöße begingen auch diejenigen seien, die mögliche Sanktionen einleiten müßten. Darüber hinaus werde eine Sanktionierung auch dadurch erschwert, daß z.B. die Preisstabilität nicht ausreichend definiert sei und verschiedene Auffassungen innerhalb der Mitgliedstaaten über das Vorliegen von Preisstabilität herrschen würden. *Horn* hob hervor, daß die „Sünder" ebenfalls über die Sanktionierung der Verstöße mit zu entscheiden hätten. Es handele sich um eine politische Entscheidung, wie mit solchen Mitgliedstaaten zu verfahren sei. Dies lasse sich jedoch nicht ändern, solange es keinen europäischen Bundesstaat gebe. Die Effizienz der gemeinsamen Stabilitätspolitik und des Prinzips des No-bailing-out seien damit ungewiß. Insoweit bleibe nur die verwegene Hoffnung, daß die Mitgliedstaaten über die Währungsunion doch zu einer größeren politischen, insbesondere haushalts- und währungspolitischen Annäherung kommen würden.

Einen letzten Schwerpunkt der Diskussion stellte das Prinzip des No-bailing-out dar, wonach kein Finanzausgleich zwischen den Mitgliedstaaten erfolgen darf. *Gaddum* führte das Beispiel der Vereinigten Staaten an, wo kein einzelner Bundesstaat daran denke, einen anderen Staat in wirtschaftlichen Krisensituationen durch finanzielle Mittel zu unterstützen. Er vertraue auch in Europa auf den gesunden Egoismus der Mitgliedstaaten, denn ein Finanzausgleich setze voraus, daß ein Mitgliedstaat zu Zahlungen an andere bereit sei. *Moersch* gab dagegen zu bedenken, daß das in der Gemeinschaft vorherrschende Gleichheitspostulat einen Vergleich mit den Vereinigten Staaten ausschließe und so eine andere Bewertung erforderlich sein könne. *Horn* äußerte Verständnis dafür, daß *Gaddum* die Glaubhaftigkeit des No-bailing-out-Prinzips betone. Würde der Vizepräsident der Deutschen Bundesbank hier Zweifel äußern, so gäbe es schlimme Schlagzeilen und die Äußerung würde zu einer „self-fulfilling prophecy" werden. Gleichwohl müßte angesichts der Interdependenzen zwischen den Mitgliedstaaten ein Fragezeichen hinter die Wirksamkeit eines solchen Verbots gemacht werden. Zweifel an der Durchsetzbarkeit des No-Bailing-Out-Prinzips äußerte auch *Watrin*. Solange nicht festgelegt sei, was mit einem Mitgliedstaat geschehe, der sich daran nicht halte, handele es sich nicht um eine wirksame Drohung.

Zum Abschluß betonte *Gaddum* erneut, daß das Gelingen der Währungsunion entscheidend davon abhänge, ob die Politiker die Politik betreiben wollten, die der Vertrag verlange. Dies aber sei eine zentrale Frage, die er zur

Zeit nicht beantworten könne. *Horn* wies abschließend auf die weithin unpräzise Formulierung der politischen Ziele hin und äußerte die Hoffnung, daß der vorsichtige und eingeschränkte Optimismus von *Gaddum* in bezug auf die Glaubwürdigkeit der stabilitätspolitischen Willensbekundungen der Politiker Recht behalte.

(*Peter Niggemann,* LL.M., R.I.Z.)

Schlußwort

KLAUS STERN

Wenn mir das Schlußwort dieser zweitägigen Tagung übertragen worden ist, so scheint mir das wie eine Quadratur des Kreises. Ich habe von allen Referaten oder fast allen Referaten mir vielfache Notizen gemacht. Würde ich auch nur den Versuch einer Zusammenfassung machen, dann wäre dies ein neues Referat. Dennoch meine ich, daß einige Gesichtspunkte sich als evidente Signaturen durch alle Referate einschließlich der Diskussion hindurchgezogen haben, daß wir gewissermaßen einen roten Faden haben, der die Tagungsteile verbindet. Diese Tagung ist der erste Versuch unseres Rechtszentrums, mit dem die drei Abteilungen einmal gemeinsam eine Konferenz durchführen und damit die vielfältigen Aspekte zusammenführen, die sowohl das nationale als auch das europäische Recht hat. Worin besteht dieser rote Faden?

Zum einen scheint mir, Europa hat sich in den 40 Jahren, die der Ausgangspunkt unserer Tagung waren, seit den Römischen Verträgen also, gewandelt. Europa ist dichter geworden, das Recht, die Rechtsgemeinschaft, ist in weit höherem Maße europäisiert worden, als es sich die Gründungsväter damals in Rom vorgestellt haben.

Zum zweiten: Aus den 6 Mitgliedern der Europäischen Gemeinschaft von damals sind mittlerweile 15 Mitglieder geworden, und es ist communis opinio, daß es mit diesen 15 Mitgliedern nicht sein Ende hat, sondern daß eine Vielzahl von weiteren Mitgliedern vor den Toren steht. Das bringt die Frage mit sich, inwieweit die Länder, die Bundesstaaten sind, eine Mitwirkung ihrer Untergliederungen erreichen können; das gilt für Deutschland bei den Ländern, das gilt für Italien, wie wir von Herrn *D'Atena* gehört haben, und in anderen Staaten für die Regionen. Dafür sind neue Organe geschaffen worden, wodurch sich die Institutionalisierung verändert hat.

Zum dritten: Die Europäisierung des nationalen Rechts. Wir haben dies auf vielen Ebenen hier erfahren, etwa Unternehmensrecht, Kartellrecht, Verbraucherschutzrecht. Herr Kollege *Müller-Graff* hat uns gewissermaßen noch eine Überwölbung vorgeführt, indem er die Privatrechtsvereinheitlichung in den Vordergrund seiner Betrachtungen gestellt und dabei die vielen Ebenen und Facetten dieser Entwicklung aufgezeigt hat. Aber es wurde auch klar, daß die Integration Europas, die Einheit Europas, kein kurzfristiges Projekt ist, sondern ein langfristiges. Das ist auch hier besonders in der Diskussion um den Euro zum Ausdruck gebracht worden.

Zum vierten: Die Zuständigkeiten der europäischen Organe haben zugenommen. Das Subsidiaritätsprinzip, das jetzt neu im Vertragstext erscheint, ist vielfach als Grenze, als Bremse, erwähnt worden. Es wurde nahezu in allen Referaten angesprochen. Aber, meine Damen und Herren, was ist das Subsidiaritätsprinzip eigentlich? Wir Deutschen haben vom Subsidiaritätsprinzip, zumindest die Öffentlich-Rechtler, gute Vorstellungen, weil sie mehrere Bücher darüber geschrieben haben. Frage ich allerdings einen Franzosen oder gar einen Engländer, was er unter dem Subsidiaritätsprinzip versteht, dann hat er schon Schwierigkeiten, dieses Wort auszusprechen. Erinnert sei in diesem Zusammenhang daran, daß der ehemalige Präsident der Kommission, Jacques Delors, sogar gesagt hat, daß, wer ihm das Subsidiaritätsprinzip auf 1 1/2 Seiten definiere, von ihm einen 200.000 Dollar- oder vielleicht nur Mark-Job erhalte, keineswegs aber 200.000 Franc. Gelingt das? Herr *Hirsch* hat sich nicht darüber geäußert, ob das Subsidiaritätsprinzip als Rechtsprinzip wirklich Grenzen zieht und als unbestimmter Rechtsbegriff vom Europäischen Gerichtshof interpretiert wird. Die Frage, was das Gericht dazu sagt, bleibt ein ganz wichtiger Punkt, der die Abgrenzung der Kompetenzen zwischen nationalen Staaten und Europa zum Gegenstand hat. Herr *Hänsch* hat in seinem Eingangsvortrag trotz seines Plädoyers für Europa und damit auch für den Euro - in gewisser Hinsicht der Gegenpunkt zu dem, was heute hier in der Podiumsdiskussion gesagt worden ist, - auch betont, daß der Nationalstaat natürlich fortbestehen und unvermeidlich sein wird.

Die Supranationalisierung der Währung war der Gegenstand des Panels, gewiß eine Frage, die alle als Staatsbürger und gerade die Deutschen in besonderem Maße interessiert! Hier sind eine Fülle kritischer Bemerkungen zur Einführung des Euro gemacht worden. Ich hätte sie auch. Ich würde als Staatsrechtler beispielsweise die Frage aufwerfen: Wir, die Deutschen, bringen die D-Mark in die Europäische Währungsunion ein, aber ich habe nicht gehört, daß die Franzosen oder die Briten ihre Atomwaffen in diese Gemeinschaft mit einbringen. Wir bringen das Wertvollste, was nach 1949 von der Bundesrepublik Deutschland erarbeitet worden ist, in die Integration ein. Andere Staaten, Herr *Gaddum*, hat es ja gesagt, können da sehr viel leichter mit der Vergemeinschaftung der Währung leben, weil verschiedene Kriterien, die unsere Währung ausmachen, bei ihnen nicht in dem Maße erfüllt sind wie bei uns. An diesem Punkt stellt sich natürlich die Frage von Leistung und Gegenleistung. Das ist etwas, was meines Erachtens doch sehr wichtig ist, und, Herr *Horn*, hat es ausgeführt, wäre es für den Franzosen unvorstellbar, wenn er gewissermaßen die französische Zentralbank europäisiert sähe. Ich würde es eben auch auf die Atomwaffen beziehen, weil mir das noch wesentlicher erscheint.

Unzweifelhaft sind die Normen über die Unabhängigkeit des Europäischen Zentralbankensystems gut, in manchen Punkten sogar stärker als im Bundesbankgesetz, auch da stimme ich Herrn *Gaddum* zu. Aber wir dürfen nicht vergessen, was meistens übersehen wird, daß Art. 88 GG im Zuge des Maastricht-Vertrages geändert worden ist. Es ist ein Satz 2 über die Unabhängigkeit der Europäischen Zentralbank hineingekommen. Das wirkt natürlich auch auf die deutsche Notenbank zurück, wenn sie selbständig bliebe, und auch für eine, die im System der Zentralbanken nach wie vor eine Funktion hat. Sicher ist es möglich, daß man auch diese Verfassungsrechtsnorm durch die Wahl ungeeigneter Personen in den Entscheidungsgremien unterlaufen kann. Aber es ist immerhin ein Verfassungsgebot, und ganz so leicht geht es natürlich nicht, die Organe der Bundesbank so zu besetzen, daß diese Unabhängigkeit in Gefahr wäre.

Insgesamt gibt es also über den Euro noch sehr viele offene Fragen, die an die Politik zu richten, die von ihr zu beantworten sind. Herr *Willgeroth*, hat das ja deutlich gesagt, "ich will Antwort auf dieses und jenes haben, besonders wie es sich mit der Irreversibilität verhält, die immer wieder betont worden ist". Wenn man einmal „drin“ ist, dann ist es ganz, ganz schwer, wieder herauszukommen. Völkerrechtlich würde ich das Problem so sehen: "pacta sunt servanda" ist natürlich ein eherner Grundsatz des Völkerrechts. Aber wir wissen alle, daß es auch Ausnahmen gibt. Wir müssen darüber nachdenken, ob die Möglichkeit besteht, diesen Vertrag auch zu kündigen, auch wenn sich diese Frage noch nicht stellt. Natürlich können alle 15 von ihm abrücken, das ist klar, aber besteht die Möglichkeit auch für eine Seite, wenn das ganze schief geht? Insofern steht eine Frage im Raum, auf die bisher auch noch keine Antwort gegeben wurde.

Die Zeit eilt dahin, es wäre vieles noch zu sagen, ich möchte nur eines noch hervorheben: Es war unser Bemühen, daß hier nicht nur Wissenschaftler auftreten, und nicht einmal allein Juristen, obwohl wir ein Rechtszentrum sind, und noch weiter, daß die Referate nicht allein von Deutschen gehalten wurden. Wir haben vielmehr europäisch gedacht und haben integrativ in mehrfacher Hinsicht gehandelt. In diesem Geist haben wir eine Reihe von Teilnehmern zu Referaten eingeladen, die aus der politischen Sphäre, aus der Bundesbank und vor allem aus anderen Wissenschaftsdisziplinen kommen. Das ist für das Gelingen einer Tagung über Europa, die heute die Geschichte

Europas in den letzten 40 Jahren und die künftigen Perspektiven behandelt, besonders wichtig.

Dem Schlußredner fällt es zu, Dank zu sagen. Der Dank an das heutige Podium ist schon von Herrn Kollegen *Baur* ausgedrückt worden. Der Dank geht darüber hinaus an alle Referenten, auch soweit sie jetzt nicht mehr da sind. Dank gebührt auch allen Diskussionsteilnehmern, überhaupt allen Teilnehmern, die unserer Einladung gefolgt sind. Aber ganz besonders geht der Dank an die fleißigen und unermüdlichen Hilfskräfte, unsere Assistenten und sonstigen Mitarbeiter, die diese Tagung erst ermöglicht haben, und wenn ich davon ausgehen darf, daß Sie sie als gelungen bezeichnen, dann war es nicht nur unser Werk, des Kollegen *Baur*, des Kollegen *Horn* und meines, sondern es war eben vor allen Dingen das Werk derer, die alles so prächtig ausgerichtet haben, einschließlich der Unterbringung, des Mittagessens und des Pausenkaffees usw. Ich hoffe, daß Sie bereichert nach Hause gehen und nicht sagen, ach Gott, ich armer Tor, da stehe ich nun und bin so klug als wie zuvor. Vielen Dank und gutes Nachhausekommen!

Stichwortverzeichnis

Bei Fragen zur Produktsicherheit wenden Sie sich bitte an:
If you have any questions regarding product safety,
please contact:

Walter de Gruyter GmbH
Genthiner Straße 13
10785 Berlin
productsafety@degruyterbrill.com